Domine la ciencia de datos con Python

Eric Demangel

ISBN: 978-2-409-05212-5
Edición original: 978-2-409-04872-2

Ediciones ENI
P° Ferrocarriles Catalanes, 97-117, 2a pl. of. 18
08940 - Cornellà de Llobregat (Barcelona)

Tel: 934 246 401
Fax: 934 231 576

e-mail: info@ediciones-eni.com
http://www.ediciones-eni.com

Autor: Eric DEMANGEL
Colección **Expert IT** dirigida por Émilie VILLETORTE

Para poder acceder durante un año
a la versión online de este libro,
envíenos su justificante de compra a

librodigital@ediciones-eni.com

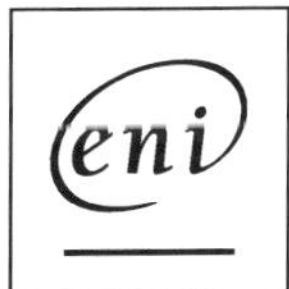

Prefacio

La elaboración de este libro sucedió por casualidad, pero, como muchos acontecimientos de la vida, lo que parece ser el resultado de la casualidad a veces revela una lógica subyacente inesperada.

Después de haber tenido el privilegio de acompañar a cincuenta estudiantes como mentor en análisis de datos y ciencia de datos, me di cuenta de que este proyecto educativo tenía un significado mucho más profundo. En realidad, simbolizó una forma de culminar de manera natural mi compromiso pedagógico profesional para consolidar y compartir los conocimientos adquiridos a lo largo del tiempo.ólogo.

Diseñado como una herramienta eficaz para la práctica de la ciencia de datos, tiene como objetivo proporcionar soluciones concretas a los desafíos que se enfrentan en este campo en constante evolución.

Es importante enfatizar que cada algoritmo, código y método que se presenta aquí es el resultado de una cuidadosa selección. Y en lugar de ahogar al lector en una avalancha de información técnica, decidí deliberadamente resaltar los elementos esenciales para comprender y dominar la ciencia de datos. En muchas ocasiones, he aplicado los principios de la ciencia de datos a los propios datos de esta disciplina, construyendo ejemplos sobre datos reales relacionados con ella, tanto para mostrar como para comunicar información.

Este libro pretende ser una invitación a la exploración y al descubrimiento sin pretender ser una hoja de ruta exhaustiva. Los módulos ofrecidos no se detallan de principio a fin, sino que su comprensión completa a veces requiere un enfoque activo de investigación y estudio en profundidad. Aquí es donde radica el verdadero desafío, pero también la verdadera satisfacción, es decir: en la búsqueda del conocimiento y en la capacidad de resolver problemas complejos de forma independiente.

Al animar al lector a participar activamente en este proceso de aprendizaje, estoy seguro de que este libro puede servir como trampolín para innumerables oportunidades profesionales e intelectuales en el fascinante campo de la ciencia de datos. Le invito a sumergirse en estas páginas con curiosidad y entusiasmo, esperando que le transmitan el deseo de practicar esta disciplina en constante evolución.

Me gustaría expresar mi profunda gratitud a mi familia y amigos por su incalculable apoyo a lo largo de este proyecto. Un agradecimiento especial a Kasia por su constante aliento y su capacidad para detectar mis errores de ortografía y escritura. Gracias también a Thierry, que siempre ha estado disponible para corregir mi trabajo, y a Alexandre, por su inmensa implicación en la búsqueda de mis muchas torpezas y sus sabios consejos.

Feliz lectura, y que esta aventura sea tan enriquecedora para usted como lo ha sido para mí.

Contenido

Prefacio

Prólogo

Capítulo 1
Introducción

Capítulo 2
Conceptos básicos y entornos de Python

Capítulo 4
DataViz con Matplotlib, Seaborn, Plotly

Capítulo 5
Análisis de datos

Capítulo 6
Machine Learning con Scikit Learn

Capítulo 7
Aprendizaje supervisado

Capítulo 8
Aprendizaje no supervisado

Capítulo 9
Modelado del texto y la imagen

Capítulo 10
Realizar un proyecto de ciencia de datos con Python

Capítulo 10
Conclusión

Capítulo 1
Introducción

1. Datos en todas partes

Todo es dato. La más mínima información almacenada en un medio digital puede ser recuperada y explotada. No importa la naturaleza del archivo: documento de texto, hoja de cálculo, imagen, logs o incluso un archivo de vídeo; todo se puede utilizar. Estos archivos no se limitan a nuestros ordenadores, los encontramos en todas partes: en nuestro teléfono, en nuestro coche, en la Web o en simples sensores. Y estos son solo datos preexistentes. Esta inmensa biblioteca de conocimientos se puede enriquecer aún más con cualquier cosa que todavía no esté registrada: fotos en papel, libros o cosas que actualmente solo están en nuestra cabeza, como una historia personal o una receta de cocina.

No hay escasez de datos. A veces incluso podemos sentir que hay demasiados. Por este motivo se acuñó el término «infobesidad» para describir este fenómeno.

Sin embargo, esta sobreabundancia abre las puertas a infinitas posibilidades en términos de nuevos conocimientos y a un campo lleno de diferentes opciones que se derivan de ellos. Nos encontramos en una situación en la que lo que debería preocuparnos no es tanto la materia prima, que son los datos, sino nuestra capacidad para evaluar su calidad, seleccionarlos, adquirirlos y transformarlos para extraer información útil. Cualquier proceso de ciencia de datos comienza con los datos y nosotros nos vamos a centrar en empezar a estudiar su origen.

1.1 Fuente de los datos

Como resultado, los datos son omnipresentes, están en constante evolución y adoptan diversas formas. Lo único que tiene que hacer es actualizarlos y el término «data mining» ilustra claramente este proceso de extracción de información oculta y valiosa por analogía con la extracción de gemas.

Las fuentes de información no son equivalentes en términos de calidad. Podemos definir tres familias principales de procedencia de los datos.

1.1.1 La Web

De manera original, la Web es una gigantesca reserva anárquica de datos. Con la conciencia de su importancia, hemos visto el desarrollo del open data. Pero ¿qué es el open data en términos concretos? Podríamos definirlo como el deseo de organizar los datos acumulados para facilitar su acceso y su uso. Este movimiento ha crecido mucho y ahora podemos tener acceso rápido y fácil a todo tipo de información. Todas las organizaciones –en primer lugar, los Estados– han puesto sus datos a disposición del público en general de forma gratuita en formatos accesibles y reutilizables. Cualquier persona puede utilizar estos datos para proyectos de todo tipo, ya sean comerciales o no. Aquí hay una lista no exhaustiva de enlaces con los que familiarizarse:

- Datos del gobierno sobre múltiples temas:
  - https://datos.gob.es/es/
  - https://datos.gob.es/es/catalogo
- Datos de ONG:
  - https://portalong.plataformaong.org/
  - https://www.fao.org/faostat/es/#home
- Datos locales:
  - https://www.comunidad.madrid/gobierno/datos-abiertos
  - https://datos.madrid.es/portal/site/egob
  - https://gobiernoabierto.lasrozas.es/

- Sitios generales o especializados:
  - https://es.wikipedia.org/wiki/Wikipedia:Portada
  - https://es.openfoodfacts.org/data
  - https://www.kaggle.com/datasets
  - https://data.opendatasoft.com/pages/home/
  - https://ourworldindata.org/

Aparte de los datos abiertos, miles de millones de datos aún están esperando a que se descubran sus secretos. Pero tendremos que hacerlo nosotros mismos, asegurándonos de respetar las condiciones de recuperación y uso de la información de los sitios web. A esto se le llama «web scraping», del que aprenderemos conceptos básicos un poco más adelante.

1.1.2 Datos privados

Las empresas también poseen una gran cantidad de datos que formarán la segunda fuente principal. Cualquier información, ya sea financiera, comercial o técnica, puede ser analizada. Sin embargo, esto se debe lograr en el marco del Reglamento General de Protección de Datos (RGPD), destinado a proteger la privacidad de las personas y garantizar la seguridad de los datos personales en Europa.

Observación

El RGPD es europeo, pero tiene equivalentes en todo el mundo, como PIPEDA en Canadá, LGPD en Brasil o APPI en Japón. Todos están destinados a proteger los datos personales, aunque existen variaciones específicas de cada jurisdicción.

He aquí un diagrama que presenta las seis reglas principales del RGPD que se deben respetar:

En cuanto al almacenamiento de los datos, también es importante asegurarse de que se alojan en una zona sujeta a la aplicación del RGPD.

1.1.3 Creemos nuestros propios datos

Por último, si toda la información disponible, pública o privada, no satisface nuestras necesidades, tenemos la opción de crearla nosotros mismos. Al imponer un cierto rigor científico en la recolección de los datos, no hay restricciones para crear nuestra propia biblioteca y es la única posibilidad si nuestra necesidad es medir el número de pasos dados durante el día o el tiempo que dedicamos a una actividad. Sin embargo, hay que tener cuidado con respetar las normas de uso de los diferentes medios que podríamos utilizar para nuestros experimentos, como fotos de lugares o personas, música, obras literarias, etc.

Ahora que hemos identificado su origen, es oportuno echar un vistazo a sus formas.

1.2 Forma de los datos

Recuperar los datos es solo un primer paso. Estén almacenados de manera local o en la nube, estos datos digitales se encuentran en archivos de diferentes naturalezas: archivos de texto, Excel, HTML, JSON, JPEG, etc. Dentro de estos archivos, la información contenida puede adoptar varias formas:

- estructurada, como archivos de Excel o bases de datos relacionales,
- semiestructurada, como JSON, XML o NoSQL,
- estructurada, pero de forma inadecuada: este es el caso si hemos recuperado una página web a través de web scraping. A continuación, el contenido se estructurará en HTML, pero no será apto para su uso directo y requerirá un cambio de formato,
- no estructurada para archivos de texto, por ejemplo, donde la información no está organizada y, por lo tanto, se puede utilizar tal como está,
- sumado a esto, el manejo de imágenes requiere el uso de técnicas especiales con el fin de extraer la información contenida. Veremos en el capítulo dedicado cómo lograrlo.

Eventualmente, los datos se presentarán en la misma forma que una tabla de Excel, con filas y columnas. Es útil en esta etapa proporcionar una visión general de las terminologías utilizadas y la organización de la tabla.

En línea, encontraremos los objetos de estudio, que pueden ser clientes, productos, etc. Aquí estamos hablando de observaciones, pero nos encontraremos con diferentes formas de nombrarlas según el dominio o el software utilizado; lo mismo para columnas con características como antigüedad, peso, duración, volumen, etc., que matizan las observaciones. He aquí una tabla de los diferentes nombres posibles, todos refiriéndose a lo mismo:

Línea	Columna
Registro	Atributo
Entrada	Campo
Línea	Columna de datos
Objeto	Variable

Línea	Columna
Instancia	Característica
Elemento	Propiedad
	Campos

Ahora que hemos definido la forma más común de presentación, terminemos con un punto sobre el volumen de estos datos.

1.3 Volumen

El análisis de datos requiere un mínimo de 50 observaciones para comenzar. Este umbral mínimo es necesario para llevar a cabo un trabajo analítico. Además, el número de observaciones se debe evaluar cuidadosamente en función del número de variables presentes: se recomienda tener un informe de, al menos, 100 observaciones para una variable con objeto de garantizar un análisis sólido y confiable. Y no hay límite en la parte superior: cuantas más observaciones tengamos, más fiables y robustos serán los modelos predictivos.

Este volumen es un elemento muy importante que debe tener se en cuenta porque tiene consecuencias para todo el resto de las operaciones: cuantos más datos haya, más espacio ocupa el almacenamiento, más tiempo tardan los cálculos, lo que incluso puede llevar a bloqueos en el caso de desbordamientos de memoria. Por lo tanto, es esencial organizarse en consecuencia. Optaremos por dejar de lado las arquitecturas de Big Data, diseñadas para manejar volúmenes masivos, porque los desafíos que plantean los volúmenes más pequeños de datos ya siguen siendo significativos. Esta decisión nos permitirá centrar mejor nuestros esfuerzos en la comprensión de la ciencia de datos, cuyos contornos trataremos de definir.

2. Ciencia de datos

La ciencia de datos es un campo multidisciplinario que moviliza una variedad de técnicas estadísticas, matemáticas y de ciencias de la computación.

Su objetivo se puede resumir en dos pasos principales:

- **Feature engineering**: recopilación, limpieza, exploración y análisis de datos.
- **Modelado**: implantación, optimización y mantenimiento de sistemas de toma de decisiones.

El siguiente diagrama servirá para dar una visión general y facilitará la navegación en este libro:

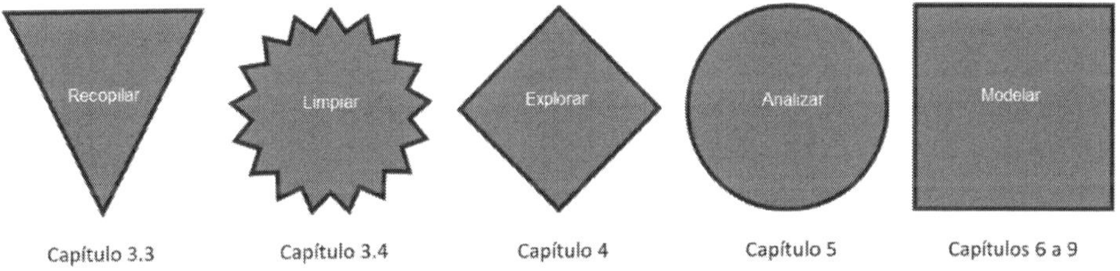

2.1 Feature engineering

La feature engineering, literalmente ingeniería de características, es el primer paso importante en la intervención de un científico de datos. Abarca todas las operaciones que preceden al modelado de los sistemas de decisión, como la adquisición de datos, su limpieza, exploración, análisis, selección y preparación. Podríamos definirlo como la fase de preparación previa a la acción. Este es un paso crucial porque la calidad de nuestro modelo futuro dependerá en gran medida del cuidado que se tenga en esta fase. Tratemos de detallar, en orden, estas diferentes etapas a partir de un ejemplo ficticio.

2.1.1 Recogida de datos

Un fabricante de helados nos encargó que le ayudáramos a entender y mejorar sus ventas. Él nos da los detalles. Empezaremos por comprobar si los datos están en un formato procesable. De hecho, dependiendo de los análisis deseados, a menudo será necesario modificar la presentación de los datos para satisfacer nuestras necesidades. Además, estos datos suelen estar compuestos por varias tablas cuyas claves primarias será necesario identificar con el fin de vincularlas.

Observación

Recuerde que una clave primaria es una columna o un conjunto de columnas que tienen valores únicos para cada fila y que identifican de forma única cada registro de una tabla.

Supongamos que tenemos los detalles de las ventas y el sabor del helado; seguramente tendremos que vincular este sabor a su precio unitario, presente en otra tabla. En este caso, el sabor será la clave primaria.

En casos más complejos, puede ser necesario el uso de un diccionario de variables. Este documento servirá como guía detallando el significado, tipo de variables o cualquier otra información que ayude a comprender los datos. No debe avanzar al siguiente paso de limpieza hasta que se haya familiarizado completamente con todos los datos que se utilizarán.

2.1.2 Limpieza

Los datos a menudo necesitan un paso de limpieza antes de estar listos para su uso. Siempre requieren reformateos adicionales o correcciones. Un caso clásico para nuestro ejemplo sería mostrar el precio con el símbolo €, que indica al consumidor la moneda utilizada, pero nos impedirá hacer cálculos porque la variable no se puede considerar numérica. Estos cambios son ligeros y rápidos de corregir; pero otros, como los valores que faltan, serán más difíciles de resolver. En este caso, la primera cuestión es si la ausencia de una respuesta es posible o aceptable. Si no es así, podemos completar haciendo lo que se llama una imputación.

Esta operación consiste en sustituir los valores que faltan por la media de la variable, su mediana o su valor modal para las variables numéricas, y simplemente el valor modal para las variables categóricas. También hay técnicas más sofisticadas que desarrollaremos en la parte práctica. En los casos en que la imputación resulte demasiado arriesgada, podemos considerar no tener en cuenta los datos que estén demasiado incompletos. Esta disyuntiva es un verdadero desafío y nos obliga a cuestionar las implicaciones de cada opción.

Una vez realizada la limpieza, podemos empezar a manipular los datos para evaluarlos.

2.1.3 Exploración

No sabemos a priori cuáles son las características de nuestro conjunto de datos. Empecemos por descubrir sus dimensiones, la calidad del relleno y, posteriormente, manipulando y visualizando, sabremos cuántos helados se venden al día en promedio, si hay sabores que no se venden, cuál fue el mejor y el peor día, si las ventas tienden a aumentar o no, etc. Entonces nos daremos cuenta de la realidad sobre el terreno.

La visualización se convertirá en un valioso aliado al resaltar inmediatamente los aspectos específicos de los datos estudiados. He aquí un ejemplo para ilustrar este fenómeno:

Sabor	Cifra de negocio
Pistacho	3584
Cereza	2800
Fresa	3822
Vainilla	4295
Chocolate	4834

Las barras azules hablan por sí solas y percibimos enseguida la facturación generada por cada sabor. Esta familiarización con el campo de estudio generará observaciones y preguntas que luego verificaremos en la siguiente parte.

2.1.4 Análisis

El análisis sigue directamente a nuestra exploración. Primero utilizaremos pruebas estadísticas para determinar la generalización de las observaciones comprobadas en el paso anterior. Esta fase se denomina inferencia estadística y consiste en validar mediante métodos de generalización si lo que observamos durante la exploración de nuestra muestra se podría generalizar a toda la población.

Concretamente, si estudiamos las ventas de helados entre semana y el fin de semana, la diferencia tendrá que llegar a un cierto nivel en función de la muestra para que podamos decir que hay una diferencia significativa y así considerar relevante este tipo de división. Por debajo de este umbral, la diferencia podría provenir del efecto de ordenación y no se debería tener en cuenta. El número de personas juega un papel crucial aquí: cuantas más observaciones tengamos, menores serán los márgenes de incertidumbre en torno a los valores constatados y más significativa podría llegar a ser una diferencia, por pequeña que resulte.

A continuación, estudiaremos las variables de una en una, de dos en dos y luego de forma global para perfeccionar completamente nuestro conocimiento de los datos y de su funcionamiento. Estos estudios se denominan análisis univariante, bivariante y multivariante, respectivamente. Veremos en detalle en el capítulo Análisis de los datos cómo llevar a cabo todos estos análisis. Al final de esta etapa, estamos casi listos para la acción. Casi listos porque, con nuestro conocimiento, ahora tenemos la capacidad de crear o agregar una o más variables que podrían jugar un papel importante en nuestro modelo.

Observación

Es común utilizar la expresión sistema de toma de decisiones en lugar de modelo.

2.2 Modelado

Abordamos, pues, esta segunda parte principal con un conjunto de datos limpio que contiene variables que son, a priori, relevantes para construir nuestro modelo. Al igual que con la feature engineering, seguiremos un proceso que también tendrá que formar parte de una cierta dinámica que dé protagonismo a la experimentación, al cuestionamiento y a la construcción gradual de la mejor solución posible en el estado de nuestro conocimiento. Describiremos todos los pasos, pero se debe tener en cuenta aquí que no todos se llevarán a cabo necesariamente.

2.2.1 Selección y preparación de los datos

Armados con los nuevos conocimientos obtenidos con el análisis, ahora podemos seleccionar las variables relevantes para nuestro sistema de toma de decisiones. Esta selección es solo un primer paso, ya que es posible que tengamos que reconsiderarla en función de los resultados del modelado. Es importante recalcar aquí que el trabajo del científico de datos es dinámico y no se puede reducir a una sucesión de tareas. Es cierto que debemos respetar un cierto orden, pero no hemos de dudar en retroceder si vemos cosas que ponen en tela de juicio los pasos anteriores.

Por ejemplo, durante el modelado, puede parecer que tenemos muy pocas variables porque nuestras puntuaciones son demasiado bajas, o que hay demasiadas variables porque los resultados del conjunto de entrenamiento están demasiado lejos del conjunto de pruebas. En el primer caso, en el que las puntuaciones son demasiado bajas, sería pertinente experimentar con cambios de escala, buscar y eliminar valores atípicos o aumentar el número de variables. En el segundo caso, cuando el sistema es demasiado complejo, sería recomendable reducir el número de variables. Todas estas situaciones subrayan el lado dinámico de la experimentación, donde la lista de variables nunca es realmente definitiva. Pero al adoptar este enfoque iterativo y adaptable, hacemos que nuestros datos funcionen de manera más sólida y precisa.

Ahora es el momento de preparar los datos. Este paso consiste en prepararlos de tal manera que faciliten y no sesguen el modelado. Para empezar, veamos la naturaleza de nuestras diferentes variables y preguntémonos por sus respectivas escalas. Rara vez son todas de la misma naturaleza y se deben escalar para que algunas, precisamente por su naturaleza, no oculten a las demás. Este podría ser el caso de los datos que contienen edades que oscilan, por ejemplo, entre los 20 y los 60 años, y salarios que pueden oscilar entre unos pocos cientos a varias decenas de miles. Aquí es necesario escalar para que uno no eclipse completamente al otro. Consideremos esto como una forma de poner a los corredores en la misma línea de salida. Veremos en detalle las diferentes técnicas que se han de implementar en el capítulo Machine learning con Scikit-Learn.

Por último, recordemos que no todos los datos son numéricos; algunos contienen información textual. Entonces habrá que ponerlos en formato binario, es decir, transformarlos en un contenido encriptado de tipo 0/1 para poder integrarlos en nuestros algoritmos que, en su gran mayoría, solo aceptan información numérica.

2.2.2 Separación de los datos

El modelado consiste en predecir o clasificar un valor. Este valor se denomina variable de destino. Las variables utilizadas para encontrarlo se denominan variables explicativas. Vamos a empezar, pues, por separar el objetivo de los demás, colocándolos en dos conjuntos de datos diferentes.

Supongamos que buscamos determinar el consumo de energía de un edificio en función de una serie de factores que se consideran relevantes, como la superficie, el número de ocupantes, el período de tiempo y el tipo de calefacción. Estos factores explicativos permanecerían juntos en la misma base de datos y su valor de consumo correspondiente conocido se reservaría en otra tabla que mostraría al algoritmo lo que debería encontrar. Aquí hallamos el principio de Machine Learning, literalmente máquina que aprende, en el hecho de que la máquina se alimenta de ejemplos para entrenarse a sí misma para predecir.

Este entrenamiento a partir de los datos requerirá un segundo paso de separación, lo que conllevará la creación aleatoria de un conjunto de entrenamiento y un conjunto de prueba. El conjunto de entrenamiento es el ejemplo que se proporciona al algoritmo para que pueda realizar la configuración correcta, observando lo que debe encontrar. Pero, para evaluar realmente la pertinencia de nuestro sistema, es necesario simular una condición real poniéndolo a prueba en un conjunto de datos que no ha visto y que está destinado a medir la diferencia entre los valores predichos y los valores reales. Este conjunto de pruebas representa entre el 20 y el 30 % de los datos y es absolutamente necesario para evaluar adecuadamente el rendimiento del sistema. Este paso es el mínimo y luego veremos cómo reforzar aún más este carácter aleatorio durante la práctica. Ahora estamos listos para experimentar.

2.2.3 Fase de experimentación y evaluación

Hay muchos algoritmos, cada uno de los cuales funciona de una manera singular. De estos algoritmos, no podemos decir que haya uno que domine a los demás: todo depende del campo de estudio. La conocida expresión *no free lunch* intenta enfatizar que ninguno funciona siempre mejor que los demás para todo tipo de problemas. No existe una solución única para todos;

cada caso es único. La fase de experimentación y evaluación consistirá en probar los diferentes algoritmos y jugar con los ajustes propios de cada uno para elegir el que mejor se adapte a nuestras necesidades. Nos encargaremos de utilizar siempre los mismos juegos de entrenamiento y prueba para todos, de modo que algunos no se vean perjudicados o beneficiados por un efecto del azar. Es importante especificar que la elección no se basa necesaria ni únicamente en el rendimiento. El rendimiento puro obtenido por casualidad no tiene valor aquí y el candidato ideal tendrá que mostrar estabilidad en este nivel. Además de la búsqueda de un alto rendimiento estable, ciertos criterios, como el tiempo de respuesta rápido o la poca ocupación de memoria de almacenamiento, podrían resultar cruciales en algunos casos y marcar la diferencia. Realmente estamos en el mundo de lo hecho a medida. Un tecnicismo estricto no es suficiente. La experimentación y la búsqueda constante de la adecuación a las especificaciones son esenciales aquí. Al final de este paso, somos capaces de proponer la solución óptima y cuantificar la diferencia con sus competidores.

2.2.4 Finalización

En esta etapa, hemos hecho una elección que satisface las necesidades en términos de contenido, pero no en la forma. Por el momento, solo tenemos un programa, que ciertamente es funcional, pero no muy accesible. A continuación, nos podríamos animar a crear una aplicación. Esta aplicación podría tomar la forma de una simple *application programming interface* (API), que solo devolvería un resultado cuando se solicitara. En otros casos, es posible que se nos pida que desarrollemos un panel de control para facilitar el uso de la solución. Sea cual sea el resultado, cabe señalar aquí que el uso de una API sirve como facilitador al permitir la intercomunicación de diferentes sistemas. Nuestra solución, desarrollada íntegramente en Python, se podría utilizar sin problemas por alguien que codificara en cualquier otro lenguaje.

2.2.5 Presentación de los resultados

Ahora podemos revelar al cliente la solución elegida, asegurándonos de que satisface las necesidades iniciales. Este es el momento de aplicar la pedagogía, explicando el proceso y cómo funciona, con el objetivo de establecer un diálogo y para que las personas puedan adquirir las competencias necesarias para manejar la solución. En definitiva, hacer madurar el proyecto. Estas conversaciones serán una oportunidad para llevar a cabo una evaluación inicial y allanar el camino para futuras intervenciones o desarrollos.

2.2.6 Mantenimiento

Las cosas cambian con el tiempo y puede ser necesario definir futuras intervenciones para mantener la solución actualizada o fortalecerla. Varios factores pueden justificar esta necesidad. Para empezar, podríamos citar el caso de un conjunto de datos sujeto a variaciones estacionales (vacacionales u otras), lo que requeriría ajustes posteriores ante contextos cambiantes. En otro caso de segmentación de clientes en el que hayamos establecido grupos que cumplan con los perfiles de dichos clientes, es posible que se requieran actualizaciones para reflejar estos cambios y mantener la precisión. Finalmente, el programa podría sufrir errores operativos, lo que llevaría a una revisión del código para fortalecer su robustez.

Tras destacar la importancia de los datos y su uso en el marco de un proceso de ciencia de datos, nos centraremos ahora en el lenguaje informático que constituye el tercer pilar esencial: Python.

3. Python

Python fue creado en febrero de 1991 por Guido van Russom, un desarrollador holandés. Este lenguaje, de mediana edad en comparación con sus pares, ha pasado desde entonces por muchas versiones hasta convertirse gradualmente en el más popular del mundo. Aquí presentaremos los orígenes de su éxito.

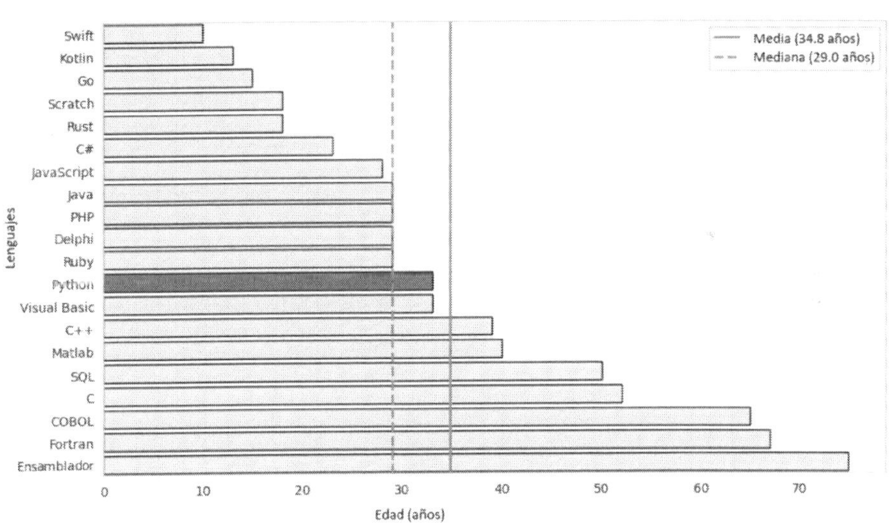

3.1 Fortalezas naturales de Python

Python es conocido por su simplicidad y flexibilidad, lo que lo convierte en una buena opción para cualquier principiante en programación. Los usuarios más experimentados también apreciarán su versatilidad, potencia y capacidad para fomentar el trabajo en equipo, colaborar y mantener proyectos. Con tales ventajas, muchas comunidades se han formado a lo largo del tiempo y han contribuido activamente a su difusión en los círculos profesionales, fortaleciendo aún más su popularidad. Poco a poco, se convirtió en el lenguaje más popular y ha podido evolucionar con el tiempo. Sin duda, el secreto de su longevidad se debe a las diversas y potentes librerías establecidas por su comunidad.

3.2 Librerías especializadas

La versatilidad de Python no ha dejado de evolucionar. En cada campo, han surgido módulos dedicados que se han convertido en referencias con el tiempo.

Así, en el ámbito de los datos, Pandas se ha consolidado porque facilita enormemente todo el ciclo de acciones que se pueden encontrar en un ETL (*Extract Transform Load*) clásico:

- Pandas gestiona una amplia variedad de fuentes de datos diferentes.
- Ofrece una amplia gama de funciones para realizar todo tipo de procesamiento de datos.
- A continuación, los datos se pueden exportar en múltiples formatos.

Y estas posibilidades no se detienen ahí. También tenemos la posibilidad de producir una gama completa de controles, estadísticas o visualizaciones, aunque son más limitadas que las que ofrecen las librerías dedicadas.

Matplotlib y Seaborn son las dos librerías más conocidas para visualizar datos. Facilitan la representación de cualquier tipo de gráfico y la gestión eficiente de cualquier tipo de visualización de datos.

Otras librerías de segundo nivel, como Numpy, Scipy o Statsmodels nos proporcionarán todas las herramientas y pruebas necesarias para nuestros análisis estadísticos.

Finalmente, para la parte de modelado, están disponibles varias herramientas importantes: Scikit-Learn, que cubre una amplia gama del aprendizaje automático, así como Tensorflow y Keras para el deep learning. Para el procesamiento del lenguaje natural (NLP), también se ofrecen soluciones como SpaCy, NLTK o Gensim.

Veremos cómo funcionan más adelante, pero recuerde que tenemos absolutamente todo lo que necesitamos para gestionar todas las necesidades del científico de datos. Por último, hay que tener en cuenta que esta lista de librerías no es, en absoluto, exhaustiva y que hay muchos tesoros escondidos por descubrir.

3.3 Incluso más

Todas las necesidades del científico de datos están cubiertas, pero Python va más allá. Con él, también podemos gestionar todo lo demás, como la creación de una interfaz local, una API o una aplicación alojada, la gestión del alojamiento –ya sea en el frontend o en el backend–, etc. Las posibilidades son inmensas. En realidad, sería más sencillo enumerar sus limitaciones:

- programas que requieren restricciones de gestión y potencia de memoria muy altas,
- aplicaciones móviles nativas que requieren una estrecha integración en Android o iOS,
- videojuegos de muy alta calidad.

Es todo. En cualquier otro lugar, Python satisfará todas nuestras necesidades.

Después de esta presentación teórica de los tres pilares que son los datos, la ciencia de datos y Python, es hora de pasar a la práctica.

Capítulo 2
Conceptos básicos y entornos de Python

1. Los notebooks

Este capítulo no pretende hacer una introducción a Python, sino más bien preparar un entorno de trabajo funcional; se debe considerar como una aclaración antes de continuar. Quienes ya estén familiarizados con los notebooks y sean usuarios habituales de Python pueden abordar directamente el siguiente capítulo. Para todos los demás, comenzaremos presentando un medio de programación alternativo que vamos a utilizar: el notebook.

1.1 Principio del notebook

En comparación con un programa clásico que contiene código, el notebook ofrece un enfoque revolucionario de la programación al llevar la interactividad al marco austero habitual. Así es como se ve:

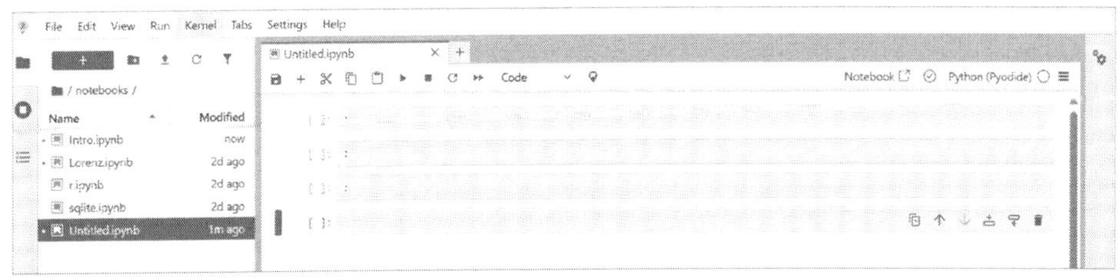

1.1.1 Funcionamiento por celdas

El notebook funciona por celdas. Esta es la primera característica, ya que cada celda se puede lanzar independientemente de las demás. Este enfoque es muy relevante en términos pedagógicos porque permitirá al alumno lanzar específicamente la(s) celda(s) deseada(s) y facilitar la manipulación. Además, cada celda puede ser de dos naturalezas diferentes y contener código o texto.

1.1.2 Posibilidad de anotar el código

El texto aportará esta segunda capa de interactividad al permitir al usuario anotar lo que está haciendo, arrastrar comentarios o simplemente añadir capítulos y subcapítulos. De este modo, pasamos de un simple documento que contiene código a un medio de presentación que contiene código. Sobre todo, porque las celdas que contienen texto pueden acomodar e interpretar los lenguajes Markdown, HTML y CSS y permitir una gran riqueza de formato, así como la posibilidad de añadir una tabla de contenidos que facilitará la navegación por el documento.

1.1.3 Visualización de contenido interactivo

Por último, el notebook ofrece la posibilidad de mostrar cualquier tipo de contenido creado directamente desde el código: tablas, gráficos interactivos o no interactivos, imágenes, etc. Para comparar, he aquí el mismo código en un medio clásico y en un notebook:

```
# Importación de las librerías
import matplotlib.pyplot as plt
# Creación de las listas
a = [x for x in range(-10,11)]
b = [x**2 for x in a]
# Visualización del gráfico
plt.scatter(a,b)
plt.title("Cálculo del cuadrado de x")
plt.show()
```

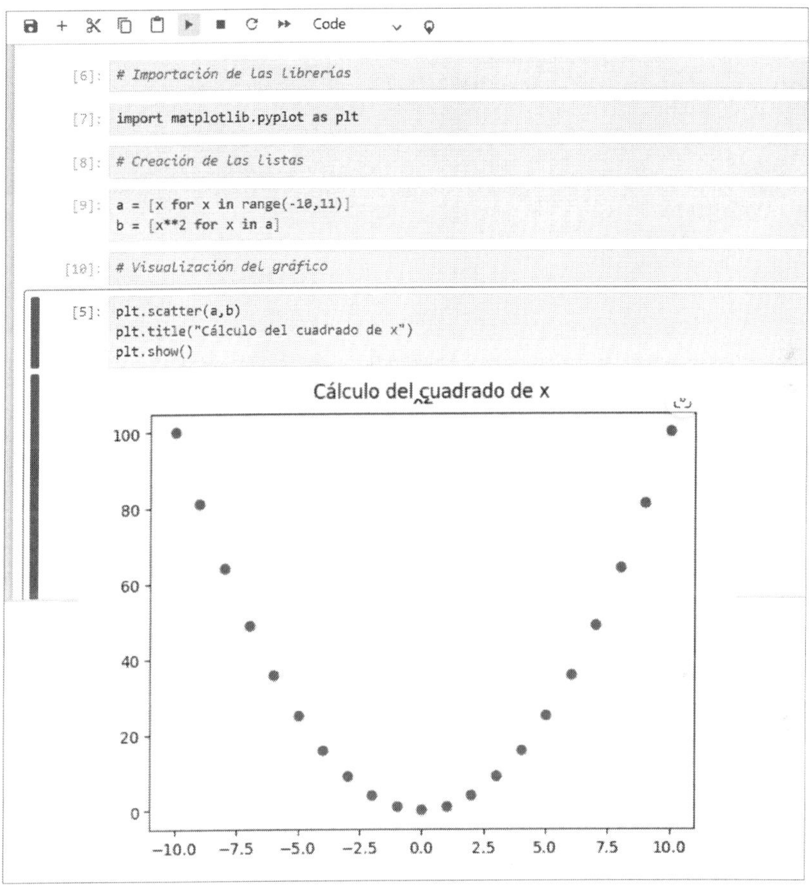

También vemos que el gráfico se genera y permanece presente, algo que no ocurre con el programa clásico.

Ahora es el momento de que veamos juntos las diferentes formas de acceder a un notebook.

1.2 Cómo crear un notebook

1.2.1 Instalación directa del módulo Jupyter

Si Python ya está instalado, la forma más sencilla de hacerlo es implementar el módulo Jupyter directamente. Este es el código que debe introducir en un símbolo del sistema:

```
pip install jupyter
```

Una vez implementado el módulo, ejecute el comando:

```
jupyter notebook
```

1.2.2 Instalación de la suite Anaconda

Anaconda es la solución para aquellos que quieren instalar un entorno completo de ciencia de datos que integre Python, muchos módulos dedicados, así como Jupyter y otros paquetes de software para practicar la disciplina.

El paquete ocupa menos de 1 GB y se puede descargar desde el sitio web oficial, en la dirección https://www.anaconda.com/download.

A continuación, solo tiene que seguir las instrucciones y Jupyter se podrá iniciar inmediatamente, una vez que se complete la instalación, ya sea escribiendo Jupyter Notebook o Anaconda Navigator en la barra de búsqueda y, a continuación, seleccionando el icono de Jupyter. Pero el primer método sigue siendo el más rápido.

Observación

Anaconda también ofrece la posibilidad de utilizar JupyterLab, que amplía la funcionalidad de Jupyter Notebook al proporcionar una interfaz de usuario más modular y avanzada, lo que permite una experiencia de desarrollo más rica y flexible.

1.2.3 Google Colaboratory

Google Colaboratory es una solución muy atractiva para crear notebooks, pero primero debe tener una cuenta de Google. Una vez cumplida esta formalidad, he aquí las ventajas que nos esperan:

- notebooks basados en una versión reciente de Python (3.10) con muchos paquetes útiles,
- notebooks que pueden funcionar más rápido gracias a los servidores de Google,
- la posibilidad de utilizar la memoria GPU o TPU de forma sencilla e inmediata,
- un resumen que se construye automáticamente a partir de los títulos.

Y esto es solo una aproximación; hay muchas más posibilidades disponibles.

Veamos juntos cómo crear nuestro primer notebook Colab.

▶ Vaya a Google Drive y haga clic en **+ Nuevo**.

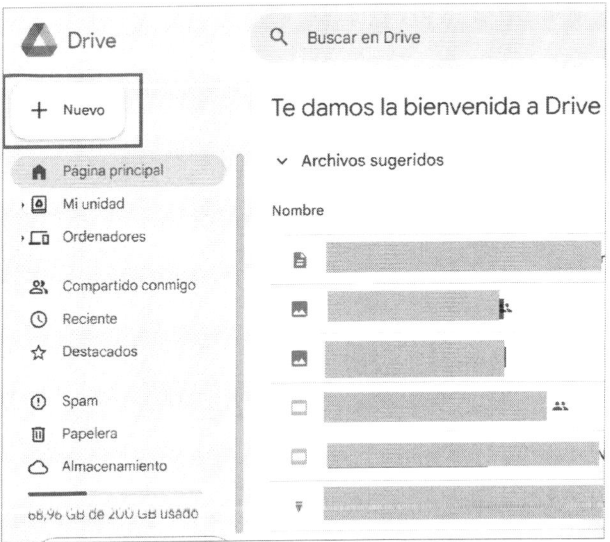

- A continuación, haga clic en **Más** y busque la mención **Conectar más aplicaciones** en la parte inferior de la lista:

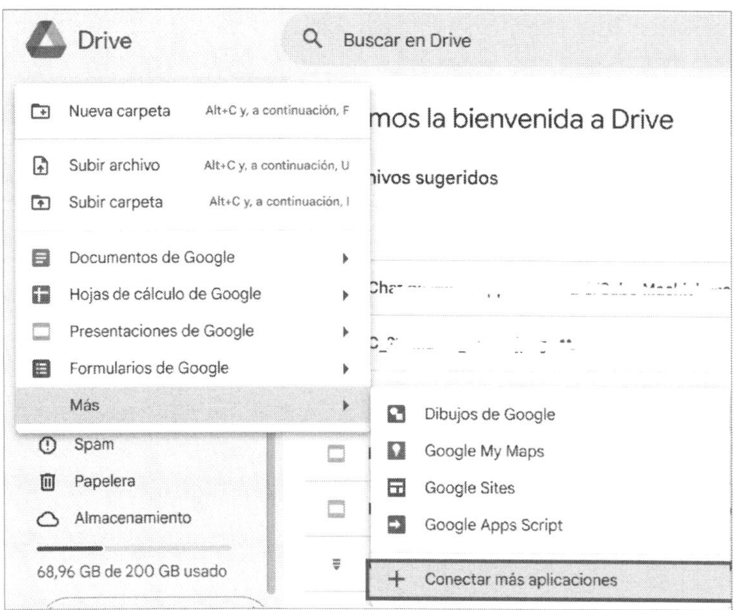

Al escribir «google colaboratory», se propone el módulo, lo que le permite continuar con la instalación:

Una vez hecho esto, tiene la opción de crear un notebook de este modo:

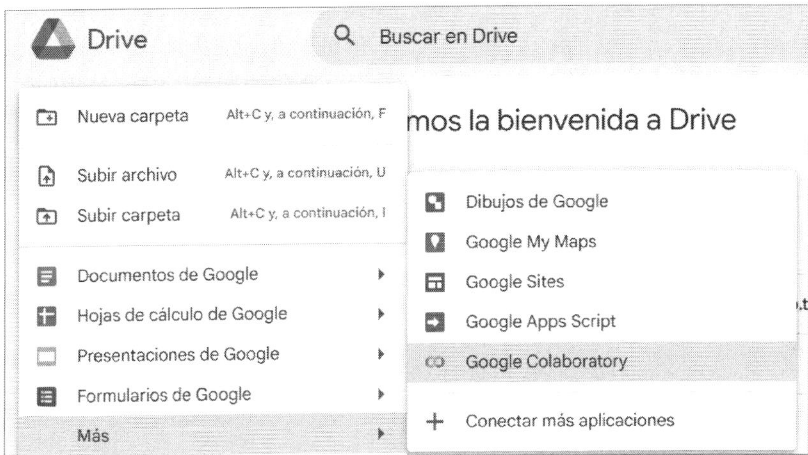

Ahora que ya tenemos la capacidad de crear un notebook, aprovecharemos para recordar brevemente las nociones básicas de Python útiles para nuestro campo de estudio.

2. Comandos básicos

Aquí, revisaremos algunos conceptos fundamentales de Python que son de vital importancia para el uso de Python en la ciencia de datos.

2.1 Adquisición de datos

Antes de iniciar cualquier análisis de datos, es fundamental adquirirlos. Estos son los pasos que debe seguir para completar esta primera etapa.

2.1.1 Definición de carpeta de trabajo

Empecemos por definir en qué archivo vamos a trabajar. Esta pequeña rutina nos facilitará la tarea al evitar dar la ruta completa cada vez que queramos acceder a un archivo. La definición de la carpeta de trabajo pasa por el módulo os. Lo configuramos usando el comando `os.chdir` y confirmamos que ha funcionado correctamente con el comando `os.getcwd()`.

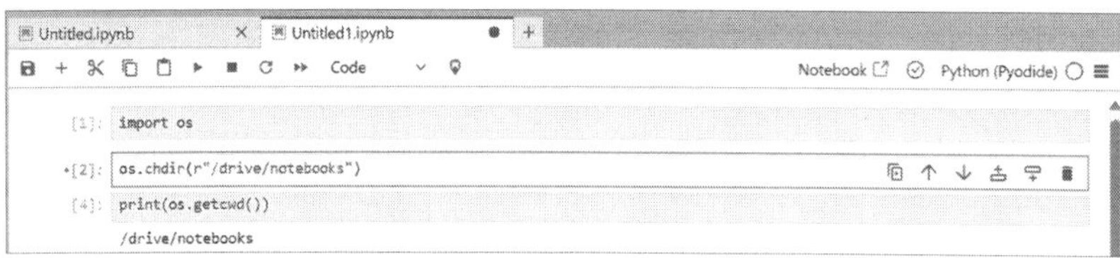

Ahora que la carpeta está definida, el programa apunta a ella y ya no es necesario indicar su ruta completa.

Observación

Todos los archivos de muestra se han almacenado en la subcarpeta DATA, por lo que la ruta siempre comenzará con DATA/nombre_archivo.tipo.archivo.

2.1.2 Acceso a los datos

El acceso a los datos se puede realizar de una manera bastante sencilla. Estos son algunos ejemplos para leer los formatos de datos más comunes, empezando por CSV, que es un formato de texto con un separador. Es fundamental conocer el separador para que el archivo se lea correctamente. De forma predeterminada, se usa la coma para los archivos de EE. UU., mientras que, para los archivos españoles, se usa el punto y coma. Para facilitar estas operaciones, usaremos la librería Pandas, que veremos en detalle en el capítulo Preparar los datos con Pandas y NumPy.

Leer archivos CSV

```
import pandas as pd
```

```
my_comma_csv = pd.read_csv("DATA/csv_ingles.csv")
```

```
my_semicolon_csv = pd.read_csv("DATA/csv_es.csv",sep=";")
```

Leer archivos de Excel

La lectura de archivos de Excel requiere instalar previamente el módulo xlrd. A continuación, se explica cómo instalarlo (se debe hacer desde el símbolo del sistema):

```
pip install xlrd
```

Ahora podremos leer los dos tipos de extensión de archivo de Excel gracias al comando `read_excel` de pandas:

```
fic_xls =
pd.read_excel("DATA/File_xls.xls",sheet_name="nombre_pestaña")
```

```
fic_xlsx =
pd.read_excel("DATA/File_xlsx.xlsx",sheet_name="nombre_pestaña")
```

Leer archivos JSON

El formato JSON, abreviatura de *JavaScript Object Notation*, tiene su origen en el lenguaje de programación JavaScript. Fue desarrollado para representar datos de una manera liviana y legible, sin dejar de ser fácilmente interpretable por ordenadores. Usaremos el comando `read_json` de panda para hacer esto:

```
fic_json = pd.read_json('DATA/iris.json')
```

Leer archivos SQL (ejemplo con Sqlite3)

A veces procesamos archivos SQL (*Structured Query Language* – lenguaje de consulta estructurada) que contienen datos almacenados en una base de datos relacional. Acceder a los datos es un poco más complicado que en el caso de los otros tipos vistos anteriormente y requiere el uso del módulo sqlite3:

```
import sqlite3
import pandas as pd

# Ruta de acceso al archivo de base de datos SQLite
db_file_path = "DATA/my_db.db"

# Creación de una conexión a la base de datos
conn = sqlite3.connect(db_file_path)

# Lectura de datos a partir de la base de datos usando
# una consulta SQL. Piense en sustituir table_name por
```

```
# el nombre de su tabla
query = "SELECT * FROM table_name"
df = pd.read_sql_query(query, conn)


# Cierre de la conexión a la base de datos
conn.close()
```

Leer un archivo de texto

Por último, en el caso de que sus datos provengan de un simple archivo de texto, aquí le dejamos la forma de acceder a su contenido:

```
with open("DATA/archivo_txt.txt","r")as file:
    contenido = file.read()
```

Tenga en cuenta aquí que el contenido de los archivos de este tipo sin procesar no está organizado y requerirá un formateado especial.

2.2 Definición de los datos

Cada variable tiene un tipo: numérico, decimal, texto, fecha, etc. Esta asignación se realiza automáticamente cuando el programa lee los datos, pero no está exenta de errores. Es común darse cuenta de que el tipo asignado no es el correcto.

2.2.1 Cambio de tipo

El caso más común es una variable numérica definida como texto. En este caso, no será posible realizar ningún cálculo hasta que el tipo se defina como numérico. Aquí tiene un ejemplo sencillo para convencerse de ello:

```
a ="50"
b = "40"

print(a+b) # Aquí se van a unir simplemente las variables
# Output: 5040

print(int(a) + int(b)) # Aquí, la conversión permite el cálculo
# Output: 90
```

Estos errores de tipado suelen ser fáciles de solucionar, a excepción de las fechas, que cuya definición correcta puede resultar tediosa dependiendo de cómo se hayan escrito.

2.2.2 Gestión de las fechas

Las fechas se pueden escribir de una manera completamente diferente, tanto en la forma (formato anglosajón o español) como en el detalle (solo día/mes/año, horas/minutos/segundos además, mes escrito en letras, etc.). A menudo es necesario decirle a Python cómo debería leerlos.

A continuación, se muestra un ejemplo de cómo manejar diferentes escenarios mediante el módulo datetime:

```
from datetime import datetime
```

```
# Fechas escritas de diferentes maneras
date_string_1 = "2023-05-15"
date_string_2 = "15/05/2023"
date_string_3 = "2023-05-15 12:30:45"
```

```
# Conversión de las fechas en objetos datetime
date_1 = datetime.strptime(date_string_1, "%Y-%m-%d")
date_2 = datetime.strptime(date_string_2, "%d/%m/%Y")
date_3 = datetime.strptime(date_string_3, "%Y-%m-%d %H:%M:%S")
```

```
# Visualización de las fechas convertidas
```

```
print("Fecha 1:", date_1)
print("Fecha 2:", date_2)
print("Fecha 3:", date_3)
```

```
Fecha 1: 2023-05-15 00:00:00
Fecha 2: 2023-05-15 00:00:00
Fecha 3: 2023-05-15 12:30:45
```

En el caso de las fechas con el mes en formato texto, a menudo es necesario importar la configuración regional para un manejo adecuado:

```
from datetime import datetime
import locale

# Definición de los argumentos locales en español
locale.setlocale(locale.LC_TIME, "es_ES.UTF-8")

# Fecha cuyo mes está escrito en español

date_string_4 = "15 Mayo 2023"

# Conversión de la fecha en un objeto datetime

date_4 = datetime.strptime(date_string_4, "%d %B %Y")

# Visualización de la fecha convertida
print("Date 4:", date_4)

# Output: Date 4: 2023-05-15 00:00:00
```

Al igual que con los números, la asignación correcta del tipo es un requisito previo para realizar nuestros análisis. Ahora que el tipo está correctamente definido, un atributo que pasa inadvertido en un primer momento cobrará una importancia considerable: el tamaño del almacenamiento.

2.2.3 Tamaño de almacenamiento por tipo

Cuando se adquieren datos, a cada variable se le asigna un tipo y una longitud en bits. A menudo, esta definición se realiza tomando la longitud máxima de bits, es decir, 64 bits, que no siempre es relevante para el contenido de la variable. Tomemos el ejemplo de una variable que define la edad de una persona. Al asignarle un tipo int64 (entero 64bits), potencialmente podemos almacenar un número entre -9223372036854775808 y 9223372036854775807. Resulta un poco excesivo, pero es lo que se establecerá de forma predeterminada.

El problema es que este peso adicional impactará sobre el rendimiento porque las bases de datos más pesadas tardarán más en procesarse. Esto podría incluso provocar un desbordamiento de memoria que haría que el programa se bloqueara. Por ejemplo, esta es la diferencia entre una base de datos antes y después de la optimización de tipos:

Antes de la optimización	Después de la optimización
<class 'pandas.core.frame.DataFrame'> RangeIndex: 506 entries, 0 to 505 Data columns (total 14 columns): # Column Non-Null Count Dtype --- ------ -------------- ----- 0 CRIM 506 non-null float64 1 ZN 506 non-null float64 2 INDUS 506 non-null float64 3 CHAS 506 non-null int64 4 NX 506 non-null float64 5 RM 506 non-null float64 6 AGE 506 non-null float64 7 DIS 506 non-null float64 8 RAD 506 non-null int64 9 TAX 506 non-null float64 10 PTRATIO 506 non-null float64 11 B 506 non-null float64 12 LSTAT 506 non-null float64 13 MEDV 506 non-null float64 dtypes: float64(12), int64(2) memory usage: 55.5 KB	<class 'pandas.core.frame.DataFrame'> RangeIndex: 506 entries, 0 to 505 Data columns (total 14 columns): # Column Non-Null Count Dtype --- ------ -------------- ----- 0 CRIM 506 non-null float32 1 ZN 506 non-null int8 2 INDUS 506 non-null float32 3 CHAS 506 non-null bool 4 NX 506 non-null float32 5 RM 506 non-null float32 6 AGE 506 non-null float32 7 DIS 506 non-null float32 8 RAD 506 non-null int8 9 TAX 506 non-null int16 10 PTRATIO 506 non-null float32 11 B 506 non-null float32 12 LSTAT 506 non-null float32 13 MEDV 506 non-null int8 dtypes: bool(1), float32(9), int16(1), int8(3) memory usage: 20.9 KB

De este modo, el uso de memoria ha disminuido de 55,5 kB a 20,9 kB, es decir, una reducción del 62 %, que supone una ganancia significativa.

De la misma manera que la administración de tipos en una base de datos optimiza el uso de la memoria y acelera los cálculos, la atención cuidadosa a las estructuras de código y su organización también puede desempeñar un papel crucial en la eficiencia general del programa.

2.3 Estructuración del código

Las estructuras de código claras y bien organizadas garantizan un mantenimiento sencillo, un rendimiento óptimo y una fácil colaboración entre desarrolladores. Con esta perspectiva nació la Python Enhancement Proposal 8, conocida como PEP8.

2.3.1 PEP8

PEP8 es un conjunto de reglas para codificar bien en Python. Para ello, proporciona un marco de buenas prácticas que se basan en dos ejes:

- En primer lugar, debe organizar el código proporcionando un conjunto completo de reglas para que sea más legible, como:
  - priorizar las importaciones, empezando por los módulos estándar; después, los módulos de terceros, y, finalmente, los locales,
  - indentación fijada a 4 espacios,
  - usar espacios alrededor de las asignaciones y los operadores,
  - usar una línea vacía para separar funciones y clases,
  - evitar el uso de varias líneas en blanco consecutivas,
  - evitar espacios entre paréntesis, corchetes y llaves; solo se recomiendan espacios después de comas en una lista,
  - limitar la longitud de línea a 79 caracteres para el código y 72 para los comentarios.
- En segundo lugar, se trata de facilitar la transmisión de código entre programadores. En este sentido, es recomendable:
  - usar nombres significativos y explícitos,
  - utilizar la convención snake_case para nombres de variables, funciones y métodos, que consiste en utilizar palabras separadas por caracteres de subrayado.
  - usar la convención CamelCase para los nombres de las clases, que consiste en juntar palabras poniendo en mayúsculas el comienzo de cada una,
  - comentar el código adecuadamente con oraciones completas y en inglés,
  - utilizar docstrings para comentar cómo funcionan los módulos, las funciones, las clases y los métodos.

Se recomienda adoptar PEP8. Aportará un verdadero plus en la legibilidad de nuestro código. Observe la posibilidad de utilizar ciertos módulos de Python como black o yapf para reformatear automáticamente el código. Veamos cómo implementarlos:

- black:
  - Instalación del módulo:

```
pip install black
```

  - Formatear un archivo sin aplicar los cambios:

```
black -diff ruta_del_archivo/nombre_archivo.py
```

  - Formatear directamente un archivo:

```
black ruta_del_archivo/nombre_archivo.py
```

  - Formatear directamente todos los archivos de Python en una carpeta:

```
black ruta_de_los_archivos/
```

- yapf:
  - Instalación del módulo:

```
PIP Instalar yapf
```

  - Formatear un archivo sin aplicar los cambios:

```
yapf ruta_del_archivo/nombre_archivo.py
```

  - Formatear directamente un archivo:

```
yapf -i ruta_del_archivo/nombre_archivo.py
```

Además de los módulos de Python, también hay extensiones en los IDE como PyCharm o Visual Studio Code para satisfacer esta necesidad.

PEP8 es un muy buen comienzo en la búsqueda de clarificación del código, pero podemos ir más allá.

2.3.2 Optimización del código

Exploraremos dos formas de escribir el mismo algoritmo para ilustrar la relevancia de la optimización del código. Supongamos que escribimos una función que devuelve el cuadrado de cada miembro de una lista. Esta es una forma básica de comenzar con la función:

```
def square_calculation(lista):
    # Calcular el cuadrado de cada elemento en la lista
    squares = []
    for i in range(len(lista)):
        squares.append(lista[i] * lista[i])

# Devolver el resultado
    return squares

my_list = [1, 2, 3, 4, 5]

square_calculation(my_list)

# Output: [1, 4, 9, 16, 25]
```

La función produce el resultado deseado, pero veamos su versión optimizada mediante el uso de comprensión de listas, una técnica para crear listas de forma concisa:

```
def square_calculation_v2(lista):
    # Comprensión de la lista para calcular cuadrados
    Squares = [x ** 2 for x in lista]
    # Devolver el resultado
    return squares
```

Aquí la función ha ganado en claridad, lo que facilitará la comprensión y el mantenimiento del código más adelante. Hay otro ejemplo de optimización sobre cómo crear un diccionario usando la función `zip`, que combina elementos de dos listas:

```
keys = ['nombre', 'edad', 'ciudad']
values = ['Bob', 25, 'París']

# Método clásico
my_dictionary = {}
for i in range(len(keys)):
    my_dictionary[keys[i]] = values[i]
```

```
# Método más ingenioso
my_dictionary = {k: v for k, v in zip(keys, values)}
```

Observación

El sitio web de Codewars (https://www.codewars.com/) es una muy buena manera de hacer que su código evolucione. Ofrece una plataforma interactiva para resolver una variedad de problemas y se destaca por su sistema de clasificación de soluciones que permite a los usuarios acceder a los mejores enfoques y perfeccionar sus habilidades de programación.

3. Uso avanzado

La práctica de la ciencia de datos requiere el dominio de algunas de las características más avanzadas de Python, que nos centraremos en definir.

La importación de las diferentes librerías necesarias para la realización de nuestro programa es lo primero en nuestro código. Es importante empezar por ver cómo manejarlas.

3.1 Gestión de las librerías

Las librerías son conjuntos de funciones de Python que facilitan el manejo de problemas complejos. Permiten escribir código de manera mucho más fácil y generar programas que no podríamos implementar sin ellas. Antes de ver cómo funcionan, hay que señalar que una librería evoluciona con el tiempo, que a menudo recurre a otras librerías que también evolucionan y no es raro encontrar problemas de compatibilidad entre ellas. Por este motivo, saber cómo entender y mantener este ecosistema es un paso sencillo, aunque obligatorio, para poder llevar a cabo nuestra tarea.

Observación

Usaremos los términos «librería» y «módulo» para referirnos indistintamente a las librerías.

3.1.1 Instalación

La instalación de un módulo es una operación muy común. Lo único que tiene que hacer es abrir un símbolo del sistema, independientemente de la plataforma, y escribir (tenga cuidado de poner *pip* en minúsculas):

```
pip install nombre_modulo
```

En esta ilustración, recurrimos a Windows PowerShell en Windows:

Conviene precisar aquí que, en Windows, el comando se debe ejecutar en la subcarpeta Scripts de la carpeta del programa Python. Para asegurarnos, comprobaremos que existe un archivo llamado pip.exe.

3.1.2 Actualización

A medida que las librerías evolucionan, es posible que se deban actualizar. Se puede conocer la versión de una librería de dos maneras:

- O mostrando la versión de todas las librerías presentes:

```
pip freeze
```

- O bien solicitando los detalles de una librería en particular con el siguiente comando:

```
pip show <nombre_modulo>
```

Una vez conocida la versión, podemos proceder a actualizar el paquete:

```
pip install --upgrade <nombre_modulo>
```

3.1.3 Eliminación

Una librería se puede eliminar si ya no se utiliza:

```
pip uninstall <nombre_modulo>
```

Sin embargo, asegúrese de que no sea necesaria para la ejecución de otro módulo, aunque bastará con volver a instalarla si este es el caso.

En algunas situaciones, especialmente si se han instalado muchas librerías, puede suceder que no sea posible instalar una nueva librería debido a conflictos entre ciertos paquetes. En lugar de perder el tiempo investigando, podemos crear un entorno virtual.

3.2 El entorno virtual

3.2.1 Desplegar un entorno virtual

El entorno virtual es la garantía de tener un entorno Python que utiliza únicamente las librerías necesarias para su correcto funcionamiento, evitando así problemas de incompatibilidad y facilitando las actualizaciones.

Inicialmente, un entorno virtual contiene solo el programa Python sin ningún paquete. Dependerá de nosotros instalarlas. Podemos crear tantos entornos como queramos, en función de nuestras necesidades. Echemos un vistazo a los pasos para hacerlo.

Lo ideal es definir una carpeta que contenga todos los entornos virtuales que vamos a crear. Esta carpeta se llamará, por ejemplo, «Entornos virtuales».

A continuación, abrimos un símbolo del sistema dentro de esta carpeta y ejecutamos el comando:

```
python -m venv mi_primer_venv
```

Después de la validación, el entorno se creará en unos segundos. Ahora tiene que activarlo:

```
mi_primer_venv/Scripts/Activate.ps1
```

Si todo va bien, veremos el nombre del entorno creado como en esta captura de pantalla:

```
Windows PowerShell

PS D:\Entornos virt> .\mi_primer_venv\Scripts\Activate.ps1
(mi_primer_venv) PS D:\Entornos virt>
```

En este punto, es posible agregar todas las librerías necesarias.

Observación

Tenga en cuenta que, si su versión de Python es anterior a la 3.6, es necesario adquirir el archivo de Python get-pip.py en la siguiente dirección: https://bootstrap.pypa.io/get-pip.py. Regístrelo y ejecútelo en su símbolo del sistema para aprovechar pip.

Finalmente, cuando ya no sea necesario, el entorno se puede deshabilitar de la siguiente manera:

```
deactivate
```

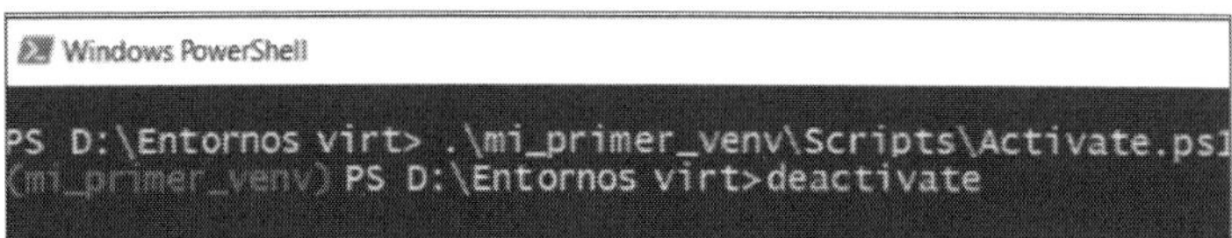

3.2.2 Uso de un entorno virtual en un notebook

Si ahora queremos utilizar este entorno virtual en un notebook, este es el procedimiento que hay que seguir.

Comencemos instalando Jupyter:

```
python -m pip install jupyter
```

A continuación, debemos instalar el módulo ipykernel a fin de desplegar el kernel para el lenguaje Python en Jupyter:

```
python -m ipykernel install --user --name=mi_primer_venv
```

Observación

Asegúrese de escribir dos guiones medios en `user` y `name` y de indicar correctamente el nombre del entorno creado al principio. En nuestro ejemplo, se llamaba mi_primer_venv.

Una vez ejecutados estos comandos, vamos a iniciar Jupyter de esta manera:

```
jupyter notebook
```

Pasados unos segundos, aparecerá el navegador y podremos crear un nuevo notebook basado en nuestro entorno virtual, seleccionándolo de la siguiente manera:

Por último, hay que tener en cuenta que también es posible instalar un módulo directamente desde un notebook. Tiene que ir a una celda e introducir el comando:

```
!pip install nombre_modulo
```

Después de estudiar la gestión de librerías y entornos virtuales, es hora de familiarizarse con los algoritmos; es esencial entenderlos teóricamente antes de aplicarlos en el campo de la ciencia de datos.

3.3 Conceptos útiles para la ciencia de datos

En el amplio campo del análisis y modelado de datos, comprender los diferentes algoritmos y métodos es esencial para ponerlos en práctica. Comencemos esta exploración con el pipeline que se usa comúnmente en el modelado.

3.3.1 El pipeline

El pipeline es una secuencia ordenada de funciones u operaciones aplicadas sucesivamente a los datos, en la que el resultado de cada paso se utiliza como entrada para el siguiente. Esta estrategia se aplicará a nuestros datos con el fin de producir una sucesión de operaciones en cadena. Descubriremos un ejemplo sencillo para practicar y entender este proceso.

Supongamos que queremos aplicar una cadena de transformaciones sucesivas a un valor, de tal manera que obtengamos $y = h(g(f(x)))$. Aquí x es transformada por la función `f`; su resultado, por la función `g`, y, finalmente, por la función `h`.

Este es el código para realizar estas operaciones:

```
pipeline = [
    lambda x: x ** 2 + 5,         # función f
    lambda x: x ** 3 + 3,         # función g
    lambda x: x ** 0.5 + 4        # función h (raíz cuadrada: x debe
ser positiva)
]

resultado = 3
for f in pipeline:
    resultado = f(resultado)
    print(resultado)
```

```
14
2747
56.41183072551463
```

Este enfoque nos permitirá crear una secuencia de operaciones reproducibles en las que solo necesitamos ajustar el valor de entrada. En el contexto del tratamiento de datos, un ejemplo de pipe sería recuperar los datos, dividirlos en un conjunto de entrenamiento y prueba y aplicarles un algoritmo específico. Entonces solo tendríamos que cambiar el algoritmo de toma de decisiones porque, gracias al pipeline, todas las demás operaciones se aplicarían automáticamente.

El despliegue de algoritmos se realiza, precisamente, apoyándose en la programación orientada a objetos (POO), cuyo funcionamiento, sin entrar en demasiados detalles, es importante describir.

3.3.2 Programación orientada a objetos (POO)

La analogía con el automóvil es una buena manera de entender la programación orientada a objetos. Supongamos que tenemos un molde para crear un coche. Este molde corresponde a la clase en la POO, y la creación de un automóvil se describiría como una instancia. Además, el coche en cuestión posee características (su color, su forma, etc.) llamadas atributos, y comportamientos (avanzar, retroceder, etc.) llamados métodos. De este modo, podremos crear tantos coches como necesitemos, que de forma natural poseerán los atributos y los métodos asociados a su clase. Nada nos impedirá después añadir o eliminar atributos y métodos, pero siempre tendremos la certeza de partir de un coche funcional.

Traduzcamos el ejemplo a código:

```
# Definición de la clase Coche
class car:
    def __init__(self, defined_color, car_type):
        self.defined_color = defined_color
        self.car_type = car_type

    def move_forward(self):
        print("El coche avanza.")

    def move_back(self):
        print("El coche retrocede.")

# Creación de una instancia de la clase Coche
my_car = car(defined_color ="rojo", car_type ="berlina")

# Acceso a los atributos y llamada de los métodos
print("Color del coche:", my_car.defined_color)
print("Forma del coche:", my_car.car_type)

# Acceso a los métodos
my_car.move_forward()
my_car.move_back()
```

Este conocimiento de cómo funciona la POO es importante para practicar correctamente, por ejemplo, los algoritmos del módulo Scikit-Learn, que se basan en él. Entonces será más fácil familiarizarse e interactuar con ellos.

Pasemos ahora a los decoradores, que son un poco menos conocidos por el público en general, pero que resultarán extremadamente útiles en nuestra programación.

3.3.3 Los decoradores

Los decoradores son funciones que reciben otra función como argumento y la dotan de otras funcionalidades sin modificarla. Esta técnica es muy útil si queremos, por ejemplo, medir el tiempo de ejecución o comprobar que se cumplen los requisitos previos necesarios para la correcta ejecución de una función. De hecho, vamos a proporcionar el código de estos dos ejemplos para apreciar su interés.

Comencemos por el cronometraje de una función:

```
import time

# Decorador de cronometraje de función
def timer_decorator(func):
    def wrapper(*args, **kwargs):
        start_time = time.time()
        result = func(*args, **kwargs)
        end_time = time.time()
        print(f"La función {func.__name__} ha tardado
{end_time - start_time:.5f} segundos en ejecutarse.")
        return result
    return wrapper

# Funciones a decorar
@timer_decorator
def slow_function():
    time.sleep(3)
    print("Función lenta ejecutada")

@timer_decorator
def fast_function():
    print("Función rápida ejecutada")

# Llamada a las funciones decoradas
slow_function()
fast_function()
```

La función `timer_decorator` será muy útil cuando necesitemos medir el tiempo de ejecución de una función. Lo único que tenemos que hacer es colocarla justo antes, precedida de una `@`, y nos indicará el tiempo de cálculo.

Por otro lado, exploremos ahora el código para comprobar que los argumentos proporcionados son correctos. Esta es una precaución muy útil para asegurarnos de que no tendremos bugs o resultados erróneos:

```
# Decorador para comprobar los argumentos de una función
def validate_arguments(func):
    def wrapper(*args, **kwargs):
        # Verifica si todos los argumentos son positivos
        if all(isinstance(arg, (int, float)) and arg > 0 for
arg in args):
            print("Los tipos de los argumentos son correctos.")
            return func(*args, **kwargs)
        else:
            print("Los tipos de los argumentos son
incorrectos.")
            #raise ValueError("Todos los argumentos deben ser
números positivos.")
    return wrapper

# Función a decorar
@validate_arguments
def calculate_rectangle_area(length, width):
    return length * width

# Uso de la función decorada
area = calculate_rectangle_area(5, 4)
#area = calculate_rectangle_area("5", 4)
print("Área del rectángulo:", area)
```

Aquí, tenemos dos definiciones de la variable `area`. Encontraremos que la primera versión devolverá el mensaje de que todos los argumentos son correctos, a diferencia de la segunda versión, cuyo primer argumento, «5», es una cadena.

Todas estas técnicas de programación contribuyen a hacer el código más fiable y a evitar errores que puedan comprometer la solución de apoyo a la toma de decisiones implementada. Aun así, pese a todas las precauciones, algunos errores pueden persistir. En esos casos, resulta conveniente prever un mecanismo de gestión de errores que permita manejar las situaciones problemáticas.

3.3.4 Gestión de errores

La gestión de los errores ayuda a que el código sea más robusto y evita perder el tiempo lidiando con bloqueos. Los decoradores, que hemos abordado con anterioridad, pueden desempeñar este papel. También tenemos dos técnicas útiles que vale la pena discutir: with y try-except.

Utilizar with

La técnica with en Python se utiliza para garantizar una gestión limpia de los recursos mediante la automatización de las acciones de inicio y cierre, como abrir y cerrar archivos, asegurando que se cierren incluso en caso de excepciones. Esta práctica se usa comúnmente para abrir un archivo, como en este caso:

```
# Apertura del archivo en modo lectura con el método "with"
with open("ejemplo.txt", "r") as f:
    # Lee el contenido del archivo y lo asigna a la variable "data"
    data = f.read()
    # Muestra el contenido leído
    print(data)

# Al final del bloque "with", el archivo se cierra automáticamente,
incluso en caso de excepción.
```

Esta precaución se presenta a menudo para archivos TXT, pero también podemos aplicarla a archivos CSV, XLSX, etc.

Usar try-except

La segunda técnica, try-except, se va a utilizar mucho más. Consiste en decirle al programa cómo manejar las excepciones en el código. Para ello, iniciamos un comando precedido por `try` y a continuación indicamos cómo manejar la excepción precediéndola por `except`. La estructura es la siguiente:

```
try:
    # Código a comprobar
except SomeExcepcion:
    # Código a ejecutar en caso de excepción
```

Dos palabras clave adicionales pueden seguir a la rutina except:

- `else`: si no se ha producido ninguna excepción. Es opcional y se debe utilizar solo si es necesario.

```
try:
    # Operación que puede generar una excepción
    result = 10 / x
except ZeroDivisionError:
    # Código ejecutado si se intenta una división por cero
    print("Se ha intentado una división por cero")
else:
  print("La división se ha podido realizar")
  print(result)
```

- `finally`: se ejecutará independientemente de la excepción. Este comando es útil cuando queremos realizar ciertas acciones, como cerrar el archivo, por ejemplo, para liberar recursos.

```
try:
    # Código a comprobar
except SomeException:
    # Código a ejecutar en caso de excepción
finally:
    # Código a ejecutar independientemente del resultado de
la excepción
```

Después de este recordatorio de los fundamentos de Python, ahora estamos listos para poner en práctica la ciencia de datos de manera concreta.

Capítulo 3
Preparar los datos con Pandas y NumPy

1. Pandas, la librería de Python imprescindible para la manipulación de datos

Ahora estamos listos para explorar y analizar nuestros datos. Para ello, nos apoyaremos en uno de los módulos más imprescindibles de Python: Pandas.

Pandas es la librería de Python para manipular y analizar datos. Fue creada en 2008 por Wes McKinney, un estadístico y desarrollador de Python. Esta librería se ha ido consolidando poco a poco como un elemento esencial para la gestión de datos y ha contribuido a hacer de Python un referente en este campo.

1.1 Instalación

Para empezar, asegurémonos de que esté bien instalada. Si no es así, validemos la siguiente línea en un símbolo del sistema:

```
pip install pandas
```

Una vez instalada, basta con importarla:

```
import pandas as pd
```

El alias `pd` se usa comúnmente para simplificar los comandos relacionados con Pandas y sirve para asegurarse de que los comandos de Pandas que ejecutemos a continuación se refieran a ella.

1.2 Estructura y tipo de datos

Antes de usarla, dediquemos unos momentos a explicar las diferentes estructuras que puede tomar Pandas. La que todo el mundo tiene en mente es el DataFrame de dos dimensiones que parece una hoja de cálculo de Excel, pero, en realidad, hay un tipo por dimensión:

Nombre de la estructura	Número de dimensiones	Principio
Series	1	Datos unidimensionales indexados
DataFrames	2	Hoja de cálculo con filas y columnas
Panels	3	Colección de DataFrames
DataFrames multi-index	4	DataFrames con multiíndice para filas o columnas

Observación

También hay una estructura `panel4D` de cuatro dimensiones, pero está obsoleta y no se recomienda su uso.

En la gran mayoría de los casos, solo se encontrará con series y DataFrames, pero es útil conocer la existencia de las otras estructuras.

La indexación está en el núcleo de estas estructuras, de una manera mucho más presente que en las hojas de cálculo. Proporciona un fácil acceso a filas, columnas o celdas. Pandas ofrece varias formas de hacerlo al permitir referirse a ellas ya sea por su índice o por su nombre.

Una pequeña aclaración útil: la indexación comienza en 0, y no en 1.

En la tabla siguiente se muestran las cuatro formas de hacerlo:

Acción	iloc	loc	at	query
Acceso a una celda	`df.iloc[2,1]`	`df.loc[2, 'Col2']`	`df.at[2, 'Col2']`	Inapropiado
Acceso a una fila	`df.iloc[2, :]`	`df.loc[2, :]`	Inapropi_ado	`df.query ("índice==2")`
Acceso a una columna	`df.iloc[ :,1]`	`df.loc[ :, 'Col2']`	Inapropiado	Inapropiado
Filtrado con condiciones	`mascara = df['A'] > 2 df.iloc[mascara .values, 1]`	`mascara = df['A'] > 2 df.loc[mascara.values, "B"]`	Inapropiado	`df.query ("A>2")`

Observación

La gran diferencia entre `iloc` y `loc`, que son las funciones más utilizadas, es que todo es numérico con `iloc`, mientras que `loc` requiere que especifique el nombre de la variable.

1.3 Posibilidades que ofrece

Más allá del aspecto estructural, veamos juntos lo que ha hecho que Pandas tuviera éxito: su capacidad para satisfacer todas las necesidades inherentes a la manipulación de datos.

Desde el inicio, Pandas garantiza la posibilidad de leer casi cualquier tipo de archivo. Además de los formatos más clásicos, como archivos de texto, CSV, Excel o JSON, también permite leer SQL, archivos propietarios como SAS o SPSS y otros formatos que nos encontraremos más adelante, como HDF5, Parquet o Pickle.

Una vez adquiridos los datos, podemos acceder fácilmente a diferente información, como las dimensiones, el tipo de variable, el número de observaciones distintas de cero por columna o estadísticas descriptivas básicas.

A continuación, Pandas nos ofrece toda la gama de funciones para preparar los datos: eliminar observaciones o columnas, imputar, reemplazar, fusionar otros archivos o crear nuevas variables.

A esto se suman sus capacidades de visualización gráfica, muy prácticas para comprender los datos. Sin embargo, para necesidades más avanzadas, es posible que prefiramos las funcionalidades que ofrecen los módulos dedicados, como Matplotlib o Seaborn.

Esta interoperabilidad con el resto de los módulos es otro de los pilares que hace fuerte a Pandas. Además de las librerías gráficas mencionadas con anterioridad, Pandas interactúa perfectamente con todos los módulos de Python dedicados a la ciencia de datos, como Scikit-Learn o NumPy. Vamos a presentar este último, que actúa a la sombra de Pandas.

2. NumPy, el pilar del cálculo numérico

NumPy es una librería fundamental para el cálculo científico en Python, que actúa como una infraestructura básica para muchas otras librerías. Tomémonos el tiempo para ver juntos qué lo hace fuerte y por qué es omnipresente en los módulos de Python.

2.1 La estructura ndarray

El ndarray, abreviatura de N-dimensionnal array, está realmente en el núcleo de la librería Nupy. También se proponen otras dos estructuras, la matriz y los escalares, pero centraremos nuestra atención en el ndarray, ya que su papel es central.

Observación

Preste atención: muchos nombres diferentes se pueden referir a un ndarray. El término tabla es la forma genérica para calificarlos, pero podemos encontrarnos con el término vector para ndarrays de una dimensión o matriz para los que tienen dos. Más allá de dos dimensiones, es común encontrarse con los nombres: array, NDArray o tensor.

Empecemos por estudiar las características de esta estructura fundamental de NumPy.

2.1.1 Una estructura homogénea

En primer lugar, es una tabla multidimensional homogénea, es decir, puede tener tantas dimensiones como se desee, con la restricción de que todos los datos sean del mismo tipo. He aquí una manera fácil de crear un vector ndarray a partir de una simple lista de Python:

```
import numpy as np
a = [1, 2, 3, 4, 5]
array_numpy = np.array(a)
print(array_numpy.dtype)

# Output: int64
```

En cuanto a la obligación de homogeneidad mencionada anteriormente, se debe tener en cuenta que la introducción de un miembro de tipo coma flotante conduce de facto al cambio del tipo de todo el ndarray:

```
array_numpy_2 = np.array([1.0, 2, 3, 4, 5])
print(array_numpy_2.dtype)

# Output: float64
```

Este ejemplo solo tenía como objetivo crear un ndarray a partir de una estructura familiar. Ahora que ya tenemos confianza, veamos cómo crearlo directamente:

```
inicio = 0
fin = 10 #valor no incluido
incremento = 2
array_numpy = np.arange(inicio, fin, incremento)
# El incremento puede ser decimal

print(array_numpy)
# Output: [0 2 4 6 8]
```

Y el abanico de posibilidades no se detiene ahí. El comando `linspace`, por ejemplo, permite crear un vector con un número de valores de intervalo idénticos, lo cual es muy útil a la hora de elaborar gráficos:

```
array_linspace = np.linspace(0,100,15)
```

Esta simple línea de código generará un vector entre 0 y 100 inclusive, con 15 valores en total a intervalos iguales.

Ahora veamos cómo crear matrices bidimensionales.

Esto se puede hacer directamente desde una tabla de Pandas de la forma más sencilla posible:

```
# df es un DataFrame pandas
array_from_pandas = df.values
```

Aquí, hemos recuperado todo el DataFrame, pero solo podríamos haber obtenido una variable como vector de esta manera:

```
array_col_pandas = df['nombre_columna'].values
```

O incluso:

```
array_cols_pandas = df[['nombre_columa1', 'nombre_columna2',
'nombre_columna3']].values
```

También se nos ofrece la posibilidad de crear una matriz fijando las dimensiones y el contenido. Como una matriz nula, rellena de 0, usando el comando `zeros`:

```
num_rows = 10
num_columns = 10

shape = (num_rows, num_columns)
matriz_zeros = np.zeros(shape)
```

Los comandos `ones` y `full` hacen lo mismo, pero con 1 o un valor específico establecido para todas las casillas, respectivamente:

```
# Matriz rellena de 1
matriz_1 = np.ones(shape)

# Matriz rellena de 100 (Todos los números son posibles):
matriz_100 = np.full(shape, 100)
```

Por último, cabe destacar las diferentes posibilidades que ofrece para generar números aleatorios, ya sean enteros o decimales.

Para los números decimales, podemos solicitar una matriz de números uniformes entre 0 y 1 usando `random.rand`:

```
# Ejemplo de una matriz de 3 filas en 4 columnas:
matrice_rand = np.random.rand(3,4)
```

El uso nos permitirá obtener números gaussianos, es decir, números que tienen una media de 0 y una desviación típica de 1:

```
# Ejemplo de una matriz de 3 filas en 4 columnas:
matriz_rand = np.random.rand(3,4)
```

La creación de números enteros requerirá una operación adicional: el uso de la palabra clave `reshape` porque no es posible definir las dimensiones directamente. Indicaremos en `reshape` el número de filas y columnas que queremos:

```
# Crear una lista de enteros aleatorios
random.randint(low, high=None, size=None)
randint_numpy = np.random.randint(0,50,100)
# Transformar en una matriz de 10 filas por 10 columnas
randint_numpy = randint_numpy.reshape(10,10)
```

Esta matriz se podría haber creado directamente en una línea encadenando comandos:

```
randint_numpy = np.random.randint(0,50,100).reshape(10,10)
```

Observación

Asegúrese de que el producto de las dimensiones de la nueva forma producida con `reshape` corresponda exactamente a la longitud de la lista de números aleatorios; de lo contrario, tendremos un error.

```
array([[ 0, 39, 24, 36, 35,  5,  6,  3, 34, 40],
       [33, 28,  4, 26, 32, 45,  9,  5, 33,  7],
       [30,  8, 20,  7,  3, 21, 27, 44,  3, 38],
       [20,  7, 19, 31,  0,  5, 27, 43, 30,  9],
       [19,  7, 21, 37, 28,  8, 43, 46,  0, 40],
       [38, 25, 10, 34, 23, 32, 19, 26, 14, 32],
       [ 6, 33, 44, 45, 41,  4, 29, 27, 17, 35],
       [ 2, 20, 45, 15, 36, 41,  4, 49, 13, 30],
       [45, 23, 34, 35,  9, 26, 26, 22, 12, 15],
       [34, 26, 38, 46, 16, 47, 40,  0, 10, 11]])
```

Antes de cerrar este punto, señalemos una posibilidad común a todas las estructuras de NumPy: la de definir el dtype que impactará en el rendimiento. Así, cuanto mayor sea el espacio asignado en bits, mayor será la precisión, pero a expensas del tiempo de cálculo y viceversa.

Veamos las consecuencias de cambiar los tipos en una matriz:

```
# Definición de la semilla de aleatoriedad para obtener el mismo
resultado
np.random.seed(0)

m1 = np.random.randn(3,4)
m2 = m1.astype(np.float16) # Modificación del tipo de 64 a 16 bits

print("m1:\n",m1)
print("m2:\n",m2)
```

```
m1:
 [[ 1.76405235  0.40015721  0.97873798  2.2408932 ]
 [ 1.86755799 -0.97727788  0.95008842 -0.15135721]
 [-0.10321885  0.4105985   0.14404357  1.45427351]]
m2:
 [[ 1.764   0.4001  0.9785  2.24  ]
 [ 1.867  -0.977   0.95   -0.1514]
 [-0.1032  0.4106  0.144   1.454 ]]
```

Después de esta exploración de las diferentes estructuras, veamos cómo acceder a los datos.

2.1.2 Indexación

Al igual que en las listas de Python, los elementos de las matrices se indexan, lo que facilita el acceso. Pero la comparación con las listas simples de Python termina ahí, ya que los ndarrays ofrecen mucha más velocidad y opciones.

Empecemos por averiguar cómo acceder a nuestros datos.

El acceso a un elemento específico, como parte de una matriz bidimensional, consiste simplemente en proporcionar el número de fila y de columna:

```
print(m2[0,1]) # Mostrar el elemento fila 0 / columna 1
       # Output: 0.4001
```

Si queremos acceder a una fila o una columna en particular, basta con usar los «:» para incluir todos los elementos en cuestión:

```
print(m2[0, :]) # Mostrar la primera fila (de índice 0)
# Output: array([1.764 , 0.4001, 0.9785, 2.24 ], dtype=float16)
```

```
print(m2[ :, 1]) # Mostrar la segunda columna (de índice 1)
# Output: array([ 0.4001, -0.977 , 0.4106], dtype=float16)
```

También podemos usar los «:» como en el contexto de las listas, para mostrar varias filas o columnas, como aquí:

```
print(m2[ :, 1:3]) # Mostrar las columnas de índice 1 y 2



# Output:
array([[ 0.4001,  0.9785],
       [-0.977 ,  0.95  ],
       [ 0.4106,  0.144 ]], dtype=float16)
```

Por último, el acceso a las columnas o filas discontinuas se realiza a través de una lista como la siguiente:

```
print(m2[:, [0,3]] # Mostrar las columnas de índice 0 y 3

# Output:
array([[ 1.764 ,  2.24  ],
       [ 1.867 , -0.1514],
       [-0.1032,  1.454 ]], dtype=float16)
```

Invitamos a aquellos que aún no están muy familiarizados con este tipo de indexación a que se tomen el tiempo para practicarla porque NumPy la empleará constantemente durante las diferentes etapas.

Aprovechemos este punto sobre la indexación para abordar el tema de las operaciones con tablas, que encontraremos con frecuencia.

2.1.3 Modificar estructuras

Es común tener que actuar sobre la estructura de los datos. De hecho, algunas etapas requieren ensamblar tablas; otras, aplanar el vector o jugar con sus dimensiones. Se requiere un enfoque rápido, empezando por lo que es mejor evitar: la fusión.

La fusión, también llamada merging, que consiste en combinar dos tablas mediante una clave principal de ensamblado, se realiza mejor con Pandas, que ofrece todas las funcionalidades necesarias para este propósito. Más adelante veremos cómo llevar a cabo esta operación en las mejores condiciones.

En cambio, la concatenación, que consiste en yuxtaponer tablas vertical u horizontalmente, es muy sencilla de realizar con NumPy. Se puede hacer en cada orientación de dos maneras.

He aquí las dos formas de llevarla a cabo horizontalmente:

```
# Crear dos tablas NumPy
array1 = np.array([[1, 2, 3], [4, 5, 6]])
array2 = np.array([[7, 8], [9, 10]])

# Concatenación horizontal con numpy.concatenate
concatenated_array_concat = np.concatenate((array1, array2), axis=1)

# Concatenación horizontal con numpy.hstack
concatenated_array_hstack = np.hstack((array1, array2))

print("Resultado de la concatenación con numpy.concatenate:")
print(concatenated_array_concat)
print("\nResultado de la concatenación con numpy.hstack:")
print(concatenated_array_hstack)
```

```
Resultado de la concatenación con numpy.concatenate:
[[ 1  2  3  7  8]
 [ 4  5  6  9 10]]

Resultado de la concatenación con numpy.hstack:
[[ 1  2  3  7  8]
 [ 4  5  6  9 10]]
```

A continuación, se explica cómo fusionar verticalmente:

```
# Crear dos tablas NumPy
array1 = np.array([[1, 2, 3], [4, 5, 6]])
array2 = np.array([[7, 8, 9], [10, 11, 12]])

# Concatenación vertical con numpy.concatenate
concatenated_array_concat = np.concatenate((array1, array2), axis=0)

# Concatenación vertical con numpy.vstack
concatenated_array_vstack = np.vstack((array1, array2))

print("Resultado de la concatenación con numpy.concatenate:")
print(concatenated_array_concat)
print("\nResultado de la concatenación con numpy.vstack:")
print(concatenated_array_vstack)
```

```
Resultado de la concatenación con numpy.concatenate:
[[ 1  2  3]
 [ 4  5  6]
 [ 7  8  9]
 [10 11 12]]

Resultado de la concatenación con numpy.vstack:
[[ 1  2  3]
 [ 4  5  6]
 [ 7  8  9]
 [10 11 12]]
```

Después de este enfoque en las concatenaciones, abordaremos un aspecto de la manipulación de matrices que es crucial en la ciencia de datos: el cambio en la estructura de los ndarrays. Se explorarán tres palabras clave para resolver tres situaciones:

Aplanar con ravel

Durante la manipulación o el preprocesamiento de datos, puede ser necesario aplanar una matriz en un vector unidimensional. El comando `ravel` nos ayuda con esto:

```
x = np.array([[1, 2, 3], [4, 5, 6]])
y = np.ravel(x)
print(y)
# Output: array([1, 2, 3, 4, 5, 6])
```

La matriz x de dos filas por tres columnas se transformará así en un vector plano y de seis miembros. Por lo tanto, la forma (`shape`) pasa de (2,3) a (6,).

Tenga en cuenta que el uso de `reshape(x,-1)` produce el mismo resultado:

```
y = np.reshape(x,-1)
```

Nos basamos en este comando `reshape` para resolver una pequeña sutileza que puede bloquear nuestro código más adelante.

Pasar de un vector unidimensional a un vector columna con reshape

La recuperación de una columna de Pandas en un ndarray no conserva la forma de columna original. Esta no conservación de la forma causa problemas para algunos algoritmos, que requieren un vector columna y, en cambio, tienen un vector unidimensional. He aquí un ejemplo de este fenómeno:

```
import pandas as pd
import numpy as np

# Crear un diccionario de datos
data = {
    'col1': [1, 2, 3, 4, 5],
    'col2': [0.1, 0.2, 0.3, 0.4, 0.5],
}

# Crear un DataFrame
df = pd.DataFrame(data)
b = df['col1'].values

print(b)
# Output: array([1, 2, 3, 4, 5])

print(b.shape)
# Output: (5,)
```

El vector unidimensional es reconocible por su forma en `(n,)` para el cual vemos un espacio en blanco después del punto decimal. Aquí es donde vamos a usar `reshape` para restablecer el 1 que falta después de la coma.

```
b = b.reshape(b.shape[0],1)
print(b)

# Output:
```

```
array([[1],
       [2],
       [3],
       [4],
       [5]])
```

Para no cometer errores y favorecer la automatización, se recomienda el uso de `b.shape[0]`, que representa el número de filas. La adición del 1 después de la coma restaurará el estado del vector columna de b y su forma ahora será (5, 1).

Cambiar de un vector columna a un vector unidimensional con squeeze

En otros casos, como la visualización de imágenes o la construcción de ciertos gráficos, la forma del vector columna puede ser problemática. Squeeze nos ayudará a volver al vector unidimensional de la forma (n,) de la siguiente manera:

```
c = b.squeeze()
print(c)
# Output: array([1, 2, 3, 4, 5])
```

A partir de ahora, el vector c tiene, de hecho, la forma (5,).

Esta verificación, en un sentido o en el otro, es muy recomendable y le permitirá superar pequeños bloqueos frecuentes.

2.1.4 Vectorización

La vectorización es una de las grandes fortalezas de NumPy. Ofrece la posibilidad de transformar todos los miembros de un ndarray sin tener que pasar por un bucle. He aquí un ejemplo sencillo que ilustra esta posibilidad. Tenga en cuenta que el tipo también se ha modificado de forma homogénea para adaptarse a las restricciones del cálculo.

```
import numpy as np

# Crear una tabla 2D
arr = np.array([[1, 2, 3],
                [4, 5, 6],
                [7, 8, 9]])
```

```
print(arr.dtype)
# Output: int64

print(arr)
# Output:
[[1 2 3]
 [4 5 6]
 [7 8 9]]

# Dividir todos los elementos por 2
resultado = arr / 2

print(resultado.dtype)
# Output: float64

print(resultado)
# Output:
[[0.5 1.  1.5]
 [2.  2.5 3.]
 [3.5 4.  4.5]]
```

Esta posibilidad resultará muy práctica durante las numerosas operaciones de transformación de nuestros datos, como la normalización, la estandarización o cualquier otra operación que requiera actuar sobre el conjunto de los datos.

2.2 La potencia al servicio del cálculo científico

Además de las ventajas estructurales y las relacionadas con la vectorización, el alto rendimiento combinado con una amplia variedad de cálculos científicos ha contribuido en gran medida a la popularidad de la librería NumPy.

El uso del lenguaje C, reconocido por ser más rápido que Python, así como las optimizaciones internas de la librería, explican esta potencia. Esto tiene consecuencias en toda la cadena de operaciones, ya que, cuando un cálculo es más rápido, son posibles más experimentaciones, lo que suele ser una garantía de éxito en la ciencia de datos.

Para hacernos una idea del ahorro de tiempo, comparemos el rendimiento del cálculo del inverso en una lista grande de un millón de dígitos entre una función clásica y la ejecución directa con NumPy:

```
# Crear una función para invertir los elementos de una lista
def inverse_calculation(values):
  output = np.empty(len(values))
  for i in range(len(values)):
    output[i]=1.0/values[i]
  return output
```

```
# Crear una lista de un millón de dígitos aleatorios entre 1 y 9
Tab_large = np.random.randint(1,10,size=1000000)
```

Con el método clásico, se tarda 1,99 segundos en completar el cálculo (este tiempo puede variar en función del ordenador). Utilizamos la función `%timeit` para medir el tiempo de ejecución.

```
%timeit inverse_calculation(Tab_large)
# Output:  1.99 s ± 415 ms per loop (mean ± std. dev. of 7 runs,
1 loop each)
```

Con NumPy vamos de una forma mucho más directa: el tiempo es de 2,06 milisegundos:

```
%timeit inverse_calculation(1.0/Tab_large)
# Output: 2.06 ms ± 79.7 µs per loop (mean ± std. dev. of 7 runs,
100 loops each)
```

El cálculo fue casi 1000 veces más rápido con NumPy.

2.3 Las posibilidades que ofrece NumPy

NumPy proporciona todos los tipos de cálculos que necesitan los científicos de datos. Y todo en perfecta armonía con los demás módulos.

Tomemos un momento para ver las opciones disponibles en materia de cálculo.

2.3.1 Operaciones matemáticas básicas

Todas las operaciones matemáticas que podríamos encontrar en una calculadora científica están presentes. El uso de la vectorización, mencionado anteriormente, también facilita en gran manera el uso de fórmulas.

Todo se realiza con un código legible y fácil de mantener, lo cual también es un punto fuerte de NumPy, una vez que hemos adoptado su lógica de funcionamiento.

Observemos lo sencillo que es producir la suma global, por fila y por columna, de cualquier matriz jugando con el parámetro `axis`:

```
# Crear una matriz cuadrada de 5 por 5
arr2d = np.arange(25).reshape(5,5)
print(arr2d)
```

```
[[ 0  1  2  3  4]
 [ 5  6  7  8  9]
 [10 11 12 13 14]
 [15 16 17 18 19]
 [20 21 22 23 24]]
```

```
# Suma global
print(arr2d.sum())
# Output: 300

# Suma por columna
print(arr2d.sum(axis=0))
# Output: [50 55 60 65 70]

# Suma por fila
print(arr2d.sum(axis=1))
# Output: [ 10  35  60  85 110]
```

2.3.2 Álgebra lineal y cálculos estadísticos

Para profundizar en la complejidad, veamos cómo resolver el siguiente sistema de ecuaciones lineales:

$2x + 3y = 2$

$4x + y = 14$

Con NumPy, he aquí cómo utilizar el sistema para resolverlo:

```
# Coeficientes del sistema de ecuaciones
coefficients = np.array([[2, 3], [4, 1]])

# Términos constantes
constants = np.array([2, 14])

# Resolución del sistema de ecuaciones
solution = np.linalg.solve(coefficients, constants)

print("La solución del sistema de ecuaciones es:", solution)
# Output: La solución del sistema de ecuaciones es: [ 4. -2.]
```

En el registro estadístico, NumPy también dispone de todas las herramientas necesarias para el estudio de variables. A continuación, se muestra un ejemplo de creación de un diccionario de indicadores estadísticos utilizando una función. Podremos aplicar esta función sobre cualquier variable y así obtener un estado inmediato:

```
def describe_np(data):
    """
    Cálculo de las estadísticas descriptivas para una tabla
NumPy.
    """
    stats = {}
    stats['count'] = len(data)
    stats['mean'] = np.mean(data)
    stats['std'] = np.std(data)
    stats['min'] = np.min(data)
    stats['25%'] = np.percentile(data, 25)
    stats['50%'] = np.percentile(data, 50)
    stats['75%'] = np.percentile(data, 75)
    stats['max'] = np.max(data)
    return stats

# Ejemplo de uso
sales_data = np.array([350, 420, 290, 480, 510, 380, 410])
sales_stats = describe_np(sales_data)

# Visualización de estadísticas
print("Estadísticas descriptivas de las ventas:")
for key, value in sales_stats.items():
    print("{}: {}".format(key, value))
```

```
Estadísticas descriptivas de las ventas:
count: 7
mean: 405.7142857142857
std: 69.45854732081838
min: 290
25%: 365.0
50%: 410.0
75%: 450.0
max: 510
```

También hay que tener en cuenta que NumPy ofrece toda la gama de funciones, interpolaciones, transformaciones y optimizaciones, cuya presentación completa no sería relevante. Pero animamos a los más curiosos a que las exploren más adelante para apreciar la riqueza de NumPy en herramientas matemáticas.

Para terminar con un aspecto más inesperado, echemos un vistazo a cómo se puede usar NumPy en el campo de las imágenes.

2.3.3 Creación de imágenes

NumPy participa activamente en muchas librerías, especialmente las dedicadas al procesamiento de imágenes, como OpenCV, imageio o scikit-image. Esto se debe principalmente al hecho de que NumPy ofrece una estructura de datos relevante y eficiente para manipular y almacenar datos de imágenes en forma de matrices multidimensionales.

Para convencernos, he aquí un ejemplo simple de creación de una imagen cuadrada aleatoria de 100 píxeles de lado en blanco y negro. Para aquellos que no están familiarizados con las imágenes, recordemos que un píxel tiene dos coordenadas (x y) y un valor entre 0 y 255, lo que permite 256 tonos de gris entre el 0, que equivale a negro, y 255, a blanco. Estos valores también se pueden interpretar de manera decimal en el intervalo [0,1]. Por lo tanto, creamos 10 000 puntos con un valor de gris aleatorio en una línea de código:

```
import numpy as np
import matplotlib.pyplot as plt

# Creación de una imagen con NumPy
img = np.random.rand(100, 100)

# Título
```

```
plt.title("Imagen aleatoria creada con Numpy\n")

# Visualización de la imagen
plt.imshow(img, cmap='gray')
plt.show()
```

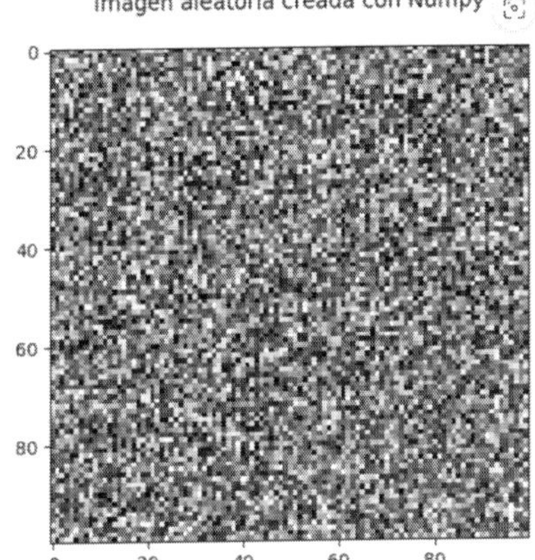

Nuestra introducción a NumPy está llegando a su fin. Aunque parcial, ha puesto de manifiesto la riqueza de las funcionalidades de esta librería, cuyo dominio es muy recomendable porque estará omnipresente en todas las etapas de nuestro trabajo con datos.

Ahora pondremos en práctica estas dos librerías y comenzaremos el proceso de feature engineering, que consiste en de recopilar, limpiar, explorar y analizar los datos.

3. Recogida de datos

Es bueno definir el archivo de trabajo antes de empezar. De hecho, la importación y la exportación de archivos de todo tipo será habitual, y establecer el camino de una vez por todas hará que no tengamos que repetirlo.

Esto podemos hacerlo gracias a la librería `os`, cuyo acrónimo corresponde a Operating System. De hecho, es una librería estándar, pero esencial para interactuar con el sistema operativo y manipular archivos y carpetas, incluida, en nuestro caso, la administración de rutas de acceso.

La definición de la carpeta de trabajo se realiza de la siguiente manera:

```
import os
os.chdir(r"D:\ENI\CAP_03")
```

La «r» antes de las comillas es importante porque le dice al sistema que es una cadena sin procesar, lo que impide la interpretación de caracteres como \n, que se refiere al salto de línea, o \t, que crea una tabulación.

Podemos verificar que la carpeta se ha configurado de esta manera:

```
os.getcwd()
# Output: 'D:\\ENI\\CAP_03'
```

Para aquellos que deseen utilizar notebooks de Google Colab, el método requiere un paso adicional porque primero debe declarar la carpeta del Drive.

```
from google.colab import drive
drive.mount(r'/content/gdrive')
```

Una vez ejecutadas estas dos líneas, aparecerán sucesivamente cuatro pantallas:

- **Pantalla 1**: haga clic en **Conectar a Google Drive**.
- **Pantalla 2**: haga clic en la cuenta de correo electrónico que quiere utilizar.
- **Pantalla 3**: el título de la pantalla es **Iniciar sesión en Google Drive for desktop**. Haga clic en **Continuar**.
- **Pantalla 4**: el título de la pantalla es **Google Drive desea acceso adicional a su cuenta de Google**. Haga clic en **Continuar**.

Después de estos cuatro pasos, el acceso a la unidad está activo y podemos usar el procedimiento anterior para configurar la carpeta de trabajo.

3.1 Adquisición y control de los datos

Ahora veamos cómo acceder a nuestros datos. Asegúrese de colocar previamente nuestros archivos de datos en la carpeta de trabajo (o en una subcarpeta).

3.1.1 Formatos de archivo de datos clásicos

Utilizaremos Pandas para adquirir nuestros datos. La librería puede leer casi todos los tipos de archivos (Excel, CSV, TXT, JSON, SQL, etc.). He aquí una tabla resumida de los comandos que comienzan, todos, por `read_`:

Tipo de archivo	Extensión	Comando	Observaciones	Opciones importantes
Excel	XLS	`pd.read_excel('nombre_del_archivo.xls')`	Módulo necesario: `pip install xlrd`	sheet_name
	XLSX	`pd.read_excel('nombre_del_archivo.xlsx')`	Módulo necesario: `pip install openpyxl`	Header usecols dtypes
CSV	CSV (en inglés)	`pd.read_csv('nombre_del_archivo.csv', sep=';')`		sep
Texto	Txt	`pd.read_csv('nombre_del_archivo.txt',delimiter='\t')`		delimiter

Tipo de archivo	Extensión	Comando	Observaciones	Opciones importantes
JSON	JSON	`pd.read_json('nombre_del_archivo.json')`		
		`pd.json_normalise ('nombre_del_archivo.json')`	Priorizar para los JSON que contienen estructuras anidadas	

Aparte de estos formatos de archivo, es común encontrar archivos SQL.

La lectura de este tipo de archivo requiere un paso adicional, así como el uso del módulo que administra el SQL. Usaremos `sqlite3`, que es la solución más fácil para leer directamente un archivo db.

```
import sqlite3

# Dirección del archivo db
conn = sqlite3.connect(r"D:\...\archivo_db.db")

df = pd.read_sql_query('SELECT * FROM Mi_tabla', conn)
```

Observación

Es importante conocer el nombre de la base de datos a la que se va a llegar.

3.1.2 Adquisición de datos en la práctica

Para nuestro ejemplo, usaremos el archivo CSV Restaurants.csv disponible aquí:
https://raw.githubusercontent.com/eric2mangel/BDD/refs/heads/main/Restaurants.csv

Una vez recuperado el archivo, usaremos el comando `read_csv()` para leerlo:

```
import pandas as pd
df = pd.read_csv(r"Restaurants.csv")
```

Lo primero que hay que hacer después de la validación es comprobar que nuestros datos se leen correctamente mostrando las cinco primeras líneas con el comando `head()`. Este comando muestra esas primeras cinco filas de forma predeterminada, pero basta con que ponga el número deseado entre paréntesis para obtener el número correspondiente de filas:

```
df.head()
```

Observación

El equivalente inverso de `head()` es `tail()`, que muestra las últimas x líneas del DataFrame.

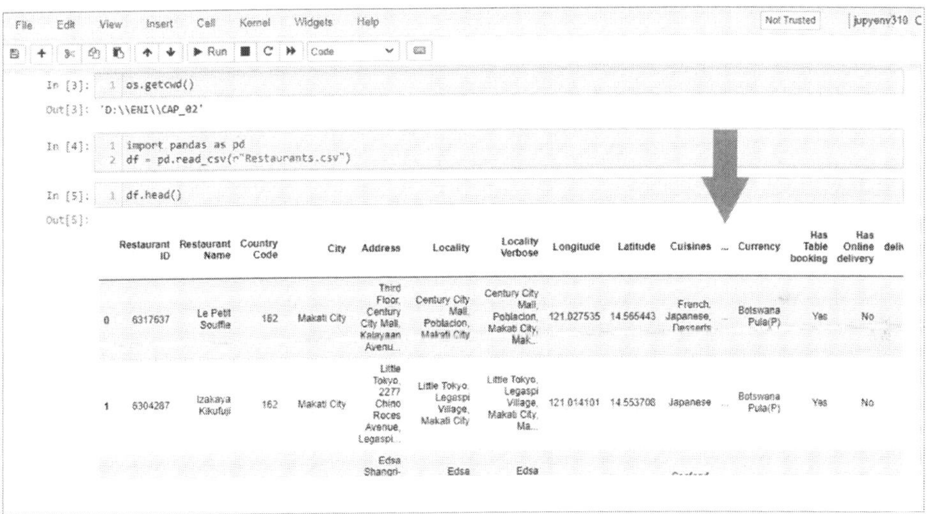

Primera observación: nuestros datos se leen correctamente, pero notamos la presencia de «...» entre los nombres de las columnas, lo que indica que no se han mostrado todas.

Al modificar la opción de pandas `options.display.max_columns`, obtenemos como resultado que todas nuestras columnas sean accesibles moviendo la barra de desplazamiento horizontal:

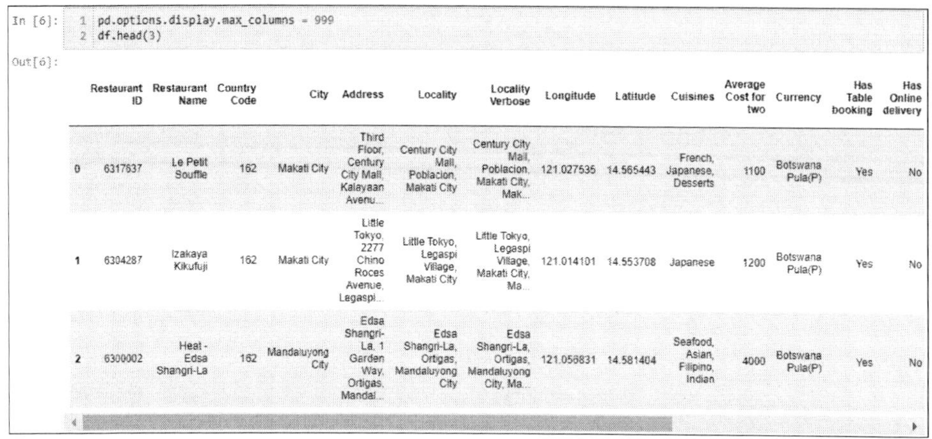

```
In [6]: pd.options.display.max_columns = 999
        df.head(3)
Out[6]:
```

	Restaurant ID	Restaurant Name	Country Code	City	Address	Locality	Locality Verbose	Longitude	Latitude	Cuisines	Average Cost for two	Currency	Has Table booking	Has Online delivery
0	6317637	Le Petit Souffle	162	Makati City	Third Floor, Century City Mall, Kalayaan Avenu...	Century City Mall, Poblacion, Makati City	Century City Mall, Poblacion, Makati City, Mak...	121.027535	14.565443	French, Japanese, Desserts	1100	Botswana Pula(P)	Yes	No
1	6304287	Izakaya Kikufuji	162	Makati City	Little Tokyo, 2277 Chino Roces Avenue, Legaspi...	Little Tokyo, Legaspi Village, Makati City	Little Tokyo, Legaspi Village, Makati City, Ma...	121.014101	14.553708	Japanese	1200	Botswana Pula(P)	Yes	No
2	6300002	Heat - Edsa Shangri-La	162	Mandaluyong City	Edsa Shangri-La, 1 Garden Way, Ortigas, Mandal...	Edsa Shangri-La, Ortigas, Mandaluyong City	Edsa Shangri-La, Ortigas, Mandaluyong City, Ma...	121.056831	14.581404	Seafood, Asian, Filipino, Indian	4000	Botswana Pula(P)	Yes	No

Es importante desde el principio ejecutar el comando `info()` para conocer las características de nuestros datos:

```
In [7]: df.info()

<class 'pandas.core.frame.DataFrame'>
RangeIndex: 9551 entries, 0 to 9550
Data columns (total 21 columns):
 #   Column                Non-Null Count  Dtype
---  ------                --------------  -----
 0   Restaurant ID         9551 non-null   int64
 1   Restaurant Name       9551 non-null   object
 2   Country Code          9551 non-null   int64
 3   City                  9551 non-null   object
 4   Address               9551 non-null   object
 5   Locality              9551 non-null   object
 6   Locality Verbose      9551 non-null   object
 7   Longitude             9551 non-null   float64
 8   Latitude              9551 non-null   float64
 9   Cuisines              9542 non-null   object
 10  Average Cost for two  9551 non-null   int64
 11  Currency              9551 non-null   object
 12  Has Table booking     9551 non-null   object
 13  Has Online delivery   9551 non-null   object
 14  Is delivering now     9551 non-null   object
 15  Switch to order menu  9551 non-null   object
 16  Price range           9551 non-null   int64
 17  Aggregate rating      9551 non-null   float64
 18  Rating color          9551 non-null   object
 19  Rating text           9551 non-null   object
 20  Votes                 9551 non-null   int64
dtypes: float64(3), int64(5), object(13)
memory usage: 1.5+ MB
```

El recurso a este comando es muy instructivo. Nos informa sobre el número de filas y columnas, sus nombres y sus tipos, la cantidad de memoria utilizada y el número de menciones distintas de cero. Aquí, todo está bien cumplimentado, excepto la variable `Cuisines`, que presenta nueve menciones ausentes. Veremos más adelante el tema de los valores ausentes y cómo gestionar estas situaciones.

Continuemos nuestra toma de contacto produciendo las estadísticas de las variables numéricas con `describe()`.

```
In [8]: 1 df.describe()
Out[8]:
```

	Restaurant ID	Country Code	Longitude	Latitude	Average Cost for two	Price range	Aggregate rating	Votes
count	9.551000e+03	9551.000000	9551.000000	9551.000000	9551.000000	9551.000000	9551.000000	9551.000000
mean	9.051128e+06	18.365616	64.126574	25.854381	1199.210763	1.804837	2.666370	156.909748
std	8.791521e+06	56.750546	41.467058	11.007935	16121.183073	0.905609	1.516378	430.169145
min	5.300000e+01	1.000000	-157.948486	-41.330428	0.000000	1.000000	0.000000	0.000000
25%	3.019625e+05	1.000000	77.081343	28.478713	250.000000	1.000000	2.500000	5.000000
50%	6.004089e+06	1.000000	77.191964	28.570469	400.000000	2.000000	3.200000	31.000000
75%	1.835229e+07	1.000000	77.282006	28.642758	700.000000	2.000000	3.700000	131.000000
max	1.850065e+07	216.000000	174.832089	55.976980	800000.000000	4.000000	4.900000	10934.000000

Así, podemos conocer el número de datos por columna, la media (mean), la desviación típica (std), el mínimo, los cuartiles (25 %, 50 % y 75 %) y los extremos (min y max).

Para las variables categóricas, es necesario agregar el argumento `include=["object","category"]` en `describe()` para obtener un estado en dichas variables.

```
In [9]: 1 df.describe(include=["object"])
Out[9]:
```

	Restaurant Name	City	Address	Locality	Locality Verbose	Cuisines	Currency	Has Table booking	Has Online delivery	Is delivering now	Switch to order menu	Rating color	Rating text
count	9551	9551	9551	9551	9551	9542	9551	9551	9551	9551	9551	9551	9551
unique	7446	141	8918	1208	1265	1825	12	2	2	2	1	6	6
top	Cafe Coffee Day	New Delhi	Dilli Haat, INA, New Delhi	Connaught Place	Connaught Place, New Delhi	North Indian	Indian Rupees(Rs.)	No	No	No	No	Orange	Average
freq	83	5473	11	122	122	936	8652	8393	7100	9517	9551	3737	3737

Parece un poco sucinto en términos de información, pero ahora sabemos cuántas menciones únicas tiene cada variable, cuál es la mención más común y con qué frecuencia ocurre.

Observación

Si es necesario, el comando `nunique()` permite conocer el número de menciones únicas para una variable en particular.

Para obtener un recuento preciso por mención en una variable en particular, hay que usar el comando `value_counts()`:

```
In [10]:  1  df["Rating color"].value_counts()

Out[10]: Orange        3737
         White         2148
         Yellow        2100
         Green         1079
         Dark Green     301
         Red            186
         Name: Rating color, dtype: int64
```

Atención: para las variables con un gran número de menciones, se recomienda indicar el número deseado entre corchetes. De lo contrario, solo se mostrarán las cinco primeras y las cinco últimas.

```
In [11]:  1  df["Restaurant Name"].value_counts()[:20]

Out[11]: Cafe Coffee Day         83
         Domino's Pizza          79
         Subway                  63
         Green Chick Chop        51
         McDonald's              48
         Keventers               34
         Pizza Hut               30
         Giani                   29
         Baskin Robbins          28
         Barbeque Nation         26
         Giani's                 22
         Barista                 22
         Dunkin' Donuts          22
         Costa Coffee            20
         Pind Balluchi           20
         Wah Ji Wah              19
         Twenty Four Seven       19
         Pizza Hut Delivery      19
         Sagar Ratna             19
         Republic of Chicken     18
         Name: Restaurant Name, dtype: int64
```

Por último, mencionemos la capacidad de interactuar fácilmente con los nombres de las columnas o las menciones únicas de una variable específica utilizando los comandos `columns` y `unique()`, respectivamente.

```
In [12]:  mentions_rating = list(df["Rating text"].unique())
          mentions_rating

Out[12]: ['Excellent', 'Very Good', 'Good', 'Average', 'Not rated', 'Poor']

In [13]:  liste_variables = list(df.columns)
          liste_variables

Out[13]: ['Restaurant ID',
          'Restaurant Name',
          'Country Code',
          'City',
          'Address',
          'Locality',
          'Locality Verbose',
          'Longitude',
          'Latitude',
          'Cuisines',
          'Average Cost for two',
          'Currency',
          'Has Table booking',
          'Has Online delivery',
          'Is delivering now',
          'Switch to order menu',
          'Price range',
          'Aggregate rating',
          'Rating color',
          'Rating text',
          'Votes']
```

Después de estas comprobaciones iniciales, puede ser necesario, aunque no siempre, cambiar la estructura de las tablas, concatenar o fusionar otros datos para organizar la información.

3.2 Manipulaciones avanzadas de datos

Muy a menudo, los datos requieren una revisión de formato para satisfacer nuestras necesidades. Los siguientes escenarios son comunes en la preparación de datos:

- concatenar varias tablas idénticas entre sí, como en el caso de ventas mensuales separadas en varios archivos,
- agregar información adicional mediante la combinación de tablas; por ejemplo, añadiendo información del país desde otro archivo,
- agregar datos.

3.2.1 Concatenación

La concatenación se puede realizar vertical u horizontalmente. Sin embargo, es aconsejable que las horizontales favorezcan la fusión de tipo merging con una clave de fusión primaria para que las observaciones se ensamblen de forma lógica.

Las fusiones verticales de tablas con las mismas columnas se realizan sin ningún problema:

```
# Creación de dos DataFrames con la misma estructura
df1 = pd.DataFrame({'A': [1, 2, 3],
                    'B': [4, 5, 6]})

df2 = pd.DataFrame({'A': [7, 8],
                    'B': [10, 11]})

# Concatenación vertical de los dos DataFrames con la misma estructura
concatenated_df = pd.concat([df1, df2])
concatenated_df
```

	A	B
0	1	4
1	2	5
2	3	6
0	7	10
1	8	11

Si algunas son diferentes, que no cunda el pánico: se ensamblarán las columnas comunes y se utilizará NaN para rellenar los espacios vacíos:

```
# Creación de otro DataFrame con las columnas diferentes
df3 = pd.DataFrame({'A': [13, 14],
                    'C': [16, 17]})

# Concatenación vertical con un DataFrame que tiene columnas
diferentes
concatenated_df_with_diff_columns = pd.concat([df1, df3])
concatenated_df_with_diff_columns
```

	A	B	C
0	1	4.0	NaN
1	2	5.0	NaN
2	3	6.0	NaN
0	13	NaN	16.0
1	14	NaN	17.0

3.2.2 Fusión

La fusión es muy común y consiste en montar dos tablas gracias a una clave común que permite realizar la conexión. Tomemos un ejemplo simple que se comenta para dominar este ejercicio.

```
import pandas as pd

# Definición de la tabla de información de los departamentos en Francia
departments = pd.DataFrame({
    "department_name": ["Ain", "Aisne", "Allier",
"Alpes-de-Haute-Provence", "Hautes-Alpes"],
    "surface_km2": [5762, 7362, 7340, 6925, 5549]
})

# Población de los departamentos franceses
departments_population = pd.DataFrame({
    "name": ["Ain", "Aisne", "Allier", "Alpes-de-Haute-Provence",
"Alpes-Maritimes"],
    "population": [663202, 527428, 334872, 166077, 1103941]
})

# Fusión de las tablas
departments_merged = pd.merge(departments, departments_population, \
                                  left_on='department_name',
right_on='name', how='outer',indicator=True)

# Sustitución de los valores NaN en la columna 'department_name' por
los valores de la columna 'name'
departments_merged['department_name'].fillna(departments_merged['name'],

inplace=True)

# Eliminación de la columna redundante
departments_merged.drop(columns=['name'], inplace=True)

# Visualización de la información fusionada
departments_merged
```

Out[16]:

	department_name	surface_km2	population	_merge
0	Ain	5762.0	663202.0	both
1	Aisne	7362.0	527428.0	both
2	Allier	7340.0	334872.0	both
3	Alpes-de-Haute-Provence	6925.0	166077.0	both
4	Hautes-Alpes	5549.0	NaN	left_only
5	Alpes-Maritimes	NaN	1103941.0	right_only

Se trata aquí de fusionar dos tablas que contienen, la primera, la superficie de algunos departamentos y, la segunda, su población. Las tablas no tienen exactamente los mismos departamentos. La combinación se inicia en el nombre del departamento, cuya variable no tiene el mismo nombre en los dos DataFrames. Con las palabras clave `left_on` y `right_on`, se especifican los nombres respectivos de la tabla izquierda y de la derecha. Con la palabra clave `how`, se especifica el tipo de fusión. Corresponde aquí a una fusión total manteniendo el conjunto de datos de las dos, con el fin de resaltar el interés de la mención `indicador`. Esta opción permite indicar, en una variable denominada `_merge`, el tipo de fusión realizada. Esto es muy útil para separar las fusiones exitosas (`both`) de las observaciones que no tienen equivalente (`left_only` y `right_only`). No olvide eliminar la variable`_merge`para cada nueva fusión usando `indicator`.

Finalmente, la línea 20 permite recuperar la mención ausente de la variable `department_name` de la variable `nombre` y esta última se elimina en la línea 23, lo que da como resultado un DataFrame fusionado y utilizable.

Por último, hay que recordar que la revisión de las fusiones es fundamental para garantizar la integridad de los datos fusionados. Es esencial verificar que cada fila se haya fusionado correctamente para evitar inconsistencias o pérdida de información más adelante. Se trata de una práctica sensata y recomendada, que ayuda a garantizar la calidad de los datos y la fiabilidad de los análisis posteriores.

3.2.3 Agregación

La agregación es el proceso de agrupar datos en función de ciertas características y, a continuación, calcular estadísticas o valores agregados sobre esos grupos.

Este tipo de situación se da en cuanto tenemos diferentes granularidades en nuestros datos. Por ejemplo, en el caso de datos que contienen detalles de ventas de diferentes tiendas, puede ser necesario hacer un balance de las tiendas y calcular su facturación total. Y luego, balance por producto a nivel global, independientemente de la tienda. Ambos enfoques requieren agregaciones.

A continuación, se explica cómo hacerlo utilizando los comandos `groupby` y `agg`:

```
import pandas as pd

# Crear el DataFrame con los datos
data = {
    'Store': ['París', 'París', 'Lión', 'Lión', 'París'],
    'Product': ['A', 'B', 'C', 'A', 'C'],
    'Category': ['Food', 'Food', 'Books', 'Food', 'Books'],
    'Sales': [30, 200, 500, 80, 120]
}
df = pd.DataFrame(data)

# Estadísticas de las ventas por tienda y categoría de producto
Sales_by_store_and_category = df.groupby(['Store',
'Category']).agg({
    'Sales': ['sum', 'mean', 'min', 'max']
}).reset_index()

# Visualizar los resultados agregados
print("\nSales by store and category:")
display(Sales_by_store_and_category)


# Estadísticas de las ventas por ciudad
print("Sales by store :")
Sales_by_store = df.groupby(['Store']).agg({
    'Sales': ['sum', 'mean', 'min', 'max']
}).reset_index()

# Visualizar los resultados agregados
display(Sales_by_store)

# Estadísticas de las ventas por categorías de producto
print("Sales by category:")
Sales_by_category = df.groupby(['Category']).agg({
    'Sales': ['sum', 'mean', 'min', 'max']
}).reset_index()

# Visualizar los resultados agregados
display(Sales_by_category)
```

Sales by store and category :

	Store	Category	Sales			
			sum	mean	min	max
0	Lyon	Books	500	500.0	500	500
1	Lyon	Food	80	80.0	80	80
2	Paris	Books	120	120.0	120	120
3	Paris	Food	230	115.0	30	200

Sales by store :

	Store	Sales			
		sum	mean	min	max
0	Lyon	580	290.000000	80	500
1	Paris	350	116.666667	30	200

Sales by category :

	Category	Sales			
		sum	mean	min	max
0	Books	620	310.000000	120	500
1	Food	310	103.333333	30	200

Era solo una cuestión de agregación en una variable. He aquí un ejemplo de dos variables con sus propios indicadores. Para ello, se ha añadido el número de ventas al ejemplo anterior:

```
import pandas as pd

# Datos
data = {
    'Store': ['París', 'París', 'Lión', 'Lión', 'París'],
    'Product': ['A', 'B', 'C', 'A', 'C'],
    'Category': ['Food', 'Food', 'Books', 'Food', 'Books'],
    'Sales': [30, 200, 500, 80, 120],
    'Quantity': [15, 20, 50, 20, 20]
}
df = pd.DataFrame(data)

# Agrupación por tienda
df2 = df.groupby(['Store']).agg({'Sales': ['sum', 'mean'],
'Quantity': ['sum']}).reset_index()
```

```
# Modificación del nombre de las columnas para añadir el indicador
df2.columns = ["_".join([str(index) for index in multi_index])
for multi_index in df2.columns.to_numpy()]

df2
```

Out[26]:

	Store_	Sales_sum	Sales_mean	Quantity_sum
0	Lyon	580	290.000000	70
1	Paris	350	116.666667	55

La operación no es muy compleja y consiste simplemente en añadir elementos como claves de diccionario en el procedimiento `agg`. Se recomienda cambiar los nombres de columna con el comando `"_".join` para evitar nombres de variables de indexación múltiple, lo que complica las manipulaciones.

Después de todas estas operaciones en los datos, puede ser prudente hacer una copia de seguridad de los DataFrames, para evitar reiniciarlo todo la próxima vez que se utilice.

3.2.4 Exportación de datos

La necesidad de hacer una copia de seguridad de los datos es, en gran medida, proporcional a su tamaño. El reflejo clásico consiste en exportarlas en CSV o Excel, pero hay otros formatos que ofrecen un rendimiento mucho mejor y, sobre todo, que mantienen el tipo de las variables, algo que no ocurre con las copias de seguridad TXT, CSV y Excel.

Se ha creado un conjunto de datos ficticio de un millón de filas y diez columnas para medir las diferencias:

```
import pandas as pd
import numpy as np

# Crear una tabla grande de datos
n_rows = 1000000  # Número de filas
n_cols = 10       # Número de columnas

data = np.random.randn(n_rows, n_cols)
df = pd.DataFrame(data, columns=[f'col_{i}' for i in range(n_cols)])
```

Los archivos se han exportado en seis formatos diferentes. Se ha medido el tiempo necesario para el guardado y la lectura, así como el tamaño del archivo para cada formato.

En la siguiente tabla se detalla el código para guardar y leer los diferentes formatos. Tenga en cuenta que, con Pandas, todas las rutinas para guardar comienzan con `to_`, seguido del nombre del formato de archivo. Del mismo modo, para la lectura, todas ellas empiezan por `read_`:

Formato	Escritura	Lectura
csv	df.to_csv(r'D:\Archivos\data.csv', index=False)	pd.read_csv(r'D:\Archivos\data.csv')
Excel	df.to_excel(r'D:\Archivos\data.xlsx', index=False)	pd.read_excel(r'D:\Archivos\data.xlsx')
Parquet	df.to_parquet(r'D:\Archivos\data.parquet', index=False)	pd.read_parquet (r'D:\Archivos\data.parquet')
Pickle	df.to_pickle(r'D:\Archivos\data.pkl')	pd.read_pickle(r'D:\Archivos\data.pkl')
HDF5	df.to_hdf(r'D:\Archivos\data.h5', key='df', mode='w')	pd.read_hdf (r'D:\Archivos\data.h5', key='df')
Feather	df.to_feather(r'D:\Archivos\data.feather')	pd.read_feather(r'D:\Archivos\data.feather')

Para que se haga una idea, aquí tiene las medidas realizadas en los diferentes formatos:

Tipo	Tiempo de guardado (en segundos)	Tiempo de lectura (en segundos)	Tamaño del archivo (kB)	Tipos conservados
csv	13,200	4,280	192 686	No
xlsx	145,000	101,000	128 955	No
parquet	0,975	3,450	80 864	Sí
pickle	0,530	1,270	78 156	Sí
hdf5	0,514	4,660	85 945	Sí
feather	0,248	1,970	78 148	Sí

Los archivos Excel y CSV tardan más en escribirse (escribir un archivo de Excel tarda 584 veces más que en un Feather), tardan más en leerse, su tamaño de almacenamiento es al menos un 50 % mayor y no conservan los tipos. Así, cambiar el tipo de datos —por ejemplo, pasar ciertas variables de float64 a float16— no se conservará si los archivos se guardan en estos formatos comunes.

El siguiente gráfico ilustra esta situación:

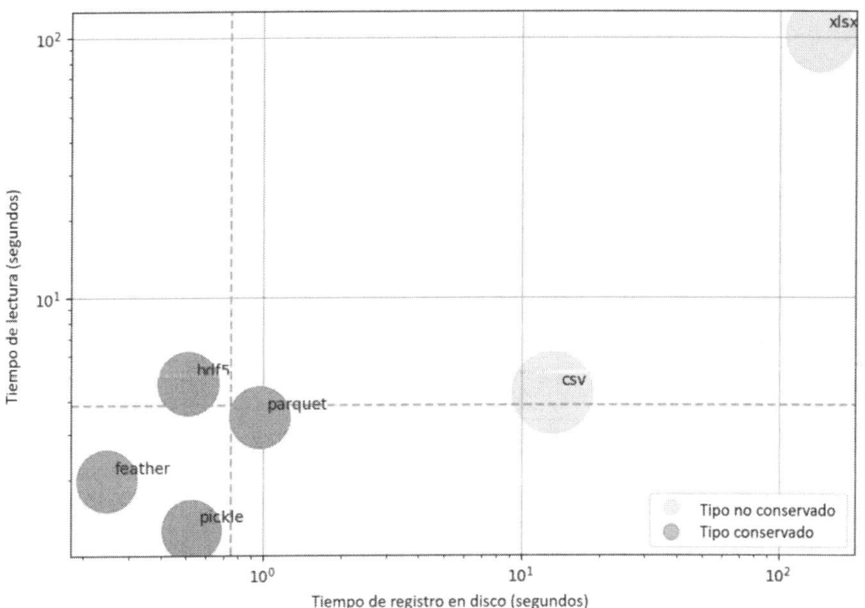

Observación

Las escalas de los ejes se tuvieron que cambiar a logarítmicas porque el bajo rendimiento del formato XLSX hacía que todos los demás quedasen aplastados en la parte inferior izquierda.

Ahora es el momento de abordar el tema de la limpieza de datos, que es un punto esencial de la feature engineering.

4. Limpieza de datos

La limpieza de datos es casi sistemática. Resulta extremadamente raro poder eludirla. Pero ¿qué se entiende por limpieza?

La limpieza de datos es el proceso de seleccionar, corregir y organizar los datos para eliminar errores e incoherencias. Esto resulta esencial para garantizar la calidad y la fiabilidad de los análisis posteriores.

Veamos cómo llevar a cabo este proceso paso a paso.

4.1 Selección de datos

Los datos que utilizamos no se deben tomar necesariamente en su totalidad. Dependiendo del trabajo que vayamos a realizar, no todos son necesarios. Por ejemplo, si queremos realizar un análisis de los productos vendidos por una determinada marca, de nada servirá conservar las demás marcas presentes en la base de datos. Es importante empezar por ahí, porque limpiar los datos innecesarios sería una pérdida de tiempo.

Estas son las diferentes formas de seleccionar las filas de interés:

```
# Seleccionar la marca AAA
df_marca = df[df["Marca"] == "AAA"]

# Seleccionar los departamentos 14 y 78
df_departements = df[df["Departamento"].isin([14,78])]

# Seleccionar los departamentos 14 y 78 para el mes de mayo
df_departements2 = df[(df["Departamento"].isin([14,78])) &
(df["Mes"]=="mayo")]

# Seleccionar los departamentos 14 y 78 para el mes de mayo con query
df_departements3 = df.query("Departamento.isin([14, 78]) &
Mes=='mayo'")
```

Observación

Reducir el número de filas por selección también puede ayudar a mejorar la tasa de relleno de las variables.

De manera recíproca, no todas las variables son obligatoriamente necesarias. Empecemos por los casos más sencillos, es decir, aquellos que podemos eliminar sin hacer ninguna pregunta. Es el caso de las variables que están completamente vacías o tienen una sola modalidad distinta, excluyendo así las variables con una modalidad y los valores ausentes que podrían representar potencialmente otra modalidad. Estas variables, que no varían, se pueden eliminar directamente. Esta es la manera fácil de identificar variables vacías:

```
# Recuperar el nombre de las variables vacías
empty_variables = df.columns[df.isna().all()].tolist()
```

Y ahora, estudiemos la solución para identificar variables con una sola modalidad. El uso de la palabra clave `dropna = False` obliga al sistema a considerar los valores ausentes como una modalidad completa:

```
# Recuperar variables con una sola modalidad
unique_variables = df.columns[(df.nunique(dropna=False) == 1)
.values].tolist()
```

Las variables con una sola modalidad y valores ausentes requieren un examen más detallado, para comprender si los valores ausentes pueden representar una modalidad predeterminada. Este podría ser el caso de una variable binaria para la que solo se anotaron los 1 y los espacios en blanco representan realmente 0. Entonces, estas variables serían perfectamente válidas y se deberían conservar, si es posible sustituyendo las que faltan por 0 de la siguiente manera:

```
# Reemplazar las que faltan con 0
df['A'].fillna(0, inplace=True)
```

Por lo demás, es importante determinar en qué umbral el porcentaje de no respuesta se vuelve demasiado alto, lo que justificaría la eliminación de la variable. Cabe señalar que no existe un umbral universalmente definido a este respecto. Esta decisión se suele basar en el juicio del científico de datos, que debe tener en cuenta diversos factores contextuales.

Sin embargo, como pauta, es comúnmente aceptado considerar la supresión de variables con una tasa de no respuesta superior al 40 %. Este umbral no es absoluto y puede variar en función de la naturaleza de los datos, el ámbito de aplicación y los objetivos del análisis. Por lo tanto, es esencial evaluar cada situación con el fin de adaptar el umbral en consecuencia.

La tasa de relleno por variable también es bastante sencilla de obtener aplicando la siguiente fórmula:

```
# Tasa de relleno por variable
fill_rate = df.count() / len(df) * 100
```

A continuación, será relevante representarlo en forma de gráfico para tener inmediatamente una buena visión general de la calidad del relleno.

Observación

La librería Missingno es una solución interesante que nos proporciona toda una gama de visualizaciones para comprender y procesar mejor los datos que faltan en nuestros conjuntos de datos.

4.2 Control de calidad de los datos

4.2.1 Definir el tipo de datos correcto

El conjunto de datos adaptado a nuestro tema ya está listo, pero solo desde un punto de vista cuantitativo. Ahora hay que evaluar el contenido de las variables desde un punto de vista cualitativo. Las acciones son diversas y dependen del tema, pero podemos hacer una lista de cosas que se deben comprobar:

- Para las fechas:
  - comprobar que las fechas estén en el formato DateTime y, posiblemente, armonizar el formato (español, inglés, etc.),
  - asegurarse de que no haya valores atípicos,
  - evaluar si es apropiado separar la parte horas-minutos-segundos de la fecha.
- Para variables numéricas:
  - comprobar que el tipo es adecuado para los datos,
  - asegurarse de que todos los datos sean digitales.
- Para variables categóricas:
  - enumerar las entradas para verificar que todas estén escritas de la misma manera,

- verificar la codificación en caso de que los acentos se sustituyan por caracteres extraños. Esto puede ser un verdadero dolor de cabeza en algunos casos. El paquete `chardet` puede identificar la codificación original para que los caracteres se muestren correctamente. A continuación, tendrá que mencionarlo utilizando la opción `encoding` cuando se reproduce el archivo. Veremos cómo proceder.

.2.2 Administración de problemas de codificación

Debe comenzar desplegando el paquete Chardet:

```
pip install chardet
```

A continuación, se usa el siguiente código para evaluar la codificación:

```
import chardet
with open("Restaurants.cvs", 'rb') as archivo_bruto:
    encodage = chardet.detect(archivo_bruto.read(10000))
print(encodege)
```

```
{'encoding': 'UTF-8-SIG', 'confidence': 1.0, 'language': ''}
```

Lo único que queda es indicarlo al leer el archivo:

```
df = pd.read_csv(r"Restaurants.csv", encoding='utf-8-sig')
```

Al final de este paso, los datos normalmente están listos para ser estudiados. Este es un buen momento para detenernos en los valores atípicos.

4.3 Identificación de valores atípicos o aberrantes

Identificar los valores atípicos es un paso fundamental. Si bien se puede llevar a cabo después del control de calidad de los datos, es importante enfatizar que esto también puede tener lugar de manera flexible a lo largo del proceso, ya sea durante la exploración inicial o durante análisis más profundos.

El término inglés *outlier* se usa comúnmente para describirlos. La traducción literal, «aberrante», a veces puede ser engañosa para las personas que están familiarizadas con ella, porque un valor que está muy lejos de los demás no es necesariamente aberrante. Puede ser simplemente atípico, pero requiere investigar.

Una tienda que vende una amplia gama de productos tiene artículos con un precio muy bajo o muy alto, en comparación con el promedio. Estos precios no son aberrantes en sí mismos, sino simplemente menos comunes. Es importante distinguir entre valores aberrantes y simplemente atípicos para una comprensión precisa de los datos estadísticos.

El principio más utilizado para identificar los outliers, ya sea mediante la z-score o el método de cuartiles, se basa en la noción de distancia a la media. Esta distancia, materializada por la desviación típica, funciona tanto hacia arriba como hacia abajo.

4.3.1 Z-score y método de los cuartiles

He aquí una tabla que explica los dos métodos:

Definición	Z-score	Método de los cuartiles
Principio	Considere los valores que están separados por más de 2 o 3 desviaciones típicas como valores potencialmente aberrantes	Considere los valores fuera del rango definido por el primer cuartil menos 1,5 veces el rango intercuartílico y el tercer cuartil aumentado en 1,5 veces el rango intercuartílico como valores potencialmente aberrantes
Cálculo	Reste de cada valor la media de la muestra y luego divida por la desviación típica: (valor - media) / desviación típica	1 / Calcular el 1.er cuartil Q1 y el 3.er cuartil Q3, que representan, respectivamente, los puntos donde el 25 % de los datos están por debajo y el 25 % de los datos están por encima 2 / Calcular el rango intercuartílico: IQR = Q3-Q1 3 / Calcular la extensión: extensión =]Q1 -1,5*IQR; Q3 + 1,5 * IQR[

Definición	Z-score	Método de los cuartiles
Umbrales	2 o 3 desviaciones típicas	2,698 desviación típica

El siguiente gráfico permite entender los niveles de estos dos métodos:

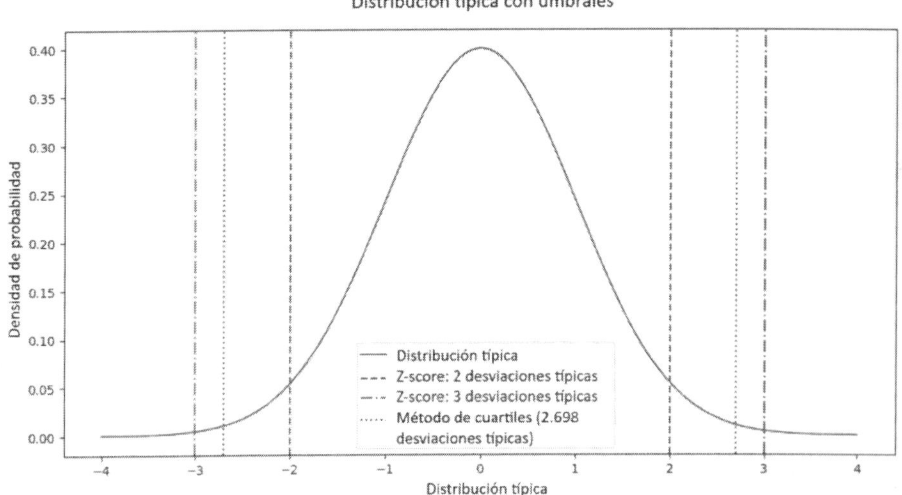

El gráfico de tipo boxplot que estudiaremos en detalle más adelante identifica directamente los outliers en forma de círculos, como se muestra a continuación:

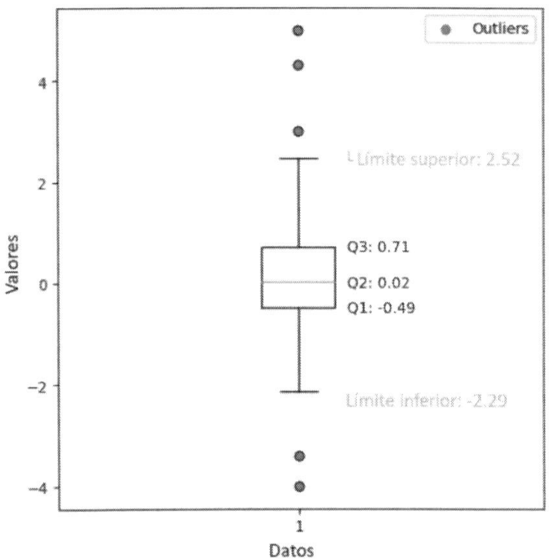

Para practicar estos dos métodos, he aquí un código que conviene guardar y personalizar:

```
import numpy as np
import pandas as pd

# Funciones
# Detectar los outliers con z-score
def detect_outliers_z_score(data, threshold=3):
    z_scores = (data - data.mean()) / data.std()
    return np.abs(z_scores) > threshold

# Detectar los outliers con el método de los cuartiles
def detect_outliers_iqr(data):
    Q1 = data.quantile(0.25)
    Q3 = data.quantile(0.75)
    IQR = Q3 - Q1
```

```
    lower_bound = Q1 - 1.5 * IQR
    upper_bound = Q3 + 1.5 * IQR
    return (data < lower_bound) | (data > upper_bound)

# Crear los datos de prueba
np.random.seed(0)
data = np.random.normal(loc=0, scale=1, size=100)

# Agregar algunos outliers
data[0] = 10
data[1] = -10

# Método del z-score
outliers_z_score = detect_outliers_z_score(data)
print("Outliers detectados con el método del z-score:")
print(data[outliers_z_score])

# Método de los cuartiles
outliers_iqr = detect_outliers_iqr(pd.Series(data))
print("\nOutliers detectados con el método de los cuartiles:")
print(data[outliers_iqr])
```

```
Outliers detectados con el método del z-score:
[ 10. -10.]

Outliers detectados con el método de los cuartiles:
[ 10. -10.]
```

Otros enfoques alternativos incluyen Local Outlier Factor (LOF), Isolation Forest, DBSCAN o Angle-Based Outlier Detection. Solo desarrollaremos LOF (que, además, es sencillo de entender), pero se recomienda encarecidamente experimentar con los demás.

4.3.2 Local Outlier Factor

El *Local Outlier Factor* (LOF) se basa en el concepto de densidad local. A diferencia de los enfoques basados en la distancia, el LOF considera que los valores con baja densidad local son outliers. Así, cada punto recibe una puntuación y el algoritmo entrenado predecirá 1 si es normal y -1 en caso contrario.

Esta técnica es más robusta que las dos anteriores, ya que maneja mejor los datos de grandes dimensiones, complejos y heterogéneos. La única dificultad, como ocurre con muchos algoritmos basados en densidad, radica en la elección del número de vecinos.

Nada como un ejemplo para entender el funcionamiento del algoritmo.

Vamos a generar 100 puntos distribuidos normalmente con coordenadas de dos dimensiones a los que aplicaremos un coeficiente de 0,6 para reducir su amplitud. Para subrayar el fenómeno, añadiremos 20 puntos con un intervalo mayor [-5; 5]. El algoritmo utilizado se importa de la librería Scikit-Learn:

```
from sklearn.neighbors import LocalOutlierFactor
import numpy as np

# Crear los datos de pruebas
np.random.seed(0)

# Crear una matriz de puntos
X = 0.6 * np.random.randn(100, 2)

# Introducción de puntos outliers
X_outliers = np.random.uniform(low=-5, high=5, size=(20, 2))

# Compilación vertical de las 2 matrices
X = np.vstack([X, X_outliers])

# Entrenamiento del modelo LOF
clf = LocalOutlierFactor(n_neighbors=20)
y_pred = clf.fit_predict(X) # Entrenamiento y predicción
```

Al ejecutar este código, cada punto se ha definido como normal o no. He aquí el código y la visualización que lo muestra:

```
import matplotlib.pyplot as plt

# Creación de una máscara para los outliers
outlier_mask = y_pred == -1

# Traza de la nube de puntos coloreando los outliers en azul
plt.scatter(X[outlier_mask, 0], X[outlier_mask, 1], color='#439cc8',
label='Outliers')
plt.scatter(X[~outlier_mask, 0], X[~outlier_mask, 1], color='#eee',
label='Puntos normales')

# Añadir las etiquetas y un título
plt.xlabel('X1')
plt.ylabel('X2')
plt.title('Detección de los outliers con LOF\n')

# Añadir una leyenda
plt.legend()

# Visualización del gráfico
plt.show()
```

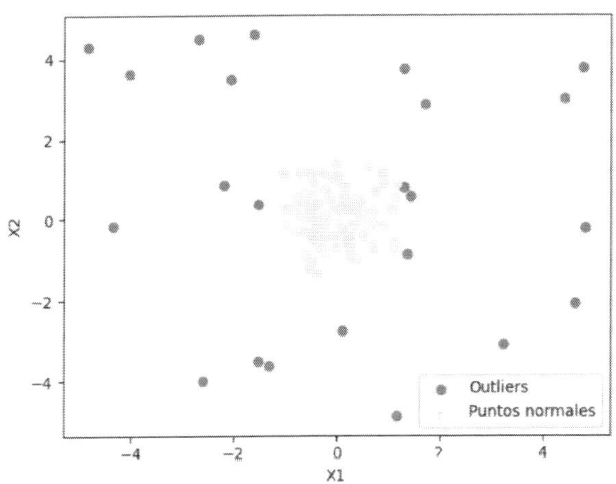

El uso de estas diferentes técnicas nos permitirá identificar los outliers. Pero ¿qué se debe hacer a continuación?

4.4 Gestión de valores outliers

Una vez que se han identificado los valores atípicos, es crucial evaluar su naturaleza e impacto en el análisis o modelo actual. Si estos valores son claramente el resultado de errores de entrada o mal funcionamiento durante la recopilación de datos, por lo general se recomienda eliminarlos, ya que podrían distorsionar los resultados del modelado.

Por otro lado, cuando estos valores son legítimos, la elección se hace más difícil porque su impacto puede variar considerablemente. A continuación, se pueden emprender tres tipos de acciones: eliminación, cambio de distribución o la decisión de mantener todos los valores aberrantes. Exploremos estas diferentes opciones con más detalle.

4.4.1 Eliminación de valores

La decisión de eliminar valores no se debe tomar a la ligera. Se recomienda que esto se considere una medida de último recurso, aunque no siempre es posible evitarlo. En primer lugar, resulta esencial evaluar el número de casos involucrados y justificar adecuadamente la decisión.

Cuando esto representa solo unos pocos casos o menos del uno por ciento del total, el impacto es mínimo, lo que minimiza el problema. Sin embargo, es importante tener en cuenta que los algoritmos lineales serán más sensibles a los outliers que otros. Por lo tanto, este criterio puede ayudar a guiar la toma de decisiones.

La eliminación de observaciones se puede hacer simplemente de la siguiente manera:

```
df_wo_outliers = df[df["age"]<120]
```

En cambio, cuando los outliers son más numerosos, su presencia puede tener un impacto significativo. Eliminarlos podría dar lugar a variaciones importantes en los indicadores estadísticos, en las relaciones entre las variables y, potencialmente, sesgar la interpretación de los resultados. En este caso, se recomienda conservarlos, pero sortear los problemas jugando con la distribución o la imputación.

4.4.2 Cambio en la distribución

Transformar la distribución de una variable es un método eficaz para reducir el impacto de los valores extremos. Mediante la aplicación de transformaciones como la transformación logarítmica, la raíz cuadrada o métodos más avanzados como la transformación de Box-Cox o Yeo-Johnson, los datos se pueden ajustar para que coincidan mejor con los supuestos de los análisis o modelos estadísticos, al tiempo que se atenúa la influencia de los outliers.

Sin entrar por el momento en detalles sobre los métodos más avanzados, la transformación de una variable en un logaritmo o raíz cuadrada se realiza rápidamente utilizando las funciones de NumPy dedicadas:

```
# Transformación logarítmica
df['variable_log'] = np.log(df['variable'])

# Transformación raíz cuadrada
df['variable_sqrt'] = np.sqrt(df['variable'])
```

4.4.3 Retención de valores aberrantes

La elección de mantener los valores aberrantes es perfectamente legítima, pero tiene un doble filo.

Por un lado, su conservación garantiza la integridad y la exhaustividad de todos los datos, evitando así cualquier pérdida de información potencialmente valiosa y manteniendo un reflejo fiel de la realidad. Por otro lado, esto puede influir de manera desproporcionada en los resultados de los análisis. El hecho de mantener o no estos valores a menudo se reduce a un compromiso entre el tiempo y la precisión: mantener los valores aberrantes permite medir su impacto en los resultados, lo que refuerza la solidez de los análisis y los modelos. Sin embargo, esto puede requerir más tiempo y recursos, debido a la mayor complejidad añadida a la manipulación de datos.

Finalmente, una última solución podría consistir en eliminar los valores extremos y luego tratarlos de la misma manera que los valores ausentes, utilizando técnicas de imputación. Es este último paso el que vamos a abordar.

4.5 Imputación

La imputación de datos es un paso delicado para sustituir los valores ausentes con estimaciones relevantes. Varias técnicas pueden satisfacer esta necesidad. En esta exploración, pasaremos de los métodos más simples y comunes a enfoques más confidenciales y sofisticados.

4.5.1 Imputación por el valor más frecuente (moda)

La imputación más sencilla consiste en sustituir los valores que faltan por el valor más común, llamado moda. Se considera así porque solo requiere encontrar el valor más frecuente. He aquí dos formas de usarlo, aunque la primera es, con mucho, la más simple:

- Método 1 usando la función `mode()` de Pandas. Es recomendable añadir el índice 0 para los casos en los que hay varias modas:

```
# Imputar por la moda con pandas
df['variable'] = df['variable'].fillna(df['variable'].mode()[0])
```

- Método 2 usando la función `SimpleImputer` de Scikit-Learn:

```
# Imputar por la moda con Scikit-learn
from sklearn.impute import SimpleImputer

# Crear un imputador con estrategia "moda"
imputer_mode = SimpleImputer(strategy='most_frequent')

# Imputar los valores ausentes
df['variable'] = imputer_mode.fit_transform(df[['variable']])
```

Obviamente, las imputaciones se pueden hacer directamente sobre todas las variables, pero no se recomienda; es mejor fijar un objetivo porque no todas las variables se prestan a la misma estrategia.

4.5.2 Imputación por la media o la mediana

Las imputaciones por media o mediana se basan en el mismo enfoque que la anterior, pero requieren un paso adicional en el cálculo de la media o la mediana. En este caso, la imputación por la mediana es preferible a la media si la amplitud de los valores es grande. Aunque sencillos de implementar, estos tres métodos que acabamos de ver presentan el inconveniente de asignar el mismo valor a todas las observaciones, lo que los hace poco robustos. Antes de explorar métodos más sofisticados, veamos el código para ponerlos en práctica:

```
# Imputación por la media con pandas
df['variable'] = df['variable'].fillna(df['variable'].mean())

# Imputación por la mediana con pandas
df['variable'] = df['variable'].fillna(df['variable'].median())
```

```
# Imputación por la moda con Scikit-learn
from sklearn.impute import SimpleImputer

# Creación de un imputador con estrategia media
imputer_mean = SimpleImputer(strategy='mean')

# Imputación de los valores ausentes
df['variable'] = imputer_mean.fit_transform(df[['variable']])


# Creación de un imputador con estrategia mediana
imputer_median = SimpleImputer(strategy='median')

# Imputación de los valores ausentes
df['variable'] = imputer_median.fit_transform(df[['variable']])
```

A todos los efectos, hay que tener en cuenta que el uso de Scikit-Learn ciertamente requiere más código a primera vista, pero permite crear un objeto que se puede volver a aplicar a otros datos y que se recomienda cuando se utilizan los pipelines que veremos más adelante.

Para terminar este punto y medir el efecto de una imputación, he aquí el impacto de rellenar por la media sobre 1000 valores de acuerdo con diferentes tasas de valores ausentes.

El número de outliers aumenta con la tasa de valores ausentes debido a la concentración en el centro:

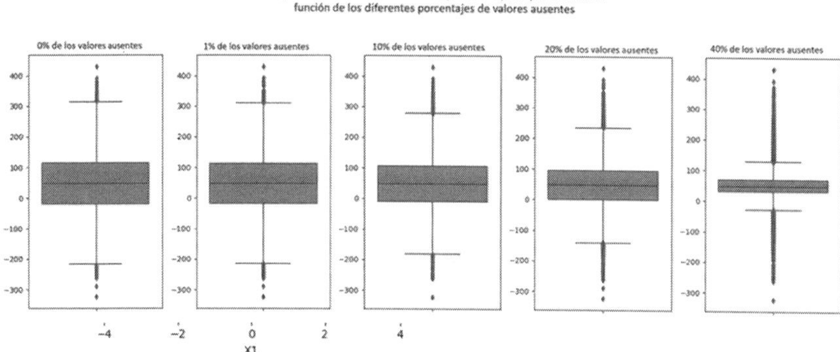

4.5.3 Imputación por regresión

La imputación por regresión consiste en usar las relaciones entre variables para estimar los valores ausentes mediante regresión. En comparación con los métodos anteriores, devuelve un valor que dependerá de una o más variables, ofreciendo así un llenado mucho más preciso. Para ilustrar el valor de este enfoque, he aquí un gráfico que muestra las diferencias entre la imputación por media y por regresión:

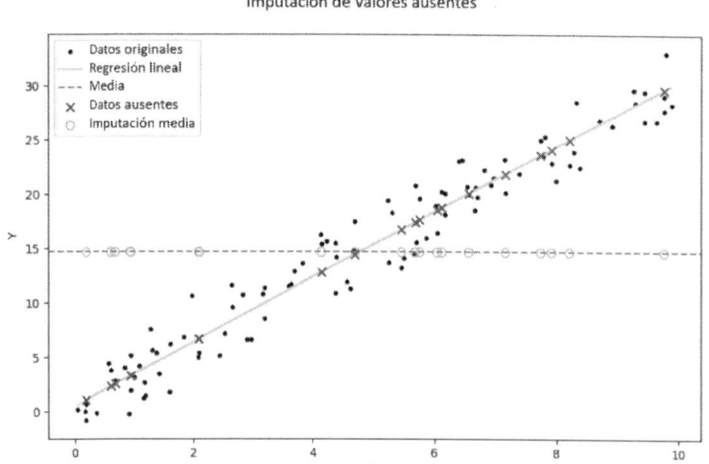

La conclusión es clara: los valores imputados por la media están muy lejos de los obtenidos por regresión, que corresponden mucho mejor a la tendencia de los demás puntos. Por lo tanto, es preferible la finalización por regresión, excepto en los casos en los que no tenemos variables explicativas ($R^2 = 0$, lo que significa que no hay relación entre la variable que se ha de predecir y el resto), como en el siguiente ejemplo:

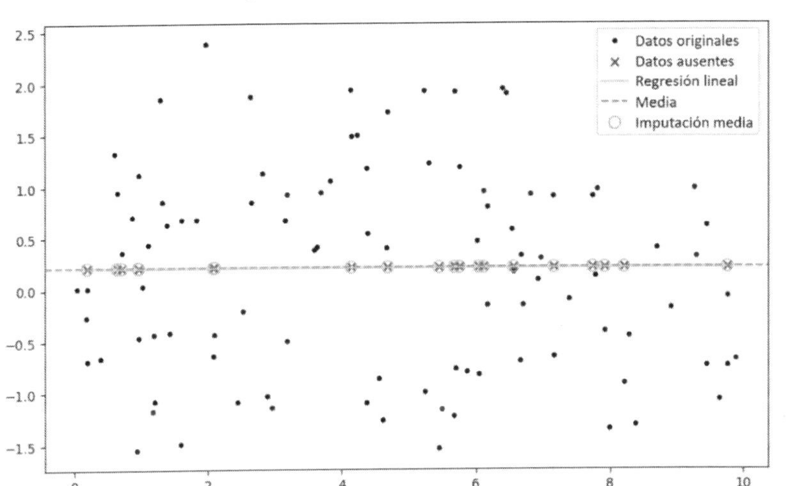

4.5.4 Imputación basada en los vecinos más cercanos (KNN)

Otro enfoque consiste en rellenar los valores que faltan en función de los puntos más cercanos. Este método se basa en la suposición de que puntos similares tienden a tener valores similares, por lo que, al encontrar los vecinos más cercanos a un punto con un valor ausente, podemos estimar ese valor utilizando los valores conocidos de esos vecinos.

En este escenario es obligatorio pasar por Scikit-Learn, ya que no hay ninguna función en Pandas para hacer esto:

```
from sklearn.impute import KNNImputer

# Seleccionar las columnas que contienen los valores ausentes
cols_with_missing_values = ['col1', 'col2', 'col3']
# Sustituya esto por los nombres de sus columnas

# Imputación KNN a estas columnas
imputer = KNNImputer(n_neighbors=3) # Número de vecinos a definir

df[cols_with_missing_values] =
imputer.fit_transform(df[cols_with_missing_values])
```

Observación

Las librerías fancyimpute e impyute también ofrecen imputaciones cuya sintaxis es similar a la de Scikit-Learn.

4.5.5 Otros tipos de imputaciones

Para concluir sobre el tema de las imputaciones, cabe destacar que existen otros métodos adaptados a diferentes situaciones, tales como:

- bosques aleatorios para grandes conjuntos de datos con relaciones no lineales entre variables,
- el método Markov Chain Monte Carlo (MCMC) para casos de datos secuenciales o temporales con distribuciones complejas y desconocidas.

Ahora ya hemos adquirido las habilidades necesarias para recopilar y limpiar nuestros datos; es el momento de explorar el uso de las diversas librerías gráficas disponibles en Python.

Capítulo 4

DataViz con Matplotlib, Seaborn, Plotly

1. Introducción a la visualización de datos

La visualización es un elemento fundamental en el análisis de datos. A menudo denominado data mining o data exploration, este enfoque consiste en explorar datos con el objetivo de descubrir patrones, tendencias, relaciones o incluso información oculta que permita comprender completamente el objeto de estudio.

1.1 La visualización al servicio de la comprensión

Al estilo de los detectives, vamos a intentar comprender la información contenida apoyándonos en toda una serie de gráficos que actúan como indicios. La elección es amplia y resulta importante seleccionar los más relevantes en cada caso. Al final, el objetivo es representar información compleja de una manera clara y comprensible. Ello requiere algunos conocimientos básicos, respetar ciertas reglas y, sobre todo, practicar.

Veamos juntos cómo organizarnos para llevar a cabo nuestra investigación de la mejor manera posible.

1.2 Metodología

1.2.1 Contextualización de las búsquedas

La exploración siempre se lleva a cabo con un propósito. No se trata de crear imágenes al azar. Antes de dar el paso, es importante definir nuestro ámbito de intervención: ¿qué buscamos?. Los datos que tenemos a menudo superan el alcance de nuestras necesidades y no todas las variables son necesariamente útiles. Estas preguntas preliminares resultarán ser aún más crucial es en situaciones en las que tenemos varios cientos, o incluso miles, de datos. Por ejemplo, en el contexto de una misión para establecer menús de restaurantes universitarios en función de los hábitos alimentarios de los estudiantes, no sería pertinente perder el tiempo visualizando el tipo de pago o los horarios de las comidas si tuviéramos la información.

1.2.2 Público objetivo

La minería de datos suele ser personal, con el objetivo de responder a nuestras propias preguntas. Pero para los casos en los que hay otros destinatarios, es importante pensar en cómo presentarlos, ya sea en el fondo o en la forma, en función de las otras personas que tendrán acceso a ellos. Este es el mismo mecanismo que se utiliza en la adaptación de un discurso a la audiencia en cuestión. También es necesario cuestionar la noción de confidencialidad y todo lo que pueda tocar al RGPD para determinar qué es posible representar.

1.2.3 Las múltiples posibilidades de los gráficos

Los gráficos son fundamentales para mejorar la comprensión, por lo que es fundamental conocer primero toda la gama disponible, cómo funcionan y sus limitaciones.

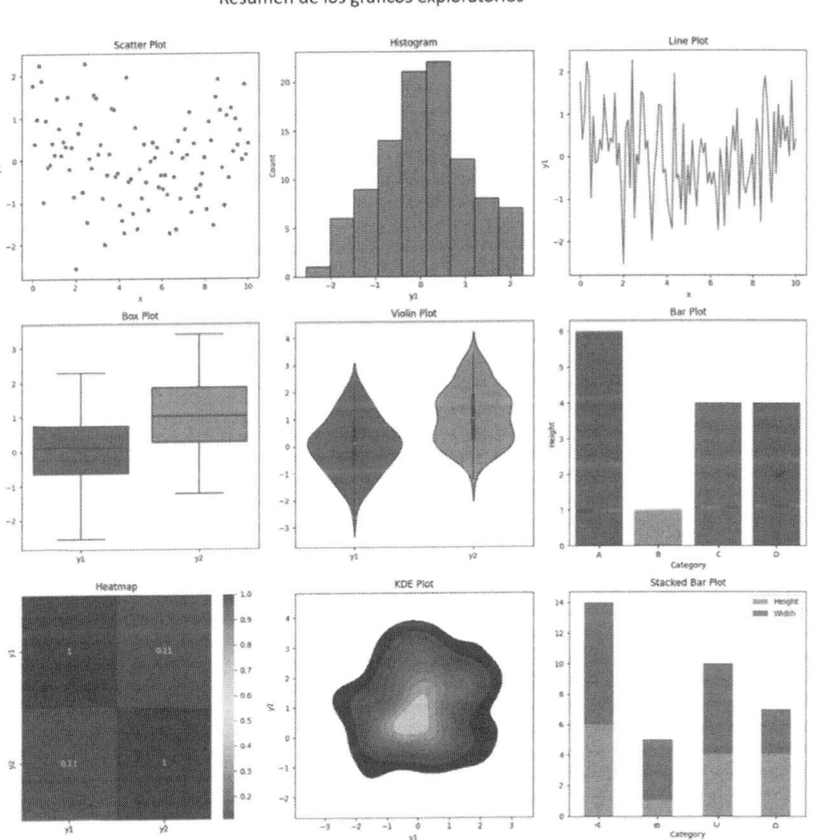

La imagen anterior muestra ejemplos de gráficos comunes con los que nos familiarizaremos en los siguientes capítulos. Por supuesto, hay muchos otros, desde los más simples hasta los más confidenciales.

Los módulos gráficos de Python son muy diferentes, tanto en la diversidad de posibilidades como en la facilidad de implementación o personalización. Por ello, en ocasiones será necesario familiarizarse con otras bibliotecas cuando la oferta, a pesar de lo amplia que es en Matplotlib y Seaborn, resulte insuficiente o la implementación sea demasiado compleja. Pero estas situaciones son poco frecuentes, ya que ambas soluciones cubren una parte muy amplia de las necesidades.

En esta perspectiva de mejora continua, se recomienda mantener siempre una actitud abierta a soluciones alternativas para tener la posibilidad de poder procesar cualquier tipo de visualización.

Observación

Para facilitar la investigación de los datos en esta etapa, se puede considerar el uso de soluciones como Power BI o Tableau Software, dependiendo de las necesidades y la familiaridad con estas herramientas.

1.2.4 Reglas que hay que respetar con los gráficos

Los gráficos están sujetos a ciertas reglas que es importante cumplir.

En primer lugar, todos deben contar con un título general y un título para cada uno de los ejes, con las escalas utilizadas cuando sea pertinente.

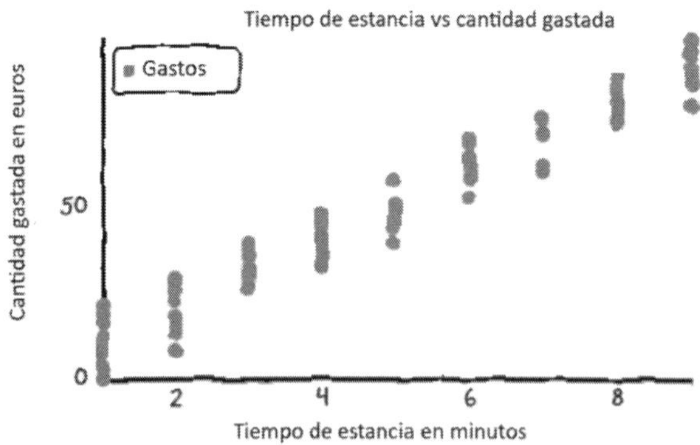

Es recomendable favorecer la visualización más legible y aérea posible.

Estas dos precauciones contribuyen al objetivo esencial del gráfico: legibilidad e interpretabilidad en menos de 30 segundos. Aunque esto puede parecer ambicioso en ciertas ocasiones, se debe ver como un horizonte en nuestro proceso de mejora continua. En este sentido, la retroalimentación de los distintos interlocutores juega un papel esencial. Al preocuparnos por escucharlos y tenerlos en cuenta, tenemos la oportunidad de refinar y mejorar constantemente las visualizaciones que ofrecemos.

Es hora de conocer las dos principales librerías de Python dedicadas a los gráficos: Matplotlib y Seaborn.

2. Las principales librerías para la visualización: Matplotlib, Seaborn y Plotly-Express

2.1 Matplotlib

2.1.1 Presentación de Matplotlib

Matplotlib es una librería de visualización de datos de código abierto, desarrollada originalmente por John D. Hunter en 2003. Desde su inicio, se ha convertido en una de las más populares en el ecosistema de Python para la visualización de datos. A menudo se considera esencial para aquellos que quieren aprender sobre visualización en Python.

Matplotlib ofrece una amplia variedad de funciones y posibilidades de personalización para crear diferentes tipos de gráficos, como histogramas, diagramas de dispersión, gráficos de barras, diagramas de caja y muchos más.

En el corazón de Matplotlib se encuentra `pyplot`, un submódulo que proporciona una interfaz simplificada para crear gráficos y visualizaciones con Matplotlib. El uso de `pyplot` es un paso fundamental en el aprendizaje de Matplotlib porque a través de este módulo se crean y manipulan la mayoría de los gráficos. Casi siempre nos encontraremos con la siguiente forma de importarlo:

```
import matplotlib.pyplot as plt
```

El alias `plt` se utiliza mucho y es muy recomendable su uso.

Además de su amplia gama de posibilidades gráficas, la librería interactúa perfectamente con NumPy o Pandas y proporciona la funcionalidad básica a Seaborn.

2.1.2 Primeros pasos con Matplotlib

Vamos a dibujar un primer gráfico simple con Matplotlib que requiere cuatro pasos: importación, datos, trazado y visualización.

```
# 1 / Importar Matplotlib
import matplotlib.pyplot as plt # No ponga mayúsculas

# 2 / Nuestros datos
x = [1, 2, 3, 4, 5]
y = [2, 5, 8, 3, 12]

# 3 / Trazado del gráfico
plt.plot(x, y)

# 4 / Visualización
plt.show() # Este comando solicita la visualización
```

Observación

`plt.show()` puede ser reemplazado por « ;». Debe aparecer al final del programa.

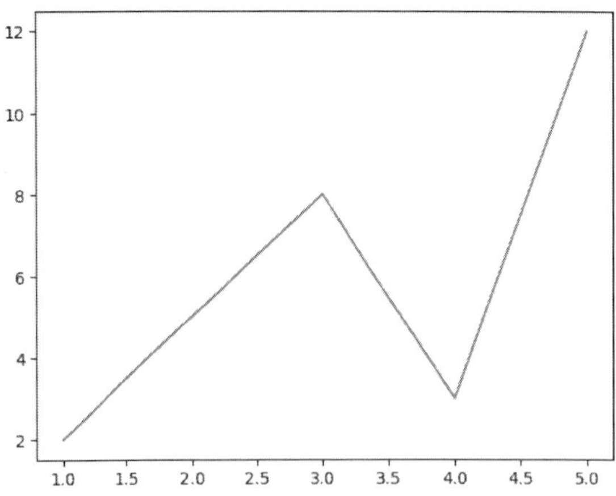

En este punto, solo tenemos una pantalla minimalista sin ningún formato.

Pero podremos simplemente agregar elementos intercalando tantas líneas de comandos como capas nuevas deseamos. He aquí el código anterior con un título, nombres en los ejes, una línea roja y una línea que representa el promedio del eje vertical.

```
# Importar Matplotlib
import matplotlib.pyplot as plt # No ponga mayúsculas

# Nuestros datos
x = [1, 2, 3, 4, 5]
y = [2, 5, 8, 3, 12]

# Trazado del gráfico con personalización
plt.plot(x, y, color='red') # Línea roja

# Añadir un título y el de los ejes
plt.title('Mi primer gráfico') # Adición de un título
plt.xlabel('Eje de abscisas') # Nombre del eje de abscisas
plt.ylabel('Eje de ordenadas') # Nombre del eje de ordenadas

# Añadir una línea horizontal para la media
plt.axhline(y=sum(y)/len(y), color='gray', linestyle='--')

# Visualización
plt.show() # Este comando solicita la visualización
```

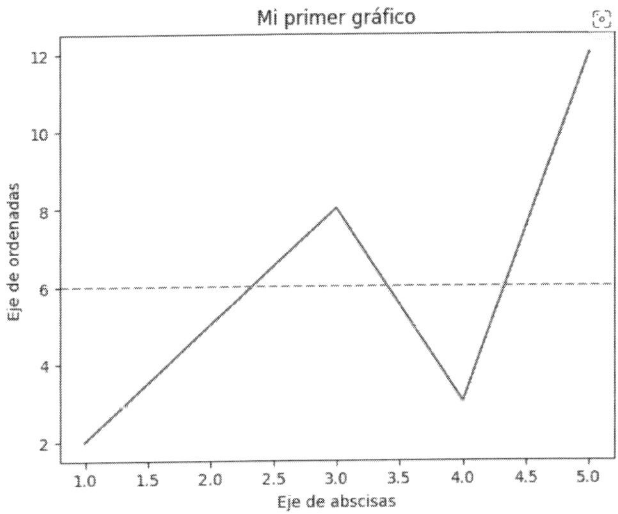

En cuanto se adopta la lógica de construcción de los gráficos, es bastante intuitivo personalizar el renderizado de acuerdo con las necesidades. Ahora, veamos algunas opciones importantes de personalización que nos ayudarán a afrontar muchos casos.

2.1.3 Personalización y opciones avanzadas

Saber aprovechar las opciones avanzadas permite dar al gráfico todo su poder explicativo. He aquí algunas opciones que es útil conocer.

plt.figure()

Al construir un gráfico, a menudo es necesario definir el marco que lo contiene, jugando con su tamaño o definición. Todo se hace con el comando `plt.figure()`, que debe colocarse al principio del código que genera el gráfico, como se muestra aquí:

```
import matplotlib.pyplot as plt

# Crear una nueva figura
plt.figure(figsize=(8, 6), dpi=100, facecolor='lightgray')
plt.plot([1, 2, 3], [4, 5, 6])
plt.title('Ejemplo de figura')
plt.show()
```

Estos son los detalles de las opciones utilizadas:

- `figsize` permite establecer la anchura y la altura del marco, en este orden.
- `dpi` especifica la resolución de la figura en puntos por pulgada.
- `facecolor` establece el color de fondo del marco.

Personalización de los parámetros de la figura

Matplotlib ofrece la posibilidad de modificar cualquier parte del gráfico: títulos, ejes, marcas, etc. El siguiente diagrama muestra claramente los nombres de las funciones que se pueden utilizar para actuar en cada posición:

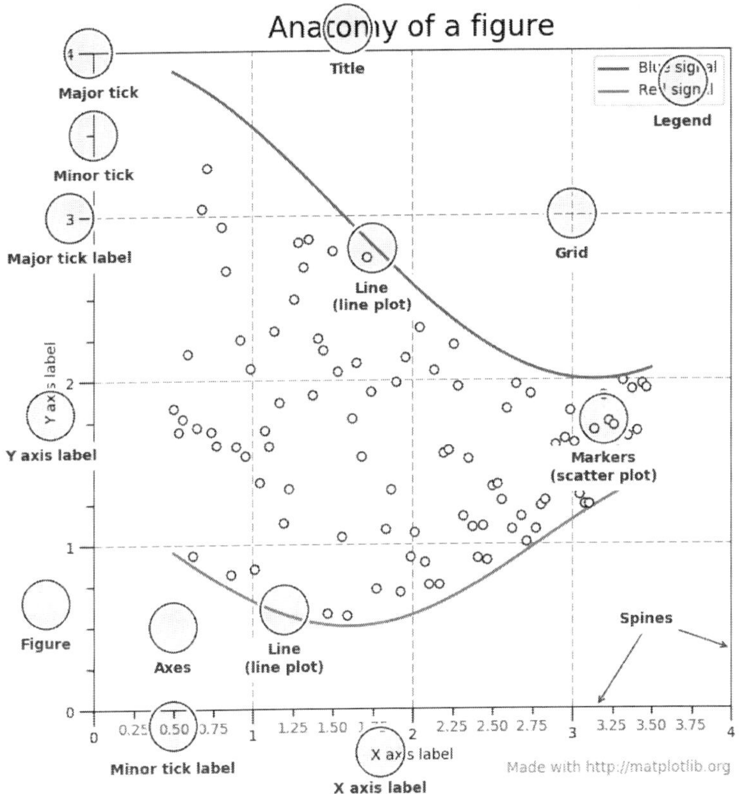

Este diagrama está disponible directamente en el sitio web, en la siguiente dirección: https://matplotlib.org/stable/tutorials/introductory/usage.html#parts-of-a-figure

plt.style.use()

En términos de formato, Matplotlib tiene estilos predefinidos.

La lista y la representación están disponibles directamente en el sitio, en esta dirección: https://matplotlib.org/stable/gallery/style_sheets/style_sheets_reference.html

Para usarlos, simplemente establezca el nombre del estilo justo antes de `plt.figure()`, usando el comando `plt.style.use('Nombre del estilo')`:

```
# Definir el estilo
plt.style.use('dark_background')
```

```
#Definir el marco de la figura
plt.figure(figsize=(8, 6), dpi=100)
```

Para volver al estilo original, aplique el nombre `'default'`.

```
# Restablecer el estilo
plt.style.use('default')
```

Organizar gráficos en varias filas y columnas con plt.subplots()

Es común tener que presentar los gráficos en filas, columnas o matrices según sea necesario.

Esta organización se realiza mediante el método `subplots()`. Primero se deben definir las dimensiones cuando se llama a este comando. A continuación, se llevará a cabo la construcción de cada gráfico refiriéndose al índice de cada uno, definido por la dirección de lectura clásica de izquierda a derecha y luego de arriba abajo.

```
import matplotlib.pyplot as plt
import numpy as np

# Creación de la figura y de los ejes por 4 s-gráficos
fig, axs = plt.subplots(2, 2, figsize=(10, 8))

# Génération de los gráficos
for i, ax in enumerate(axs.flat):
    # Creación de 20 valores por x
    x = np.random.randint(1, 100, 20)
```

```
    # Creación de 20 valores por y
    y = np.random.randint(1, 100, 20)
    ax.scatter(x, y) # Dibujo de gráfico
    ax.set_title(f'Graphique {i+1}')  # Título del gráfico


# Visualización de los gráficos
plt.show()
```

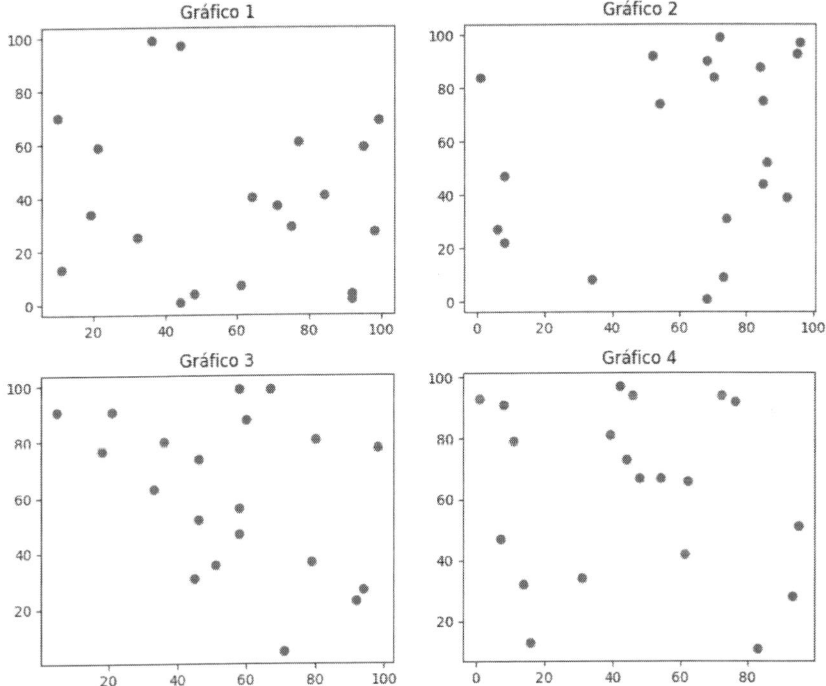

Para cambiar el diseño, simplemente juegue con los parámetros `nrowsyncols`.

Se recomienda aprender a dominar Matplotlib antes de pasar a otras librerías gráficas. Esta librería le permite obtener la mayoría de las visualizaciones que necesita y familiarizarse con todos los elementos de los gráficos de una manera sencilla.

2.2 Seaborn

2.2.1 Presentación de Seaborn

Seaborn es una librería de visualización gráfica basada en Matplotlib. Diseñada en una interfaz de nivel superior, simplifica la creación de gráficos atractivos al ofrecer una sintaxis concisa y opciones estéticas predefinidas.

Su objetivo es permitir la creación de visualizaciones sofisticadas con un mínimo de código. Sin embargo, es importante tener en cuenta que Seaborn y Matplotlib no son intercambiables. Cada una tiene sus propios puntos fuertes y, a menudo, resulta conveniente combinarlas para aprovechar al máximo sus respectivas características, en función de las necesidades específicas.

Para instalar Seaborn, se utiliza este comando:

```
pip install seaborn
```

También se recomienda el uso del alias `sns` al importar:

```
import seaborn as sns
```

2.2.2 Simplificación de la exploración de relaciones complejas

Seaborn es una herramienta que ha sido diseñada para facilitar la exploración de datos. En primer lugar, interactúa a la perfección con Pandas, lo que permite crear visualizaciones directamente a partir de estructuras de datos.

En segundo lugar, proporciona toda una gama de gráficos que se adaptan bien al estudio de las relaciones entre variables, por lo que es muy fácil pasar de la exploración univariante a la bivariante.

Por último, algunas funciones como `lmplot()`, `pairplot()` o `FacetGrid()` facilitan enormemente la exploración multivariante para una sintaxis muy concisa.

El siguiente ejemplo usa el conjunto de datos «tips» que proporciona información sobre las propinas dejadas según diversos factores, como el importe de la cuenta, el tipo de comida, el sexo del camarero o el número de comensales. Utilizaremos la función `FacetGrid()` para representar un gráfico cruzando modalidades en dos variables, el sexo del camarero y el tipo de comida:

```
import seaborn as sns
import matplotlib.pyplot as plt

# Importar el juego de datos "tips"
tips = sns.load_dataset("tips")

# Inicializar un objeto FacetGrid especificando las columnas
g = sns.FacetGrid(tips, col="sex", row="time", hue="sex",
                  palette={"Male": "#ddd", "Female":
"#439cc8"})

# Título
plt.suptitle("Relationship between total bill and tip by gender
and meal")

# Función que se aplica con FacetGrid
g.map(sns.scatterplot, "total_bill", "tip")

# Añadir una leyenda y el formato
g.add_legend()
g.set_axis_labels("Total Bill", "Tip")
g.set_titles(col_template="{col_name}",
row_template="{row_name}")

# Visualización
plt.show()
```

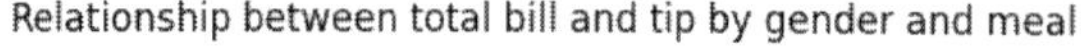

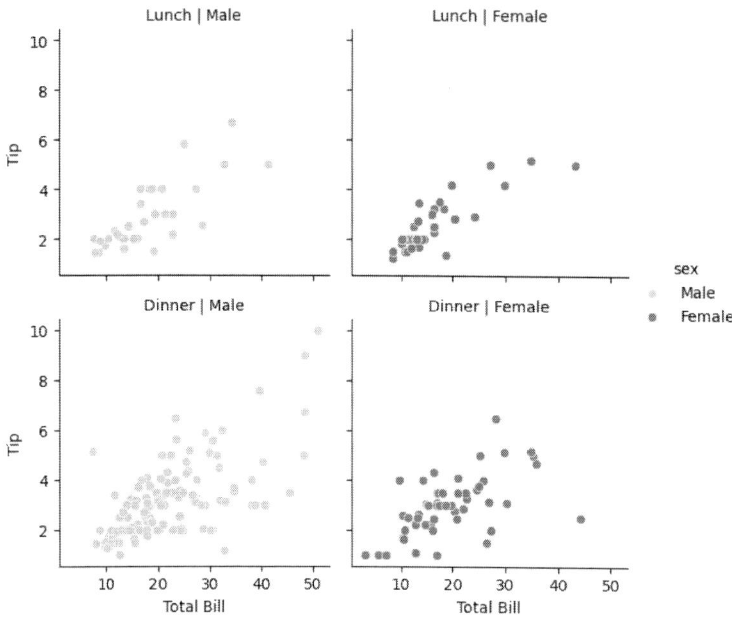

Observación

La demostración del `pairplot()` que ofrece la mejor relación entre el número de líneas de código y la cantidad de información se abordará en la sección Gráficos multivariantes.

Después de presentar las dos principales librerías de visualización, es hora de conocer una solución un poco más nueva e interactiva: Plotly-express.

2.3 Plotly.express

2.3.1 La versión simplificada de Plotly

En el ecosistema de Python, hay muchas librerías gráficas disponibles, pero, últimamente, Plotly-Express parece estar ganando en importancia, lo que hace que le prestemos atención.

Plotly-Express se basa en la librería de Plotly, que permite crear una amplia variedad de visualizaciones, tanto en 2D como en 3D. Sin embargo, Plotly-Express simplifica el proceso al proporcionar funciones predefinidas para tareas de visualización comunes, lo que reduce en gran medida la cantidad de código necesario para crear gráficos interactivos.

Así es como se instala:

```
pip install plotly_express # Tenga cuidado de poner un "_"
```

Y ahora, a modo de comparación, he aquí el mismo gráfico, un diagrama de dispersión o nube de puntos, hecho con Plotly y Plotly-Express:

– Versión Plotly

```
import plotly.graph_objs as go

# Datos
x = [1, 2, 3, 4, 5]
y = [10, 11, 12, 13, 14]

# Crear la figura
fig = go.Figure()

# Crear la nube de puntos con Plotly
fig.add_trace(go.Scatter(x=x, y=y, mode='markers',
name='Datos'))

# Añadir los títulos y etiquetas
fig.update_layout(title='Nube de puntos con Plotly',
                  xaxis_title='Eje X',
                  yaxis_title='Eje Y')

# Visualización de la figura
fig.show()
```

– Versión Plotly-Express

```
import plotly.express as px

# Datos
x = [1, 2, 3, 4, 5]
y = [10, 11, 12, 13, 14]

# Crear la nube de puntos con Plotly-Express
fig = px.scatter(x=x, y=y, title='Nube de puntos con Plotly-Express',
labels={'x': 'Eje X', 'y': 'Eje Y'})

# Visualización de la figura
fig.show()
```

El código de Plotly-Express es significativamente más corto.

2.3.2 La interactividad de Plotly-Express

El otro punto fuerte de Plotly-Express, en este caso en comparación con Matplotlib y Seaborn, reside en su interactividad. Esta capacidad de crear visualizaciones interactivas es una verdadera ventaja que hace que la exploración sea más fácil y dinámica. Permite un fácil acceso, por ejemplo, a las coordenadas de ciertos puntos en un gráfico o a las mediciones estadísticas de un diagrama de caja, como en el siguiente caso:

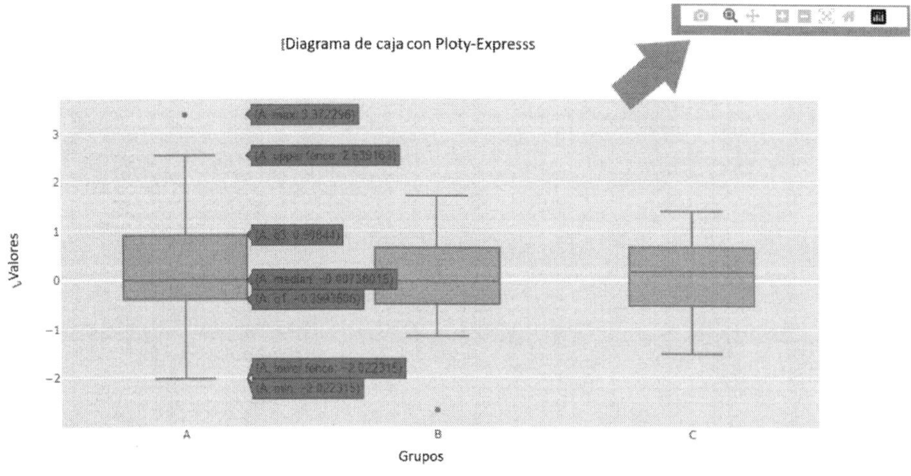

Aquí, al pasar el ratón por encima de los diagramas de caja, se muestran las características, lo que es muy práctico para investigar. Mencionemos también las posibilidades que ofrece el menú en la parte superior derecha, que permite hacer zoom, volver a centrar y, sobre todo, exportar la figura con un solo clic.

2.3.3 El futuro de Plotly-Express

Plotly-Express se introdujo en 2019, lo que la convierte en una librería mucho más nueva que Matplotlib y Seaborn, creadas en 2003 y 2012, respectivamente. Esta diferencia de edad ha jugado a favor de estas dos últimas, que son muy utilizadas en otras librerías y se benefician de una gran comunidad de usuarios y desarrolladores. Además, Matplotlib y Seaborn continúan desarrollándose activamente, lo que refuerza su posición como referentes en el campo de la visualización de datos.

En lugar de ver a Plotly-Express como un posible sustituto, tendría más sentido pensar en ella como una tercera posibilidad para nuestra caja de herramientas de visualización de datos. La combinación de las tres librerías permitirá satisfacer mejor las diferentes necesidades en términos de visualizaciones.

3. Los diferentes tipos de gráficos

3.1 Los desafíos

3.1.1 El camino hacia el gráfico adecuado

Elegir el tipo de gráfico adecuado para representar un conjunto de datos no siempre es sencillo. Es esencial comenzar por definir claramente el propósito del gráfico y asegurarnos de tener una comprensión profunda del tema en cuestión. Esta etapa de investigación y reflexión a menudo ayuda a fortalecer nuestro conocimiento del problema. A continuación, es crucial seleccionar el tipo de gráfico más apropiado entre las múltiples opciones disponibles, asegurándonos de que responda a nuestras preguntas de manera efectiva. Por último, hay que prestar especial atención a la finalización y al formato del gráfico, ya que estos elementos refuerzan el mensaje que transmite.

3.1.2 Aspectos importantes

La creación de un gráfico eficaz tiene que ver con la simplicidad y la claridad. Es esencial que la información sea accesible de inmediato, revelando todos los aspectos del objeto. Más allá de la simple elección del tipo de gráfico, hay que valorar la búsqueda de los colores adecuados, una fuente claramente legible, así como cualquier otro enfoque destinado a garantizar un formato claro y aireado. El gráfico no se debe considerar de forma aislada, sino como un todo coherente en el que cada elemento, desde el contenido hasta la forma, contribuye a la transmisión eficiente de la información.

3.1.3 Restricciones

Al crear los gráficos, será necesario lidiar con ciertas restricciones.

Restricciones de escala

Entre estas, los problemas de escala son frecuentes, especialmente cuando los valores extremos alteran la disposición de los otros puntos, acumulándolos en una esquina del gráfico. Para solucionar el problema, no siempre es posible aumentar el tamaño del gráfico debido a las limitaciones de espacio, lo que puede llevarnos a cambiar la escala de los ejes. Sin embargo, este cambio no está exento de consecuencias en la representación fiel de las distribuciones, lo que puede dar lugar a distorsiones. En la siguiente ilustración se destaca el impacto de este cambio.

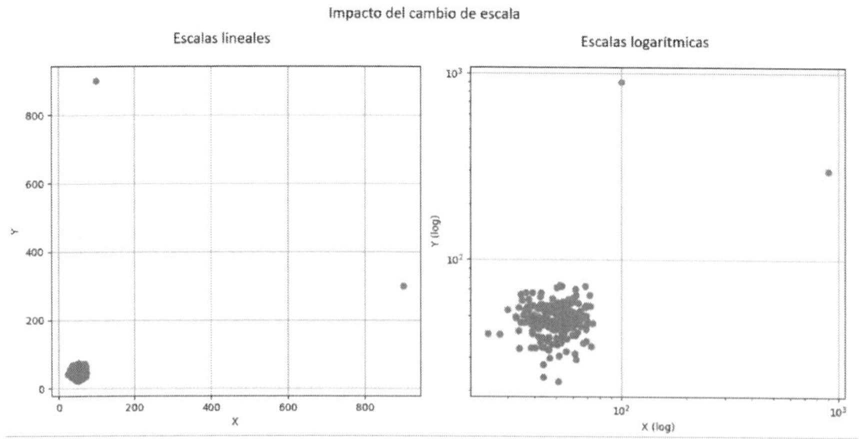

Restricciones de legibilidad

También se debe tener especial cuidado con garantizar la legibilidad de los textos. Esta restricción es muy común cuando se crean varios gráficos en la misma página, lo que puede requerir muchos ensayos hasta obtener el equilibrio correcto. En general, es importante asegurarse siempre de que el texto sea lo suficientemente grande como para leerse fácilmente, que no oculte otros elementos gráficos y que el color del texto contraste correctamente con el fondo.

Para concluir este punto, no olvidemos la comodidad en la lectura. De hecho, la orientación del gráfico puede desempeñar un papel importante en este sentido. Por ejemplo, en el siguiente caso, es preferible una presentación horizontal porque evita tener que inclinar la cabeza para leer los nombres de las ciudades.

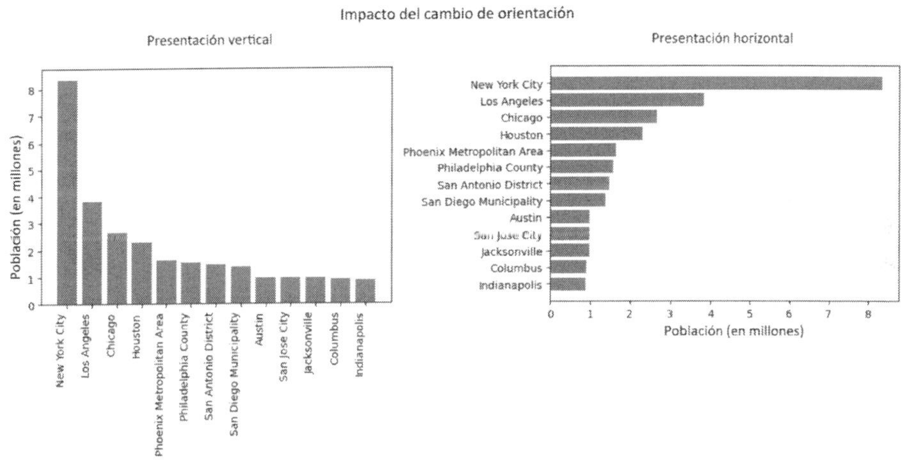

Restricciones de color

La gestión del color suele ser una restricción delicada a la hora de crear gráficos. Es esencial buscar la armonía visual mediante el uso de una paleta de colores restringida y consistente, que sea común a todas las imágenes. El uso de paletas demasiado variadas puede provocar disonancias visuales y dificultar al lector la comparación de los datos. Además, en algunos casos, se pueden imponer restricciones específicas en la paleta de colores, lo que puede causar problemas, especialmente si los tonos son demasiado cercanos o si los gráficos se deben imprimir en blanco y negro, como es el caso de este libro. Esta última observación también es válida para tener en cuenta, dentro de nuestra audiencia, a las personas con daltonismo.

El siguiente objeto visual muestra un ejemplo de una nube de puntos o diagrama de dispersión, coloreado en dos tonos muy distintos: el azul medio utilizado para los ejemplos del libro, cuyo código rojo-verde-azul (RGB) es (67, 156, 200), y un gris verdoso cuyo código es (121, 149, 150). Pero estos dos colores, una vez convertidos a blanco y negro, dan casi el mismo tono de gris (gráfico de la izquierda). En este tipo de situaciones, es necesario anticiparse y pensar en el uso de diferentes símbolos para los grupos, con el fin de poder disociarlos, como es el caso del gráfico de la derecha.

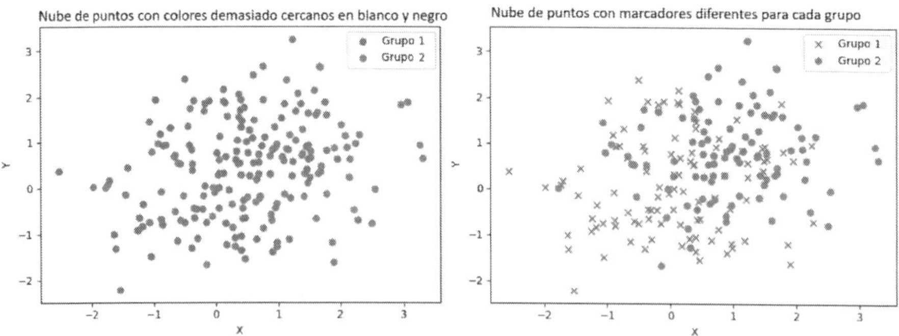

3.2 Gráficos univariantes

Comenzaremos nuestra exploración de los diferentes gráficos con los univariantes, es decir, aquellos que describen una sola variable. Para facilitar la presentación, los gráficos se agruparán por tipo de datos: numéricos (también llamados cuantitativos) y categóricos (también llamados cualitativos).

3.2.1 Gráficos univariantes para datos numéricos

Histograma

El primer gráfico que viene a la mente en el campo de los datos numéricos es, sin duda, el histograma. Representa la distribución de una variable numérica, ya sea discreta o continua, dividiendo su rango en intervalos y mostrando el número de ocurrencias en cada intervalo en forma de barras. Le permite visualizar rápidamente la forma de la distribución de una variable.

Observación

Preste atención a no confundir el histograma con el gráfico de barras (consulte la subsección de gráficos univariados para datos categóricos en este capítulo), que se refiere a variables categóricas.

El histograma se construye de la siguiente manera con Matplotlib, con la función `hist`:

```
import matplotlib.pyplot as plt
import numpy as np

# Generar datos aleatorios
data = np.random.normal(loc=0, scale=1, size=1000)

# Crear el histograma con Matplotlib
plt.hist(data, bins=30, color='#439cc8', edgecolor='black')
plt.title('Histograma con Matplotlib')
plt.xlabel('Valores')
plt.ylabel('Frecuencia')
plt.show()
```

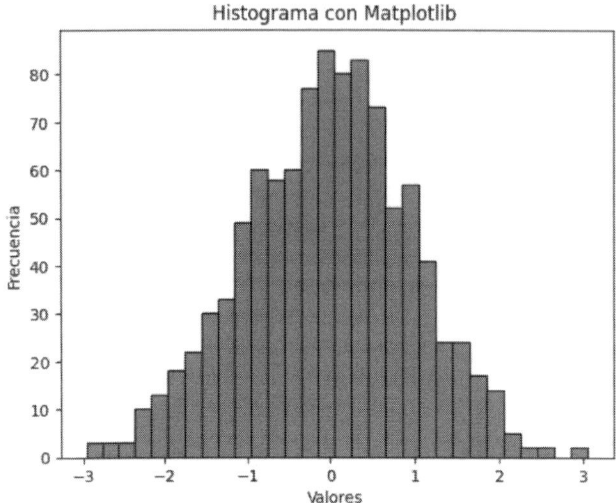

Tenga en cuenta que, con la opción `bins`, es posible variar el número de agrupaciones. Estos grupos son de igual tamaño.

La creación del mismo gráfico en Seaborn utiliza la función `hisplot`, con los mismos argumentos, y también permite dibujar la curva de densidad.

Curva de densidad

La adición de una curva de densidad permite una representación suave y continua de la distribución de datos. De este modo, completa la información discreta del histograma, a veces sujeta a variaciones bruscas, con una visión más fluida y probabilística de la densidad de los valores.

Aquí se recomienda el uso de Seaborn porque la sintaxis es mucho más concisa, y el renderizado, más estético que con Matplotlib.

```
import seaborn as sns
import matplotlib.pyplot as plt

# Importar el juego de datos
titanic = sns.load_dataset('titanic')

# Trazado del gráfico
sns.histplot(data=titanic, bins=50, x='age', kde=True,
color='#439cc8', alpha=1, line_kws =
```

```
{'linestyle':'dashed','linewidth':'1'}).lines[0].set_color('black')


# Título
plt.title('Distribución de las edades de los pasajeros del
Titanic\n')

# Definir el nombre de los ejes
plt.xlabel('Edad')
plt.ylabel('Número de pasajeros')

plt.show()
```

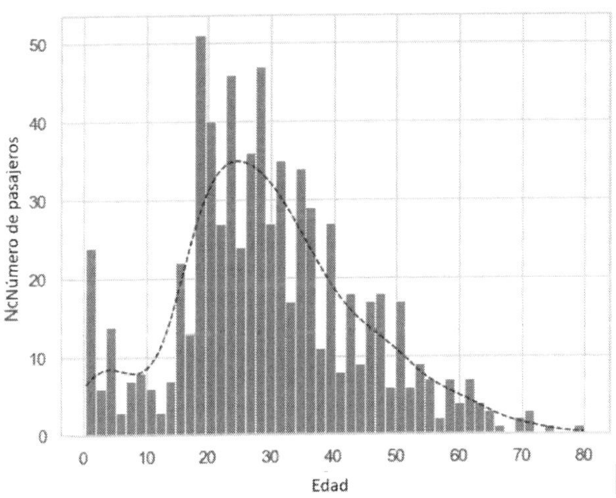

Este ejemplo es una oportunidad para mostrar la facilidad con la que es posible adquirir un conjunto de datos, en este caso del Titanic, gracias al comando `load_dataset()`. La opción `bins` se ha establecido deliberadamente en 50 para acentuar la irregularidad de las barras y, por contraste, para enfatizar el efecto de suavizado de la curva de densidad, que se muestra aquí en líneas punteadas.

Finalmente, especifiquemos que solo se necesitan las siguientes opciones para generar el histograma y su curva de densidad: `sns.histplot(data=titanic, bins=50, x='age', kde=True)`; las demás solo se utilizan para dar formato a los gráficos.

Diagramas de caja

El diagrama de caja, también conocido como boxplot, es uno de los gráficos más importantes. Proporciona una cantidad significativa de información sobre la distribución de los datos, especialmente de los cuartiles (incluida la mediana), los umbrales de detección de valores aberrantes, la dispersión de datos y la posible presencia de valores extremos.

Tomemos el ejemplo del *Titanic* para presentar este indicador:

```
import seaborn as sns
import numpy as np
import matplotlib.pyplot as plt

# Recuperar el juego de datos del Titanic
titanic = sns.load_dataset('titanic')

plt.figure(figsize=(4, 4))

# Formato para la media
mean_formatting = {'marker':'o','markerfacecolor':'white',
'markeredgecolor':'black', 'markersize':'8'}

# Trazado del boxplot
sns.boxplot(data=titanic['age'], showmeans=True,color='#439cc8',
width=0.25, meanprops= mean_formatting)
plt.title("Diagrama de cajas sobre la edad media \n de los pasajeros
del Titanic\n")
plt.ylabel('Edad')
plt.show()
```

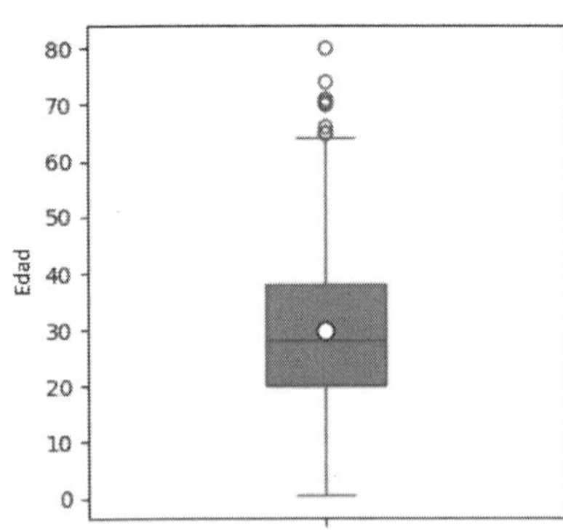

La construcción del gráfico presenta pocos problemas. Solo agregar el promedio requiere unas pocas líneas más de código, especialmente para el formato. El gráfico es claro y legible, pero carecerá de precisión si queremos conocer los valores exactos de los umbrales.

Aquí es donde el uso de Plotly-Express resulta relevante. Los controles son más concisos y la interactividad nos aporta los valores que buscamos cuando pasamos el ratón por encima del gráfico:

```
import plotly.express as px

# Recuperar el juego de datos del Titanic
df = sns.load_dataset('titanic')

# Trazado del boxplot
fig = px.box(df, x = "age",  points="outliers",
color_discrete_sequence = ["#439cc8"])

# Añadir la media
fig.update_traces(boxmean=True)
fig.show()
```

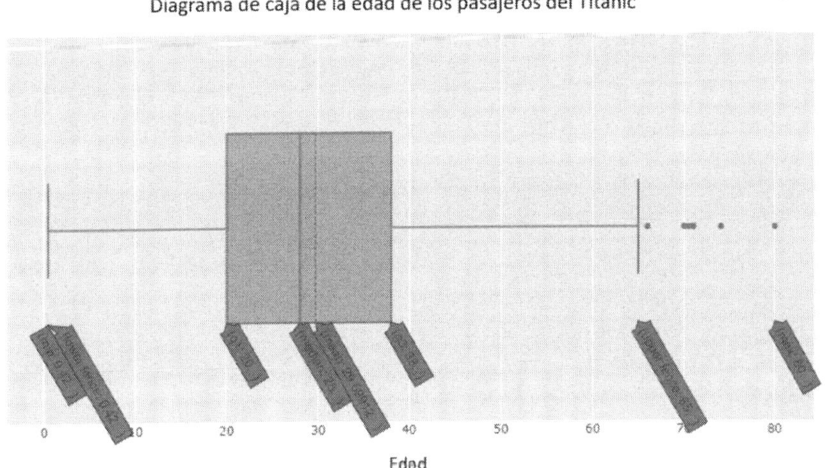

La interactividad ofrece, así, un valor añadido real para el análisis de datos.

En nuestro caso, aprendemos de inmediato que:

- la edad media fue de 29,69 años,
- la mediana de edad fue de 28 años,
- las edades oscilan entre los 0,42 y los 80 años,
- el 25 % de los pasajeros eran menores de 20 años,
- el 50 % de los pasajeros tenía entre 20 y 38 años,
- el 25 % tenía más de 38 años,
- los pasajeros mayores de 65 años, marcados con puntos, eran relativamente raros (la edad de cada uno se muestra cuando se pasa el ratón).

Diagrama de violín

El diagrama de violín sintetiza el diagrama de caja y el diagrama de densidad. Mientras que el diagrama de caja proporciona una vista sintética de cuartiles y valores atípicos, el violín proporciona la información sobre la densidad de la distribución de puntos, algo de lo que carece el de caja. Esta combinación permite una representación más completa de la distribución de datos, proporcionando tanto una visión global de la dispersión de datos como una estimación de la densidad de probabilidad. Esta información adicional permite, por ejemplo, ver inmediatamente si la distribución tiene dos o más modos.

La palabra clave `violinplot` es común a Matplotlib y Seaborn, pero la versión de este último es preferible porque utiliza las indicaciones del diagrama de caja.

```
import matplotlib.pyplot as plt
import seaborn as sns

# Importar el juego de datos
df = sns.load_dataset('titanic')

plt.figure(figsize=(10,6))

# Trazado del gráfico
sns.violinplot(x="age", data=df, color="#439cc8")

# Añadir los títulos y las etiquetas
plt.title("Gráfico de violín sobre la edad media de los pasajeros
```

```
del Titanic\n")
plt.xlabel("Edad")
plt.ylabel("Número de personas")
plt.show()
```

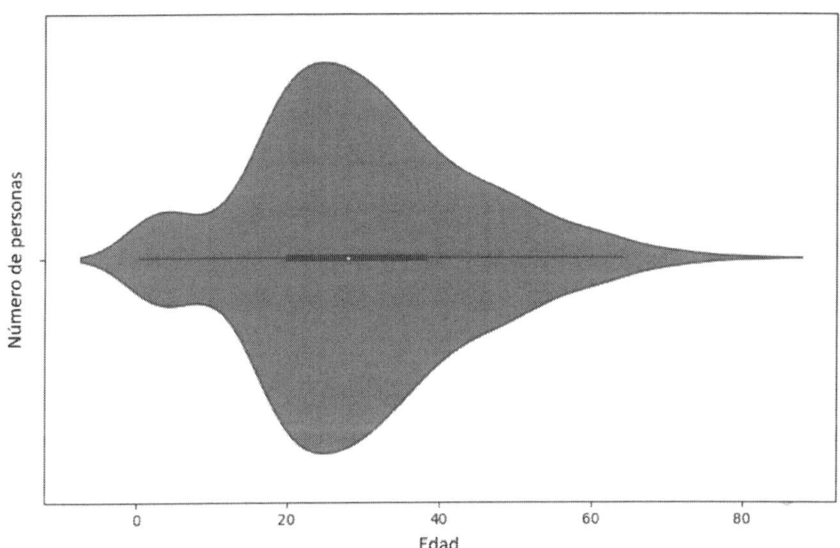

Tenga en cuenta que, una vez más, Plotly-Express ofrece una versión más adecuada para la exploración gracias a su interactividad. Además, materializa los valores en forma de puntos para tener una visión más precisa de la distribución, en comparación con la curva de densidad.

```
import plotly.express as px
import pandas as pd

# Importar el juego de datos
df = sns.load_dataset('titanic')

# Crear el violín plot con Plotly
fig = px.violin(df, x="age",  box=True, points="all",
hover_data=df.columns, color_discrete_sequence=["#439cc8"])
fig.update_traces(meanline_visible=True)

# Añadir el título
```

```
fig.update_layout(title="Gráfico de violín sobre la edad media
de los pasajeros del Titanic", title_x=0.5)

fig.show()
```

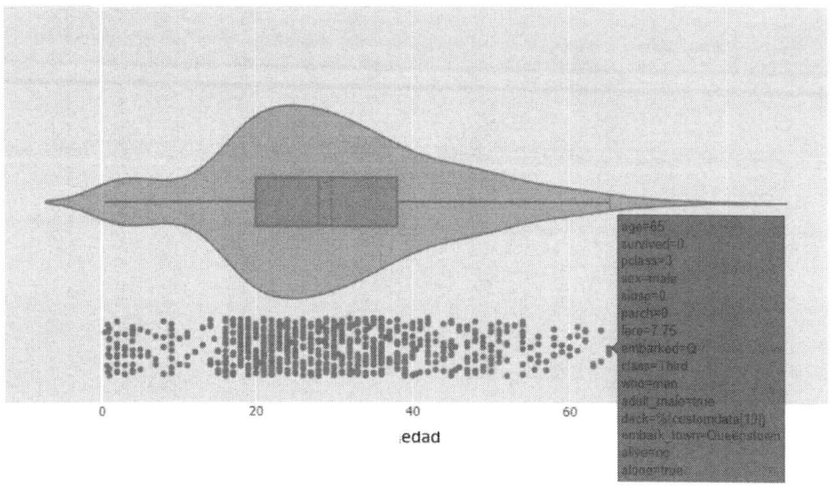

Además de mostrar los valores estadísticos al pasar el ratón por encima de la figura, también se puede acceder al detalle de cada punto, lo que resulta muy cómodo para estudiar con precisión ciertas observaciones.

Después de haber considerado varios enfoques para analizar distribuciones, veamos ahora qué tipos de gráficos son apropiados para estudiar la distribución de datos en el contexto de variables categóricas.

3.2.2 Gráficos univariantes para datos categóricos

En el contexto de las variables cualitativas, a continuación nos familiarizaremos con las herramientas destinadas a comprender la distribución y la frecuencia de las diferentes categorías presentes en nuestros datos.

Gráfico de barras

El gráfico de barras es reconocido como uno de los gráficos más efectivos para visualizar la distribución de valores de una variable categórica. Ofrece una representación clara de la frecuencia o proporción de cada categoría en forma de barras. Este método, aunque sencillo, permite una rápida identificación de los valores y la importancia relativa de las diferentes categorías gracias a la longitud de las barras.

Para ilustrar el código, hagamos un recuento rápido del número de repositorios (espacios en línea donde los desarrolladores almacenan, comparten y colaboran en proyectos de código fuente) de cada librería de Python en GitHub, a partir de mayo de 2024.

```
import matplotlib.pyplot as plt

# Datos recuperados
libraries = ['Flask', 'Tensorflow', 'Pandas', 'OpenCV', 'Numpy',
'Keras', 'Matplotlib', 'Scrapy', 'Seaborn', 'Scikit Learn',
'NLTK', 'Scipy', 'Gensim', 'Plotly-express']

repository_count = [459000, 154000, 146000, 139000, 76100, 66300,
61300, 33000, 20400, 20000, 13900, 8000, 2200, 708]

# Ordenar los datos en orden decreciente
libraries = [x for _, x in sorted(zip(repository_count, libraries),
reverse=False)]
repository_count.sort(reverse=False)

# Crear el gráfico de barras
plt.figure(figsize=(10, 6))
plt.barh(libraries, repository_count, color='#439cc8')

# Añadir los títulos y las etiquetas
plt.xlabel('Número de repositorios en Github')
plt.ylabel('Nombre de la librería')
plt.title('Número de repositorios en Github por librería
Python\n')

# Visualización de los valores
for i, valor in enumerate(repository_count).
    plt.text(valor, i, f' {valor}', ha='left',va='center')

plt.show()
```

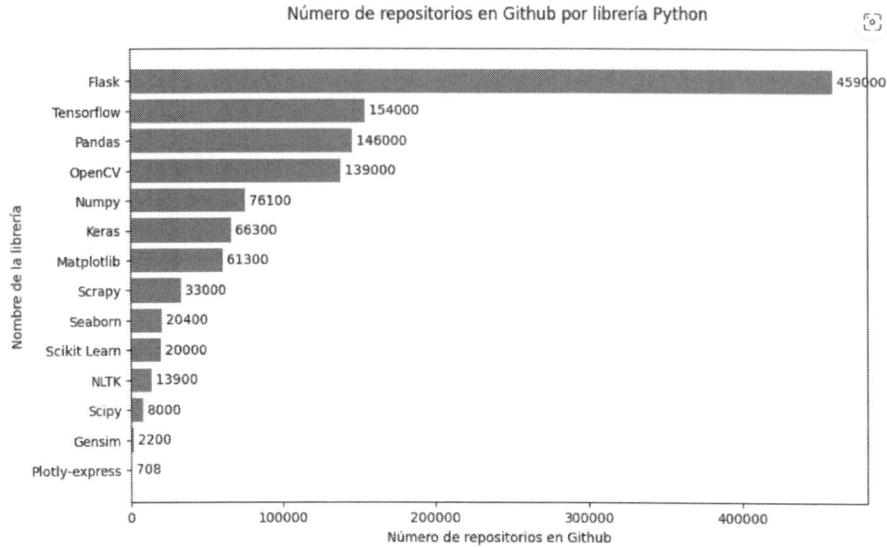

Este pequeño estudio ad hoc nos permite ver que la librería Flask, utilizada para desarrollar aplicaciones web en Python, domina ampliamente a las demás en cuanto a repositorios en GitHub. Al final de la lista se encuentra Plotly-Express con un número muy bajo de repositorios: 708.

Observación

El gráfico se ha ordenado intencionadamente de forma descendente, empezando por arriba, con el fin de destacar las librerías más populares y facilitar el acceso a la información.

No debemos dudar en ir más allá y añadir indicadores para profundizar en nuestro conocimiento. Aquí, la adición de un porcentaje acumulado muestra que las cinco librerías más populares representan el 80 % del total.

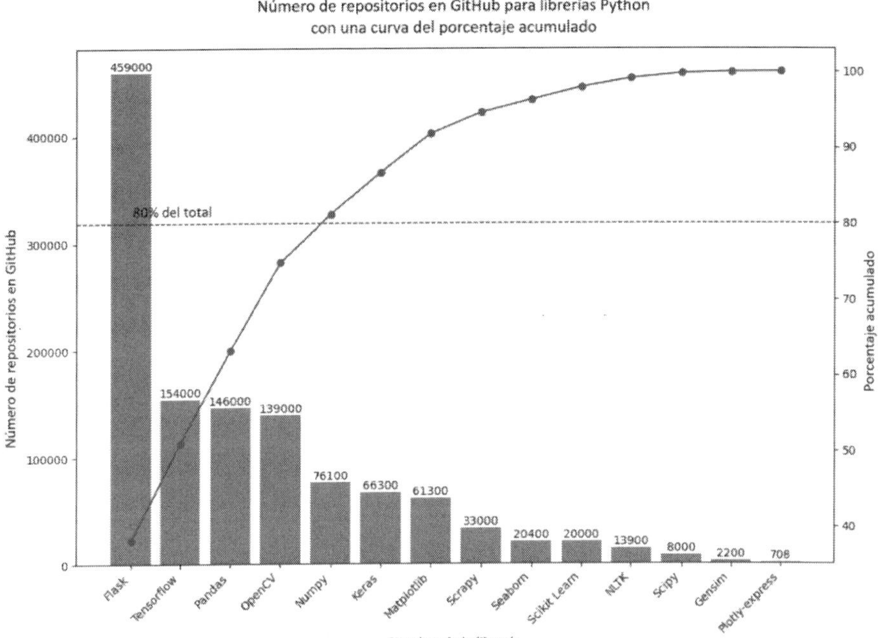

■ Observación

Para integrar el porcentaje acumulado, nos vemos obligados a presentar las barras verticalmente.

Gráficos circulares

Los gráficos circulares, también conocidos como «gráficos de tarta», están diseñados según el mismo principio que los gráficos de barras, pero su representación difiere. Su uso es principalmente estético, ya que este tipo de gráfico se debe reservar para variables con un máximo de cuatro modalidades. Más allá de este número, la representación en forma de área puede dificultar la evaluación del valor de cada modalidad. Para convencernos, observemos cómo se vería el gráfico anterior bajo esta forma:

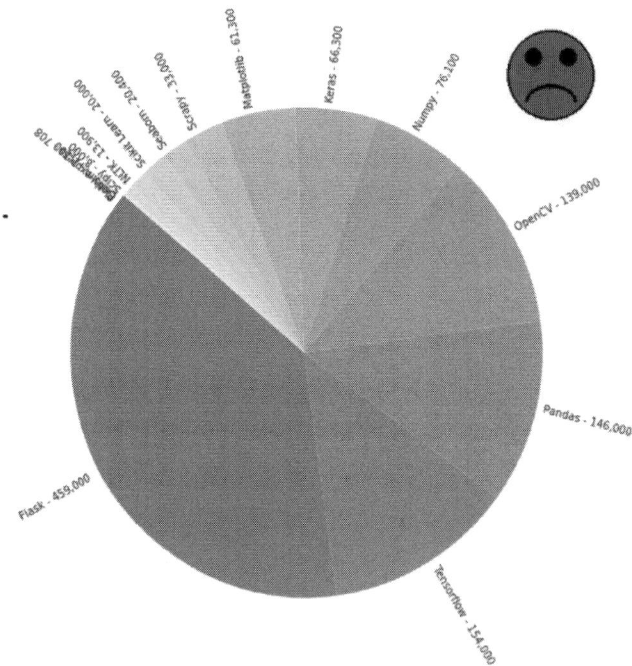

Esta representación es mucho menos legible que la anterior. Además, resulta muy difícil percibir visualmente la diferencia, por ejemplo, entre Matplotlib y Keras.

Pero cuando se usa correctamente, el gráfico circular es una herramienta de visualización efectiva. Si, por ejemplo, queremos representar la cuota de discusiones entre R y Scala en GitHub en mayo de 2024, el gráfico circular entrega inmediatamente la información en forma de porcentajes a partir de los datos proporcionados por el `autopct`:

```
import matplotlib.pyplot as plt

# Datos que provienen de Github
num_discussions = [7000, 4000]
languages = ['R', 'Scala']

plt.figure(figsize=(8, 6))

# Crear el pie chart
plt.pie(num_discussions, labels=languages, autopct='%1.1f%%',
startangle=140, colors=["#439cc8","#f2f2f2"])
plt.axis('equal')  # Aspecto ratio igual porque el pie chart es circular

# Título
plt.title('Reparto de discusiones sobre GitHub entre R y Scala\n')

# Visualización del pie chart
plt.show()
```

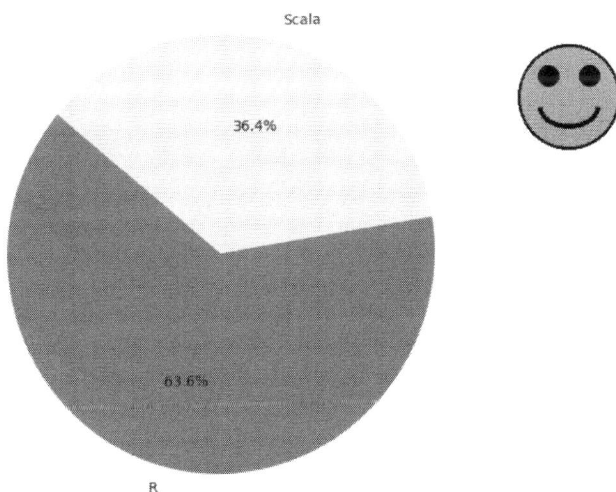

Tenga en cuenta que es posible modificar el ángulo de inicio del gráfico utilizando la opción `startangle`.

Observación

Se deben evitar los gráficos circulares en 3D, ya que pueden distorsionar la percepción de la importancia de las categorías.

Dependiendo de sus gustos o necesidades, es muy fácil cambiar a un donut insertando un círculo en el centro del gráfico circular:

```
import matplotlib.pyplot as plt

# Datos
num_discussions = [7000, 4000]
languages = ['R', 'Scala']

plt.figure(figsize=(8, 6))

# Crear el donut chart
plt.pie(num_discussions, labels=languages, autopct='%1.1f%%',
startangle=140, colors=["#439cc8","#f2f2f2"],
wedgeprops=dict(width=0.4))

# Añadir un círculo blanco en el centro para crear el hueco
plt.gca().add_artist(plt.Circle((0,0),0.8,color='white'))

# Título
plt.title('Reparto de discusiones sobre GitHub entre R y
Scala\n')

# Visualización del donut
plt.show()
```

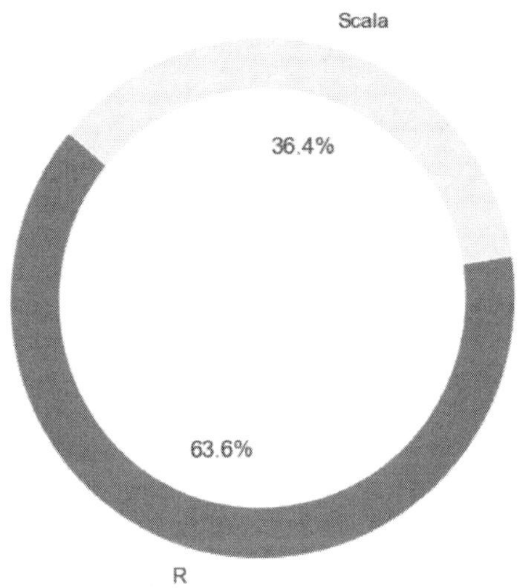

Para terminar con las representaciones circulares, no nos olvidemos de los gauges, que ofrecen una visualización instantánea e intuitiva de una medición en relación con una referencia dada.

Una forma fácil de construirlos es a través de Plotly:

```
import plotly.graph_objects as go

#Argumentos
umbral = 60
porcentaje = 78

# Crear el gauge con Plotly Graph Objects
fig = go.Figure()

# Añadir el gauge
fig.add_trace(go.Indicator(
    mode="gauge+number", value=porcentaje,
    title={"text": "Scorc realizado"},
    domain = {'x': [0, 1], 'y': [0, 1]},
    gauge = {
        'axis': {'range': [None, 100]},
        'bar': {'color': "#439cc8"},
```

```
            'steps': [
                {'range': [0, umbral], 'color': "white"},
                {'range': [umbral, 100], 'color': "#eeeeee"}
            ]
        }
))


# Visualización del gauge
fig.show()
```

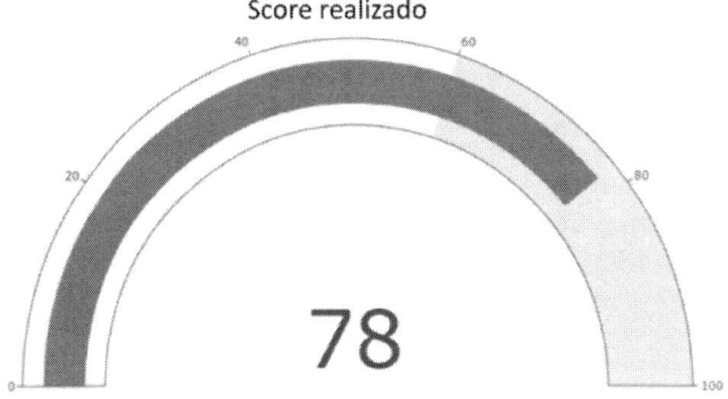

Observación

Tuvimos que recurrir directamente a Plotly porque Plotly Express, al igual que Matplotlib y Seaborn, no tiene una función incorporada para gauges y requiere muchas líneas de código.

Treemap

Los treemaps son un método de representación visual de una variable categórica, donde cada categoría está representada por un área cuadrada cuyo tamaño es proporcional a su importancia. A diferencia de los gráficos circulares, los treemaps se recomiendan cuando el número de categorías es alto.

Para crear un treemap con Matplotlib, es necesario instalar el módulo squarify. Sin embargo, un enfoque más fácil es usar Plotly-express, que le permite crear treemaps directamente sin requerir instalación adicional.

El siguiente gráfico muestra la nacionalidad de los 50 mejores clasificados, denominados Grandmasters, en Kaggle, un famoso sitio de competición e intercambio de ciencia de datos.

```
import plotly.express as px
import pandas as pd


# Datos recogidos y creación del DataFrame
data = {
    "country" : ["Alemania", "Austria", "Brasil", "China",
"Corea del sur", "España", "Francia", "India", "Irlanda",
"Japón",
"Reino Unido", "Singapur", "Suecia", "República checa",
"Turquía",
"Ucrania", "USA", "Vietnam"],
    "headcount" : [2, 2, 2, 7, 1, 1, 3, 2, 1, 10, 2, 1, 1, 1, 1,
2, 8, 3]
}

df = pd.DataFrame(data)

# Crear una paleta personalizada
custom_color_list = [
    [0, "rgb(255,255,255)"],
    [1, "rgb(67,156,200)"]
]

# Trazado de la figura
fig = px.treemap(df, path=[px.Constant('Conjunto'),'country'],
values='headcount', color=" headcount ",
color_continuous_scale=custom_color_list)

# Añadir el título centrado
fig.update_layout(title_text='Origen de los 50 primeros
Grandmasters de las competiciones Kaggle', title_x=0.5)

# Visualización del treemap
fig.show()
```

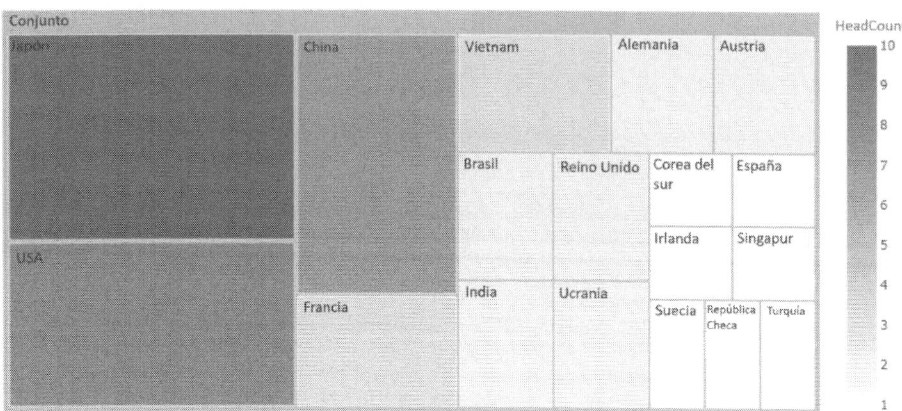

Nube de palabras

La nube de palabras es una representación visual en la que las palabras se muestran en proporción a su frecuencia en un corpus de texto. Aunque inicialmente se diseñó para analizar corpus textuales, también se puede aplicar a variables categóricas con muchas modalidades de respuesta. Sin embargo, hay que tener en cuenta que esta forma de visualización es más estética que científica, ya que la diferencia de importancia en función del tamaño de la palabra puede ser más difícil de apreciar.

Las nubes de palabras requieren la instalación del módulo de nube de palabras:

```
pip install wordcloud
```

Y este es el código para generarla a partir de los apellidos de los pasajeros del Titanic:

```
import pandas as pd
from wordcloud import WordCloud
import matplotlib.pyplot as plt

# Cargar el dataset Titanic
titanic_df = pd.read_csv("https://raw.githubusercontent.com/
datasciencedojo/datasets/master/titanic.csv")

# Seleccionar solo la columna 'Name'
names = titanic_df['Name']
```

```
# Concatenar todos los nombres en una sola cadena de caracteres
text_names = ' '.join(names)

# Crear la nube de palabras
wordcloud = WordCloud(width=800, height=400,
background_color='white') # Se puede definir una paleta gracias
a la opción colormap, por ejemplo colormap='Blues'

# Código adicional necesario para definir un color
wordcloud.color_func = lambda *args, **kwargs: (67, 156, 200)
wordcloud = wordcloud.generate_from_text(text_names)

# Visualización de la nube de palabras
plt.figure(figsize=(10, 5))
plt.title("Nube de palabras con los nombres y los apellidos de los
pasajeros del Titanic\n", color="#333333")
plt.imshow(wordcloud, interpolation='bilinear')
plt.axis('off')
plt.show()
```

Nube de palabras con los nombres y los apellidos de los pasajeros del Titanic

3.2.3 Resumen

Antes de pasar a las visualizaciones bivariantes y multivariantes, he aquí una tabla que resume todos los tipos principales de gráficos univariantes:

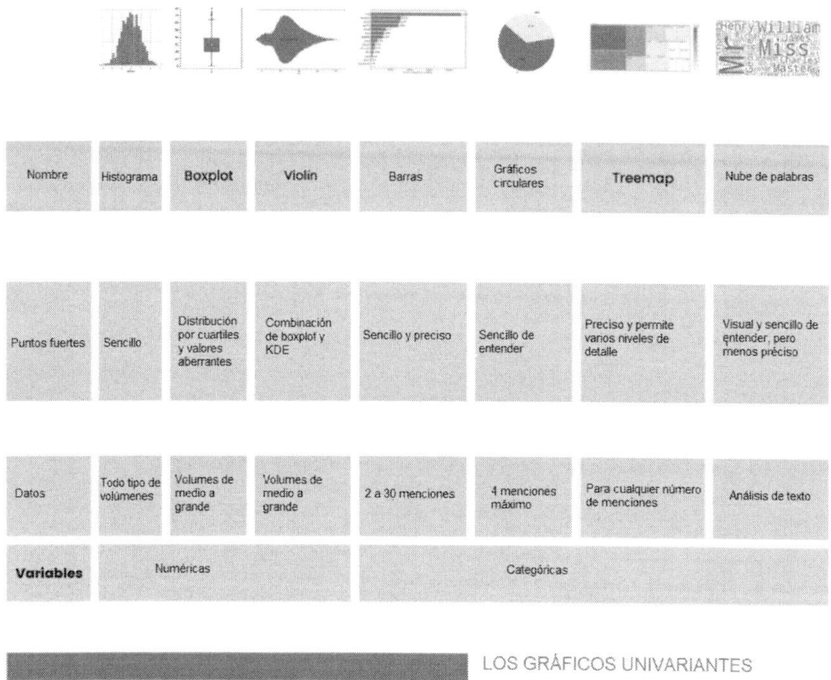

Nombre	Histograma	**Boxplot**	**Violin**	Barras	Gráficos circulares	**Treemap**	Nube de palabras
Puntos fuertes	Sencillo	Distribución por cuartiles y valores aberrantes	Combinación de boxplot y KDE	Sencillo y preciso	Sencillo de entender	Preciso y permite varios niveles de detalle	Visual y sencillo de entender, pero menos preciso
Datos	Todo tipo de volúmenes	Volumes de medio a grande	Volumes de medio a grande	2 a 30 menciones	4 menciones máximo	Para cualquier número de menciones	Análisis de texto
Variables	Numéricas			Categóricas			

LOS GRÁFICOS UNIVARIANTES

3.3 Gráficos bivariantes y multivariantes

Los gráficos multivariantes son un aspecto esencial del análisis exploratorio de datos, ya que proporcionan una representación visual rica y compleja de las relaciones entre múltiples variables simultáneamente. A diferencia de los gráficos univariantes, que se centran en la distribución o composición de cada variable, los gráficos multivariantes permiten explorar y comparar las interacciones. Para presentar estas diferentes herramientas, comenzaremos por estudiar aquellas que tratan sobre el mismo tipo de variable, después los gráficos sobre dos variables de diferente naturaleza y, finalmente y terminaremos con las visualizaciones multivariantes.

3.3.1 Gráficos bivariantes para variables de la misma naturaleza

La nube de puntos (scatterplot)

La nube de puntos o diagrama de dispersión es la forma más sencilla y directa de estudiar la relación entre dos variables numéricas. Consiste en mostrar, para cada observación, un punto cuyas coordenadas son variable1 en el eje x y variable2 en el eje y.

Con este ejemplo tendremos la oportunidad de observar si existe un vínculo entre el número de variables y el tiempo de ejecución necesario para construir el gráfico `pairplot` de Seaborn.

Para ello, se midieron los tiempos de ejecución en ocho pequeños conjuntos de datos (entre 50 y 400 observaciones) proporcionados por la librería mediante el comando `load_dataset`:

```
import seaborn as sns
import matplotlib.pyplot as plt
import pandas as pd

# Datos recogidos
results = [(2, 0.32), (3, 0.66), (4, 1.17), (2, 0.31),
           (3, 0.66), (4, 1.37), (5, 1.8), (6, 2.91),
           (7, 3.87), (8, 4.28), (2, 0.33), (3, 0.74),
           (4, 1.32), (5, 2.59), (6, 3.43), (7, 5.14),
           (2, 0.39), (3, 0.83), (4, 0.92), (5, 0.92),
           (2, 0.4), (2, 0.1), (3, 0.4), (2, 0.4),
           (3, 0.4), (4, 0.98), (2, 0.11)]

df = pd.DataFrame(results, columns=['numvar', 'execution_time'])

plt.figure(figsize=(10, 6))

# Trazado del scatterplot
plt.scatter(df["numvar"], df["execution_time"], c='#439cc8')

# Formato
plt.xlabel('Número de variables')
plt.ylabel('Tiempo de realización (s)')
plt.title('Tiempo de realización del pairplot de Seaborn en función
del número de variables\n')
plt.grid(True)
plt.show()
```

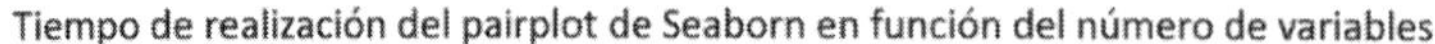

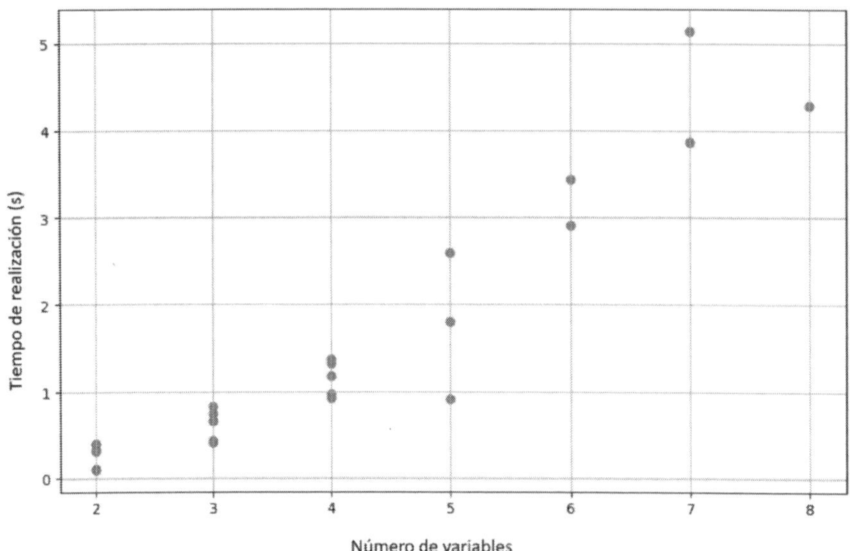

El gráfico es muy sencillo de construir en Matplotlib gracias al comando `scatter`, que solo requiere indicar las variables que se van a representar.

El scatter3d (la versión 3D del scatterplot)

El surfaceplot es la versión tridimensional del scatterplot que permite ver los vínculos entre tres variables numéricas. Es una oportunidad para volver a los datos anteriores y agregar el número de observaciones en cada conjunto de datos. Aquí, el uso de Plotly Express es esencial porque la versión 3D de Matplotlib no permite rotar el gráfico. Y un gráfico tridimensional sin esta posibilidad no sirve de nada porque la perspectiva impuesta no permite el correcto estudio de las relaciones.

```
import pandas as pd
import plotly.express as px

# Datos recogidos y construcción del DataFrame
results = [(2, 0.32, 150), (3, 0.66, 150), (4, 1.17, 150),
(2, 0.31, 398), (3, 0.66, 398), (4, 1.37, 398), (5, 1.8, 398),
(6, 2.91, 398), (7, 3.87, 398), (8, 4.28, 398), (2, 0.33, 51),
(3, 0.74, 51), (4, 1.32, 51), (5, 2.59, 51), (6, 3.43, 51),
```

```
(7, 5.14, 51), (2, 0.39, 90), (3, 0.83, 90), (4, 0.92, 90),
(5, 0.92, 90),
(2, 0.4, 272), (2, 0.1, 274), (3, 0.41, 274), (2, 0.4, 60),
(3, 0.43, 60), (4, 0.98, 60), (2, 0.11, 144)]

df = pd.DataFrame(results, columns=['numvar', 'execution_time',
"n_observations"])


# Crear el scatterplot en 3D con Plotly Express
fig = px.scatter_3d(df, x='numvar', y='n_observations',
                    z='execution_time',
                    color_discrete_sequence=['#439cc8'],
                    labels={'numvar':'Num variables',
                            'n_observations':'Num observaciones',
                            'execution_time':'Tiempo (s)'})
fig.update_layout(title_text="Tiempo de realización del pairplot \
en función del número de variables y de observaciones",
title_x=0.5)

# Visualización
fig.show()
```

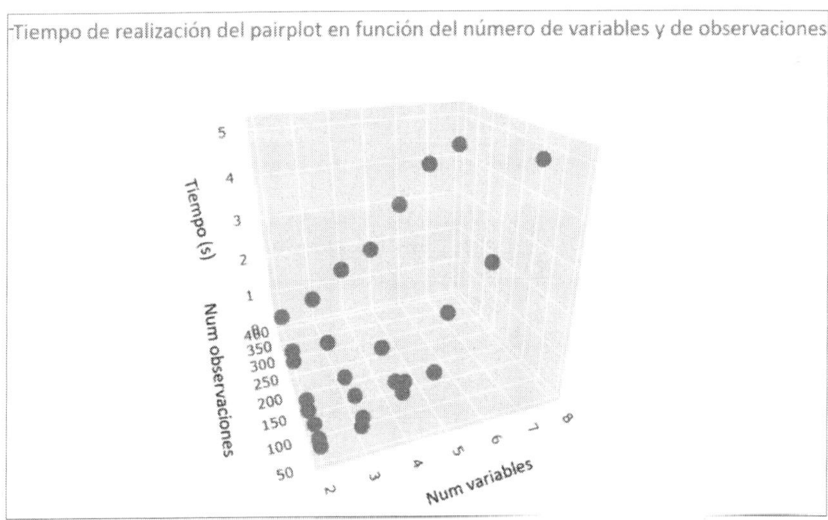

Después de algunos intentos de rotación para encontrar la perspectiva ideal, la figura muestra que el número de observaciones en cada conjunto de datos no parece influir en el tiempo que se tarda en completar el gráfico.

Diagramas agrupados y apilados

Las barras, ya sean agrupadas o apiladas, son la forma más directa de estudiar la composición de una variable cualitativa en relación con otra.

La elección de un tipo u otro depende de las necesidades en cuanto a análisis. Para ilustrar estas diferencias, volveremos a usar GitHub a fin de averiguar el número de repositorios relacionados con algoritmos de aprendizaje automático en lenguajes de programación distintos de Python y R.

Estos son los datos recopilados en GitHub que utilizaremos:

```
# Datos
algorithms = ['Random forest', 'Linear regression', 'KNN']
languages = ['C++', 'Java', 'Julia', 'Matlab']
dic = {
    ('Random forest', 'C++'): 171,
    ('Linear regression', 'C++'): 358,
    ('KNN', 'C++'): 324,
    ('Random forest', 'Java'): 58,
    ('Linear regression', 'Java'): 197,
    ('KNN', 'Java'): 323,
    ('Random forest', 'Julia'): 24,
    ('Linear regression', 'Julia'): 53,
    ('KNN', 'Julia'): 21,
    ('Random forest', 'Matlab'): 83,
    ('Linear regression', 'Matlab'): 328,
    ('KNN', 'Matlab'): 231
}
```

Si queremos visualizar fácilmente los totales y las proporciones relativas de cada algoritmo para cada lenguaje, entonces las barras apiladas son la solución más adecuada:

```
import matplotlib.pyplot as plt
import numpy as np
from matplotlib.colors import LinearSegmentedColormap

# Cálculo de totales por algoritmo
totals = {algo: sum(dic.get((algo, lang), 0) for lang in languages) for
algo in algorithms}

# Creación de una paleta degradada personalizada
start_color = '#439cc8'
end_color = '#eeeeee'
custom_colors = [start_color, end_color]
custom_cmap = LinearSegmentedColormap.from_list('custom',
```

```
custom_colors)

# Crear el marco gráfico
fig, ax = plt.subplots()

# Crear las barras apiladas
bottom = [0] * len(languages)
for algo in algorithms:
    frequencies = [dic.get((algo, lang), 0) for lang in languages]
    bars = ax.bar(languages,
                  frequencies,
                  bottom=bottom,
                  label=algo,
                  color=custom_cmap((algorithms.index(algo) + 1)/
len(algorithms)))
    bottom = [bottom[i] + frequencies[i] for i in range(len(languages))]

# Agregar las leyendas y las etiquetas
ax.set_ylabel('Frecuencia')
ax.set_title('Número de repositorios por lenguaje y algoritmo (Github /
mayo 2024)\n')
ax.legend()

# Visualización del barchart
plt.show()
```

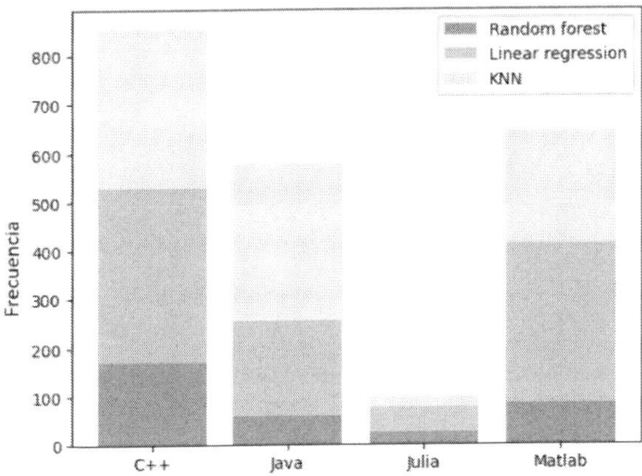

C++ encabeza la lista de los outsiders con poco más de 800 repositorios relacionados con estos tres algoritmos, ocho veces más que Julia.

Observación

A título informativo, Python, que no está representado, tiene 13 300 repositorios para estos tres algoritmos.

Si, por el contrario, queremos comparar directamente los valores absolutos de los diferentes algoritmos dentro de cada lenguaje, entonces debemos elegir las barras agrupadas:

```
import matplotlib.pyplot as plt
import numpy as np
from matplotlib.colors import LinearSegmentedColormap

# Crear una paleta degradada personalizada
start_color = '#439cc8'
end_color = '#eeeeee'
custom_colors = [start_color, end_color]
custom_cmap = LinearSegmentedColormap.from_list('custom',
custom_colors)

# Cálculo de las posiciones de las barras
bar_width = 0.2
space = 0.1
num_bars = len(languages)
positions = np.arange(num_bars)

# Crear el marco gráfico
fig, ax = plt.subplots()

# Crear el gráfico de barras agrupadas
for i, algo in enumerate(algorithms):
    frequencies = [dic.get((algo, lang), 0) for lang in languages]
    ax.bar(positions + i * (bar_width + space), frequencies,
bar_width, label=algo, color=custom_cmap((algorithms.index(algo) + 1) /
len(algorithms)))

# Agregar las leyendas y las etiquetas
ax.set_ylabel('Frecuencia')
ax.set_title('Número de repositorios por lenguaje y algoritmo (GitHub /
mayo 2024)\n')
ax.set_xticks(positions + (num_bars - 1) * 0.33 * (bar_width + space))
# 0.33 para que el lenguaje esté muy centrado
ax.set_xticklabels(languages)

# Desplazamiento de la leyenda fuera del gráfico
ax.legend(loc='upper left', bbox_to_anchor=(1, 1))

# Visualización
plt.show()
```

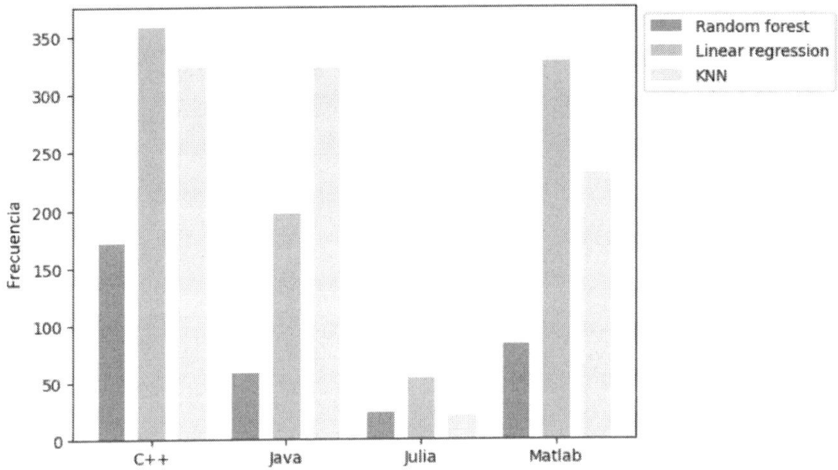

De este modo, la visualización anterior ofrece una mejor percepción del número de repositorios entre los diferentes lenguajes.

3.3.2 Gráficos bivariantes sobre variables de diferente naturaleza

El estudio de las relaciones entre variables de diferente naturaleza requiere de otros gráficos. En este contexto, reutilizaremos algunos gráficos ya estudiados en la parte univariante, pero esta vez duplicándolos por modalidad. Cabe señalar que algunos gráficos mantendrán el mismo nombre, mientras que otros, como el ridgeline plot, tendrán nombres diferentes, pero, en realidad, serán estimaciones de densidad de kernel (KDE) para cada modalidad.

El ridgeline plot

El ridgeline es una solución pertinente para visualizar las curvas de densidad de probabilidad de una variable numérica para cada modalidad de una variable categórica. Aquí se recomienda el uso del módulo ridgeplot porque la sintaxis es concisa y ofrece interactividad al estar construido sobre Plotly:

```
pip install ridgeplot
```

He aquí un ejemplo práctico con las edades de los pasajeros del *Titanic* según el puerto de embarque:

```
import seaborn as sns
from ridgeplot import ridgeplot

# Importar los datos del Titanic
df = sns.load_dataset("titanic")

# Seleccionar las variables necesarias y eliminar las líneas con
valores ausentes
df = df[['age', 'embark_town']].dropna()

# Crear el ridgeline plot
fig = ridgeplot(
    samples=[df[df['embark_town'] == port]['age'].tolist() for port in
df['embark_town'].unique()],
    colormode="row-index",
    colorscale=[(0.0, '#439cc8'), (0.5, '#98c5db'), (1.0, '#eeeeee')],
    labels=[f"Port de {port}" for port in df['embark_town'].unique()],
    bandwidth=0.8, # Souplesse du lissage
    spacing=1 # Espaciado entre las curvas
)

# Formato
fig.update_layout(
    plot_bgcolor="white",
    yaxis_title="Puerto de embarque",
    xaxis_title="Edad de los pasajeros",
    showlegend=False,
    title_text="Curvas de densidad de las edades de los pasajeros del
Titanic en función del puerto de embarque", title_x=0.5
)

# Visualización
fig.show()
```

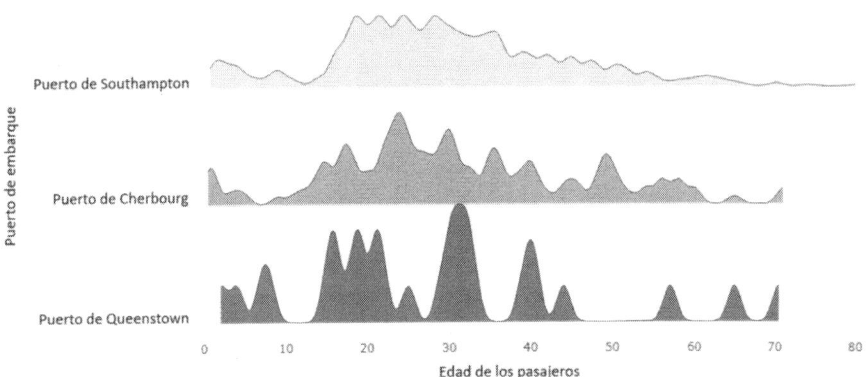

Boxplot y violines agrupados

Para los boxplots, partiremos del código presentado en la parte univariante, simplemente agregando la variable categórica cruzada. En cuanto a los gráficos bivariantes, Seaborn es muy útil para generarlos.

```
import seaborn as sns

# Definir los colores
colors = ['#eeeeee', '#98c5db', '#439cc8']

# Importar lo datos del Titanic y eliminar valores ausentes
df = sns.load_dataset("titanic").dropna(subset=['age',
'embark_town'])

# Formato de la media
formateo_media = {'marker':'o','markerfacecolor':
'white','markeredgecolor':'black', 'markersize':'8'}

# Crear el boxplot con la paleta específica
sns.boxplot(data=df, x='embark_town', y='age', palette=colors,
showmeans=True,meanprops= formateo_media)

# Formato
plt.xlabel("Puerto de embarque")
plt.ylabel("Edad de los pasajeros")
plt.title("Diagrama de cajas de las edades de los pasajeros del Titanic
en función del puerto de embarque\n")
plt.show()
```

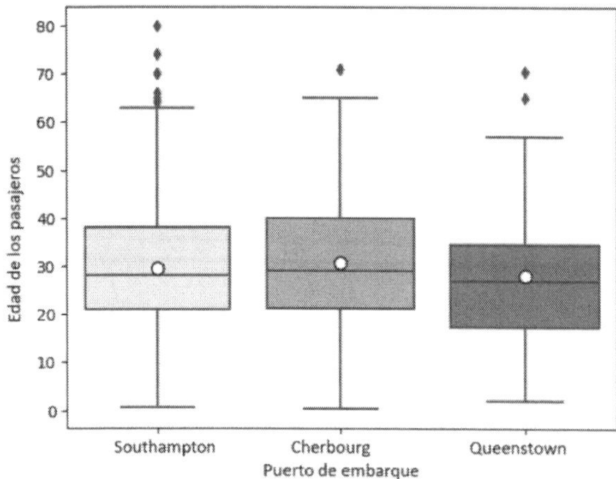

De la misma manera que para la parte univariante, partimos del ejemplo en Plotly Express para hacer el diagrama de violín:

```
import plotly.express as px
import seaborn as sns

# Importar el juego de datos
df = sns.load_dataset('titanic')

# Definir la paleta personalizada
colors = ['#cccccc', '#98c5db', '#439cc8']

# Trazado del gráfico en violín
fig = px.violin(
    df, x="age", y="embark_town", box=True, points="all",
hover_data=df.columns,
    color="embark_town", color_discrete_sequence=colors
)

# Añadir la media
fig.update_traces(meanline_visible=True)

# Formato
fig.update_layout(
    title="Gráfico de violín sobre la edad media de los pasajeros del
Titanic por ciudad de embarque",
    title_x=0.5,
```

```
    paper_bgcolor='white',  # Color de fondo de la zona exterior
    plot_bgcolor='white',    # Color de fondo de la zona de trazado
    violingap=0.3,           # Espaciado entre violines
    violingroupgap=0.1,       # Espaciado entre los grupos de violines
    yaxis_title="Puerto de embarque", # Título eje y
    xaxis_title="Edad de los pasajeros", #Título eje x
)

fig.show()
```

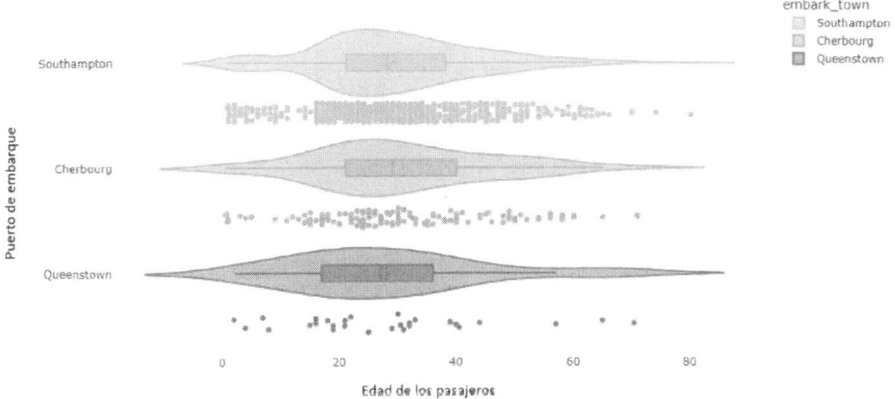

Una vez más, la interactividad, junto con la cantidad de información ofrecida, resultan de gran comodidad para estudiar en detalle la distribución por categorías.

Heatmaps

Los heatmaps o mapas de calor son otro pilar de la visualización. Mediante el uso de colores, permiten mostrar claramente dónde son más fuertes o más débiles los cruces entre las categorías. Aunque la mayoría de las variables analizadas son de la misma naturaleza, también es posible el uso de una variable numérica como variable de análisis, lo que justifica su lugar en esta categoría.

La construcción de la matriz requiere pocas líneas de código y ofrece una visión inmediata de la distribución de los datos. Aquí se recomienda el uso de Seaborn por su concisión. Este es el código necesario para mostrar el número de pasajeros por puerto y por clase de billete:

```
import seaborn as sns
import matplotlib.pyplot as plt
import pandas as pd
import numpy as np
from matplotlib.colors import LinearSegmentedColormap

# Cargar el juego de datos del Titanic desde Seaborn
df = sns.load_dataset('titanic')

# Calcular el número de pasajeros por puerto de embarque y clase
de billete
pivot_table = df.pivot_table(values='age', index='embark_town',
columns='class', aggfunc='count')

# Crear una paleta personalizada
colors = ['#eeeeee', '#439cc8']
custom_cmap = LinearSegmentedColormap.from_list('custom',
colors)

# Crear el heatmap con la paleta personalizada
plt.figure(figsize=(10, 6))
sns.heatmap(pivot_table, annot=True, cmap=custom_cmap,
linewidths=.5, fmt='g')
plt.title("Número de pasajeros por puerto de embarque y clase
de billete\n")
plt.xlabel("Clase de billete")
plt.ylabel("Puerto de embarque")
plt.show()
```

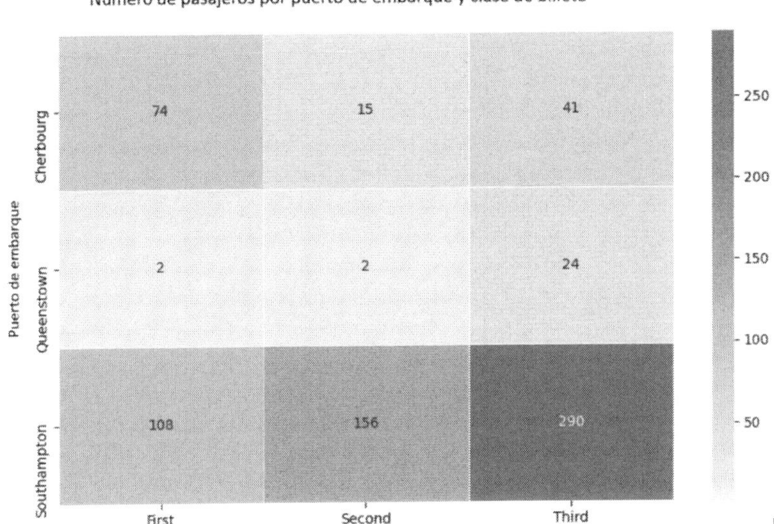

Reemplazando count por mean en`aggfunc`, obtenemos otra visualización sobre la edad promedio:

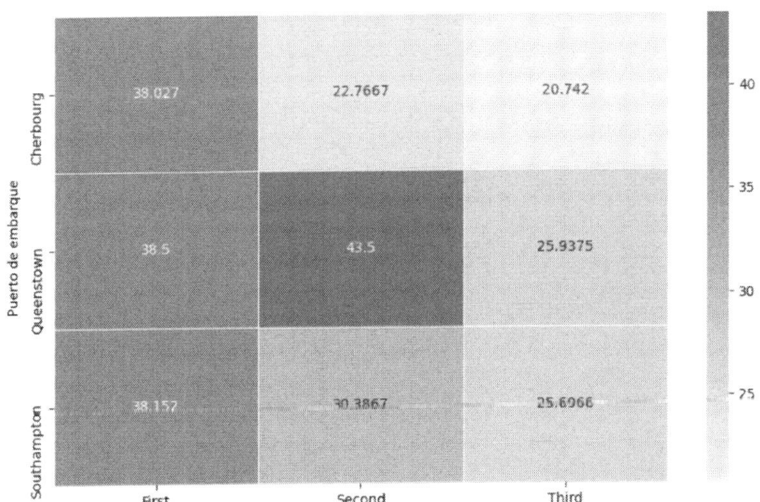

Los heatmaps son muy efectivos para resaltar subgrupos con características notables.

Por último, estos gráficos también se utilizan para visualizar matrices de correlación, que estudiaremos en detalle en el capítulo Análisis de los datos. Pero, en este caso, cada fila y cada columna corresponde a una variable en lugar de a una modalidad, lo que permite visualizar las relaciones entre ellas por pares.

3.3.3 Gráficos multivariantes

Los gráficos multivariantes se denominan así porque representan las relaciones entre tres o más variables. Representar tantas variables no es fácil y requiere práctica. Sin embargo, algunas figuras se prestan bien a este fin y proporcionan una representación inteligible de la información.

El treemap

Los treemaps que ya encontramos en la parte univariante poseen una característica adicional: la jerarquía, que nos permite gestionar diferentes niveles de anidamiento y, por tanto, representar diversas variables. Este tipo de visualización es muy eficaz para mostrar un gran número de modalidades a la vez que indica la cuota que cada una representa en una agrupación. El treemap de las acciones en bolsa, agrupado por sectores y coloreado según la tendencia, es un ejemplo clásico de ello y ofrece un resumen con diferentes niveles de lectura.

El conjunto de datos «flights» de Seaborn, que indica el número de pasajeros transportados por mes y año, constituye un buen ejemplo para ilustrar el interés del treemap con jerarquías:

```
import plotly.express as px
import seaborn as sns

# Cargar el juego de datos flights
flights = sns.load_dataset('flights')

# Paleta personalizada
custom_color_list = [
    [0, "rgb(255,255,255)"],
    [1, "rgb(67,156,200)"]
]

# Crear el treemap
```

```
fig = px.treemap(
    flights,
    path=[px.Constant('All Flights'), 'year', 'month'],
# Jerarquía: 'All Flights' > year > month
    values='passengers',
    color='passengers',
# Escala de colores basada en el número de pasajeros
    color_continuous_scale=custom_color_list
)

# Título
fig.update_layout(
    title_text='Número de pasajeros por mes y por año',
    title_x=0.5
)

# Visualizar el treemap
fig.show()
```

Número de pasajeros por mes y por año

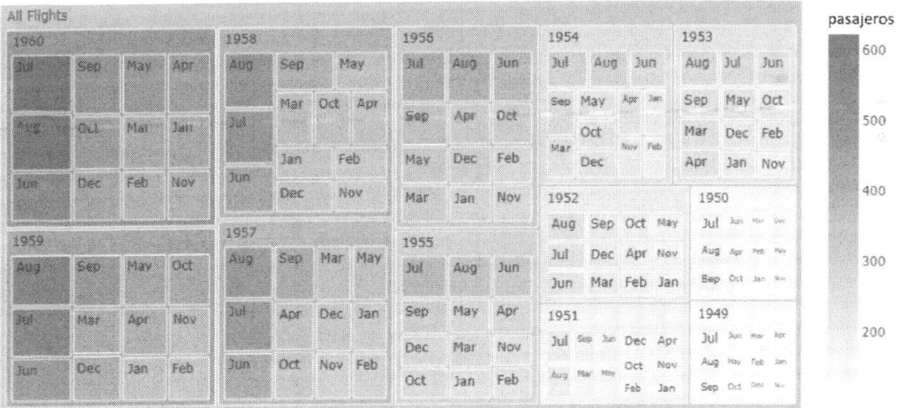

El gráfico anterior ofrece, así, un buen resumen para identificar y comparar el número de pasajeros por mes o por año.

Bubble chart

El bubble chart o gráfico de burbujas es una extensión del diagrama de dispersión o nube de puntos. Al ajustar el tamaño de los puntos, permite añadir una tercera dimensión cuantitativa. Incluso es posible incorporar una cuarta dimensión, coloreando las burbujas según una variable cualitativa. Las cuatro dimensiones ofrecidas son de gran ayuda para sintetizar situaciones con múltiples factores. Sin embargo, es mejor usarlo cuando no hay demasiados puntos, ya que una sobrecarga de ellos dificultaría la lectura del gráfico.

Con el fin de ilustrar este gráfico siguiendo con el tema de las librerías de Python relacionadas con la visualización, las representaremos de acuerdo con su fecha de primera versión en el eje x y el número de tickets abiertos en GitHub en el eje y (un ticket es una solicitud de mejora o el informe de un error). El tamaño de las burbujas será proporcional al número de estrellas otorgadas en GitHub. Los datos se recopilaron en el sitio https://pypi.org/, que enumera los paquetes de Python.

```
import plotly.express as px
import pandas as pd

# Datos recogidos
data = {
    "library": ["Bokeh", "Matplotlib", "Seaborn", "Plotly",
                "Holoviews", "Dash", "Plotnine", "Geopandas",
                "Pygwalker", "Mayavi",
                "Plotly-express", "Basemap"],
    "favorite_stars": [18893, 19410, 12011, 15406, 2634, 20627,
                       3847, 4238, 10303, 1256, 700, 765],
    "open_issues": [743, 1183, 132, 1438, 1045, 785, 67,
                    355, 40, 452, 46, 105],
    "first_version_date": [2013, 2004, 2013, 2013, 2015,
                           2015, 2017, 2014, 2023, 2011,
                           2019, 2006]
}

df = pd.DataFrame(data)

# Paleta personalizada
custom_color_list = [
    [0, "rgb(245,245,245)"],
    [1, "rgb(67,156,200)"]
]

# Crear el bubble chart
```

```
fig = px.scatter(df,
    x="first_version_date",
    size="favorite_stars",
    y="open_issues",
    hover_name="library",
    text="library",
    labels={"first_version_date": "Año de la primera versión",
            "favorite_stars": "Num Estrellas",
          "open_issues": "Tickets abiertos"},
    size_max=60,
    color="favorite_stars", # Leyenda para el número de estrellas
    color_continuous_scale=custom_color_list) # Degradado de colores

# Disposición del texto y borde negro de las burbujas.
fig.update_traces(textposition='bottom
center',marker_line_color='black')

# Título
fig.update_layout(
    title_text='Popularidad de las librerías de visualización Python
(mayo 2024)',
    title_x=0.5
)

# Eliminar la malla horizontal y vertical
fig.update_xaxes(showgrid=False, zeroline=False)
fig.update_yaxes(showgrid=False, zeroline=False)

# Visualización del gráfico
fig.show()
```

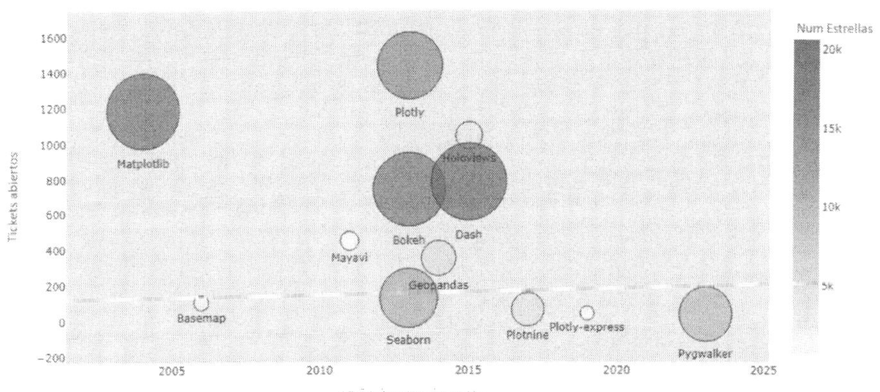

Jugando a la vez con el color y con el tamaño de las burbujas, las librerías más populares destacan visualmente como grandes burbujas oscuras. Sus coordenadas nos indican inmediatamente su antigüedad en el eje x y el número de tickets abiertos en el eje y. Esto nos da un buen resumen de sus características.

La matriz del diagrama de dispersión

La matriz del diagrama de dispersión (o de nube de puntos) genera un gráfico global, que representa las relaciones entre las variables por pares, al mismo tiempo que permite colorear los puntos en función de una variable categórica. Es una herramienta esencial para usar en las primeras etapas del análisis, ya que proporciona una visión general de las relaciones entre las variables y permite una comprensión rápida de las tendencias y correlaciones presentes en los datos.

Las funciones ofrecidas por Seaborn y Plotly-Express, `plairplot()` y `scatter_matrix`, respectivamente, ofrecen este tipo de gráfico en una sola línea de comandos. La única limitación para el uso de esta visualización radica en el número de variables, ya que, a partir de una docena, el tiempo requerido aumenta considerablemente. Se llevó a cabo una prueba en el dataset Wine disponible en la librería Scikit-learn. Para mostrar la matriz del diagrama de dispersión de 13 variables, se tarda 24,68 segundos en Seaborn, en comparación con 0,03 segundos en Plotly Express.

Pero cuando el número de variables es pequeño, la función `pairplot()` de Seaborn es realmente una herramienta útil que proporciona mucha información con muy poco código. Para convencernos, he aquí el gráfico generado en el conjunto de datos de los iris, que contiene las medidas de la longitud y el ancho de los sépalos y los pétalos para tres especies de iris:

```
import seaborn as sns
import matplotlib.pyplot as plt

# Carga del juego de datos Iris desde Seaborn
iris = sns.load_dataset("iris")

# Uso de pairplot
sns.pairplot(iris, hue="species", palette="gray")

# Visualización del gráfico
plt.show()
```

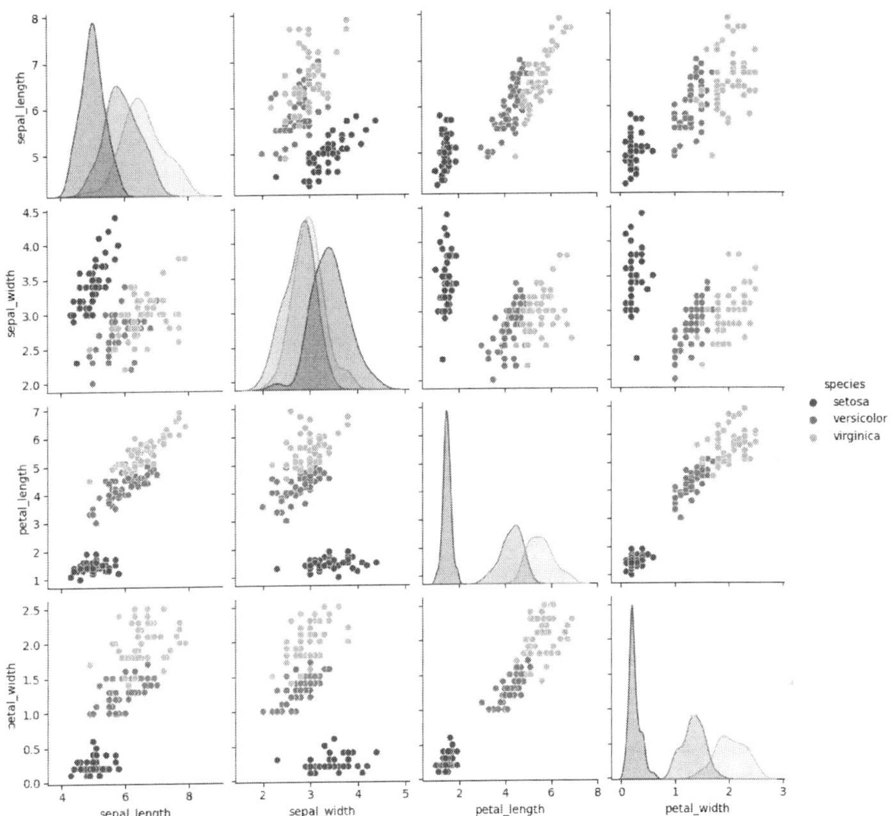

En el código anterior, una sola línea de comando es suficiente para producir un punto completo sobre todas las variables numéricas individualmente (en diagonal) y por cada par de variables (fuera de la diagonal). La opción `hue` se encarga de colorear los puntos en función de una variable definida, lo que facilita la exploración y el conocimiento de los datos.

Gracias al pairplot, observamos inmediatamente, por ejemplo, que:

- Las especies parecen ser fácilmente identificables por la longitud o anchura de los pétalos.
- Existe una relación lineal entre la longitud y la anchura de los pétalos.
- La especie Setosa se destaca de las otras dos, independientemente de las características.

3.4 Otros tipos de gráficos

Más allá de las visualizaciones clásicas, es fundamental explorar otros métodos de representación gráfica para poder comprender plenamente nuestros datos. Entre estos enfoques alternativos, la cartografía resulta esencial para visualizar datos geográficos, mientras que los gráficos temporales permiten realizar un seguimiento de las tendencias a lo largo del tiempo. Finalmente, terminaremos explorando otras soluciones para tomar conciencia de todo el abanico de posibilidades.

3.4.1 La cartografía

La cartografía es un campo en sí mismo que permite una comprensión inmediata y visual de las especificidades geográficas. Transforma datos complejos en representaciones gráficas claras e intuitivas, facilitando el análisis y la toma de decisiones. Gracias a los mapas, es posible visualizar una gran variedad de fenómenos, como densidades de población, condiciones meteorológicas o información económica y social.

Python vuelve a ofrecer muchos módulos, como Folium, GeoPandas y Plotly Express, que son soluciones efectivas para la creación de mapas. Se recomienda conocer estos tres módulos, ya que proporcionan diversas formas de satisfacer cualquier tipo de necesidad o de visualización.

Antes de comenzar a crear mapas, es esencial comprender el proceso de geocodificación y cómo obtener las coordenadas geográficas de los puntos de interés.

Geocodificación

La geocodificación es el proceso que convierte direcciones físicas en coordenadas geográficas, representadas por latitud y longitud. A continuación, se muestra una tabla para repasar la definición de estos conceptos:

Parámetro	Definición	Características
Latitud	Mide la posición norte-sur en la Tierra con respecto al ecuador	Oscila entre -90° (sur) y +90° (norte)

Parámetro	Definición	Características
Longitud	Mide la posición este-oeste en la Tierra con respecto al meridiano de Greenwich	Oscila entre -180° (oeste) y +180° (este)

Para obtener estas coordenadas, podemos utilizar el módulo Geopy, que se debe instalar previamente:

```
pip install geopy
```

Una vez desplegado, he aquí cómo obtener, por ejemplo, los datos de contacto del Museo del Louvre en París:

```
from geopy.geocoders import Nominatim

# Nominatim es la función de geocodificación
geolocator = Nominatim(user_agent="buscar-ciudad")

# Indicación de la dirección, ciudad y país
loc = geolocator.geocode("Calle Rivoli 99, París, Francia")

# Visualización de las coordenadas
print("latitud: ",loc.latitude,"\nlongitud: ",loc.longitude)

# Output: latitud: 48.8627337
# Output: longitud: 2.3348359
```

Observación

No es obligatorio indicar una dirección precisa; la búsqueda de la ciudad y el país o solo el país funciona perfectamente.

Geopy también ofrece una función que puede ser interesante: la distancia geodésica entre dos puntos. A continuación, explicamos cómo calcular la distancia de París a Nueva York:

```
from geopy.distance import geodesic

# Coordenadas de París y New York
Paris = (48.86, 2.32)
NYC = (40.71, -74)
```

```
# Visualización de la distancia en kilómetros
print(geodesic(Paris, NYC ).km)

# Output: 5850.376365
```

El fondo de los mapas

Otro aspecto esencial de la cartografía se refiere al fondo de los mapas. Se trata de polígonos que representan entidades geográficas como países, regiones, barrios o cualquier otro tipo de división geográfica. Para representar estas cifras, es necesario recuperar sus coordenadas, que a menudo se almacenan en archivos GeoJSON.

A excepción de los mapas de países o de estados de EE. UU., por lo general se requerirá investigación para obtenerlos. Es recomendable explorar los principales sitios gubernamentales de datos abiertos, GitHub o plataformas especializadas como gadm.org para lograrlo. Aquí, por ejemplo, hay un enlace para obtener varios tipos de entidades de la geografía española:
https://www.ign.es/web/ane-datos-geograficos/-/datos-geograficos/datosPoblacion

Ahora es el momento de comenzar con la cartografía, presentando algunos ejemplos simples.

Visualización de un mapa con indicadores

Folium es una buena manera de empezar. Se trata de una librería de Python para crear mapas interactivos basados en Leaflet.js, que, a su vez, es una librería de JavaScript. Tiene una sintaxis concisa y comprensible que le permite mostrar el mapa deseado muy rápidamente.

Primero, procedamos con la instalación:

```
pip install folium
```

Ahora asegurémonos de que los datos de contacto proporcionados para el Louvre son correctos:

```
import folium

# Crear el mapa. El valor de zoom es grande para ver con detalle

my_map = folium.Map(
```

```
    location=[48.8627337,2.3348359],
    zoom_start=17
)

# Visualización del mapa
my_map
```

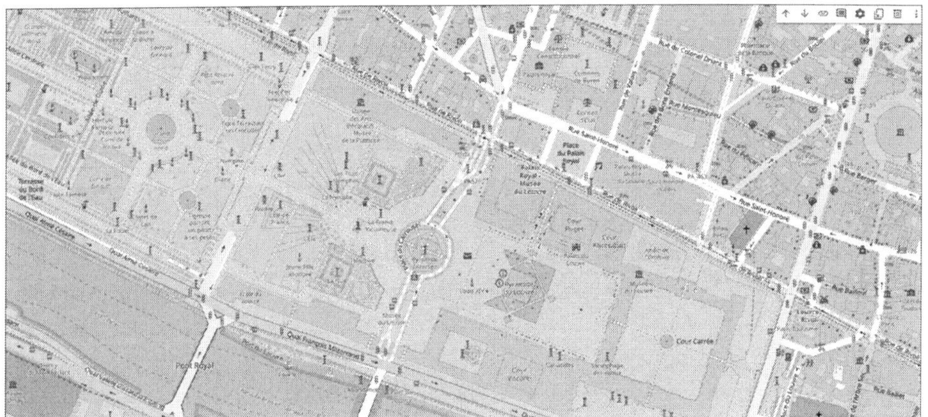

De este modo, se crea un documento HTML que corresponde exactamente a la ubicación del museo.

A continuación, podemos añadir cualquier tipo de indicadores en este mapa. He aquí un ejemplo con un marcador rojo para indicar la entrada con precisión y un círculo cuyo diámetro se puede ajustar usando el argumento `radius`:

```
import folium

# Latitud y longitud de la entrada
Louvre_entry = [48.8627337,2.3348359]

# Crear el mapa
my_map = folium.Map(location =
Louvre_entry, zoom_start=17)

# Agregar un marcador rojo para indicar de manera precisa la
entrada
folium.Marker(
Louvre_entry, popup='Calle Rivoli 99 75001 París',
icon=folium.Icon(color='red', icon='info-sign')).add_to(my_map)
```

```
# Añadir un círculo de radio 100 (radius=100)
folium.CircleMarker(
    location=Louvre_entry,
    radius=100,
    color='#439cc8',
    fill=True,
    fill_color='#439cc8'
).add_to(my_map)
my_map
```

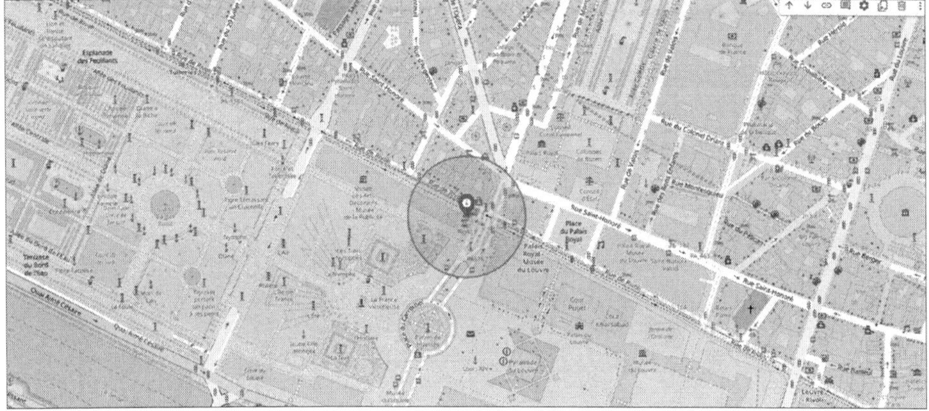

Para terminar con Folium, especifiquemos que los mapas son interactivos y que es posible cambiar el tema del mapa con la opción `tiles`.

Mapa coroplético o temático

Los mapas coropléticos son mapas que se dividen en regiones y se colorean según una determinada variable. La división requiere el uso de un archivo GeoJson. Para nuestro ejemplo, usaremos Plotly Express partiendo de los datos sobre el número de Grandmasters de Kaggle por país. Si los nombres de los países están escritos en inglés, es posible utilizar la división por país proporcionada con antelación con el comando `locationmode`:

```
import plotly.express as px
import pandas as pd

# Datos recogidos y crear el DataFrame
data = {
    "country": ["Germany", "Austria", "Brazil", "China",
              "South Korea", "Spain", "France", "India",
```

```
            "Ireland", "Japan", "United Kingdom", "Singapore",
            "Sweden", "Czech Republic", "Turkey",
            "Ukraine", "United States", "Vietnam"],
    "headcount": [2, 2, 2, 7, 1, 1, 3, 2, 1, 10,
                  2, 1, 1, 1, 1, 2, 8, 3]
}
df = pd.DataFrame(data)

# Paleta personalizada
custom_color_list = [
    [0, "rgb(245,245,245)"],
    [1, "rgb(67,156,200)"]
]

# Crear el mapa coroplético con Plotly Express
fig = px.choropleth(df,
                    locations="country",
                    locationmode="country names",
                    color="headcount",
                    projection="natural earth",
                    color_discrete_sequence=["white"],
                    color_continuous_scale=custom_color_list,
                    template="simple_white")



# Agregar el título centrado
fig.update_layout(title_text='Origen de los 50 primeros Grandmasters
de las competiciones Kaggle', title_x=0.5)

# Visualización del mapa
fig.show()
```

3.4.2 Los datos temporales

Los datos temporales son series de datos recogidos en diferentes momentos, lo que nos permite observar evoluciones y ciclos. Este tipo de datos ofrece, así, una perspectiva dinámica que abre el camino para las previsiones.

Indexación por fecha

Construir un gráfico temporal con Python es fácil, pero hay que prestar atención a un detalle importante: se recomienda utilizar las fechas como índice en lugar de como una simple variable. Esta operación abre diferentes posibilidades sobre las transformaciones de las fechas que vamos a detallar.

Opciones de diseño disponibles

Tomemos como ejemplo la evolución del bitcoin. Usaremos Matplotlib porque, aunque no se beneficia de la interactividad de Plotly Express, la librería es mucho más fácil de usar para operaciones con fechas.

```
import matplotlib.pyplot as plt
import pandas as pd

# Importar los datos
bitcoin = pd.read_csv("https://raw.githubusercontent.com/eric2-
mangel/
BDD/main/BTC-EUR.csv",index_col="Date",parse_dates=True)

# Trazado del gráfico
bitcoin['Close'].plot(figsize=(9,6), color="#439cc8")

# Título general y de los ejes
plt.title('Bitcoin/EUR')
plt.xlabel("Fecha")
plt.ylabel("Precio de cierre en euros")

# Visualización
plt.show()
```

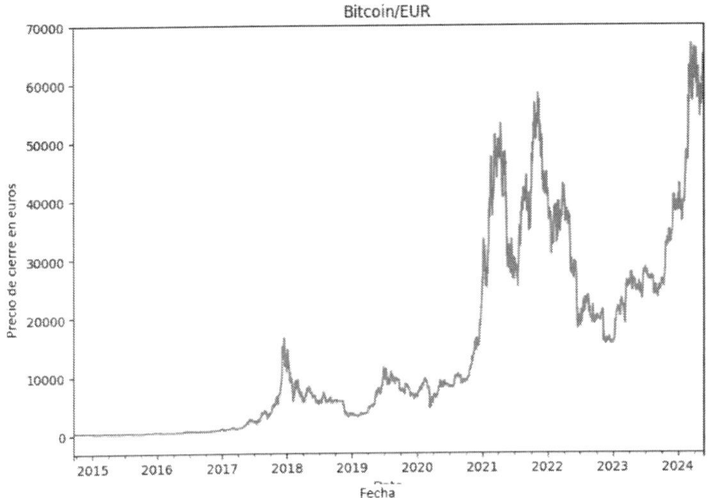

Aquí es necesario aportar algunas aclaraciones sobre el código a la hora de leer el CSV (`read_csv`):

- La variable Date se considera un índice gracias al uso del comando `index_col`.
- El comando `parse_dates=True` permite administrar fechas de manera eficiente convirtiéndolas en objetos de fecha y hora.

La adquisición correcta de datos temporales nos abre las siguientes posibilidades, modificando solo algunas líneas:

- Seleccionar un período en particular editando solo una línea:

```
# Trazado del gráfico
bitcoin['2018':'2021']['Close'].plot(figsize=(9,5),
color="#439cc8")
```

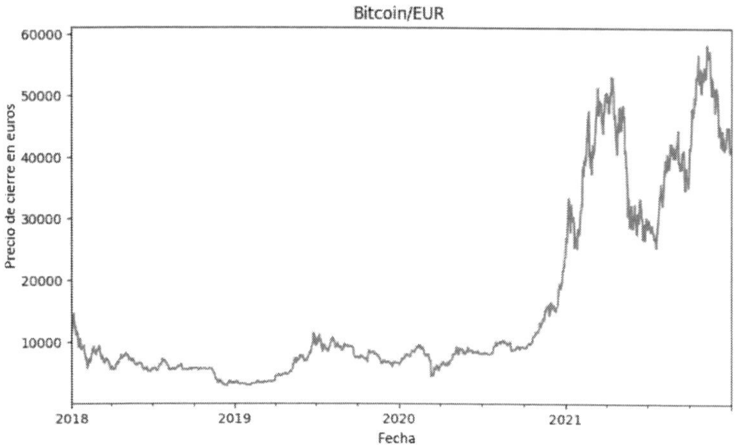

– Visualización por año:

```
# Trazado del gráfico
bitcoin['2015':'2022']['Close'].resample('YE').mean().plot(figsize=(9,5),
color="#439cc8")
```

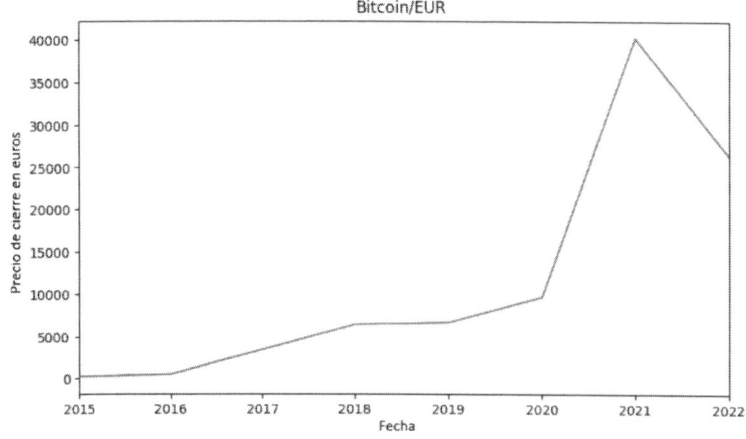

Observación

La opción `resample` *permite una amplia variedad de remuestreos de período que van mucho más allá de la semana o el mes. Consulte la página correspondiente en el sitio web de Pandas: https://pandas.pydata.org/pandas-docs/dev/reference/api/pandas.DataFrame.resample.html*

Adición de medias móviles

La media móvil ayuda a suavizar la fluctuación de los datos y facilita la identificación de las tendencias subyacentes. Se calcula tomando la media sucesiva a lo largo de una ventana móvil, cuya duración se definirá en función de las necesidades.

```
# Trazado del precio de cierre
bitcoin['Close'].plot(figsize=(9,5),
color="lightgrey",label='Precio de cierre')

# Trazado de la media móvil a 30 días
bitcoin['Close'].rolling(window=30).mean().plot(c='#439cc8',
linestyle='--',label='Media móvil 30 días')

# Trazado de la media móvil a 180 días recentrada para evitar huecos
bitcoin['Close'].rolling(window=180,
center=True).mean().plot(c='#439cc8',label='Media móvil 180
días centrada')

# Formato
plt.title('Bitcoin/EUR')
plt.xlabel("Fecha")
plt.ylabel("Precio de cierre en euros")
plt.legend()
plt.show()
```

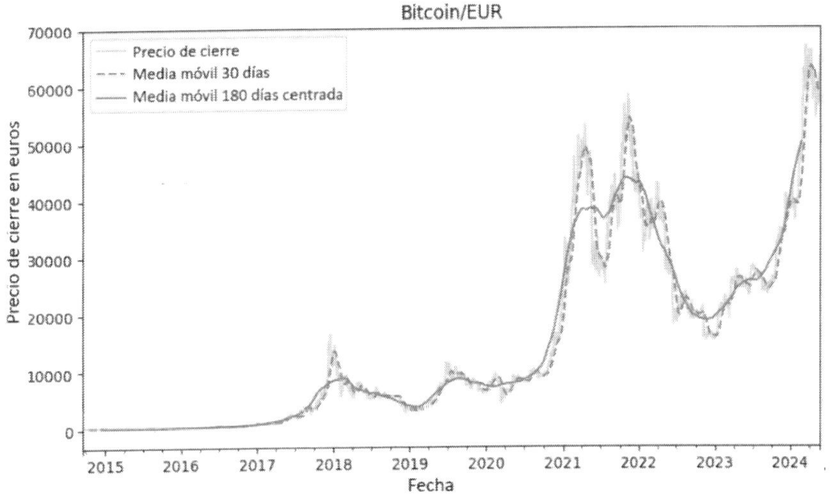

Observación

Se pueden añadir otros tipos de indicadores para identificar tendencias, como las regresiones lineales o polinómicas. Sin embargo, es prematuro trazarlos aquí, ya que requiere definir y comprender estos conceptos de antemano. Abordaremos este tema en el capítulo Aprendizaje no supervisado.

3.4.3 Otras soluciones gráficas

Los gráficos presentados anteriormente han sido seleccionados porque son los más utilizados. Sin embargo, existen muchas otras soluciones gráficas, tanto en términos de contenido como de forma.

Visualizaciones alternativas

Los gráficos se representan en su mayoría en dos dimensiones y de forma estática. He aquí una lista de soluciones alternativas con las que es apropiado experimentar, siempre que aporten un beneficio a la exploración:

- La representación tridimensional solo se debe considerar si la visualización es dinámica. Tiene que ser capaz de revelar todos los aspectos y no quedar limitado a un único punto de vista. El 3D, que durante mucho tiempo ha permanecido estático, ha sido sin duda un freno para el desarrollo de este tipo de visualización, pero las posibilidades que ofrece hoy en día deberían animar a los usuarios a experimentar con él. Estas son algunas librerías para crear gráficos en 3D:
  - la caja de herramientas mpl_toolkits.mplot3d utilizada junto con Matplotlib,
  - la función `Scatter3d` de plotly.graph_objects o`scatter_3d` de PlotlyExpress,
  - librerías dedicadas al 3D, como Mayavi, VTK o PyOpenGL.
- Los gráficos animados, difíciles de plasmar en este libro, constituyen sin embargo un excelente recurso pedagógico que contribuyen a hacer más dinámica la exploración y favorecen una comprensión más profunda. Estas son algunas soluciones disponibles para este tipo de visualización:
  - la función `FuncAnimation` del módulo matplotlib.animation,
  - el módulo plotly.graph_objects,

- la librería Manim,
- la librería Pygame, conocida por el desarrollo de juegos, pero que también se puede utilizar para crear animaciones gráficas.

Para concluir este punto, cualquier medida que facilite la manipulación de los datos debe valorarse porque es en la experimentación donde descubrimos la información.

Otras librerías gráficas

Python ofrece muchas otras soluciones de visualización, incluidas las siguientes (lista no exhaustiva):

Módulo	Descripción rápida	Puntos fuertes
Altair	Visualización exploratoria de datos, visualización de datos estadísticos.	Sintaxis sencilla e intuitiva, integración con Pandas.
Bokeh	Visualización interactiva para la web y cuadros de mando para la web.	Gráficos interactivos, fácil integración con aplicaciones web.
Dash	Aplicaciones de datos interactivos, cuadros de mando complejos.	Combinación de visualización e interactividad, basada en Plotly.
GeoPandas	Extensión de Pandas para la manipulación y análisis de datos geoespaciales.	Fácil manipulación de datos geoespaciales, integración con Pandas.
Mayavi	Librería de visualización científica en 3D.	Potente visualización 3D, soporte de visualización de datos complejos.
Plotnine	Implementación de la librería ggplot2 de R para Python.	Basada en la gramática de gráficos, sintaxis declarativa.
Pygwalker	Visualización de datos para no programadores, minería de datos rápida.	Simplifica la visualización de datos sin necesidad de una codificación compleja.

Cada librería tiene sus fortalezas y debilidades, y cada persona tiene una afinidad particular. Por lo tanto, es importante probar para encontrar los que mejor se adapten a nuestras necesidades.

Visualizaciones relacionadas con el Machine Learning

Además de todos los gráficos para visualización, el Machine Learning ofrece visualizaciones específicas para evaluar el rendimiento de los modelos e interpretar los resultados obtenidos durante el entrenamiento y las pruebas de los algoritmos. Estos son algunos ejemplos muy comunes de Machine Learning disponibles en Scikit-Learn:

LOS GRÁFICOS DEL MACHINE LEARNING

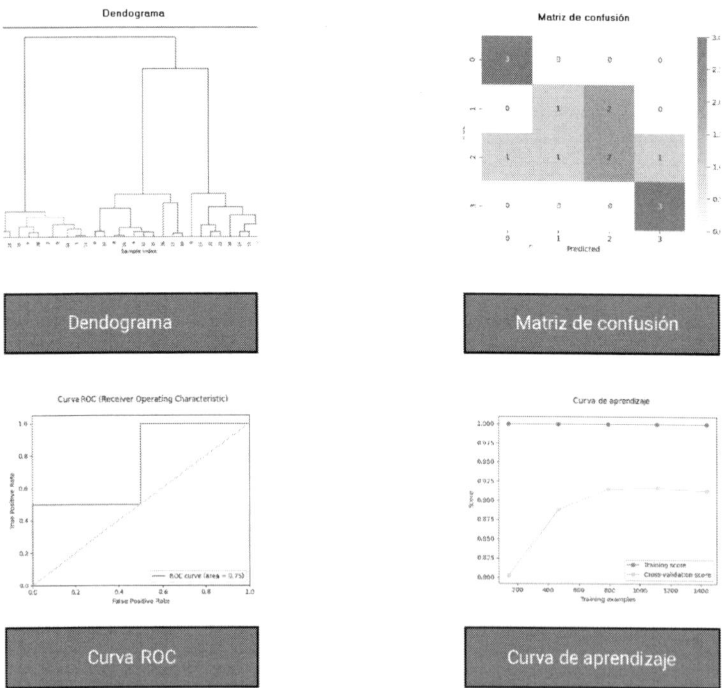

Esta visión general de las visualizaciones está llegando a su fin. En el capítulo Análisis de los datos, veremos cómo validar y profundizar en la información preliminar extraída de los gráficos.

Capítulo 5
Análisis de datos

1. Introducción al análisis de datos

1.1 Definición y función del análisis de datos

Como parte del análisis exploratorio de datos (comúnmente conocido como EDA, de *Exploratory Data Analysis*), la exploración y el análisis trabajan en conjunto para profundizar nuestra comprensión de la información, visible u oculta, que revelan los datos. Si bien la exploración nos permite echar un primer vistazo e identificar los patrones iniciales, el análisis hace posible perfeccionar este conocimiento a través de un examen más cuidadoso gracias, en particular, a las herramientas estadísticas que permiten medir los fenómenos observados y validar si se pueden considerar significativos o no.

Tomemos el ejemplo de un rompecabezas: si la exploración nos permitiera entrever, a través del examen de las formas y de los colores, la posibilidad de ensamblar ciertas piezas, el análisis representaría el examen minucioso que confirmaría la viabilidad de los distintos ensamblajes.

1.2 Desafíos

Las pruebas estadísticas y los métodos de análisis exploratorio son esenciales en el estudio de los datos. Gracias a los nuevos conocimientos que aportan, tendremos la oportunidad de innovar, de tomar conciencia de las limitaciones y de mejorar la toma de decisiones.

1.2.1 Innovación y creatividad

El suministro de nueva información, ilustrada de tres maneras diferentes y que se describe a continuación, fomentará el surgimiento de la innovación y la creatividad. Este conocimiento profundo de los datos nos permitirá diseñar soluciones originales.

Identificación de características importantes

En primer lugar, el análisis permite identificar los elementos que tienen un impacto significativo en el campo estudiado. Esto nos permitirá identificar variables de interés, comprender los vínculos entre ellas y priorizar acciones para ellas. A la hora de analizar las ventas de un restaurante, por ejemplo, el día de la semana, la hora del día, el tipo de plato o la presencia de ofertas promocionales podrían ser factores clave en el análisis. Por otro lado, el color de los uniformes del personal puede no tener un impacto significativo en las ventas.

Detección y gestión de problemas

En segundo lugar, tenemos la oportunidad de descubrir anomalías o discrepancias significativas en los datos, lo que puede indicar la presencia de problemas. Paradójicamente, estos problemas pueden constituir oportunidades inesperadas para la acción. Por ejemplo, en el análisis del restaurante, podríamos ver una caída significativa en los pedidos los miércoles por la noche. Esta anomalía podría indicar un problema específico en esa fecha, como un menú menos atractivo o una mayor competencia. Sin embargo, al identificar esta caída, el restaurante podría aprovechar esta oportunidad para lanzar una promoción especial el miércoles por la noche, atrayendo a más clientes y convirtiendo un punto débil en una ventaja.

Esquemas y tendencias subyacentes

Por último, surgirán más tendencias y patrones globales, que constituirán una síntesis de nuestra revisión en profundidad de los datos. En el caso de nuestro restaurante, esto podría revelar tendencias globales, como el hecho de que los platos basados en un determinado ingrediente se vendan mejor durante la semana o que una bebida en particular tenga especial demanda los sábados.

Esta información múltiple, ya sea local o global, fortalecerá nuestro profundo conocimiento del dominio del que se trate y facilitará el diseño de estrategias creativas e innovadoras, en las que se basan nuestros modelos.

1.2.2 Conocimiento de limitaciones específicas

Al evaluar correctamente la información contenida en los datos, podremos medir las restricciones que limitarán nuestras posibilidades.

Número de variables para gestionar

Durante el análisis, puede suceder que un gran número de variables jueguen un papel significativo en un problema dado. Esta profusión de características tendrá un impacto directo en nuestro trabajo en términos de tiempo y potencia de cálculo: cuanto más grande o más compleja sea la base de datos, más largos serán los cálculos y más potencia requerirán.

Sin embargo, en lugar de ver esta abundancia de variables como una barrera, podemos convertirla en una oportunidad.

En primer lugar, al aprovechar el número de variables disponibles para refinar las preguntas formuladas, podemos quedarnos solo con aquellas que responden específicamente a un tema mejor definido. Por ejemplo, al decidir predecir la satisfacción del cliente por categorías de edad en lugar de hacerlo de manera general, podemos enfocar nuestro análisis. Al razonar por grupos, se hace más fácil encontrar las variables importantes para cada categoría de edad, en lugar de para todos los clientes. Haciéndolo así, reducimos la complejidad del sistema.

Puede ser una oportunidad para utilizar técnicas de reducción dimensional, que perfeccionan aún más nuestros conocimientos y refinan la selección. En el capítulo Machine Learning con Scikit-Learn, examinaremos cómo funciona la reducción dimensional recombinando variables para crear nuevas combinaciones que proporcionen más información con menos variables.

Finalmente, en casos extremos donde el número de características es enorme, es posible encontrar una solución manteniendo solo las variables que más fluctúan. Este filtrado por baja varianza permite eliminar características que no son muy informativas, manteniendo solo las variables con mayor varianza.

Muestra significativa

Nuestras posibilidades de análisis también dependerán del número de observaciones disponibles en la base de datos. Esta es una oportunidad para recordar que, por debajo de cincuenta observaciones, no hay ciencia de datos posible. Este número es el umbral mínimo para empezar a trabajar y nos permite introducir la noción de significatividad.

La significatividad nos ayuda a distinguir los resultados reales de las coincidencias al indicar la probabilidad de que el fenómeno observado se deba al azar. El número de observaciones juega un papel clave en este caso, ya que, cuantos más datos haya, más fácil será detectar efectos reales y reducir la influencia de las variaciones aleatorias. Así, los fenómenos observados en pequeños volúmenes tendrán una alta probabilidad de no ser tenidos en cuenta, lo que necesariamente reducirá nuestro campo de posibilidades en la interpretación y generalización de los resultados. También podría ser una oportunidad para comprobar si es posible obtener más datos.

1.2.3 Mejora de la toma de decisiones

Todas estas operaciones están diseñadas para mejorar la toma de decisiones basadas en dos pilares: validar hipótesis y reducir los riesgos de incertidumbre.

Validación de hipótesis

La validación de hipótesis sigue naturalmente a la EDA. Mediante la manipulación y observación de datos desde diferentes ángulos, identificamos fenómenos que dan lugar a hipótesis. Al trabajar en su validación o rechazo, mejoraremos gradualmente nuestro conocimiento de los fenómenos y facilitaremos la toma de decisiones.

Por ejemplo, supongamos que estamos analizando las ventas de helados y notamos un aumento en las ventas durante el verano. Podemos plantear la hipótesis de que las ventas de helados aumentan con la subida de las temperaturas. A través de la EDA, estamos extrayendo los datos para verificar esta relación. Si los datos muestran una correlación entre las ventas de helados y las altas temperaturas, validamos nuestra hipótesis. Si no es así, la rechazamos y buscamos otros factores explicativos. En última instancia, esta convergencia gradual facilitará considerablemente la toma de decisiones.

Reducción de los riesgos ligados a la incertidumbre

La incertidumbre es un factor omnipresente que pesa mucho en la toma de decisiones.

Para tener una buena visión general de todas las posibles fuentes de incertidumbre, las representaremos mediante el siguiente gráfico:

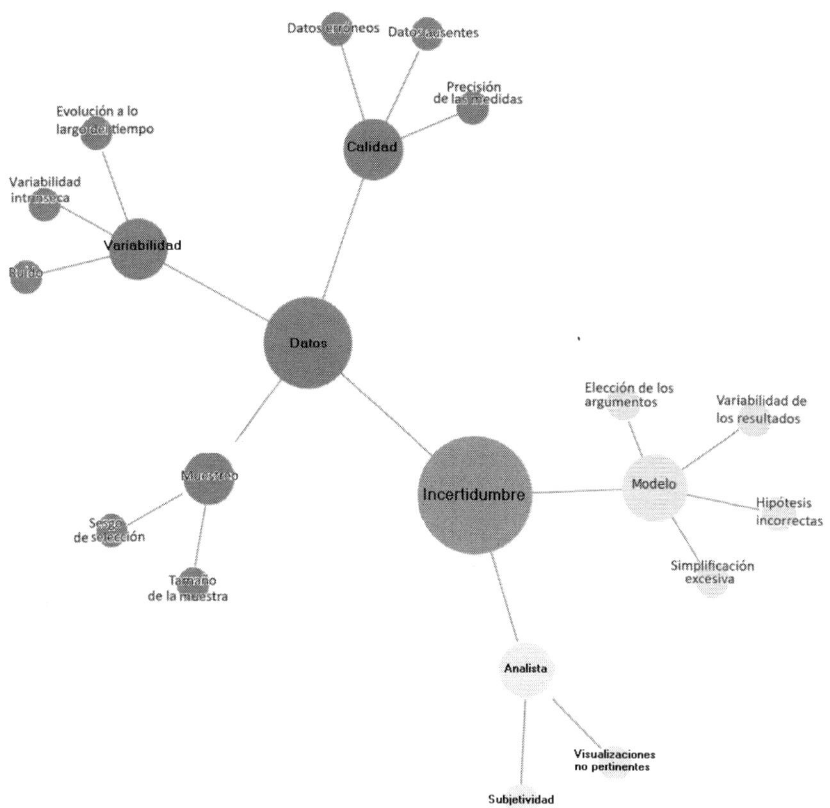

Del estudio del gráfico anterior se desprende que, cuando estamos en la etapa de análisis, debemos buscar las fuentes de incertidumbre primero en los datos, luego en nosotros mismos. Un conjunto de datos de calidad proporcionará certeza. Después de esta verificación, todo lo que tenemos que hacer es cuestionar nuestra subjetividad y la relevancia de nuestras visualizaciones. Más adelante, durante el modelado, nos enfrentaremos de nuevo a otras manifestaciones de incertidumbre, pero abordaremos este problema en detalle en el capítulo Machine Learning con Scikit-Learn.

Ahora que se han definido los contornos de una buena toma de decisiones, estudiaremos las herramientas estadísticas de las que disponemos para llevar a cabo nuestras investigaciones. También será una oportunidad para revisar las nociones fundamentales de la estadística.

2. Estadísticas descriptivas e inferenciales

El análisis de variables requiere una revisión de ciertos conceptos estadísticos. No se trata de ahogarse en detalles, sino simplemente de comprender las principales herramientas necesarias para el análisis.

El análisis estadístico se basa en dos pilares, la estadística descriptiva y la estadística inferencial, cada una de las cuales desempeña un papel muy específico.

El propósito de la estadística descriptiva es describir y resumir un conjunto de datos de la mejor manera posible. Para facilitar la comprensión y la aplicación de los conceptos, estudiaremos las medidas para las variables cuantitativas y categóricas por separado. Este enfoque permitirá distinguir los métodos específicos de cada tipo de variable.

La estadística inferencial permite generalizar las características de una muestra de datos a una población general, con el fin de hacer predicciones. Utilizaremos pruebas específicas para cada tipo de caso que validarán o no nuestras hipótesis.

Antes de conocer las diferentes estadísticas, es útil definir la noción de robustez, de la que se hablará en profundidad. Se dice que una prueba o medición es robusta si proporciona resultados fiables y precisos, incluso cuando no se cumplen todas las condiciones ideales. Estas son las situaciones que una prueba o medición robusta debe ser capaz de manejar:

- la presencia de valores atípicos,
- la no normalidad de la distribución,
- los datos ordinales,
- los ex aequo.

Esta robustez es esencial para garantizar conclusiones válidas en condiciones diversas.

2.1 Descripción de las variables cuantitativas

El examen de las variables cuantitativas, también llamadas variables continuas, se lleva a cabo en tres etapas: identificar el centro, describir la variabilidad alrededor de este centro y analizar de manera más general la distribución de los valores de la variable.

2.1.1 Medidas de tendencia central

La medida de tendencia central se basa principalmente en tres herramientas: la media, la mediana y la moda. Lo que tienen en común es que son fáciles de construir y entender.

La media

La media aritmética es una de las herramientas más utilizadas. Consiste en sumar todos los valores y dividirlos por su número.

Este es el primer reflejo para encontrar el centro de datos, pero presenta una gran desventaja: la influencia de los valores extremos.

Tomemos un ejemplo para ilustrar cómo calcular la media y resaltar su debilidad: imaginemos una tienda con 100 clientes cuyos salarios varían entre 1500 y 5000 euros. Ahora comparemos el salario medio del cliente de esta tienda antes y después de la entrada de un piloto de F1, cuyo salario medio anual en 2023 fue de 13 950 000 euros, es decir: 1 162 500 euros mensuales.

```
import numpy as np
import matplotlib.pyplot as plt

# Aleatoriedad fijada para obtener los mismos valores que el ejemplo
np.random.seed(42)

# Crear 100 salarios aleatorios entre 1500 y 5000 euros
salarios = np.random.randint(1500, 5001, size=100)

# Cálculo de la media de los salarios
average_salary = np.mean(salarios)

# Añadir el piloto de F1 con un salario de 1.162.000 euros
salaries_with_f1_pilot = np.append(salarios, 1_162_000)

# Calcular la nueva media de salarios
```

```
new_average_salary = np.mean(salaries_with_f1_pilot)

# Crear el gráfico comparativo
labels = [
    'Salario medio sin el piloto de F1',
    'Salario medio con el piloto de F1'
]
values = [average_salary, new_average_salary]

plt.figure(figsize=(10, 6))
bars = plt.bar(
    labels,
    values,
    color=['lightgrey', '#439cc8']
)

# Añadir valores sobre las barras
for bar in bars:
    height = bar.get_height()
    plt.text(
        bar.get_x() + bar.get_width() / 2.0,
        height,
        f'{height:.2f} €',
        ha='center',
        va='bottom'
    )

plt.ylabel('Salario medio mensual en euros')
plt.title('Salario medio de los clientes de la tienda en euros\n')
plt.show()
```

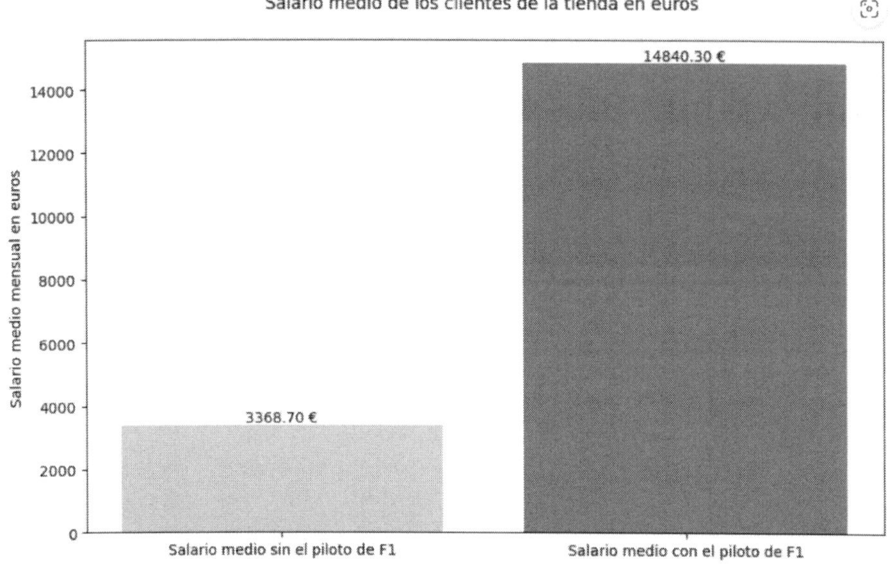

Así, el salario medio ha pasado de 3.368,70 euros a 14.840,30 euros, es decir, una multiplicación del salario medio por más de cuatro con solo una persona adicional.

Observación

El comando random.seed de `Numpy` *se utilizó para que los sorteos aleatorios fueran reproducibles y cualquiera que ejecutara este programa obtuviera los mismos resultados.*

A todos los efectos, hay otros tipos de medias. He aquí una tabla que los presenta. Se ha utilizado el mismo ejemplo de los clientes de la tienda para resaltar las diferencias:

Tipo de media	Explicación	Tipo de dato	Fuerzas	Debilidades	Salario medio con piloto de F1
Geométrica	Media multiplicativa	Recomendable para datos que varían multiplicativamente	Robusta a valores extremos	No se establece para valores negativos o nulos	3 394,98 euros
Armónica	Media de los inversos	Recomendable para tasas y ratios	Alta sensibilidad a valores bajos	Muy influenciada por valores bajos cercanos a cero	3 056,90 euros
Cuadrática	Media de los cuadrados	Para datos relacionados con la energía o la potencia	Útil para el análisis de varianza	Sensible a valores extremos	5 323,05 euros

Para los otros tres tipos de medias, el impacto de agregar el piloto de F1 es menos pronunciado que el observado con la media aritmética. He aquí el código necesario para calcularlas:

Tipo de media	Módulo	Comando
Geométrico	Scipy	`import scipy.stats as stats` `stats.gmean(variable)`
Armónico	Scipy	`import scipy.stats as stats` `stats.hmean(variable)`
Cuadrático	NumPy	`import numpy as np` `np.sqrt(np.mean(np.square(variable)))`

La mediana

La mediana es una medida de tendencia central que representa el valor del medio en un conjunto de datos ordenados, separando los datos en dos partes iguales.

Observación

Una pequeña sutileza: en el caso de conjuntos de datos con un número par de elementos, hay que promediar los dos valores centrales para encontrarla.

La mediana tiene dos ventajas principales sobre la media:

- su gran robustez a valores extremos, lo que la convierte en una opción preferida en este tipo de casos,
- su capacidad para representar mejor la tendencia central en distribuciones sesgadas, es decir, cuando los valores se distribuyen de manera desigual alrededor de la media.

Sin embargo, la simple consideración del valor central hace que la mediana sea menos informativa que la media, especialmente cuando los datos están agrupados o tienen una estructura específica. Además, no existen declinaciones equivalentes a las medias armónicas, geométricas ni cuadráticas de la mediana.

He aquí cuatro formas de obtener la mediana a partir de diferentes módulos:

Módulo	Comando para calcular la mediana
NumPy	`numpy.median(data)`
Pandas	`dataframe['column'].median()`
Scipy	`scipy.stats.scoreatpercentile(data, 50)`
Statistics	`statistics.median(data)`

La moda

La moda es el valor más presente en un conjunto de datos. Esta medida de tendencia central se puede aplicar tanto a variables numéricas como categóricas, lo que la diferencia de la media y la mediana, que se aplica solo a los datos numéricos.

Otra ventaja respecto a sus dos homólogas es que, en distribuciones asimétricas o multimodales, la moda puede proporcionar información sobre los valores más comunes, algo que la media y la mediana no pueden capturar.

Sin embargo, esta medida tiene algunas debilidades:

- Es menos informativa que la media y la mediana, especialmente si los datos son continuos o no tienen un valor dominante claro.
- Es más inestable cuando hay pequeños cambios en los datos.
- Dado que puede haber múltiples modas, puede ser difícil determinar la tendencia central.

Observación

Gracias a la moda, utilizamos los términos unimodal, bimodal o multimodal para describir, respectivamente, distribuciones de datos que tienen una moda, dos modas o más.

Con Pandas, el resultado se devuelve como una lista de los diferentes valores. Solo mencionaremos este módulo aquí porque, a diferencia de Scipy, que de forma predeterminada devuelve solo un valor incluso en presencia de múltiples modas, Pandas ofrece una salida más detallada con todos los valores modales. Además, NumPy no tiene una función de moda incorporada.

```
import pandas as pd

data = {'column': [1, 3, 3, 6, 7, 8, 9, 3, 7, 7]}

df = pd.DataFrame(data)

modes = df['column'].mode().tolist()

print("Modas:", modes)  # Output: [3, 7]
```

Después de explorar los indicadores que miden la tendencia central, averigüemos cuáles son los que miden la dispersión alrededor del centro.

2.1.2 Medidas de dispersión

El propósito de un indicador de dispersión es medir la variabilidad de los valores, es decir, evaluar si están agrupados o dispersos. Esta información es esencial y complementaria para la medición de la tendencia central. Un ejemplo sencillo ayuda a entender su importancia: tomemos dos clases con la misma media de 10/20. Podemos obtener esta misma media con una clase en la que todos los estudiantes tienen 10/20 y otra en la que la mitad tiene 0/20 y la otra mitad, 20/20. Misma media, pero dos realidades completamente diferentes.

Para evaluar la dispersión, tenemos a nuestra disposición varias herramientas que iremos descubriendo en orden de complejidad creciente: rango, rango de cuartiles e intercuartílicos, varianza y desviación típica.

Extensión

La extensión es la medida más sencilla de entender y calcular. Es la diferencia entre el valor máximo y el mínimo de un conjunto de datos. Esta simple medición es imperfecta porque no refleja la distribución de valores entre los dos extremos, pero permite obtener rápidamente una primera impresión. La extensión proporciona alguna explicación para la dispersión de un conjunto de datos, aunque es necesario utilizar medidas complementarias para comprender completamente la dispersión.

Podemos calcular el rango directamente haciendo `max(data) - min(data)` o usar NumPy, que ofrece la función `ptp` (*peak to peak*) dedicada:

```
Import numpy as np
data = [1, 3, 3, 6, 7, 8, 9, 3, 7, 7]
data_range = np.ptp(data)
print(data_range)
# Output: 8
```

Los cuartiles y el rango intercuartílico

Los cuartiles dividen un conjunto de datos en cuatro partes iguales. Hay tres cuartiles principales: Q1, Q2 y Q3. El primer cuartil (Q1) es el p-value por debajo del cual se sitúa el 25 % de los datos, el segundo cuartil (Q2) es la mediana que divide los datos en dos mitades iguales y el tercer cuartil (Q3) es el p-value por encima del cual se sitúa el 25 % de los datos.

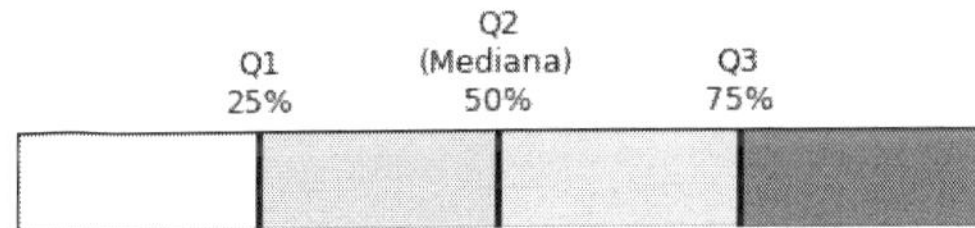

Observación

Los cuartiles forman parte de la familia de los cuantiles, que incluyen también los deciles o percentiles, los cuales dividen un conjunto de datos en 10 y 100 partes iguales, respectivamente.

Una vez que se conocen Q1 y Q3, es posible calcular el rango intercuartílico, que es la diferencia entre Q3 y Q1 y contiene el 50 % de los valores del conjunto de datos.

Finalmente, el último paso consiste en establecer los límites inferior y superior aceptables, más allá de los cuales los valores se considerarán como outliers, es decir, observaciones atípicas que se desvían significativamente del resto de los datos y pueden influir de forma negativa en nuestros análisis. Estos límites se calculan de la siguiente manera, en función del rango intercuartílico:

Límite inferior = Q1 - 1,5 * Rango intercuartílico

Límite superior = Q3 + 1,5 * Rango intercuartílico

Encontramos todos estos indicadores en el gráfico del diagrama de caja:

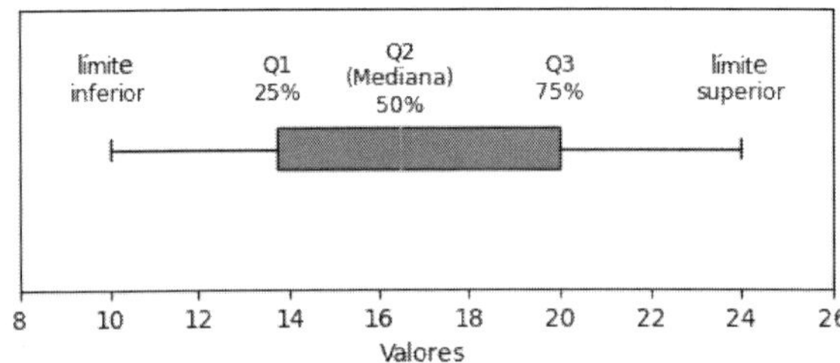

A continuación, se muestra una tabla resumen que muestra los comandos para calcular los cuartiles y los rangos intercuartílicos:

Cuartil/ IQR	NumPy	Pandas
Q1	`q1 = np.percentile(data, 25)`	`q1 = series.quantile(0.25)`
Q3	`q3 = np.percentile(data, 75)`	`q3 = series.quantile(0.75)`
IQR	`iqr = np.percentile(data, 75) - np.percentile(data, 25)`	`iqr = series.quantile(0.75) - series.quantile(0.25)`
Límite inferior	`lower_bound = q1 - 1.5 * iqr`	`lower_bound = q1 - 1.5 * iqr`
Límite superior	`upper_bound = q3 + 1.5 * iqr`	`upper_bound = q3 + 1.5 * iqr`

La varianza

La varianza es una medida cuantitativa de la dispersión de los valores alrededor de la media. Su cálculo requiere cuatro pasos:

- calcular la media de los datos,
- restar la media de cada p-value para obtener las desviaciones,
- elevar al cuadrado cada desviación,
- calcular la media de estos cuadrados.

Por lo tanto, cuanto mayor sea la varianza, más dispersos estarán los datos, y viceversa.

Este indicador también adolece de algunas debilidades, como:

- la influencia significativa de los valores atípicos, que puede dar lugar a estimaciones sesgadas,
- su interpretación, que es difícil porque se expresa en unidades al cuadrado.

Antes de mostrar los códigos para calcular la varianza, es esencial hablar de la corrección de Bessel, que concierne a las poblaciones y las muestras. El objetivo de este método es corregir el sesgo en la estimación de la varianza poblacional dividiendo por `n-1`, ya que estamos trabajando con una muestra en lugar de con toda la población. Esta corrección es esencial, ya que explica por qué el resultado obtenido puede diferir del que anticipábamos. De hecho, dividir por `n-1` en lugar de n permite una estimación más precisa de la varianza de la población a partir de la muestra. Las dos formas de calcular se indican en la siguiente tabla:

Módulo	Código de varianza de población	Código de varianza de la muestra
NumPy	`var = np.var(data, ddof=0)`	`var = np.var(data, ddof=1)`
Pandas	`var = df['column'].var (ddof=0)`	`var = df['column'].var (ddof=1)`
Statistics	`var = statistics.pvariance (data)`	`var = statistics.variance (data)`

Observación

Atención: en NumPy y Pandas, el parámetro `ddof` indica si se trata de la población o de la muestra, utilizando 0 para la población y 1 para la muestra, respectivamente. En cambio, en el módulo statistics, utilizamos las funciones `pvariance` para la población y `variance` para la muestra.

Encontraremos el mismo fenómeno para la desviación típica, que es preferible a la varianza porque atenúa las debilidades de esta última.

La desviación típica

La desviación típica representa la dispersión de los datos alrededor de la media. Se calcula a partir de la varianza, de la cual es la raíz cuadrada. Este recurso a la raíz cuadrada corrige dos defectos de la varianza.

En primer lugar, aunque la desviación típica siempre es sensible a los valores atípicos, no los magnifica tanto como la varianza porque la unidad se restaura a través de la raíz cuadrada.

En segundo lugar, y lo más importante, la desviación típica se expresa en la misma unidad que los datos, lo que facilita enormemente las comparaciones y la interpretación de los resultados.

Esto la convierte en uno de los indicadores más importantes de la dispersión. Se utiliza ampliamente en todas las etapas del trabajo con datos.

Estas son las formas de implementarla, teniendo en cuenta, una vez más, la ley de Bessel:

Módulo	Código de desviación típica de la población	Código de desviación típica de la muestra	Atención
NumPy	`std = np.std(data, ddof=0)`	`std = np.std(data, ddof=1)`	Establecido de forma predeterminada en ddof=0
Pandas	`std = df['column'] .std(ddof=0)`	`std = df['column'] .std(ddof=1)`	Establecido de forma predeterminada en ddof=1

Módulo	Código de desviación típica de la población	Código de desviación típica de la muestra	Atención
Statistics	`std = statistics .pstdev(data)`	`std = statistics .stdev(data)`	

Ahora que sabemos cómo estudiar la distribución de valores en torno a un punto central, es el momento de descubrir la distribución que nos dará la imagen global, que es esencial para entender la naturaleza de una variable numérica.

2.1.3 La distribución

La distribución estadística describe cómo se distribuyen los valores de una variable. El estudio de su forma, junto con lo aprendido sobre la tendencia central y la dispersión, nos permitirá comprender plenamente el comportamiento de la variable. El estudio de la distribución nos aportará las siguientes clarificaciones:

- cuantificar la probabilidad de que un valor esté dentro de un rango determinado,
- determinar si la distribución está cerca de una distribución teórica conocida,
- identificar las características de los valores extremos o atípicos en el conjunto de datos.

La distribución típica

La distribución típica o normal, también conocida como curva gaussiana o campana de Gauss, es un concepto que jugará un papel crucial en el análisis de datos. Se llama así porque es una distribución que se observa con mucha frecuencia en los fenómenos naturales y sociales. En una distribución típica, la mayoría de los valores están alrededor de la media y su frecuencia disminuye a medida que nos alejamos de ella, simétricamente a ambos lados.

¿Por qué juega un papel tan importante en el análisis?

En primer lugar, porque su alta frecuencia de aparición en muchos fenómenos la convierte en una aproximación relevante.

Además, gracias al teorema del central del límite, incluso si los datos iniciales no se distribuyen normalmente, las medias muestrales de estos datos tienden a una distribución típica, lo que permite aplicar varios métodos y pruebas estadísticas de manera fiable.

Por último, sus sencillas propiedades matemáticas facilitan el cálculo y la interpretación de los resultados.

Echemos un vistazo a estas interesantes propiedades en detalle.

Características y propiedades de la distribución típica

- **Simetría**: la distribución es simétrica con respecto a la media, por lo que hay el mismo número de valores a cada lado.
- **Igualdad de los indicadores de tendencia central**: en una distribución típica, la media, la mediana y la moda son iguales.
- **Regla de 68-95-99**: en una distribución típica, aproximadamente el 68,2 % de los datos están a menos de una desviación típica de la media, el 95,4 % están a menos de dos desviaciones típicas y el 99,7 % están a menos de tres desviaciones típicas.

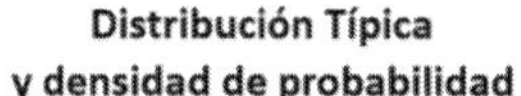

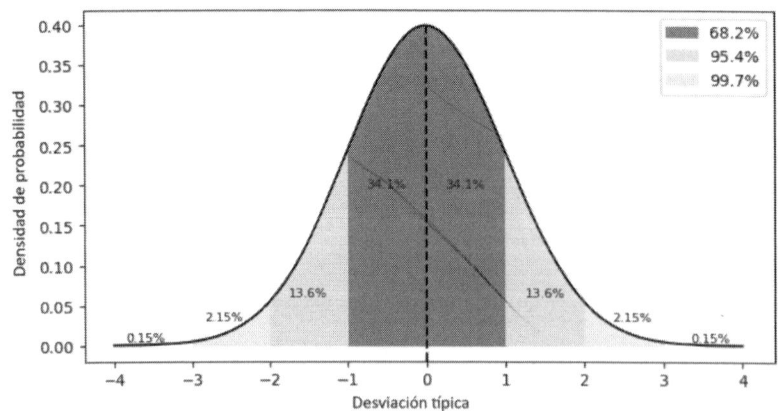

El gráfico anterior merece unos comentarios para entenderlo bien:

- En teoría, en una distribución típica, la media, la mediana y la moda tienen el mismo valor y corresponden a la línea central discontinua.
- Esta curva se utiliza como una estimación de probabilidad. Así, por ejemplo, se supone que los valores entre +2 y +3 desviaciones típicas representan el 2,15 % del total. Del mismo modo, se supone que el 34,1 % de los valores están entre -1 y 0 desviaciones típicas. Estas probabilidades son acumulativas, por lo que el 68,2 % de los valores se encuentran entre -1 y 1 desviaciones típicas; el 95,4 %, entre -2 y 2, y finalmente el 99,7 %, entre -3 y 3 desviaciones típicas. Esta combinación no solo funciona bilateralmente. Por ejemplo, podemos estimar que el 15,75 % de las observaciones estarán entre +1 y +3 desviaciones típicas (13,6 % + 2,15 %).

Skewness y kurtosis

Para terminar con las características de la distribución típica y antes de abordar las pruebas de normalidad en la sección Pruebas estadísticas de normalidad en este capítulo, es oportuno presentar dos conceptos con los que nos encontraremos frecuentemente: el skewness y el kurtosis. Estas dos medidas complementan la información proporcionada por las medidas de tendencia central y dispersión, dando indicaciones de la forma de la distribución de los datos, lo que facilita su comprensión:

- El skewness o coeficiente de asimetría es una medida de la asimetría de la distribución. Una distribución simétrica tiene un skewness de cero, mientras que una distribución con una cola más larga a la derecha (asimetría positiva) o a la izquierda (asimetría negativa) tendrá un skewness distinto de cero.

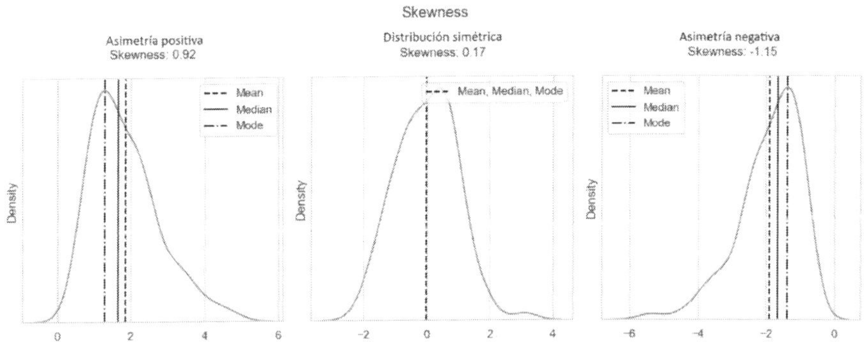

- El kurtosis o coeficiente de aplanamiento mide la concentración de datos en torno a la media. Una distribución típica tiene un kurtosis de 0, lo que indica una distribución con una forma estándar en términos de aplanamiento. Un kurtosis superior indica una distribución más puntiaguda (leptocúrtica), mientras que un kurtosis inferior indica una distribución más plana (platicúrtica).

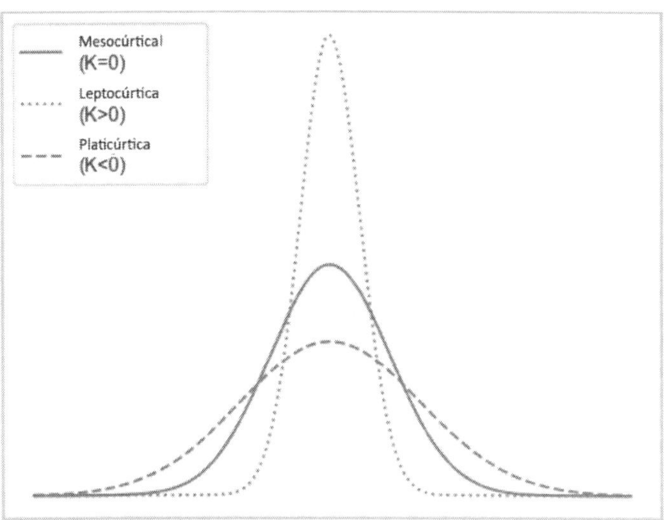

Observación

Más allá de describir la forma de la curva, el kurtosis nos indica si los datos están más concentrados alrededor de la media (leptocúrtica) o menos concentrados alrededor de la media (platicúrtica).

Para poner en práctica estos conceptos, Pandas y Scipy ofrecen funciones dedicadas:

Módulo	Asimetría	Kurtosis
Pandas	`df["Column"].skew()`	`df["Column"].kurtosis()`
Scipy	`stats.skew(df["Column"])`	`stats.kurtosis(df["Column"])`

2.2 Descripción de las variables categóricas

Las estadísticas descriptivas también se aplican a las variables categóricas.

2.2.1 Frecuencia, proporción y gestión de las modalidades raras

Para describir una variable categórica, nos centraremos en tres aspectos importantes: la frecuencia, la proporción y la gestión de modalidades raras.

Frecuencia

Una variable categórica se compone de modalidades y lo primero será contar las ocurrencias de cada modalidad. Esta información es esencial para comprender la distribución de los datos e identificar las modalidades raras o dominantes.

Aquí entra en juego la noción de moda, ya presentada en el capítulo DataViz con Matplotlib, Seaborn, Plotly: la moda corresponde a la modalidad más frecuente. La identificación de la moda nos permite determinar qué modalidad es la más prevalente en nuestro conjunto de datos.

Pandas ofrece la función `value_counts()` que muestra directamente el recuento de frecuencias de una variable:

```
df["Variable_name"].value_counts()
```

Proporción

La proporción es la frecuencia relativa de cada modalidad, expresada como porcentaje del total de observaciones, lo que permite evaluar la importancia relativa de cada modalidad. Esta información es esencial y complementaria a la frecuencia para evaluar correctamente la importancia de cada mención.

Simplemente añadiendo la opción `normalize=True` a la función `value_counts()` de Pandas, obtenemos las proporciones deseadas:

```
df["Variable_name"].value_counts(normalize=True)
```

Gestión de las modalidades raras

Las modalidades con muy pocos casos pueden plantear problemas en el análisis de los datos. Con menos de cinco ocurrencias, corremos el riesgo de que el análisis sea inestable o no representativo. Por otra parte, la prueba de chi-cuadrado (Khi2), de la que hablaremos en la sección Pruebas estadísticas bivariantes, no se menciona para casos con menos de cinco ocurrencias, ya que números demasiado pequeños pueden invalidar los resultados de la prueba. En este tipo de situaciones, tenemos dos opciones: agrupar las menciones infrarrepresentadas en una modalidad «otras», por ejemplo, o añadirlas a la mención más cercana, si es posible.

He aquí una pequeña función simple que nos ayudará a recopilar menciones marginales de un DataFrame:

```
def regroup_rare_categories(df, column, threshold=5,
new_label='Other'):

    """
      Para un DataFrame específico (df),
      la función reagrupa las categorías raras,
      fijadas por un umbral (threshold) de una variable categórica
      a definir (column) en una nueva etiqueta (new_label).

    """
    # Cálculo de la frecuencia de las modalidades
    frequency = df[column].value_counts()

    # Identificación de las categorías raras
    rare_categories = frequency[frequency < threshold].index

    # Sustitución de las categorías raras por la etiqueta 'Other'
    df[column] = df[column].replace(rare_categories, new_label)

    return df
```

Comprender la distribución de una variable categórica es importante, pero explorar las asociaciones entre dos variables proporciona información aún más significativa. Esto es lo que veremos con la práctica de la tabla de contingencia.

2.2.2 Tabla de contingencia

Las tablas de contingencia, también conocidas como tablas cruzadas, son herramientas especializadas para analizar las relaciones entre dos variables categóricas. Permiten observar los números de cada par de modalidades entre dos variables.

Estas tablas se utilizan en tres puntos clave en el análisis de datos: durante la exploración inicial, durante las pruebas estadísticas y durante el modelado. En esta sección, nos centraremos en la presentación de tablas de contingencia, mientras que los detalles sobre las pruebas estadísticas se abordarán en profundidad en la sección Pruebas estadísticas bivariantes, en este capítulo.

La práctica de las tablas de contingencia es una oportunidad para conocer un poco más sobre el mundo de los desarrolladores de software. Para ello, hemos recuperado datos de la encuesta Stack Overflow 2023 disponibles en esta dirección: https://survey.stackoverflow.co

Elaboraremos, a partir de estos datos, la tabla de contingencia entre el grupo de edad y la variable que indica si las personas trabajan en modalidad presencial, teletrabajo o híbrida. Este es el código necesario para producir la matriz utilizando la función de *tabulación cruzada* de Pandas:

```
import pandas as pd

# Sustituir "your_path" por la ruta completa de su carpeta
df = pd.read_csv(r"your_path\survey_results_public.csv")

# Comando para visualizar todas las columnas
pd.set_option('display.max_columns', 999)

contingency_table = pd.crosstab(df['Age'], df['RemoteWork'])
contingency_table
```

RemoteWork Age	Hybrid (some remote, some in-person)	In-person	Remote
18-24 years old	4525	2872	3456
25-34 years old	13601	5024	12394
35-44 years old	8116	2317	9159
45-54 years old	3308	1109	3476
55-64 years old	1198	516	1333
65 years or older	192	118	371
Prefer not to say	44	23	64
Under 18 years old	147	134	313

Volveremos a esta tabla en la subsección dedicada a la prueba de Khi2 para verificar la importancia de los resultados. Sin embargo, ya podemos ver que los jóvenes de 18 a 34 años están trabajando mayoritariamente en modalidad híbrida, mientras que el teletrabajo predomina en todos los demás grupos de edad.

Después de observar las tablas de contingencia para entender las relaciones entre diferentes variables, ahora podemos recurrir a otra herramienta que nos ofrecerá otro dato útil: los índices de diversidad.

2.2.3 Índices de diversidad

Los índices de diversidad cuantifican la distribución y el equilibrio de las categorías dentro de una variable o pares de variables, proporcionando medidas esenciales para evaluar la variedad o uniformidad de los datos. A partir de estos índices, es posible comprender con mayor precisión la estructura y la riqueza de la información contenida, lo que facilita la comprensión y la conciencia de posibles defectos en la distribución de las variables categóricas.

Vamos a aprender tres índices de diversidad diferentes: Berger-Parker, Simpson y Shannon-Weaver.

Índice de diversidad de Berger-Parker

El índice Berger-Parker devuelve la proporción de la categoría más grande.

Por lo tanto, cuanto más cerca esté el índice de 1, menor será la diversidad, y viceversa cuando el índice tienda a 0.

No hay una función dedicada para calcular este índice, pero una función que recupere la columna con la proporción más alta después de normalizar cada columna hará la magia. Partiremos de la tabla de contingencias calculada anteriormente:

```
# Funciones para calcular el índice de Berger-Parker
def berger_parker_index(df):
    # Normalización por columna
    proportions = df.div(df.sum(axis=1), axis=0)

    # Búsqueda del valor más grande por línea
    berger_index = proportions.max(axis=1)

    # Visualización en forma de DataFrame
    return pd.DataFrame(
        berger_index,
        columns=['Berger-Parker Index']
    )

# Cálculo del índice de Berger-Parker
berger_parker_index(contingency_table)
```

	Berger-Parker Index
Age	
18-24 years old	0.416935
25-34 years old	0.438473
35-44 years old	0.467487
45-54 years old	0.440390
55-64 years old	0.437479
65 years or older	0.544787
Prefer not to say	0.488550
Under 18 years old	0.526936

En este ejemplo, el índice de Berger-Parker se calcula para cada grupo de edad. El grupo de 65 años o más es el menos diverso porque la proporción más común es del 54,47 %. Por el contrario, los jóvenes de 18 a 24 anos ofrecen el valor más bajo, con un 41,69 %, lo que representa la clase que ofrece más diversidad. Es importante destacar que este índice es muy sensible a la categoría dominante.

Índice de diversidad de Simpson

El índice de Simpson presenta otra forma de estudiar la diversidad. Mide la probabilidad de que dos individuos seleccionados al azar de una población pertenezcan a la misma categoría. Al igual que sucede con el índice de Berger-Parker, cuanto más cerca esté el valor de 0, más diversidad hay, y viceversa.

Partiendo de la misma tabla de contingencia, he aquí la función necesaria para calcular el índice:

```
# Función para calcular el índice de Simpson
def simpson_index(df):
    # Normalización por columna
    proportions = df.div(df.sum(axis=1), axis=0)

    # Suma por línea de las proporciones al cuadrado
    simpson_index = (proportions ** 2).sum(axis=1)

    # Crear el DataFrame con el índice de Simpson
    return pd.DataFrame(
        simpson_index,
        columns=['Simpson Index']
    )
# Cálculo del índice de Simpson
simpson_index(contingency_table)
```

	Simpson Index
Age	
18-24 years old	0.345265
25-34 years old	0.378141
35-44 years old	0.404134
45-54 years old	0.389334
55-64 years old	0.374652
65 years or older	0.406306
Prefer not to say	0.382320
Under 18 years old	0.389796

Encontramos los mismos resultados que para el índice de Berger-Parker, pero el índice de Simpson puede divergir porque es sensible a la distribución general, y no solo a una.

Índice de diversidad de Shannon-Weaver

Terminemos con el índice de Shannon-Weaver, que es el más complejo de entender de los tres. En este caso, es la diversidad de las preferencias la que se mide teniendo en cuenta el número de modalidades y la forma en que se distribuyen estas categorías. En lugar de sumar cada proporción al cuadrado como en el índice de Simpson, cada proporción se multiplica por su logaritmo, dando así más peso a las categorías menos comunes.

Veamos los resultados mostrados basándonos en el mismo ejemplo para comparar:

```
import pandas as pd
import numpy as np

# Función para calcular el índice de Shannon
def shannon_index(df):
    # Normalización por línea
    proportions = df.div(df.sum(axis=1), axis=0)

    # Cálculo del índice de Shannon
    shannon_index = - (proportions * np.log(proportions))
.sum(axis=1)

    # Devolver el DataFrame con el índice de Shannon
    return pd.DataFrame(
        shannon_index,
        columns=['Shannon Index']
    )

# Cálculo del índice de Shannon
shannon_index(contingency_table)
```

	Shannon Index
Age	
18-24 years old	1.080947
25-34 years old	1.022892
35-44 years old	0.973015
45-54 years old	1.001371
55-64 years old	1.029432
65 years or older	0.991564
Prefer not to say	1.021844
Under 18 years old	1.019092

Observación

El índice de Shannon es 0 si solo hay una categoría, pero puede ser superior a 1, a diferencia de los otros dos índices, porque su valor máximo depende del número de categorías observadas. En términos concretos, cuantas más categorías haya, más alto puede ser este índice.

El resultado aquí difiere del de los otros dos índices. Si bien el grupo de edad de 18 a 24 años sigue siendo el más diverso, ahora es el grupo de edad de 35 a 44 años el que tiene la menor diversidad. Al aumentar la importancia de la categoría menos representada a través de la competencia de logaritmos, se ha cambiado la clasificación. Esta discrepancia no se debe ver como un problema, sino más bien como una oportunidad para captar detalles sutiles y, por lo tanto, fortalecer nuestra comprensión del conjunto de datos.

Ha llegado el momento, después de haber descubierto las virtudes explicativas de la estadística descriptiva, de familiarizarnos con la estadística inferencial y las reglas que las rigen.

2.3 Estadística inferencial

2.3.1 Conceptos básicos

La estadística inferencial permite generalizar propiedades a una población a partir de una muestra de datos. En términos prácticos, nuestros datos casi nunca representan a toda la población de un campo de estudio. La mayoría de las veces, trabajamos con una fracción de este conjunto, llamada muestra de datos. Por lo tanto, necesitamos saber si los fenómenos observados en nuestra muestra pueden generalizarse a toda la población. Aquí es donde entra en juego la estadística inferencial y sus herramientas, capaces de proporcionarnos esta estimación.

Antes de entrar en detalle, vamos a estudiar, el funcionamiento general de las pruebas de hipótesis y su interpretación.

2.3.2 Hipótesis nulas y alternativas

Todas las pruebas se basan en la formulación de dos hipótesis:

- la hipótesis nula (H0), que representa la situación básica,
- la hipótesis alternativa (H1), que representa el cambio.

El propósito de una prueba estadística será evaluar la probabilidad de que la hipótesis nula, que representa la ausencia de efecto, sea verdadera. Si esta probabilidad es demasiado baja, la hipótesis nula (H0) se rechazará en favor de la hipótesis H1, lo que sugiere la presencia de un efecto o un cambio.

Normalmente, si estudiamos la influencia de la edad en el gasto de las personas en una tienda, valoraremos la probabilidad de que la edad no tenga un impacto en el gasto. Esta probabilidad corresponde a la hipótesis nula H0. Si esta probabilidad está por debajo de un umbral específico, rechazamos H0. Esto significa que la ausencia de efecto es improbable, por lo que se concluye que la edad tiene un impacto en el nivel de gasto (H1 adoptada).

2.3.3 P-value

La probabilidad utilizada para invalidar o no la hipótesis nula se denomina p-value. Este es el punto en común entre todas las pruebas: todas devuelven un p-value. A continuación, compararemos este p-value con un umbral definido para decidir si mantenemos o rechazamos la hipótesis nula. El umbral más utilizado es el 5 % (0,05), pero, dependiendo del sector o la necesidad, podríamos utilizar umbrales del 1 % (0,01), el 2 % (0,02) o el 10 % (0,10).

Volvamos a nuestro ejemplo de la influencia de la edad en el gasto de las personas en una tienda. Digamos que obtenemos un p-value de 0,03 después de realizar nuestra prueba estadística. En comparación con el umbral más utilizado de 0,05, este p-value es menor, lo que nos lleva a rechazar la hipótesis nula (H0) y concluir que la edad juega un papel en el nivel de gasto.

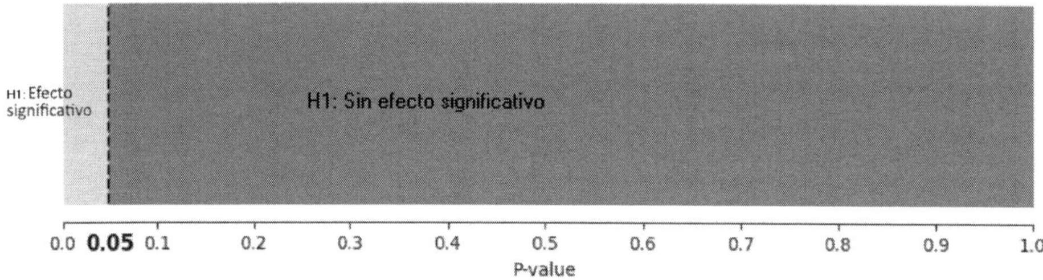

2.3.4 Significatividad

La significatividad estadística nos dice si el p-value observado es menor o igual que el umbral elegido, lo que justifica el rechazo de la hipótesis nula. Entonces, el resultado es estadísticamente significativo. También es habitual encontrarse con fórmulas de este tipo: «El resultado es significativo a partir del umbral del 5 %».

Esta posibilidad de cambiar el umbral de significatividad no está exenta de consecuencias. Si volvemos a nuestro ejemplo anterior, el p-value de 0,03 en el umbral del 5 % nos lleva a concluir que la edad juega un papel en el nivel de gasto, pero en el nivel del 2 %, por ejemplo, la conclusión habría sido que la edad no influye porque 0,03 es mayor que 0,02.

Este ejemplo pone de manifiesto uno de los puntos débiles de las pruebas estadísticas: el p-hacking. Es posible, si los resultados no son adecuados, cambiar el umbral y llegar a la afirmación opuesta. Obviamente, esta posibilidad solo se ofrece para p-values entre el 1 y el 5 %, pero es importante destacar esta debilidad del sistema.

Observación

En cuanto a los valores que puede tomar el p-value, es muy común obtener p-values extremadamente bajos, como, por ejemplo, 1,323 x 10^{-23}. No debemos sorprendernos por esto y concluir que el resultado es extremadamente significativo y que la hipótesis nula tiene una probabilidad infinitamente baja de ocurrir.

2.3.5 Margen de error e impacto de los efectivos en el intervalo de confianza

El margen de error es una medida estadística que cuantifica la incertidumbre relacionada con el tamaño de la muestra estudiada. Cuanto mayor es la muestra, menor es el margen de error, definiendo así el intervalo de confianza.

Tomemos el ejemplo de una encuesta política para ilustrar este concepto: cuando se anuncia que una personalidad política obtiene un 54 % con un intervalo de confianza del 95 % de [51,9; 56,1], significa que existe un 95 % de posibilidades de que obtenga una puntuación entre 51,9 % y 56,1 %. Siempre mantendremos un 5 % de posibilidades de que su puntuación esté fuera de este intervalo de confianza. Aunque se hace todo lo posible para minimizarlo, las estadísticas siempre contienen un elemento de incertidumbre que hay que aceptar.

El siguiente gráfico ilustra el impacto de los números en la extensión del intervalo de confianza, cuya escala se expresa aquí como un porcentaje decimalizado. Se trata de una curva logarítmica decreciente con una gran disminución inicial que se ralentiza rápidamente:

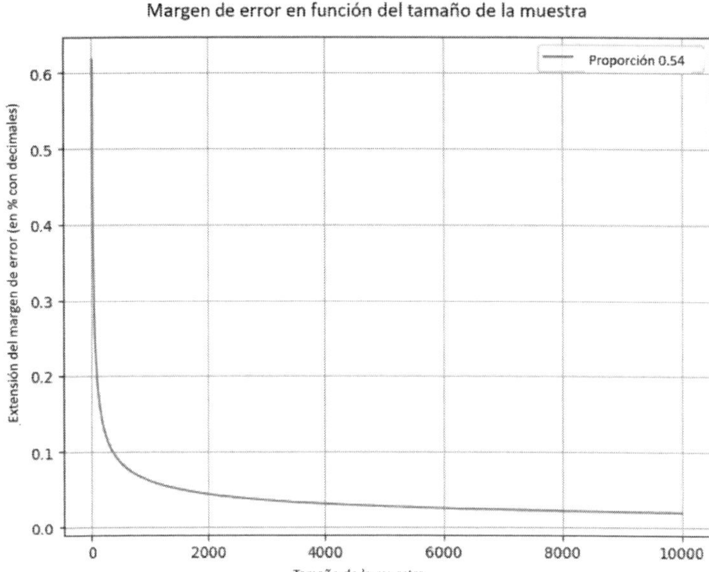

En la siguiente tabla se detallan con precisión los valores de los límites inferior y superior del intervalo de confianza, según la muestra consultada para una proporción anunciada del 54 %:

Efectivo		Límite inferior	Límite superior
100		47,0 %	61,0 %
1000		51,8 %	56,2 %
10 000		53,3 %	54,7 %

Observación

El siguiente artículo de Wikipedia detalla las fórmulas para calcular el intervalo para una proporción o una media:
https://es.wikipedia.org/wiki/Intervalo_de_confianza

3. Módulos de Python para el análisis de datos

Antes de elegir y de poner en práctica las diversas pruebas estadísticas, es conveniente hacer un balance de las posibilidades que ofrecen las librerías de Python en este ámbito.

3.1 Las capacidades limitadas de los módulos convencionales

Las librerías tradicionales, como Pandas o NumPy, ofrecen, además de sus funciones de manipulación de datos, algunas funciones de cálculo de indicadores estadísticos. Estas capacidades se limitan a la estadística descriptiva y a la capacidad de calcular la correlación y la covarianza. Aunque algunas ya se han comentado anteriormente, he aquí una tabla resumen que sintetiza sus posibilidades:

Función	Pandas	NumPy
Media	`df["Column"].mean()`	`np.mean(array)`
Mediana	`df["Column"].median()`	`np.median(array)`
Moda	`df["Column"].mode()`	**No disponible**
Desviación típica	`df["Column"].std()`	`np.std(array)`
Varianza	`df["Column"].var()`	`np.var(array)`
Mínimo	`df["Column"].min()`	`np.min(array)`
Máximo	`df["Column"].max()`	`np.max(array)`
Resumen estadístico	`df["Column"].describe()`	**No disponible**
Percentiles	`df["Column"].quantile(q)`	`np.percentile(array, q)`
Cuantiles	`df["Column"].quantile(q)`	`np.quantile(array, q)`
Asimetría	`df["Column"].skew()`	**No disponible**
Aplanamiento	`df["Column"].kurt()`	**No disponible**
Rango	`df["Column"].rank()`	`np.argsort(array)`

Función	Pandas	NumPy
Matriz de correlación	`df["Column"].corr()`	`np.corrcoef(array)`
Matriz de covarianza	`df["Column"].cov()`	`np.cov(array)`

Observación

Las correlaciones se abordarán en la subsección Correlaciones entre variables numéricas, en este capítulo. Por otro lado, la covarianza, que evalúa la manera en la que dos variables varían juntas, se dejará de lado.

3.2 Módulos especializados en estadística

Los módulos de Python han sido especialmente creados para satisfacer las necesidades en términos de estadística inferencial. Utilizaremos dos de ellos que cubrirán mucho en esta área: Scipy y Statmodels.

Observación

Existe un módulo llamado statistics, pero sus funciones solo cubren estadísticas descriptivas.

3.2.1 Scipy

Scipy es una librería de Python con una amplia gama de funciones científicas y técnicas. Aquí, usaremos el módulo de estadísticas que está dedicado a la estadística descriptiva e inferencial.

He aquí cómo instalarlo:

```
pip install scipy
```

A continuación, importaremos el módulo de estadísticas que satisfaga nuestras necesidades:

```
from scipy import stats
```

3.2.2 Statmodels

Statmodels es una librería dedicada a la estadística, especialmente para las estimaciones de modelos y la realización de pruebas. Esta librería también cuenta con tablas resumen muy prácticas, como la dedicada a la regresión lineal que descubriremos en el capítulo Aprendizaje supervisado.

Por ahora, este es el comando para instalarla:

```
pip install statmodels
```

Y la forma un tanto específica de llamarla:

```
import statsmodels.api as sm
```

Ahora es el momento de poner en práctica estos módulos y ver concretamente cómo se practica la inferencia estadística.

4. Pruebas estadísticas de normalidad

4.1 Contexto y objetivo

Las pruebas de normalidad de distribución son un paso fundamental en el análisis de datos, especialmente para variables numéricas. Su objetivo es determinar si la distribución de una variable sigue una distribución típica. Esta verificación es esencial porque influye en la elección de los métodos estadísticos que se aplicarán en el futuro, con el fin de determinar si existe una relación entre las variables. En efecto, la normalidad de una variable condiciona el uso de pruebas paramétricas, que suponen una distribución típica de los datos, o pruebas no paramétricas, que son más adecuadas cuando no se cumple esta condición.

Antes de pasar a la prueba propiamente dicha, vale la pena presentar los gráficos cuantil-cuantiles (Q-Q Plots) que ofrecen una forma intuitiva y visual de representar la normalidad de los datos.

4.2 Los Q-Q plots

4.2.1 Definición y trazado del gráfico

Los Q-Q plots (QQ por Quantile-Quantile) son gráficos que comparan los cuantiles de un conjunto de datos con los cuantiles de una distribución teórica, a menudo la distribución típica. Al trazar los cuantiles observados y los cuantiles teóricos, podemos ver fácilmente si nuestros datos parecen estar distribuidos normalmente o no.

Pongamos un ejemplo que comentaremos para entender cómo utilizar este tipo de visualización:

```
import pandas as pd
import seaborn as sns
import matplotlib.pyplot as plt
import scipy.stats as stats

# Importar el juego de datos de los iris
iris = sns.load_dataset("iris")

# Seleccionar una columna numérica
data = iris['sepal_length']

# Crear un Q-Q plot
plt.figure(figsize=(5, 3))
stats.probplot(data, dist= »norm », plot=plt)

# Modificar el color de los puntos
dots = plt.gca().get_lines()[0]
dots.set_markerfacecolor('#439cc8') # Color de los puntos
dots.set_markeredgecolor('#439cc8') # Color de los bordes de los puntos

# Títulos
plt.title("Ejemplo de Q-Q Plot\n")
plt.xlabel("Cuantiles teóricos")
plt.ylabel("Cuantiles de la muestra")
plt.grid(True)
plt.show()
```

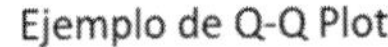

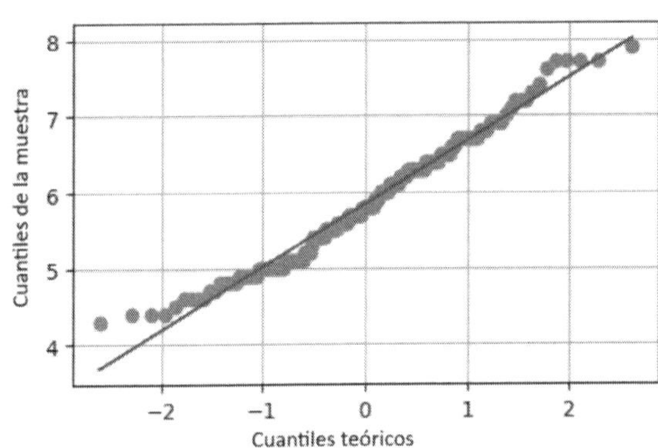

Observación

Es perfectamente normal que los valores de los cuantiles x e y sean diferentes porque el eje x muestra una distribución teórica centrada en 0 a más o menos dos desviaciones típicas, mientras que el eje y representa nuestros datos reales, que oscilan entre 4,3 y 7,9 con una media de aproximadamente 5,84.

4.2.2 Interpretación

Veamos cómo interpretar el gráfico anterior:

- La línea recta diagonal representa la distribución típica, donde cada cuantil teórico en x corresponde a su cuantil teórico en y; de ahí la diagonal.
- Los valores de la variable se representan mediante puntos de coordenadas «valor del cuantil teórico» en x y «valor del cuantil observado» en y.
- Si los puntos están aproximadamente alineados en diagonal, es probable que la distribución sea típica.
- Cuanto más diverge la forma general de los puntos de la diagonal, más presente está la anormalidad de la distribución.
- El gráfico resalta las desviaciones y permite detectar los outliers.

Este tipo de visualización es complementaria a la prueba de normalidad que estudiaremos justo después. La visualización de la distribución a veces permite preservar la suposición de normalidad, especialmente para grandes conjuntos de datos donde la suma de pequeñas desviaciones puede clasificar la distribución como anómala cuando, en realidad, no lo es. Es el momento de descubrir las pruebas de normalidad y cómo funcionan.

4.3 Principio general de funcionamiento de las pruebas de normalidad

4.3.1 Principio de funcionamiento

El principio general de las pruebas de normalidad se basa en los conceptos de inferencia estadística, abordados anteriormente. Volveremos a formular una prueba de hipótesis basada en H0 y H1, que aquí adquieren los siguientes significados:

- La hipótesis nula H0 de normalidad se mantiene si el p-value devuelto está estrictamente por encima del umbral de significación, a menudo el umbral de 0,05. La distribución de la variable se considera normal.
- Si el p-value está por debajo del umbral de significación, se utiliza la hipótesis H1, lo que implica que la distribución de la variable no es normal.

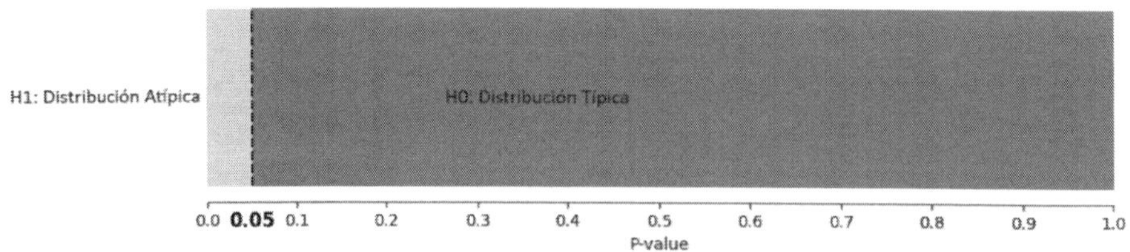

4.3.2 Las diferentes pruebas de normalidad

Las pruebas de normalidad se utilizan para determinar si una distribución es típica. Existen diferentes pruebas para atender diferentes situaciones, teniendo en cuenta distintos factores, como el tamaño de la muestra o la presencia de valores extremos. En este estudio, examinaremos las pruebas de Shapiro-Wilk, Anderson-Darling, Kolmogorov-Smirnov y Jarque-Bera, y proporcionaremos un diagrama que ilustra su uso recomendado según los casos específicos.

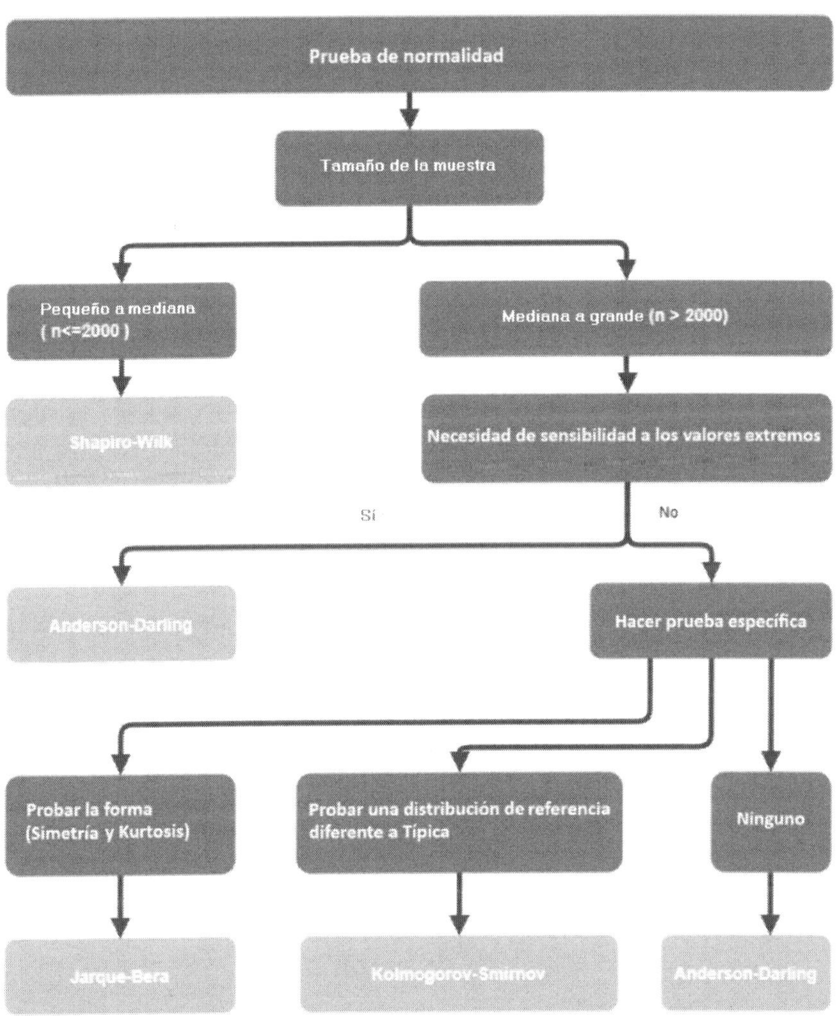

El diagrama anterior nos ayudará a seleccionar la prueba de normalidad adecuada para la situación. Vale la pena señalar que es totalmente posible implementar varias pruebas. Por ejemplo, si nuestra muestra es pequeña y con valores extremos, sería interesante experimentar con la prueba de Shapiro-Wilk y Anderson-Darling.

Partamos del gráfico del Q-Qplot anterior y calculemos todas las pruebas de normalidad utilizando la librería Scipy:

```
port pandas as pd
import seaborn as sns
import scipy.stats as stats

# Importar el juego de datos de los iris
iris = sns.load_dataset("iris")

# Seleccionar una columna numérica
data = iris['sepal_length']

# Prueba de normalidad
jb_stat, jb_pvalue = stats.jarque_bera(data)
ad_stat, ad_pvalue, _ = stats.anderson(data, dist='norm')
ks_stat, ks_pvalue = stats.kstest(data, 'norm',
args=(data.mean(), data.std()))
sw_stat, sw_pvalue = stats.shapiro(data)

# Visualización de los resultados de las pruebas
print("Prueba de Jarque-Bera:")
print(f"Estadística: {jb_stat}, p-value: {jb_pvalue}\n")

print("Prueba de Anderson-Darling:")
print(f"Estadística: {ad_stat}, p-value: {ad_pvalue}\n")

print("Prueba de Kolmogorov-Smirnov:")
print(f"Estadística: {ks_stat}, p-value: {ks_pvalue}\n")

print("Prueba de Shapiro-Wilk:")
print(f"Estadística: {sw_stat}, p-value: {sw_pvalue}\n")
```

```
Prueba de Jarque-Bera:
Estadística: 4.4858754373509475, p-value: 0.1061462181718774

Prueba de Anderson-Darling:
Estadística: 0.8891994860134105, p-value: [0.562 0.64  0.767 0.895 1.065]

Prueba de Kolmogorov-Smirnov:
Estadística: 0.08865361377316228, p-value: 0.17813737848592026

Prueba de Shapiro-Wilk:
Estadística: 0.9760902723490532, p-value: 0.010181161454691156
```

Los resultados anteriores merecen alguna explicación:

- Para las pruebas de Jarque-Bera y Kolmogorov-Smirnov, la distribución se considera normal porque los p-values respectivos, de aproximadamente 0,106 y 0,178, son mayores que 0,05.
- Para la prueba de Anderson-Darling, la interpretación es diferente. Obtenemos una lista de umbrales de significación del 15 %, 10 %, 5 %, 2,5 % y 1 %. Estos niveles de significación representan los niveles de confianza en los que se rechaza la hipótesis nula, según la cual los datos siguen una distribución específica (típica en nuestro caso). En nuestro ejemplo, la estadística de aproximadamente 0,889 está por encima del umbral del 5 % de 0,767, lo que indica que la distribución se considera anómala en el umbral del 5 %.
- Por último, la prueba de Shapiro-Wilk, con un p-value de aproximadamente 0,01, es inferior a 0,05 y también indica que la distribución es atípica. Según el esquema anterior, esta prueba es la más adecuada en nuestro caso porque disponemos de una pequeña muestra de 150 valores.

Este ejemplo subraya hasta qué punto las pruebas de normalidad pueden ser sensibles y, a veces, proporcionar resultados contradictorios. Por lo tanto, es fundamental identificar la situación específica de cada caso de estudio para obtener información fiable.

Determinar con precisión la normalidad de la distribución es un paso esencial, ya que influye en la elección del tipo de prueba que se ha de realizar para evaluar las relaciones entre dos variables: paramétrica si la distribución es típica, no paramétrica en caso contrario. En el siguiente apartado, veremos qué pruebas se deben utilizar en cada caso.

5. Pruebas estadísticas bivariantes

Las pruebas estadísticas bivariantes examinan la relación entre dos variables para identificar asociaciones o diferencias significativas, lo que ayuda a comprender los posibles vínculos y formular hipótesis de investigación que faciliten la toma de decisiones. También proporcionan una base para análisis más complejos, como la regresión y los modelos multivariantes.

Seguiremos este diagrama para estudiarlas, comenzando por las pruebas aplicadas a dos variables de la misma naturaleza, y después a dos variables de naturaleza diferente.

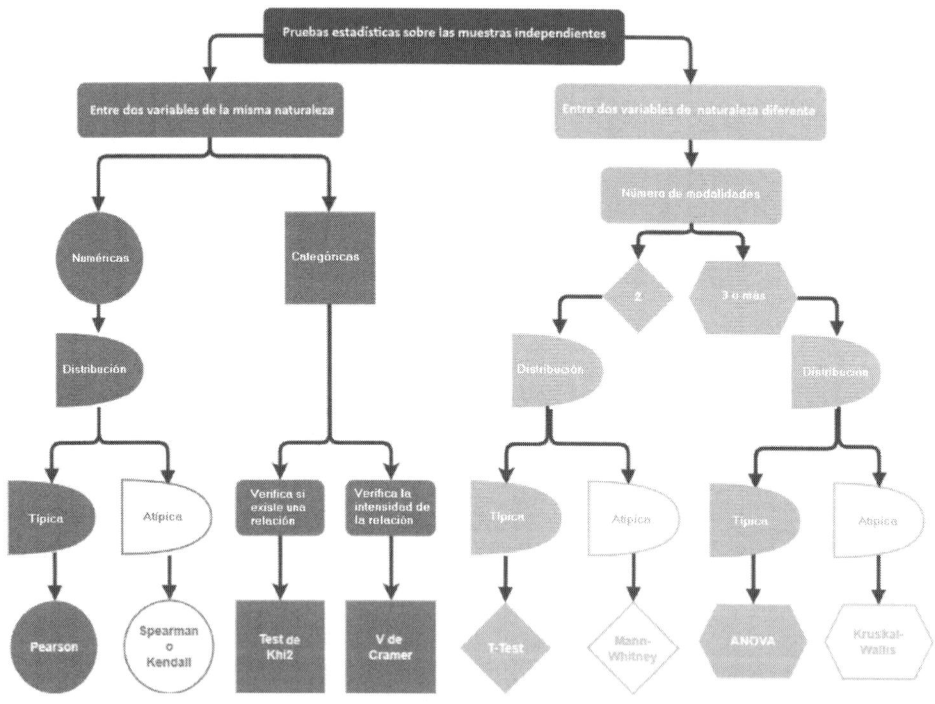

■Observación

Nos centraremos en probar muestras independientes, es decir, grupos que están completamente separados entre sí. Conviene señalar que también hay pruebas en grupos emparejados que se centran en el mismo grupo, donde cada observación se asocia a una observación correspondiente en otro grupo. Este es el caso, por ejemplo, de un grupo antes y después de un tratamiento médico. Para no ahogarse en información, este caso se omitirá, pero una simple búsqueda facilitará encontrar la prueba correcta.

5.1 Pruebas bivariantes entre variables de la misma naturaleza

5.1.1 Correlaciones entre variables numéricas

Principio y desafíos de la correlación

Comencemos esta familiarización con las pruebas bivariantes con correlaciones de tipo lineal, es decir, cuando la relación entre dos variables se puede describir mediante una línea recta.

Estas pruebas entre dos variables numéricas son esenciales porque nos permiten medir, entre -1 y 1, la fuerza del vínculo entre las dos variables. Una correlación de 1 indica una relación perfectamente positiva, -1 indica una relación perfectamente negativa y 0 ninguna relación en absoluto. Por lo tanto, las correlaciones son esenciales para identificar y cuantificar las posibles relaciones lineales entre las variables y, a menudo, se visualizan utilizando matrices de correlación o diagramas de dispersión.

He aquí un diagrama ilustrativo que muestra el coeficiente de correlación para diferentes relaciones entre dos variables:

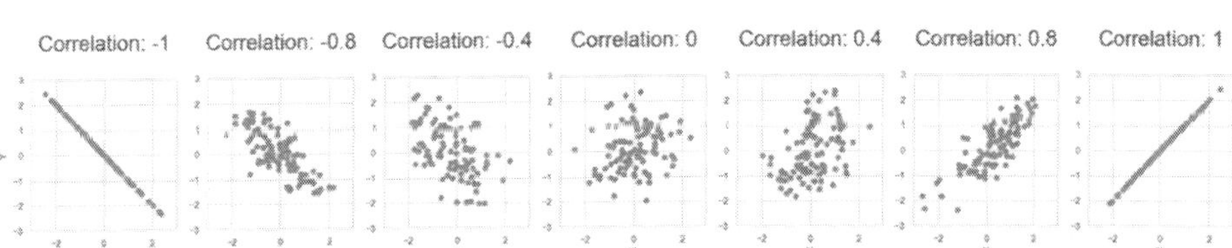

Observación

También hay pruebas para relaciones no lineales que cubriremos a continuación, con la correlación de Spearman y el tau de Kendall.

El uso de la correlación juega un papel importante en la selección de variables durante el análisis de datos. Se acepta ampliamente que una correlación por debajo de -0,9 o mayor que 0,9 indica vínculos muy fuertes entre las variables. Estos umbrales de correlación se seleccionaron debido a su capacidad para resaltar relaciones lineales o inversamente lineales significativas entre variables. Sin embargo, es importante tener en cuenta que estos umbrales pueden variar según el contexto del análisis y los estándares específicos para cada área.

De este modo, la identificación de correlaciones demasiado fuertes evita la redundancia de la información y reduce el ruido en el modelo, lo que, a su vez, mejora su rendimiento. Por lo tanto, cuando se observa una correlación superior a 0,9 en el valor absoluto entre dos variables, a menudo se recomienda examinarlas detenidamente y decidir si una de las variables se puede eliminar o si se pueden fusionar en una sola variable representativa.

Tomemos un ejemplo simple para ilustrarlo: supongamos que disponemos de un conjunto de datos con cientos de variables, pero no tenemos tiempo para examinarlas individualmente en detalle. Usando la correlación, podríamos identificar inmediatamente relaciones demasiado fuertes entre algunas de ellas. Por ejemplo, podríamos detectar fácilmente la presencia de temperatura en grados Celsius y Fahrenheit. La correlación entre estas dos variables sería casi igual a 1, ya que están unidas por la ecuación lineal: Fahrenheit = 9/5 * Celsius + 32. Identificar estos enlaces nos permitiría eliminar una de estas dos variables para evitar entregar la misma información de dos maneras diferentes.

Ahora que el principio de cómo funciona la correlación está claro, queda por identificar qué prueba utilizar en cada caso. Las presentaremos por orden de sensibilidad.

Correlación de Pearson

La correlación de Pearson es la prueba que viene a la mente de manera natural cuando se trata de correlación. Se recomienda cuando la distribución es típica con valores continuos y existe una relación lineal entre las variables. De las tres, es la más sensible de las pruebas a los valores atípicos y la linealidad. Sin embargo, tenga cuidado, ya que puede devolver resultados engañosos si la relación no es lineal o si hay valores atípicos grandes.

En la siguiente tabla se muestran las tres formas de obtener correlaciones de Pearson. Cabe señalar que Pearson es la prueba predeterminada en Pandas y NumPy:

Módulo	Código para una pareja de variables	Código para generar la matriz de correlación	Comentarios

Pandas	`import pandas as pd`
	
	`# Variables en listas`
	`pd.Series(x).corr(pd.Series(y))`
	
	`# Variables de un DataFrame`
	`correlation = df['col1'].corr(df['col2'])`
		`import pandas as pd`
		
		`# DataFrame llamado df`
		`df.corr(numeric_only=True)`
			Más fácil de usar

NumPy	`import numpy as np`
	
	`np.corrcoef(x, y)[0, 1]`
		`import numpy as np`
		
		`# Extraer las columnas numéricas`
		`num_data = df.select_dtypes(include=[np.number]).values`
		
		`# Matriz de correlación`
		`np.corrcoef(num_data, rowvar=False)`
			Menos directo

Módulo	Código para una pareja de variables	Código para generar la matriz de correlación	Comentarios

SciPy	`from scipy.stats import pearsonr`
	
	`pearsonr(x, y)[0]`
		No disponible directamente	Parcial

Se recomienda el uso de Pandas por su simplicidad en comparación con otros módulos.

En el caso de una matriz, el formato aporta un verdadero plus y facilita la detección de correlaciones fuertes. A continuación, se muestra un ejemplo de código a partir de cualquier DataFrame:

```
# Calcular la matriz de correlación especificando
numeric_only=True
correlation_matrix = df.corr(numeric_only=True)

# Crear un heatmap
sns.heatmap(correlation_matrix,
            annot=True, fmt=".2f", cmap='Blues', cbar=True,
            square=True, linewidths=0.5, linecolor='black')

# Ajustar las etiquetas y el título
plt.title('Matriz de Correlación\n', fontsize=12)
plt.xticks(rotation=45, ha='right')
plt.yticks(rotation=0)

# Visualizar la figura
plt.show()
```

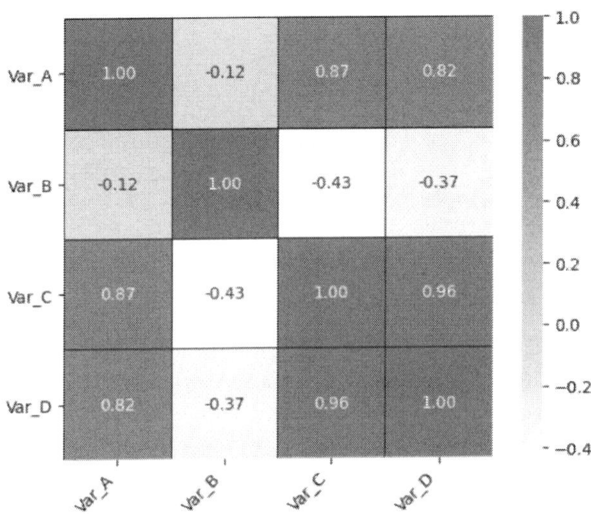

Observación

La diagonal siempre es igual a 1 porque corresponde a la correlación de una variable con respecto a sí misma.

Correlación de Spearman

La correlación de Spearman consiste en calcular las correlaciones a partir del rango de los valores en lugar de los valores en sí mismos, como en el caso de Pearson.

Esta es la solución que se debe utilizar cuando las relaciones entre las variables no son lineales, los datos no están distribuidos normalmente o hay valores atípicos. Según los rangos, esta prueba es menos sensible que la correlación de Pearson, pero más robusta. Todavía puede estar influenciada por valores extremos, pero menos que en el caso de Pearson.

Una vez más, Pandas ofrece la forma más fácil de calcularla, ya que basta con añadir `method = 'spearman'` a la función `corr`. En cambio, hay que tener en cuenta que NumPy no ofrece ninguna solución para esta prueba. Esta es la tabla resumen:

Módulo	Código para una pareja de variables	Código para generar la matriz de correlación	Comentarios

Pandas	`import pandas as pd`
	
	`# Variables en listas`
	`pd.Series(x).corr(pd.Series(y),method='spearman')`
	
	`# Variables de un DataFrame`
	`correlation = df['col1'].corr(df['col2'],`
	
	`method='spearman')`
		`import pandas as pd`
		
		`# DataFrame llamado df`
		`df.corr(method='spearman', numeric_only=True)`
			Más fácil de usar

NumPy		**No disponible**	

SciPy	`from scipy.stats import spearmanr`
	
	`spearmanr(x, y)[0]`
		No disponible directamente	Parcial

Para medir la fuerza de Spearman en Pearson, observaremos el valor de las correlaciones en una situación lineal, en comparación con un caso no lineal (un exponente 15 para enfatizar el carácter exponencial):

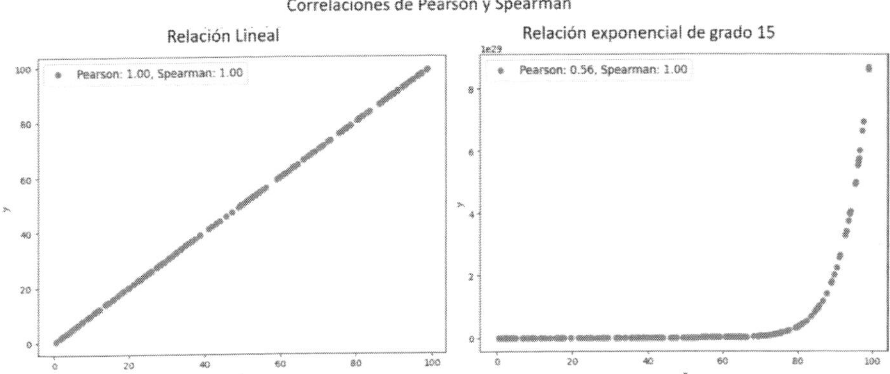

Si las dos correlaciones muestran el mismo valor de 1 en una relación estrictamente lineal, en el caso de un enlace exponencial, el coeficiente de Pearson se estanca por completo. Utilizando solo este indicador, no habríamos identificado la correlación demasiado fuerte entre las dos variables porque el valor de 0,56 para Pearson es razonable. Por otro lado, el uso del coeficiente de Spearman, que es más adecuado para relaciones no lineales, nos habría permitido identificar la fuerte relación entre las variables. Mantener solo la versión del coeficiente de Pearson seguramente habría tenido un impacto negativo en nuestro modelo, al subestimar la verdadera naturaleza de la relación entre las variables.

Un último punto sobre la correlación de Spearman: si las variables numéricas en un conjunto de datos estudiado tienen distribuciones típicas para algunos y distribuciones atípicas para otros, es más razonable pedir una matriz de confusión con el método de Spearman en lugar de Pearson.

La tau de Kendall

La tau de Kendall es una prueba de correlación menos conocida que mide, al igual que los coeficientes de Pearson y Spearman, la fuerza y la dirección de la asociación entre dos variables, con un valor comprendido entre -1 y 1.

Se basa en la comparación de todos los pares de datos, clasificados como concordantes o discordantes. Se dice que un par de puntos es concordante si los rangos de las dos variables aumentan o disminuyen juntas. Por otro lado, se considera discordante si el rango de una variable aumenta, mientras que el de la otra disminuye.

Este enfoque por pares hace que la prueba sea aún más robusta que el coeficiente de Spearman para los valores atípicos y la presencia de ex aequo, y se vuelve particularmente adecuado cuando el número de observaciones es muy bajo.

Para usarlo con Pandas, simplemente ponga `method='kendall'`.

Para Scipy, debe importar la función específica. He aquí un ejemplo sencillo de un volumen muy pequeño de datos, que es perfectamente significativo:

```
from scipy.stats import kendalltau

# Ejemplo de datos
x = [10, 20, 15, 30, 25]
y = [5, 15, 10, 25, 20]

# Calcular el coeficiente de correlación de Kendall
tau, p_value = kendalltau(x, y)

print(f"Coeficiente de correlación de Kendall: {tau}")
print(f"Valor de p asociado: {p_value}")

# Output:
# Coeficiente de correlación de Kendall: 0.9999999999999999
# Valor de p asociado: 0.016666666666666666
```

5.1.2 Pruebas de independencia entre variables categóricas

Principios de las pruebas de independencia

Las pruebas de independencia entre variables categóricas representan el otro gran campo de las pruebas estadísticas bivariantes aplicadas a variables de la misma naturaleza. En este caso, se evaluará la asociación entre dos variables categóricas. A diferencia de las pruebas de correlación, no es necesario evaluar la normalidad de los datos de estas pruebas.

Estudiaremos estas pruebas a partir de la prueba de Khi2 y la prueba exacta de Fisher, que tienen como objetivo evaluar la existencia de una relación entre dos variables categóricas. A continuación, hablaremos de la V de Cramer y del coeficiente Phi, que nos permiten medir la fuerza de este enlace de forma análoga a las correlaciones.

La prueba de Khi2

La prueba de Khi2 tiene como objetivo evaluar la existencia de una relación entre dos variables cualitativas. Compara la distribución observada de los datos con una distribución teórica esperada bajo la hipótesis de independencia de la variable. Si la distancia entre estas dos distribuciones es lo suficientemente grande, se rechaza la hipótesis nula (H0) de independencia en favor de la hipótesis alternativa (H1) de dependencia.

Observación

Se requieren al menos 30 observaciones para aplicar la prueba de Khi2.

Pondremos en práctica Khi2 en el estudio realizado por Stack Overflow para comprobar si la edad y el uso de la IA en el proceso de desarrollo están vinculados. A continuación, se explica cómo realizar la prueba paso a paso:

Empecemos por recuperar los datos:

```
#Enlace del sitio para recuperar los datos en csv
#https://survey.stackoverflow.co/

import pandas as pd

# Sustituir your_path por la ruta completa de su carpeta
df = pd.read_csv(r"your_path\survey_results_public.csv")

# Visualizar todas las columnas
pd.set_option('display.max_columns', 999)
```

A continuación, haremos la tabla de contingencia entre la edad y el uso de la IA, utilizando la función `crosstab` de Pandas:

```
contingency_table = pd.crosstab(df['Age'], df['AISelect'])
contingency_table
```

AISelect	No, and I don't plan to	No, but I plan to soon	Yes
Age			
18-24 years old	4119	3570	9983
25-34 years old	9079	8747	15137
35-44 years old	6588	5816	7910
45-54 years old	3071	2462	2676
55-64 years old	1493	994	840
65 years or older	617	306	207
Prefer not to say	155	73	101
Under 18 years old	1099	742	2188

Finalmente, utilizando la función `chi2_contingency` de scipy.stats, producimos todos los indicadores de Khi2:

```
from scipy.stats import chi2_contingency

# Calcular la prueba de Khi2
chi2_stat, p_val, dof, expected =
chi2_contingency(contingency_table)

# Visualizar los resultados
print("\nValor de Khi2:", chi2_stat)
print("Grados de libertad:", dof)
print("P-value:", p_val)

# Output:
# Valor de Khi2: 3035.354600788779
# Grados de libertad: 14
# P-value: 0.0
```

Vamos a detallar los resultados obtenidos:

- El valor de la Khi2 de aproximadamente 3035 corresponde a la suma de las diferencias por celda entre los números observados y los teóricos.
- Los grados de libertad se calculan como el producto del número de modalidades de la línea -1 por el número de modalidades de la columna -1.

  En nuestro caso, (8-1) * (3-1) = 14. Permiten establecer umbrales según el tamaño de la matriz.

- Por último, el p-value nos dice que, en el umbral del 5 %, la probabilidad de que las dos variables sean independientes es cero (0,0 %), por lo que la edad y el uso de la IA son realmente dependientes.

Finalmente, es posible obtener los valores esperados que se almacenan en la variable *expected*.

La prueba de Fisher

La prueba de Fisher se recomienda para matrices de 2x2 con menos de 30 observaciones en total. Funciona de manera similar a la prueba de Khi2, pero es más fiable para números pequeños debido a su precisión con frecuencias bajas. Es accesible a través del módulo Scipy:

```
from scipy.stats import fisher_exact

# Crear una tabla de contingencia (2x2)
# Ejemplo de datos: [ [A sí, A no], [B sí, B no] ]
tabla_contingencia = [[10, 2],
                      [1, 5]]

# Prueba de Fisher
oddsratio, p_value = fisher_exact(tabla_contingencia)

# Visualización de los resultados
print(f"Razón de probabilidades (odds ratio): {oddsratio}")
print(f"p-value: {p_value}")

# Output:
# Razón de probabilidades (odds ratio): 25.0
# p-value: 0.012820512820512822
```

En este ejemplo ficticio, se producen dos piezas de información:

- Razón de probabilidades, que compara las probabilidades de que ocurra un evento entre dos grupos. Es la relación entre los informes y las modalidades de los grupos. Aquí, el valor de 25 indica que el evento «sí» tiene 25 veces más probabilidades de ocurrir en el grupo A que en el grupo B. El odds ratio funciona de la siguiente manera:
  - Un odds ratio de 1 significa que el evento del «sí» tiene la misma probabilidad de ocurrir en A que en B.

  - Un odds ratio mayor que 1 indica que el evento es más probable en el primer grupo.
  - Un odds ratio menor que 1 indica que el evento es más probable en el segundo grupo.
- El p-value de aproximadamente 0,0128, menor que 0,05, indica que existe una asociación significativa entre la variable `Grupe` y la variable `Sí_No`.

Ambas pruebas indican la presencia de un enlace, pero no proporcionan ninguna información sobre la fuerza de ese enlace, a diferencia de las correlaciones. Para satisfacer esta necesidad, podemos utilizar la V de Cramer.

La V de Cramer

La V de Cramer es una medida utilizada para evaluar la fuerza de la asociación entre dos variables categóricas de tablas de contingencia de cualquier tamaño. Permite cuantificar la fuerza de la asociación ya establecida por la prueba de Khi2. Sin embargo, a diferencia del coeficiente de correlación, no indica una dirección en esta asociación. Por lo tanto, la V de Cramer oscila entre 0 y 1, donde un valor más alto indica una asociación más fuerte, pero no puede ser negativa como en el caso de los coeficientes de correlación. A continuación, se muestra una tabla para establecer, empíricamente, la fuerza del enlace según el valor de la V de Cramer:

Valor V de Cramer	**Fortaleza de la relación entre las dos variables**
< 0,10	De ninguna a muy débil
>= 0,10 y < 0,30	Débil
>= 0,30 y < 0,50	Moderada
>= 0,50	Fuerte

No hay una función dedicada a la V de Cramer, pero su cálculo, que es relativamente simple, requiere solo tres líneas de código y corresponde a la raíz cuadrada de Khi2 dividida por el máximo de Khi2. El máximo Khi2 es igual al producto del número multiplicado por el valor de la dimensión más pequeña de la tabla de contingencia -1. Vamos a retomar el ejemplo de la encuesta Stack Overflow utilizado al principio de la subsección Pruebas de independencia entre variables categóricas para medir la fuerza del vínculo entre el grupo de edad y el uso de la IA, y para detallar el cálculo paso a paso:

```
# Calcular la V de Cramer

# Tabla de contingencia sobre las variables Age y AISelect
contingency_table = pd.crosstab(df['Age'], df['AISelect'])

# 1 / Suma total de la tabla de contingencia
n = contingency_table.values.sum()

# 2 / Calcular el Khi2 teórico máximo
khi2max = n * (min(contingency_table.shape) -1)

# 2 / Calcular la V de Cramer
v_cramer = np.sqrt(chi2 / khi2max)

# Visualizar los resultados
print(f"V de Cramer: {v_cramer}")

# Output: V de Cramer: 0.13134544556843927
```

El vínculo entre la edad y el uso de la IA existe, pero la V de Cramer nos ayuda a moderar la importancia de este resultado al señalar que es débil. Es muy importante poder evaluar la fuerza de un fenómeno porque la mera existencia del vínculo proporciona poca información.

Pasemos ahora a la segunda parte de las pruebas bivariantes sobre dos variables de diferente naturaleza.

5.2 Pruebas bivariantes entre variables de diferente naturaleza

Las pruebas bivariantes sobre variables de diferentes tipos consisten, principalmente, en evaluar cómo evoluciona una variable numérica según las diferentes modalidades de una variable categórica. Dos parámetros principales jugarán un papel en la elección de la prueba: el número de modalidades y la distribución de la variable numérica.

5.2.1 Pruebas comparativas con dos modalidades

Comencemos con el caso más simple entre una variable numérica y una variable categórica, que contiene dos modalidades de respuesta.

El t-test

El t-test, también conocido como prueba de Student, evalúa si existe una diferencia significativa entre las medias de dos muestras de una variable distribuida normalmente. Por lo tanto, es esencial realizar una prueba de normalidad antes de elegir la prueba adecuada.

En el caso del t-test donde se confirma la normalidad, estamos en presencia de una prueba paramétrica. Esto significa que la prueba se basa en suposiciones sobre cómo se distribuyen los datos, como si siguieran una curva de campana (distribución típica), lo que permite estimar los parámetros de media y desviación típica para evaluar la significación.

Veamos la aplicación de un t-test en el juego de los iris, para el que solo tomaremos observaciones pertenecientes a las dos primeras especies:

```
import seaborn as sns
import pandas as pd
from scipy.stats import shapiro, ttest_ind

# Cargar los datos
df0 = sns.load_dataset("iris")

first_two_species = df0['species'].unique()[:2]
df = df0[df0['species'].isin(first_two_species)]

# Prueba de normalidad sobre sepal_width con Shapiro-Wilk
stat, p_value_shapiro = shapiro(df["sepal_width"])
```

```
print(f"Estadística de prueba: {stat}")
print(f"p-value : {p_value_shapiro}")

# Output:
# Estadística de prueba: 0.9897729754447937
# p-value: 0.6462556719779968
```

Con un p-value de aproximadamente 0,646, la distribución es típica. Podremos aplicar el t-test después de dividir los datos por modalidad:

```
# Separar los valores por modalidad
g1 = df[df["species"] == "setosa"]["sepal_width"]
g2 = df[df["species"] == "versicolor"]["sepal_width"]

# Prueba de independencia entre las dos modalidades
t_stat, p_value_ttest = ttest_ind(g1, g2)

print(f"Estadística de prueba: {t_stat}")
print(f"p-value: {p_value_ttest}")

# Output:
# Estadística de prueba: 9.454975848128596
# p-value: 1.8452599454769322e-15
```

Con un p-value muy inferior a 0,05, podemos concluir que existe una diferencia significativa entre las medias de las dos especies de iris. Esto indica que las dos especies tienen anchos de sépalo significativamente diferentes.

La prueba de Mann-Whitney

La prueba de Mann-Whitney es la alternativa al t-test cuando la distribución no es típica. Al ser una prueba no paramétrica basada en rangos, no requiere una distribución típica, es más robusta a los outliers y también cuando las muestras evaluadas son de diferentes tamaños, lo que puede ser un criterio importante en algunos casos.

Volvamos al ejemplo anterior seleccionando otra variable numérica distribuida anormalmente, como `petal_length`:

```
# Prueba de normalidad sobre petal_length con Shapiro-Wilk
stat, p_value_shapiro = shapiro(df["petal_length"])

print(f"Estadística de prueba: {stat}")
```

```
print(f"p-value: {p_value_shapiro}")

# Output:
# Estadística de prueba: 0.8018537759780884
# p-value: 2.823854483580135e-10
```

Como nos confirma la prueba de Shapiro-Wilk, la distribución `petal_length` es anómala, con un p-value muy por debajo de 0,05. Ahora intentemos la prueba de Mann-Whitney:

```
from scipy.stats import mannwhitneyu

# Separación de los valores por modalidad
g1 = df[df["species"] == "setosa"]["petal_length"]
g2 = df[df["species"] == "versicolor"]["petal_length"]

# Prueba de independencia de Mann-Whitney entre las dos
modalidades
u_stat, p_value_mannwhitney = mannwhitneyu(g1, g2,
alternative='two-sided')  # alternative='two-sided' para una
prueba bilateral

print(f"Estadística de prueba U: {u_stat}")
print(f"p-value: {p_value_mannwhitney}")

# Output:
# Estadística de prueba U: 0.0
# p-value: 5.651011584290147e-18
```

La prueba confirma que los dos grupos, setosa y versicolor, tienen longitudes de pétalos significativamente diferentes. Utilizamos la opción de prueba bilateral `two-sided` para comprobar cualquier diferencia significativa entre los dos grupos. Pero también sería posible evaluar la inferioridad o superioridad de un grupo en comparación con el otro utilizando las opciones `less` y `greater`.

5.2.2 Pruebas comparativas con tres o más modalidades

Las pruebas comparativas con tres o más modalidades siguen el mismo enfoque que las que tienen dos modalidades, presentando, por un lado, un lado paramétrico, la prueba ANOVA y, por otro lado, un lado no paramétrico, la prueba de Kruskal-Wallis.

La prueba ANOVA

En el contexto de una variable numérica distribuida normalmente, la prueba ANOVA (Análisis de la Varianza) compara las medias de varios grupos definidos por una variable cualitativa con tres o más modalidades, con el fin de determinar si existen diferencias significativas entre estos grupos.

Para ello, se calcula la estadística F, que corresponde a la relación entre la varianza entre los grupos y la varianza dentro de los grupos.

Una estadística F alta sugiere que la variabilidad entre grupos es mucho mayor que la variabilidad dentro de los grupos, lo que indica diferencias significativas entre las medias de los grupos.

Por el contrario, una estadística F baja indica una varianza entre grupos más baja que la varianza dentro del grupo, es decir, pequeñas diferencias entre las medias de los grupos.

Es importante tener en cuenta que la prueba solo proporciona una respuesta general sobre el impacto de la variable categórica probada en las medias de los subgrupos correspondientes.

Volvamos a nuestro ejemplo sobre los iris, pero esta vez en todo el conjunto de datos, y comparemos el ancho de los sépalos de las tres especies:

```
import seaborn as sns
import pandas as pd
from scipy.stats import shapiro, ttest_ind

# Cargar los datos
df = sns.load_dataset("iris")

# Prueba de normalidad sobre sepal_width con Shapiro-Wilk
stat, p_value_shapiro = shapiro(df["sepal_width"])

print(f"Estadística de prueba: {stat}")
print(f"p-value: {p_value_shapiro}")

# Output:
# Estadística de prueba: 0.9849168062210083
# p-value: 0.10112646222114563
```

La distribución de `sepal_width` sigue siendo típica en todos los datos, lo que allana el camino para el uso de ANOVA. Propondremos aquí una forma más automática de recuperar los valores por mención, que ahorrará muchas líneas de código, para variables categóricas con muchas modalidades:

```
from scipy.stats import f_oneway

# Lista de las modalidades únicas de la variable
modalidades = df["species"].unique()

# Lista vacía para almacenar las series de datos
data_groups = []

# Bucle sobre cada modalidad
for modalidad in modalidades:
    # Filtrado para cada modalidad
    filtered_df = df[df["species"] == modalidad]

    # Extracción de la columna "sepal_width"
    filtered_data = filtered_df["sepal_width"]

    # Añadir los datos filtrados a la lista
    data_groups.append(filtered_data)

# ANOVA sobre los datos agrupados
anova_result = f_oneway(*data_groups)
print(anova_result)

# Output: F_onewayResult(statistic=49.160040089612075,
pvalue=4.492017133309115e-17)
```

La prueba es significativa, indicando diferencias notorias entre las medias de `sepal_width` por especie.

También es posible realizar un ANOVA con Statmodels, que ofrece un código más conciso y resultados más completos:

```
from statsmodels.formula.api import ols
import statsmodels.api as sm

# ANOVA
model = ols('sepal_width ~ species', data=df).fit()

anova_table = sm.stats.anova_lm(model, typ=2)
```

```
print(anova_table)

# Output:
#                sum_sq     df          F        PR(>F)
# species     11.344933    2.0   49.16004  4.492017e-17
# Residual    16.962000  147.0        NaN           NaN
```

Encontramos los mismos resultados que con Scipy, pero la información sobre los residuos ofrece la posibilidad de evaluar la cuota de varianza explicada por el sistema, dividiendo la variable `species` por la suma de las especies + Residual, es decir:

11,344933 / (11,344933 + 16,962) = 0,4008 o 40,08 % de varianza explicada

Observación

La opción `typ=2`, que produce solo la información más importante, se recomienda por su simplicidad de interpretación.

La prueba ANOVA finalmente nos da una respuesta general, a saber, que existe al menos una diferencia significativa entre los grupos comparados, pero sin especificar el par o pares en cuestión. Para obtener una respuesta más detallada, vamos a conocer el test de Tukey.

La prueba de Tukey

La prueba de Tukey es un método utilizado en ANOVA para hacer comparaciones por pares de medias y apuntar a aquellas que son significativamente diferentes.

Al igual que en Khi2, se establece un valor crítico de diferencia en función del número de grupos, el número de observaciones y el nivel de confianza acordado. De este modo, se identifican los pares que superan este umbral.

Volvamos a nuestro ejemplo de los iris para implementar esta prueba:

```
from statsmodels.stats.multicomp import pairwise_tukeyhsd

# Prueba de Tukey para las comparaciones múltiples
tukey = pairwise_tukeyhsd(
    endog=df['sepal_width'],
    groups=df['species'],
    alpha=0.05
```

```
)

print(tukey)

# Visualización de los resultados de la prueba de Tukey
tukey.plot_simultaneous();
```

Observación

No olvide el punto y coma después del último comando gráfico para evitar obtener una visualización duplicada en algunos sistemas.

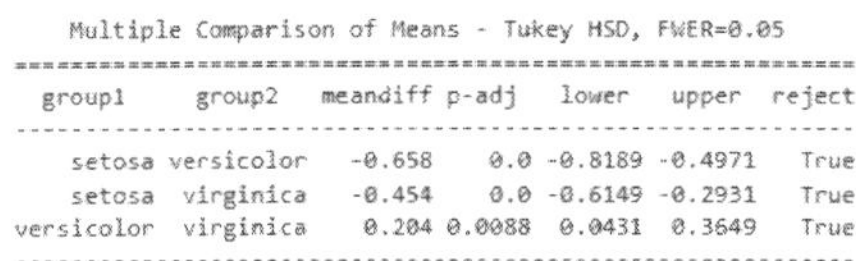

Multiple Comparison of Means - Tukey HSD, FWER=0.05

group1	group2	meandiff	p-adj	lower	upper	reject
setosa	versicolor	-0.658	0.0	-0.8189	-0.4971	True
setosa	virginica	-0.454	0.0	-0.6149	-0.2931	True
versicolor	virginica	0.204	0.0088	0.0431	0.3649	True

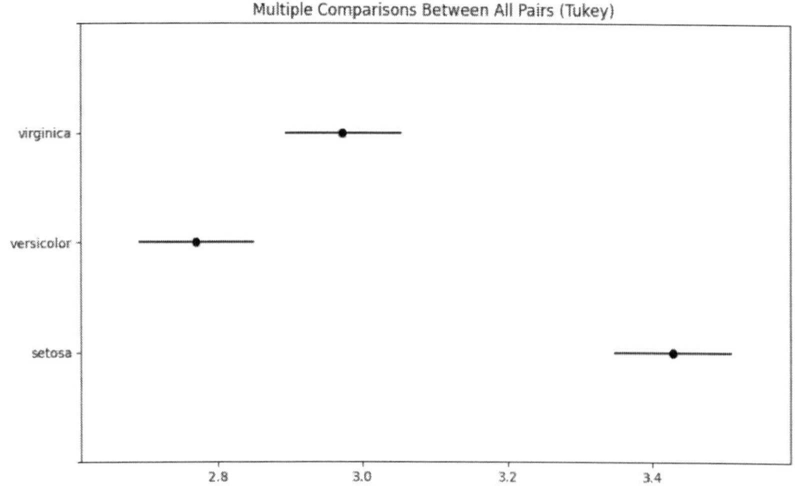

La función `pairwise_tukeyhsd` nos da una tabla por pares de modalidades. Aquí todas las diferencias entre los pares son significativas (p-adj<0,05) y marcadas como `reject = True`, lo que indica que la hipótesis H0 de igualdad de medias es rechazada en favor de la hipótesis alternativa H1.

La función `plot_simultaneous()` también nos permite visualizar las medias de cada modalidad con sus márgenes de error.

De este modo, la combinación de las pruebas ANOVA y Tukey se convertirá en un potente indicador para detectar qué variables categóricas inciden en una variable numérica concreta y, sobre todo, qué modalidades se deben tener en cuenta.

La prueba de Kruskal-Wallis

La prueba de Kruskal-Wallis es la alternativa no paramétrica a la prueba ANOVA cuando la variable numérica en estudio está distribuida de forma atípica. Utiliza los rangos de las observaciones para evaluar si las medianas de los grupos son iguales o no.

Tiene la ventaja de ser robusta a las condiciones de distribución y también se puede utilizar en tamaños de muestra pequeños. Por otro lado, es menos precisa que ANOVA y, sobre todo, no ofrece un equivalente a la prueba de Tukey, que permite un examen preciso de pares de modalidades.

```
from scipy.stats import kruskal
import seaborn as sns

# Carga de datos
df = sns.load_dataset("iris")

# Lista de las especies únicas de "species"
species_list = df["species"].unique()

# Lista vacía para almacenar
data_groups = []

# Bucle sobre cada especie para recuperar petal_length
for species in species_list:
    # Filtrado para cada especie
    filtered_df = df[df["species"] == species]

    # Extracción de la columna "petal_length"
    petal_length_data = filtered_df["petal_length"]

    # Añadir los datos filtrados a la lista
    data_groups.append(petal_length_data)

# Prueba de Kruskal-Wallis
kruskal_result = kruskal(*data_groups)
```

```
print(kruskal_result)

# Output: KruskalResult(statistic=130.41104857977163,
pvalue=4.803973591157605e-29)
```

Al igual que la prueba ANOVA, la prueba de Kruskal-Wallis devuelve la estadística y el p-value que, en este caso, indican al menos una diferencia significativa entre dos pares de medias.

5.2.3 Conclusiones sobre las pruebas bivariantes

Al final de este repaso sobre las pruebas bivariantes, ya estamos en condiciones de seleccionar la prueba adecuada en función de los datos. Este análisis es sutil, pero, si nos remitimos al diagrama que se proporciona al principio de este capítulo, obtener la información correcta solo requiere rigor.

Este apartado es fundamental, ya que la identificación de las variables relacionadas con nuestro objeto de estudio maximiza nuestras posibilidades de éxito en el correcto modelado. Para que sea más fácil de entender, hemos descartado deliberadamente las fórmulas de los algoritmos, pero será importante revisarlas más adelante para profundizar en nuestra experiencia sobre el tema.

Después de haber visto cómo identificar con precisión los vínculos entre dos variables, vamos a ver cómo adquirir una visión del funcionamiento general de los datos con el análisis multivariante.

6. Análisis multivariante

El objetivo del análisis multivariante es examinar múltiples variables simultáneamente para comprender las complejas relaciones e interacciones que existen entre ellas. Ayuda a revelar patrones ocultos y proporciona una visión general coherente de cómo funciona un conjunto de datos en general. Este es un paso esencial que finaliza el análisis de los datos y nos permite identificar con certeza las variables más importantes y las leyes que rigen el conjunto de datos estudiado.

Antes de entrar en el Análisis de Componentes Principales (ACP), que es un pilar fundamental del análisis multivariante, exploraremos otras dos técnicas que satisfacen necesidades específicas: el análisis multivariante de varianza (MANOVA) y el Análisis de Correspondencias Múltiples (ACM).

6.1 Análisis de la varianza multivariante (MANOVA)

6.1.1 Presentación y campos de aplicación

MANOVA es una generalización de ANOVA que tiene como objetivo determinar si una o más variables categóricas están relacionadas con las medias de varias variables numéricas dependientes. Resulta particularmente útil para evaluar los efectos combinados de varios factores y comprender mejor las complejas relaciones entre diversas variables.

6.1.2 Caso de práctico de uso

Tomemos el conjunto de datos de diamantes proporcionado por Seaborn:

```
import seaborn as sns

df = sns.load_dataset("diamonds")
df.head()
```

	carat	cut	color	clarity	depth	table	price	x	y	z
0	0.23	Ideal	E	SI2	61.5	55.0	326	3.95	3.98	2.43
1	0.21	Premium	E	SI1	59.8	61.0	326	3.89	3.84	2.31
2	0.23	Good	E	VS1	56.9	65.0	327	4.05	4.07	2.31
3	0.29	Premium	I	VS2	62.4	58.0	334	4.20	4.23	2.63
4	0.31	Good	J	SI2	63.3	58.0	335	4.34	4.35	2.75

Sería interesante saber si las variables cualitativas que describen el corte y el color tienen un impacto en variables numéricas como los quilates y el precio. Esta es una oportunidad para implementar una MANOVA utilizando el módulo statsmodels:

```
from statsmodels.multivariate.manova import MANOVA

# Fórmula para MANOVA
formula = 'carat + price ~ cut + color'

# Ajuste del modelo MANOVA
manova = MANOVA.from_formula(formula, data=df)
result = manova.mv_test()

# Visualización de los resultados
print(result)
```

```
                 Multivariate linear model
=============================================================

-------------------------------------------------------------
       Intercept        Value  Num DF   Den DF    F Value  Pr > F
-------------------------------------------------------------
          Wilks' lambda 0.7266 2.0000 53928.0000 10146.0514 0.0000
         Pillai's trace 0.2734 2.0000 53928.0000 10146.0514 0.0000
 Hotelling-Lawley trace 0.3763 2.0000 53928.0000 10146.0514 0.0000
    Roy's greatest root 0.3763 2.0000 53928.0000 10146.0514 0.0000
-------------------------------------------------------------

-------------------------------------------------------------
          cut           Value  Num DF    Den DF    F Value  Pr > F
-------------------------------------------------------------
          Wilks' lambda 0.9157 8.0000 107856.0000  606.8951 0.0000
         Pillai's trace 0.0848 8.0000 107858.0000  596.9893 0.0000
 Hotelling-Lawley trace 0.0915 8.0000  77037.6735  616.8121 0.0000
    Roy's greatest root 0.0850 4.0000  53929.0000 1145.7359 0.0000
-------------------------------------------------------------

-------------------------------------------------------------
         color          Value   Num DF    Den DF    F Value  Pr > F
-------------------------------------------------------------
          Wilks' lambda 0.8157 12.0000 107856.0000  963.9377 0.0000
         Pillai's trace 0.1853 12.0000 107858.0000  917.5670 0.0000
 Hotelling-Lawley trace 0.2249 12.0000  83884.9136 1010.5293 0.0000
    Roy's greatest root 0.2197  6.0000  53929.0000 1974.8367 0.0000
=============================================================
```

El algoritmo MANOVA utiliza diferentes pruebas para validar o no los enlaces. En nuestro caso, la constante (Intercept), así como las dos variables categóricas, tienen un vínculo significativo con las variables numéricas `price` y `carat` porque todas tienen un p-value menor que 0,05. De este modo, se valida el efecto combinado de las dos variables categóricas.

6.2 Análisis de componentes múltiples (ACM)

Mapeo de variables categóricas

El análisis de componentes múltiples (ACM) es un método preferido cuando los datos se componen de variables categóricas. A partir de una tabla de contingencia que cruza las diferentes modalidades, se calculan los ejes principales para establecer nuevas coordenadas. Esto permite representar gráficamente las menciones de las diferentes variables y observaciones en dos o tres dimensiones, creando una especie de mapeo donde las modalidades más cercanas en el gráfico son las que tienen más afinidades. Cabe señalar que también es posible insertar variables numéricas, pero primero se deben agrupar en categorías.

Antes de representar las menciones, es importante comprobar el nivel de varianza acumulada explicado para asegurarse de que las proximidades entre los puntos se interpretan correctamente.

Para demostrar el poder del ACM, lo utilizaremos en el juego de los iris para obtener una visión general de las características de la especie en relación con la longitud de los pétalos y los sépalos. Tendremos cuidado, de antemano, con agrupar las variables numéricas en tres partes iguales llamadas Corta, Media y Larga.

Para desplegar el ACM, usaremos el módulo Prince:

```
pip install prince

import pandas as pd
import prince
import matplotlib.pyplot as plt

# Función que descompone una serie numérica en 3 partes iguales
def cut_three(dataframe, var):
```

```
    # Crear el nuevo nombre de columna
    new_name = var + "_cat"

    # Descomposición de la columna en 3 categorías
    dataframe[new_name] = pd.cut(
        dataframe[var],
        bins=3,
        labels=['Corta', 'Media', 'Larga']
    )

    # Eliminar la antigua columna
    dataframe = dataframe.drop(var, axis=1)

    return dataframe

# Importar los datos
df = sns.load_dataset("iris")

# Transformar en datos categóricos
df = cut_three(df,"sepal_length")
df = cut_three(df,"petal_length")

# Solo se conservan las variables categóricas
df = df.select_dtypes(include=['object', 'category'])

# Inicializar la MCA
mca = prince.MCA(n_components=2, random_state=42)

# Entrenamiento de los datos
mca = mca.fit(df)

# Aplicar a los datos
mca_data = mca.transform(df)

# Coordenadas de las modalidades
mod_coords = mca.column_coordinates(df)
```

Ahora podemos ver los gráficos:

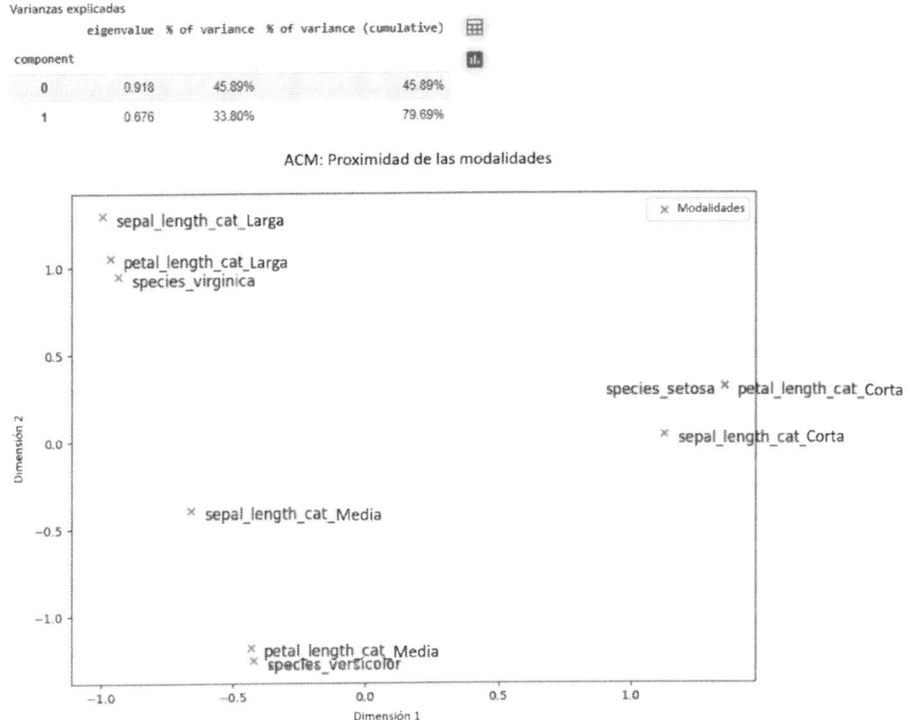

Varianzas explicadas

component	eigenvalue	% of variance	% of variance (cumulative)
0	0.918	45.89%	45.89%
1	0.676	33.80%	79.69%

Algunas explicaciones para entender el ACM llevado a cabo aquí:

- Las varianzas acumuladas alcanzan el 79,69 % de la varianza acumulada, lo que significa que las distancias entre las modalidades se restituyen bien.
- A través de la interacción de la proximidad, observamos que:
  - La especie Virginica se caracteriza por largos sépalos y pétalos.
  - Por el contrario, los pétalos y los sépalos de la especie Setosa son cortos.
  - En el medio, encontramos la especie Versicolor, que tiene longitudes bastante medias para estas dos características.

Así, tras asegurarse de que el nivel de varianza explicada es suficientemente alto, el ACM ofrece un resumen muy relevante de las variables categóricas y sus proximidades.

6.3 Análisis de componentes principales (ACP)

6.3.1 Uno de los pilares de la ciencia de datos

Terminaremos este capítulo dedicado al análisis con un algoritmo fundamental en el análisis de datos: el Análisis de Componentes Principales (ACP), que proporciona mucha información sobre los datos.

En esta parte, nos limitaremos a destacar su aportación al análisis antes de volver a él en los capítulos Machine Learning con Scikit Learn y Aprendizaje no supervisado, para explicar con más detalle cómo se construye y el papel que también puede jugar en el modelado.

A continuación, se enumeran las contribuciones del ACP al estudio de los datos:

- indicar si el conjunto de datos se puede resumir fácilmente,
- mostrar las variables más importantes,
- ilustrar las interacciones entre variables,
- identificar los outliers,
- identificar las observaciones que juegan un papel importante,
- promover la comprensión de la información oculta.

6.3.2 Uso en un caso práctico

Nada mejor que un ejemplo concreto para apreciar el interés de este algoritmo y cómo utilizarlo. Vamos a trabajar en un pequeño conjunto de datos que incluye 19 recetas de pasteles y postres. Para cada receta, se indican las cantidades necesarias en gramos de leche, azúcar, huevos, harina, chocolate y grasas (mantequilla, aceite y crema fresca) para producir 8 porciones.

Los datos, almacenados en GitHub, se presentan de la siguiente manera:

```
import pandas as pd

df = pd.read_csv("https://github.com/eric2mangel/BDD/raw/main/
Patisseries_et_desserts.csv",sep=";", encoding="ISO-8859-1",
index_col=0)

df.head()
```

	Corps_gras_g	Lait_g	Sucre_g	Oeufs_g	Farine_g	Chocolat_g
Recette						
Gâteau au chocolat	120	0	150.0	150	80	200
Crêpes froment	128	1000	40.0	200	400	0
Cookies	53	0	93.0	50	107	53
Madeleines	320	0	400.0	600	480	0
Gaufres	64	640	64.0	150	400	0

Estamos aquí en un enfoque práctico para aprender a interpretar un ACP. El código Python necesario para construirlo se explicará en el capítulo Aprendizaje no supervisado.

Por lo tanto, son necesarios tres gráficos para la interpretación del ACP. Se presentan en este orden y se denominan, respectivamente: pieza de los valores propios, círculo de correlaciones y gráfico de individuos.

6.3.3 Pieza de los valores propios

La implementación del ACP conducirá a la construcción de nuevas variables compuestas por todas las antiguas en diferentes proporciones. Se denominan componentes para distinguirlos de las variables antiguas y se organizan en orden descendente de importancia, en función de la proporción de varianza explicada.

En el caso de nuestros postres, la cantidad de valores es la siguiente:

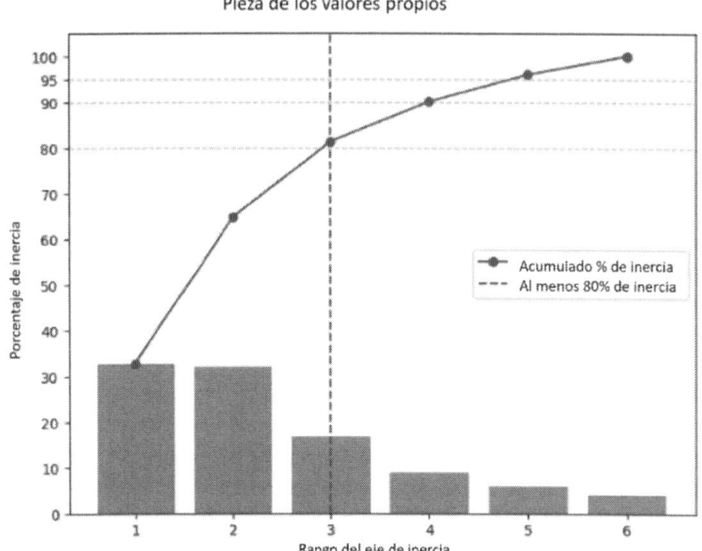

Un poco de vocabulario antes de explicar este gráfico: la inercia corresponde a la suma de las varianzas de todas las variables.

El reto en un ACP consiste en ser capaz de reproducir la misma información utilizando menos variables y aceptando una pequeña pérdida. Los umbrales de 80 %, 90 % y 95 % de restitución por inercia se utilizan para identificar, en teoría, el número de componentes que se deben tener en cuenta para que funcione. En nuestro caso, pudimos restaurar un poco más del 80 % de la información total con solo tres componentes. Hasta aquí la teoría. En la práctica, nos conformaremos con poder representar los datos en dos dimensiones, manteniendo alrededor del 64 % de la inercia general.

Utilizaremos un segundo gráfico para determinar el significado de los nuevos componentes: el círculo de correlaciones.

6.3.4 Círculo de correlaciones

El círculo de correlaciones representa cómo se ilustran las variables antiguas en el nuevo sistema de componentes. La representación bidimensional de sucesivos pares de componentes permite comprender este nuevo sistema.

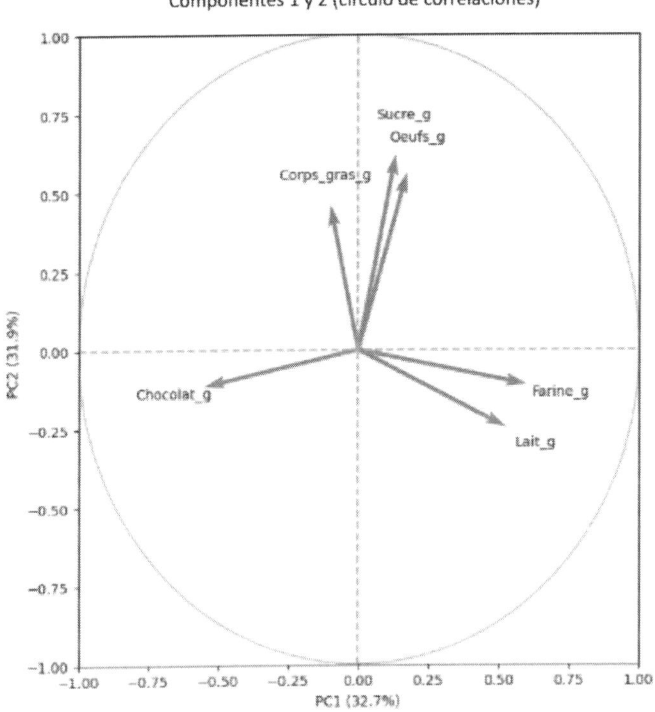

La representación de pares de variables se denomina plano factorial. El análisis siempre comienza con el primer plano, que contiene los dos primeros componentes. Cuando la cantidad de inercia explicada es demasiado pequeña, es necesario representar los otros planos factoriales para asegurar que el nuevo sistema se entienda completamente. Aquí se indica en la parte inferior del gráfico que el componente 1 nos da el 32,7 % de la inercia total y, a la izquierda, que el segundo componente nos da un 31,9 % adicional.

Comentemos ahora el gráfico empezando por el eje x y siguiendo por el eje y:

- Si proyectamos ortogonalmente las flechas en el eje de abscisas, solo las variables `Chocolat_g`, `Farine_g` y `Lait_g` realmente se destacan, con correlaciones respecto al primer componente en torno al 0,5 en valor absoluto. Constatamos una oposición entre el chocolate, por un lado, y la harina y la leche, por el otro. Esta disposición nos llevaría a denominar al primer componente «Postres de chocolate», y el valor aportado para cada observación indicaría si cada uno pertenece a postres a base de chocolate o a base de harina y leche.
- La proyección ortogonal en el eje de las ordenadas pone de relieve otras variables, que apuntan todas en la misma dirección, hacia el norte: las grasas, el azúcar y los huevos. Esta asociación nos invitaría a nombrar el segundo componente «Postres ricos». Así, cuanto más al norte estén los postres, más ricos serían y viceversa para los del sur.

Estos hallazgos iniciales serán validados o reforzados por el estudio del último gráfico, que ahora presenta las observaciones.

6.3.5 El gráfico de individuos

El gráfico de individuos representa las observaciones en el mismo marco de referencia que el círculo de correlación. Nos permitirá comprender mejor el gráfico anterior al indicar el posicionamiento de cada observación (cada postre en nuestro caso) en el sistema de componentes.

Echemos un vistazo a cómo se presenta este gráfico:

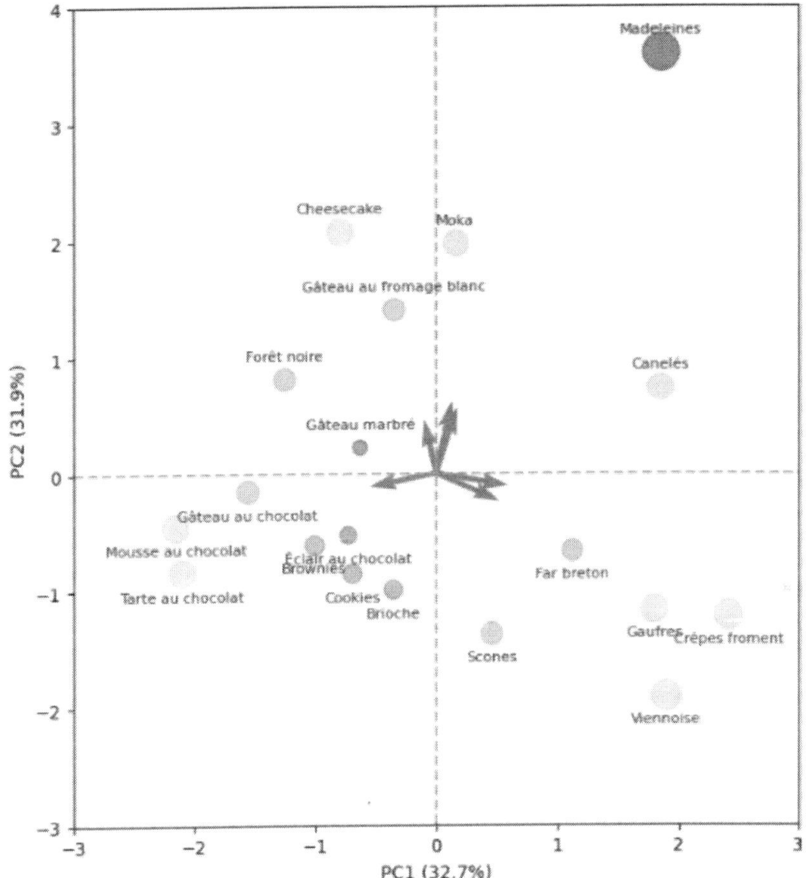

Así es como se unen las diferentes piezas del rompecabezas. Los postres se disponen según el nuevo sistema de componentes. De acuerdo con el círculo de correlaciones, encontramos los postres de chocolate en el oeste y los elaborados con harina y leche en el este. Su ordenada también nos informará sobre su grado de riqueza, yendo desde los postres menos ricos del sur hasta los más ricos del norte. Las vienesas y las magdalenas realizan, respectivamente, las observaciones extremas para productos ricos; el tamaño del círculo de cada uno indica el peso que representan en nuestro sistema. Esta distancia del centro designará, por lo tanto, a los chefs de los grupos que más encarnan las nuevas dimensiones.

La contribución del ACP es muy importante para la comprensión de un conjunto de datos. Cierra la feature engineering ofreciéndonos el mejor resumen posible de nuestro sistema de variables, al tiempo que revela articulaciones ocultas que, de otra manera, no podríamos descubrir. Al final de este paso, se supone que hemos adquirido la información esencial contenida en los datos y, por lo tanto, somos capaces de seleccionar o crear las variables que harán que nuestros modelos sean exitosos.

Observación

El ACP es un algoritmo lineal; puede ser inútil en algunos casos de no linealidad, pero existen alternativas que abordaremos en el capítulo Aprendizaje no supervisado.

Desde el capítulo Machine Learning con Scikit-Learn hasta el capítulo Modelado del texto y la imagen, aprenderemos qué es el modelado, las diferentes formas que puede adoptar y cómo aprovecharlo al máximo.

Capítulo 6
Machine Learning con Scikit Learn

1. Introducción al Machine Learning: conceptos y tipos de modelos

El Machine Learning tiene como objetivo desarrollar sistemas informáticos que puedan aprender a partir de datos para comprender y tomar decisiones. Para ello, utilizaremos algoritmos y modelos estadísticos de diversa índole.

Existe toda una gama de herramientas para dar respuesta a cualquier tipo de problema.

A los efectos de este libro, restringiremos el Machine Learning a tres áreas principales:

– aprendizaje no supervisado,

– aprendizaje supervisado,

– el procesamiento de texto e imágenes.

Es importante señalar que el procesamiento del lenguaje natural y de las imágenes solo se abordará, en el contexto de este libro, de manera superficial, para que siga siendo accesible a todos. Por otro lado, otras áreas, como el aprendizaje por refuerzo, que tienen un campo de aplicación más confidencial, se dejarán de lado voluntariamente.

1.1 El aprendizaje no supervisado

1.1.1 Definición

El aprendizaje no supervisado nos permitirá comprender el funcionamiento oculto de nuestros datos. Se llama no supervisado porque la información que surgirá no tiene etiqueta. Por tanto, estamos en una situación de descubrimiento, sin saber de antemano lo que encontraremos. Este tipo de aprendizaje nos permitirá responder a las siguientes preguntas:

- ¿Qué características de mis datos son las más importantes?
- ¿Cuáles son de menor interés?
- ¿Existen vínculos u oposiciones entre ciertas características?
- ¿Cómo podríamos entender mejor los componentes de nuestro campo de estudio?
- ¿Cómo podemos agrupar ciertas observaciones para resumir las principales tendencias o razonar en términos de grupos?

En concreto, si representamos nuestros datos como una tabla de Excel, las dos operaciones principales consistirán en actuar sobre las columnas o sobre las filas. A modo de ejemplo, podríamos imaginar una tabla que contuviera los clientes de una empresa donde cada fila representaría a un cliente y diferentes características de estos clientes se ubicasen en columnas, como sus ingresos, el importe total gastado o su edad (una característica por columna). Nuestras herramientas podrían permitirnos descubrir si existe una relación entre la edad y el importe gastado, por ejemplo, o agrupar a los clientes por proximidad a los perfiles y así poder formar grupos de clientes: jóvenes y gastadores, ancianos ahorradores, etc.

Estos dos tipos principales de acciones tienen un nombre: reducción dimensional y agrupamiento.

1.1.2 Reducción dimensional

Antes de entrar en la descripción de la reducción dimensional aplicada a los datos, tomemos un ejemplo sencillo para ilustrar cómo funciona: las sombras chinescas. Consisten en producir una sombra que representa una cosa o un animal en una pared, colocando las manos de forma adecuada. Además de la posición de las manos, otro parámetro es esencial: la orientación de la luz que crea la sombra. Sin una inclinación óptima, la sombra deseada carecerá de sentido: en esta analogía, nuestras manos serían nuestros datos; la reducción dimensional sería la luz idealmente inclinada, y la sombra, la representación simbólica resultante.

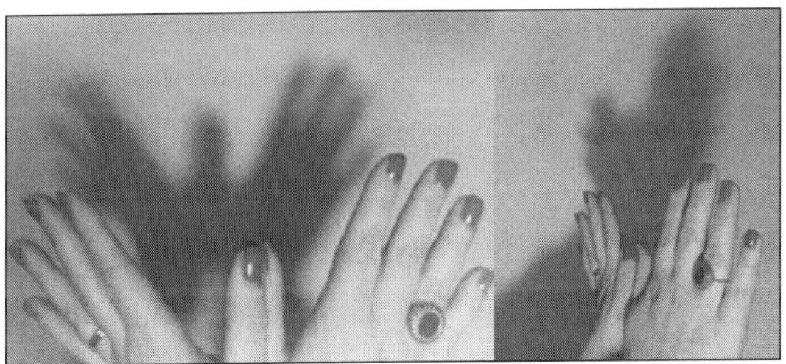

Ahora pasemos a la reducción dimensional aplicada a los datos. Esta técnica consiste en reducir el número de características para simplificar la representación de los datos y preservar la información importante tanto como sea posible. Así que vamos a producir un buen resumen aplicado a una base de datos. Es importante enfatizar, para entenderlo bien, que la dimensión se refiere a la variable.

En la práctica, crearemos nuevas variables, llamadas componentes, que, en realidad, son una recombinación de las antiguas, estableciendo una nueva cuadrícula de lectura. Dominar esta técnica es fundamental para cualquier persona que quiera comprender completamente las complejidades de los datos, revelar la información subyacente y percibir las relaciones entre las diferentes variables de una manera clara y accesible. A diferencia de algunos algoritmos que nos envían directamente un resultado «listo para interpretar», la reducción dimensional requiere un análisis de los resultados y deja mucho espacio para la interpretación humana. Como recompensa a este esfuerzo, estamos recogiendo los siguientes beneficios.

En primer lugar, al concentrar la información importante, la reducción dimensional nos permitirá visualizar nuestros datos en forma de un buen resumen de hasta tres dimensiones. Por poner el ejemplo de nuestra base de datos de clientes, podríamos geolocalizar a cada cliente, pero también cada una de sus características, permitiéndonos así ver si hay grupos, si tienen un perfil más o menos homogéneo, si alguno destaca claramente o no, etc. En este tipo de casos es cuando medimos la importancia crucial de la visualización de datos, que permite una comprensión inmediata de la información contenida en nuestra base de datos.

En segundo lugar, otra ventaja de la reducción dimensional es que disminuye el ruido y la redundancia. Esta ventaja tiene un doble beneficio. En primer lugar, nos permite comprender mejor nuestros datos sin contaminarnos con detalles sin importancia. Esto es fundamental porque un conocimiento más profundo de la información contenida tendrá un impacto total en el resto de las operaciones. En segundo lugar, este aligeramiento de los datos, que se debe considerar como una optimización de la asignación de recursos, también permite aligerar el peso de aquellos.

La ventaja aquí radica más en un aspecto técnico: si el archivo que contiene los datos es más ligero, el programa se ejecuta más rápido, lo que ayuda a reducir el tiempo dedicado a calcular y utilizar los recursos informáticos.

Finalmente, el estudio de los componentes presentados en orden descendente de importancia nos permitirá medir la importancia de cada una de las variables antiguas, discerniendo su contribución relativa a la composición general. Esto nos permite priorizar nuestras variables y, en última instancia, entenderlas mejor.

Veamos ahora la segunda parte de los algoritmos no supervisados, que nos ayudarán a razonar en términos de grupos.

1.1.3 El clustering

El uso del término inglés clustering está muy extendido y corresponde en español a la noción de partición o agrupamiento. Es importante recalcar aquí que no se debe confundir con el término de clasificación, del que hablaremos a continuación, porque existe una diferencia importante entre ambas nociones:

- El clustering consiste en crear grupos por proximidad o plausibilidad sin saber, de antemano, cómo se van a ensamblar los datos. En cuanto a la reducción dimensional, será necesario analizar los resultados para identificar los grupos así creados y darles un nombre.
- La clasificación consiste en reasignar nuevos datos al grupo que les corresponde, de la mejor manera posible. Los grupos ya son conocidos y tienen nombre.

Volviendo a nuestro ejemplo de la tabla de Excel, el clustering se centrará en las filas con el objetivo de reducir su número y obtener grupos. El reto consistirá en crear grupos que sean lo más coherentes y representativos posible de los datos. La selección de las variables jugará un papel decisivo en este proceso, ya que serán los valores de cada observación en cada variable los que servirán de base para la creación de los grupos. Por lo tanto, esta selección requiere práctica y el uso de ciertas herramientas específicas para tener éxito. Habrá que llevar a cabo una selección precisa de las variables y será necesario realizar pruebas que indiquen las opciones de agrupación pertinentes. Abordaremos todas estas acciones juntos en el capítulo Aprendizaje no supervisado.

Para ilustrar el interés de la agrupación, supongamos que queremos visitar los siguientes 12 castillos del Loira:

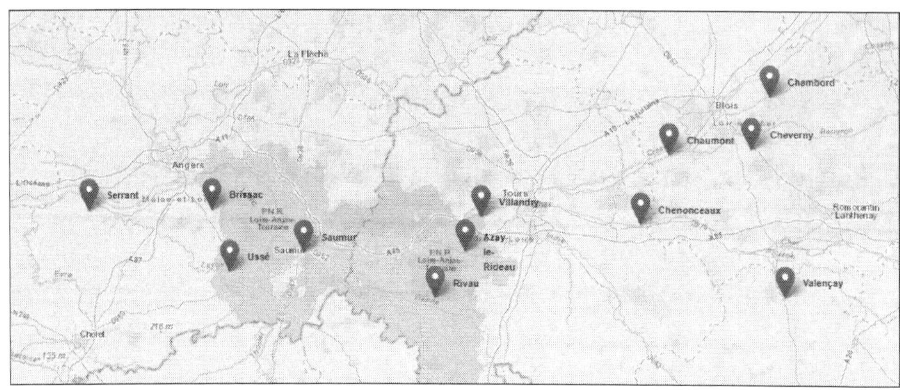

Planeamos una estancia de tres días para visitarlos y, gracias a sus coordenadas geográficas, podremos determinar fácilmente, con la ayuda de un clustering de 3 grupos (aquí, usamos el algoritmo K-means que practicaremos en el capítulo Aprendizaje no supervisado), la ubicación geográfica ideal para encontrar un hotel (los centros de los grupos, llamados centroides, están representados por las etiquetas en forma de cama):

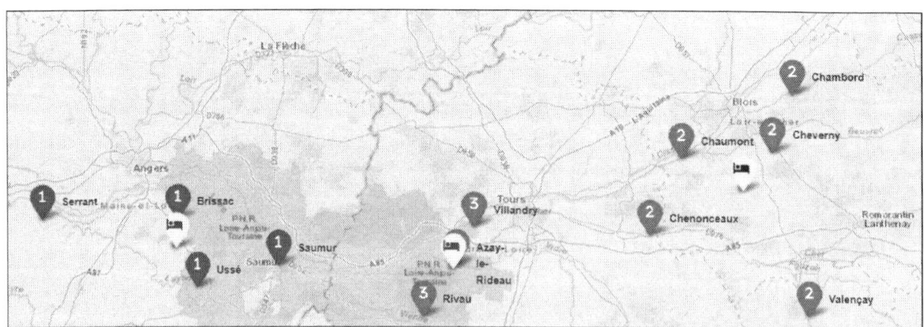

Cambio de programa: solo nos quedan dos días debido a una cita imprevista: no hay problema, solo tenemos que pedir que se formen dos grupos:

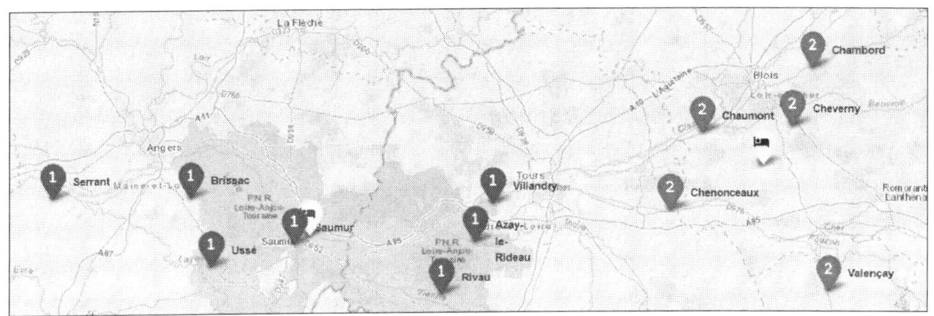

Utilizaremos la misma metodología presentada aquí, independientemente de nuestros datos. Quedémonos con nuestro ejemplo de las bases de datos de clientes: solo tendremos que representar a nuestros clientes como ciudades, y los valores de las características (edad, cantidad de gastos, salario, etc.), como coordenadas geográficas.

Después de definir las posibilidades y el ámbito de aplicación de lo no supervisado, echemos un vistazo a su contraparte supervisada, que nos abrirá otro campo de posibilidades.

1.2 Aprendizaje supervisado

1.2.1 Introducción

El alcance del aprendizaje supervisado se puede definir mediante dos verbos: predecir y clasificar.

A diferencia del aprendizaje no supervisado, en el que los datos no están etiquetados y el modelo tiene que descubrir estructuras o patrones por sí mismo, el aprendizaje supervisado se basa en datos anotados, en los que cada ejemplo está asociado a una etiqueta predefinida. Mediante el estudio de etiquetas, será posible entrenar algoritmos para encontrar formas de predecir un valor o clasificar observaciones. Estas dos técnicas principales se denominan regresión y clasificación, respectivamente.

1.2.2 Regresión

La regresión consiste en configurar un algoritmo para predecir un valor numérico (discreto o continuo) en función de otras variables que se denominan variables explicativas. La variable numérica que se va a encontrar se denomina variable objetivo o dependiente. Cualquier valor numérico se puede predecir; puede tratarse del importe de un gasto, un área o una duración. No hay restricciones.

Sin saberlo, practicamos regresiones en nuestra vida diaria. Por ejemplo, cuando intentamos estimar el tiempo que se tarda en recorrer una determinada distancia en función de la velocidad media, en realidad, estamos utilizando una forma de regresión, que se muestra en el siguiente gráfico con la línea gris.

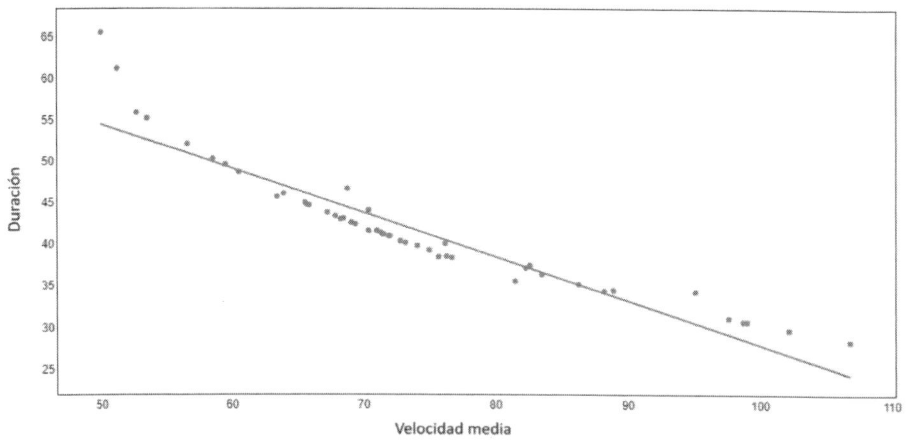

Sin embargo, a partir de ahora, aprenderemos a ir más allá gestionando sistemas más complejos y con diversas variables explicativas.

Una condición importante para estas múltiples variables explicativas es que sean independientes unas de otras. Esto evita que se produzca un fenómeno descontrolado. En cambio, es importante que se establezca la dependencia de cada una con la variable objetivo para evitar un efecto de azar afortunado.

Existen numerosos algoritmos para este propósito. El más célebre es la regresiónlineal, cuya formulación se atribuye a Francis Galton. Este la empleó por primera vez en un artículo de 1886 en el que quería demostrar el fenómeno de regresiónhacialamedia de la estatura de los hijos en función de la estatura de los padres. Este ejemplo sirve para enfatizar que la necesidad y el uso de la ciencia de datos no es nueva La otra gran necesidad en relación con los datos será asignarlos a categorías o clases específicas. Esto lo veremos en la siguiente parte.

1.2.3 Clasificación

A diferencia de la regresión, la clasificación implica asignar observaciones a categorías o clases específicas. Así, podremos determinar si un correo electrónico es spam o no, si un inmueble se puede clasificar como casa o apartamento según sus características o, en un registro más técnico, determinar a qué autor pertenece un texto o a qué pintor atribuir un cuadro en particular. Todo se puede clasificar. Una vez más, ponemos en práctica las clasificaciones sin siquiera darnos cuenta en nuestra vida diaria.

Tomemos el ejemplo de las frutas, centrándonos solo en dos características: la altura y la anchura, para representarlas en dos dimensiones y facilitar la comprensión. Hay que tener en cuenta, sin embargo, que normalmente existen muchas más. Ahora veamos cómo se agrupan los diferentes miembros de cada familia de frutas en áreas similares del gráfico. A partir de esta observación, podríamos plantearnos clasificarlas según sus respectivas dimensiones. Por ejemplo, una fruta que mide menos de 5 cm de alto y menos de 6,5 cm de ancho tendría una alta probabilidad de ser una mandarina.

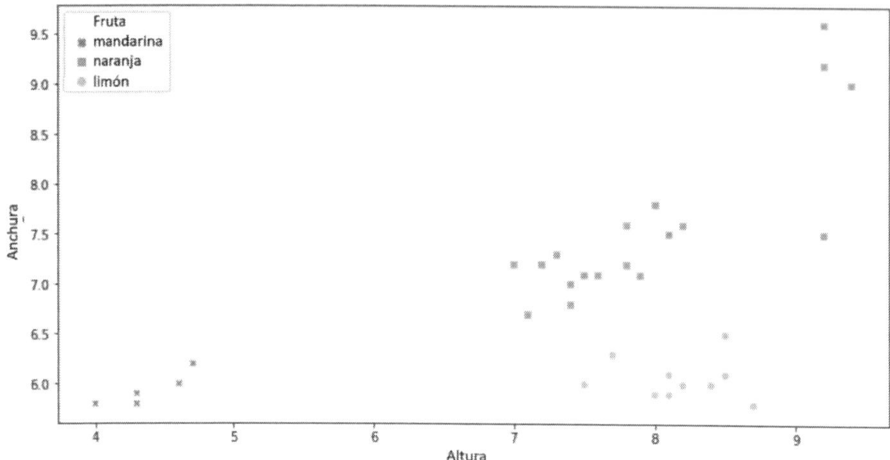

Al igual que con la regresión, nos encontramos con el uso de variables explicativas. Sin embargo, en el contexto de la clasificación, tenemos la posibilidad de trabajar con una o más variables objetivo (aquí tenemos tres frutas, es decir, tres variables objetivo).

Otra diferencia importante con la regresión es que, en lugar de intentar predecir un valor, en el marco de la clasificación buscamos límites de decisión que nos permitan clasificar las observaciones en categorías específicas. Esta noción de determinación probabilística de los límites de decisión también nos permite obtener la probabilidad de pertenencia a cada categoría, lo que puede ser útil en situaciones como un diagnóstico médico, por ejemplo, al ofrecer al paciente la posibilidad de tomar una decisión más informada en función del grado de certeza.

En esta etapa, hemos definido las dos técnicas principales para comprender, predecir o clasificar los datos. Pero los datos no se limitan a las tablas: todo está dado. En la medida en que la información esté almacenada en un soporte digital, ya sea una pintura, un texto, una imagen, un sonido o un vídeo, podemos transformarla y utilizarla para predecirla, explicarla o clasificarla. Por lo tanto, vale la pena considerar un apartado sobre el texto y la imagen para ilustrar esta posibilidad.

1.3 El texto y la imagen

1.3.1 Definiciones de conceptos

El estudio del lenguaje (*Natural Language Processing* o NLP) y las imágenes constituye dos vastos y distintos dominios. Sin embargo, es crucial enfatizar que el punto de partida esencial reside en las etapas necesarias para transformar estos datos en vectores (o embeddings). Una vez que los datos textuales o visuales se han convertido en representaciones numéricas, las operaciones clásicas de clasificación o regresión se pueden aplicar de manera eficiente. Trataremos deliberadamente este campo de una manera superficial para permitir que el lector distinga sus contornos y permita los primeros experimentos. Pero no vamos a ir más allá porque cada tema podría ser objeto de un libro entero.

1.3.2 El texto y el NLP

El texto sin formato no se puede usar tal cual. Es necesario prepararlo para que sea utilizable por los algoritmos. Esta preparación se puede hacer de diferentes maneras. Podemos llevarla a cabo manualmente para los primeros respetando ciertas reglas de buena conducta o utilizando librerías especializadas en Python. Nos centraremos en definir estos grandes pasos de transformación, con el fin de comprender por completo las manipulaciones que se realizan cuando utilizamos módulos especializados.

Limpieza y normalización: el primer paso consiste en limpiar el texto eliminando los elementos no deseados, como la puntuación, los caracteres especiales o las etiquetas HTML, si las hay. Luego, normalizamos los caracteres poniéndolos en minúsculas y estandarizamos los números y las fechas según sea necesario.

Tokenización: el segundo paso, llamado tokenización, consiste en transformar el texto en una serie de unidades significativas denominadas tokens. Estos tokens pueden ser palabras individuales, grupos de palabras u oraciones completas. En este proceso, el texto se corta y cada elemento se considera un token independiente. Las listas resultantes de tokenización se conocen comúnmente como bag of words.

Eliminar palabras innecesarias: en la tercera fase, eliminamos palabras innecesarias, como palabras comunes o poco informativas, ya sea mediante el uso de listas predefinidas de stopwords o creando nuestra propia lista, según el contexto.

En las dos últimas fases, el uso de módulos es casi obligatorio.

Stemmatización y lemmatización: la cuarta parte consiste en reducir las palabras a su raíz o forma canónica para evitar la multiplicación de formas conjugadas de verbos, por ejemplo. Este paso se lleva a cabo ya sea por stemming, que consiste en cortar para mantener solo la raíz de la palabra, o por lemmatización, que tiene como objetivo volver al origen de la palabra para obtener términos más comprensibles y allanar el camino para el último paso.

Vectorización: finalmente, una vez preprocesado el texto, podemos transformarlo en vectores digitales mediante algoritmos específicos. A continuación, obtenemos bags of words, que contienen todos los términos y su frecuencia, ponderados o no, de forma desordenada. La aplicación del `CountVectorizer` y el `TF-IDF` se abordará en la práctica en el capítulo Modelado del texto y la imagen.

1.3.3 El tratamiento de las imágenes

¿Cómo se define la imagen digital?

La imagen digital se compone de píxeles, cada uno con un tono.

Empecemos por el caso más sencillo: la imagen en blanco y negro. Se define por x píxeles de alto e y píxeles de ancho. Cada píxel tiene un valor entre 0 y 255, donde 0 es negro absoluto, 255 es blanco absoluto y los valores intermedios corresponden a todo el degradado de gris.

He aquí el ejemplo de la fachada de un edificio en blanco y negro a la izquierda, y los valores respectivos de cada píxel a la derecha:

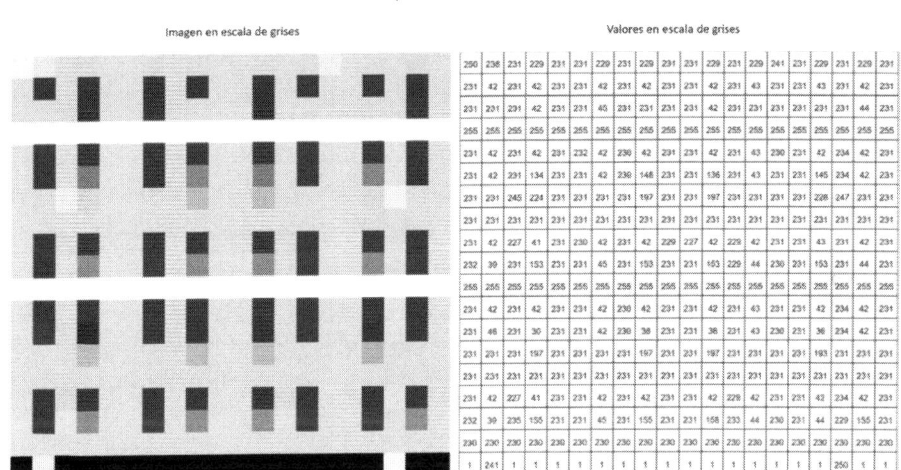

230	238	231	229	231	231	229	231	229	231	231	229	231	229	241	231	229	231	229	231
231	42	231	42	231	231	42	231	42	231	231	42	231	43	231	231	43	231	42	231
231	231	231	42	231	231	45	231	231	231	231	42	231	231	231	231	231	231	44	231
255	255	255	255	255	255	255	255	255	255	255	255	255	255	255	255	255	255	255	255
231	42	231	42	231	232	42	230	42	231	231	42	231	43	230	231	42	234	42	231
231	42	231	134	231	231	42	230	148	231	231	136	231	43	231	231	145	234	42	231
231	231	245	224	231	231	231	231	197	231	231	197	231	231	231	231	228	247	231	231
231	231	231	231	231	231	231	231	231	231	231	231	231	231	231	231	231	231	231	231
231	42	227	41	231	230	42	231	42	229	227	42	229	42	231	231	43	231	42	231
232	39	231	153	231	231	45	231	153	231	231	153	229	44	230	231	153	231	44	231
255	255	255	255	255	255	255	255	255	255	255	255	255	255	255	255	255	255	255	255
231	42	231	42	231	231	42	230	42	231	231	42	231	43	231	231	42	234	42	231
231	46	231	30	231	231	42	230	38	231	231	38	231	43	230	231	38	234	42	231
231	231	231	197	231	231	231	231	197	231	231	197	231	231	231	231	193	231	231	231
231	231	231	231	231	231	231	231	231	231	231	231	231	231	231	231	231	231	231	231
231	42	227	41	231	231	42	231	42	231	231	42	229	42	231	231	43	234	42	231
232	39	235	155	231	231	45	231	155	231	231	158	233	44	230	231	44	229	155	231
230	230	230	230	230	230	230	230	230	230	230	230	230	230	230	230	230	230	230	230
1	241	1	1	1	1	1	1	1	1	1	1	1	1	1	1	1	250	1	1

La imagen en color también funciona con píxeles, pero estos ahora tienen tres valores entre 0 y 255, uno para cada canal: rojo, verde y azul. Combinando estos tres valores, se pueden producir algo más de 16 700 000 tonos diferentes.

Almacenada en forma de matrices de píxeles, la imagen no se puede utilizar directamente de esta forma en la ciencia de datos, por dos razones:

- Las imágenes de una carpeta rara vez tienen el mismo tamaño y definición, lo que hace que cualquier comparación píxel a píxel entre dos imágenes quede obsoleta.
- La más mínima rotación o zoom desplaza todos los píxeles.

La extracción de características de las imágenes

La solución a este problema es identificar puntos de interés en la imagen, agruparlos por familias y cuantificarlos para llegar a un vector descriptor específico para cada imagen. Este vector, conocido habitualmente como embedding, permite describir las características de la imagen de manera compacta, conservando únicamente la información relevante. Hasta 2012, los embeddings se creaban a partir de invariantes. Pero, a partir de esa fecha, la aparición de las redes neuronales convolucionales (CNN) revolucionó el reconocimiento y la clasificación de imágenes, superando incluso las capacidades humanas desde 2015. Aprenderemos sobre estas dos técnicas en el capítulo Modelado del texto y la imagen.

Así, una vez transformados en vectores descriptores, los textos y las imágenes se pueden manipular y modelar como los clásicos datos estructurados, donde cada embedding representa una fila, y cada una de sus dimensiones, una columna.

2. Presentación de Scikit-Learn, la librería de Python para la ciencia de datos

2.1 Una oferta sencilla y completa de funcionalidades

La librería Scikit-Learn, también conocida como Sklearn, es una librería de Machine Learning creada por miembros de INRIA en 2010. Poco a poco se ha consolidado hasta convertirse en un referente en el sector.

Scikit-Learn no solo ofrece una amplia gama de modelos de regresión y clasificación, sino también todas las funcionalidades para preparar datos, optimizar algoritmos y medir resultados. De este modo, permite gestionar por sí sola toda la cadena de operaciones de un modelado clásico.

En cuanto a la forma, Scikit-Learn ha sido diseñada para ser simple y satisfacer tanto a los principiantes como a los practicantes más experimentados. Algunos puntos bien pensados hacen que resulte mucho más fácil empezar a usarla:

- La librería cuenta con una extensa documentación, poniendo siempre un ejemplo de aplicación para cada algoritmo.
- Con cuatro excepciones (LinearRegression, LogisticRegression, SVR y SVC), los algoritmos de regresión y clasificación, respectivamente, tienen un nombre que termina en `Regressor` o `Classifier` para indicar el tipo de aprendizaje para el que están destinados.
- Los algoritmos son bastante simples de usar y presentan métodos comunes a un gran número de funciones que facilitan el cambio de una a otra mediante la búsqueda de términos comunes.

Esta es precisamente la oportunidad de descubrir juntos estos métodos comunes, que hacen que sea mucho más fácil iniciarse con Scikit-Learn. Pero antes de eso, hay que instalarla si aún no lo ha hecho:

```
pip install -U scikit-learn
```

Observación

La opción `-U` también asegurará que actualicemos la librería, si ya está presente, a la última versión.

2.2 Métodos comunes a las diferentes funciones

Al implementar Scikit-Learn, utilizamos un conjunto común de métodos que encontraremos en la mayoría de los algoritmos. El propósito de esta librería es aplicar varias transformaciones a los datos, jugar con los parámetros y evaluar estas transformaciones. Para lograrlo, los siguientes métodos se han integrado ampliamente en todas las funciones.

2.2.1 El método fit()

El método `fit()` es fundamental en Scikit-Learn. Este método permite entrenar un algoritmo en un conjunto de datos específico, ajustando los parámetros del modelo a los datos. Una vez entrenados, estos parámetros se almacenan en la memoria y el algoritmo se puede implementar en otros conjuntos de datos.

El método `fit()` se utiliza tanto para entrenar un algoritmo de aprendizaje como para aplicar varias transformaciones a los datos.

Tenga en cuenta que esto es solo un entrenamiento y que será necesario usar los métodos `transform()` o `predict()` para aplicarlo.

A modo de ejemplo, veamos cómo entrenar el algoritmo `StandardScaler()`, que transforma los datos numéricos para que tengan una media de 0 y una desviación típica de 1:

```
# Importar la función StandardScaler
from sklearn.preprocessing import StandardScaler

# Nuestros datos numéricos (no aplicar sobre datos categóricos)
data = [[1, 2], [3, 4], [5, 6], [7, 8]]

# Instanciación del objeto StandardScaler
my_standardscaler = StandardScaler()

# Entrenamiento sobre el juego de datos data
my_standardscaler.fit(data)
```

El objeto `my_standardscaler` ya está listo para usar y se puede aplicar directamente a `data` o a cualquier otro dataset, siempre que la estructura de datos sea la misma. Los parámetros de entrenamiento de `data` se aplicarán de esta manera a otros datos.

Como parte del entrenamiento de un algoritmo supervisado para predecir un valor o clase, será necesario agregar un segundo parámetro dentro de los paréntesis de `fit()`.

A continuación, se muestra un ejemplo de entrenamiento de una regresión lineal para predecir el precio de venta de un apartamento a partir de su superficie:

```
import numpy as np
from sklearn.linear_model import LinearRegression

# Predición del precio de un apartamento en función de su superficie
X = np.array([55, 60, 72, 80, 90]).reshape(-1, 1) # Superficie
y = np.array([158, 180, 207, 220, 250])  # Precio en miles de euros

# Creación y ajuste del modelo de regresión lineal
model = LinearRegression()

# Entrenamiento
model.fit(X, y)
```

Observación

`reshape(-1,1)` se utiliza para hacer de X un vector en columnas. Este paso es necesario para que los datos de entrada se procesen correctamente.

2.2.2 Los métodos transform() y fit_transform()

Ahora que el algoritmo se ha entrenado, se puede implementar en los datos de entrenamiento o en cualquier otro dataset, siempre que tenga las mismas columnas y en el mismo orden, que el conjunto de entrenamiento. El método `transform()` aplicará las transformaciones. Para los casos en los que queremos entrenar y transformar directamente, podemos usar el método `fit_transform()`.

Usemos `transform()` para poner en práctica el objeto `my_standardscaler` entrenado anteriormente:

```
# Transformación de los datos
data_scaled = my_standardscaler.transform(data)

print(data_scaled)

# Output:
#[[-1.34164079 -1.34164079]
# [-0.4472136  -0.4472136 ]
# [ 0.4472136   0.4472136 ]
# [ 1.34164079  1.34164079]]
```

2.2.3 El método predict()

El método `predict()` desempeñará un papel similar al método `transform()`, pero dentro de las predicciones de algoritmos supervisados y no supervisados. Nos permitirá aplicar el algoritmo entrenado a una o más observaciones nuevas y predecir su valor.

Tomemos el ejemplo de nuestra regresión lineal en los precios de los apartamentos. Si se recibe un nuevo mandato para un apartamento de 98 m^2, podremos estimar su valor:

```
# Predicción sobre el bien
model.predict(np.array([[98]]))

# Output: array([268.68823242])
```

El resultado se devuelve en forma de vector. El precio se estima en unos 269 000 euros.

2.2.4 El método score()

El método `score()` también está muy extendido. Su objetivo es proporcionar el coeficiente de determinación (R^2) que indica la proporción de la varianza explicada por la variable o las variables explicativas. Cuanto más cerca esté de 1, mejor será el modelo. Tenga cuidado porque el R^2 también puede ser negativo, lo que indica que el algoritmo está haciendo algo peor que simplemente predecir el promedio.

Veamos el score de nuestra regresión lineal:

```
# Cálculo del coeficiente de determinación
model.score(X,y)

# Output: 0.985746436356181
```

Este ejemplo solo pretende mostrar cómo usar el score. Veremos un poco más adelante qué precauciones son imprescindibles tomar para considerarlo aceptable.

2.2.5 Los métodos get_params() y set_params()

Los métodos get_params() y set_params() se utilizan para obtener e inicializar los parámetros de un algoritmo, respectivamente. Cabe señalar que la inicialización de los parámetros a menudo se realiza en el momento de la creación de la instancia del algoritmo, como aquí:

```
# Crear y ajustar el modelo de regresión lineal
model = LinearRegression(fit_intercept=False)
```

Pero el uso de set_params() permite modificarlo a posteriori. Será necesario recordar que hay que reentrenar el modelo para que los cambios sean efectivos:

```
# Creación y ajuste del modelo de regresión lineal
model.set_params(fit_intercept=False)

# Reentrenamiento necesario
model.fit(X,y)

# Visualización del nuevo score
model.score(X,y)

# Output: 0.9638810763453214 # Score sin incluir la ordenada en el origen
```

No es sorprendente que get_params() devuelva un estado de parámetro que también incluye los cambios realizados con set_params() si se utilizó este método:

```
# Visualización de los parámetros del algoritmo
model.get_params()

# Output:
# {'copy_X': True, 'fit_intercept': False, 'n_jobs': None,
'positive': True}
```

2.3 Soporte para la licencia BSD y una comunidad activa

Además de ofrecer una librería sencilla, completa y bien pensada, Scikit-Learn cuenta con el apoyo de la licencia BSD y una activa comunidad de desarrolladores, lo cual es otro componente de su popularidad.

La licencia BSD (*Berkeley Software Distribution Licence*) es una licencia libre que permite una gran flexibilidad en el uso, modificación y redistribución del código. La gran libertad que ofrece este tipo de licencias ciertamente no es ajena a la implicación de la comunidad de usuarios y colaboradores que participan en el fortalecimiento de la pertinencia y la calidad de este proyecto.

Así, Scikit-Learn se ha consolidado como una referencia imprescindible, tanto para investigadores y profesionales de datos como para principiantes que deseen aprender sobre ciencia de datos con una herramienta sencilla, robusta y completa.

3. Las grandes etapas de un proyecto de Machine Learning

Scikit-Learn nos acompañará en todas las etapas principales de un modelado que ahora descubriremos desde un punto de vista teórico. Proporcionaremos un ejemplo práctico de cada caso, regresión y clasificación, en el capítulo Aprendizaje supervisado.

Este descubrimiento del modelado se dividirá en dos partes: comenzaremos con la preparación de los datos y seguiremos con la experimentación de los algoritmos y su evaluación.

3.1 La preparación de los datos

3.1.1 La separación de las variables explicativas de la variable objetivo

El modelado es una experiencia científica que consiste en predecir un valor o una pertenencia a una clase a partir de los datos disponibles.

Después de importar los datos de un conjunto ficticio, al que llamaremos `df`, la primera medida consistirá en separar las variables explicativas de la variable que hay que explicar, llamada variable objetivo:

```
X = df[["Variable_1","Variable_2","Variable_3"]] # Variables explicativas
y = df["Variable_objetivo"]                       # Variable objetivo
```

3.1.2 La separación entre los datos de entrenamiento y los de prueba

Para acercarnos a las condiciones reales y poder evaluar correctamente el rendimiento de nuestro experimento, realizaremos una segunda separación que consistirá en reservar una parte de los datos para simular dichas condiciones reales.

Así, aislaremos, desde el primer momento, entre el 10 % y el 30 % de las observaciones, según el caso. Este juego se llamará juego de prueba e incluirá dos tablas: `X_test` e `y_test`. La parte restante será el juego de entrenamiento, que incluye también dos tablas: `X_train` e `y_train`. Este último servirá para entrenar los algoritmos, que conocerán a sus parámetros. El juego de pruebas, por su parte, será desconocido para los algoritmos y solo intervendrá al final del proceso para evaluar el score en condiciones reales, que es el único que hay que tener en cuenta.

```
# Importar la función train_test_split
from sklearn.model_selection import train_test_split


# Split de los datos con un juego de pruebas que representan el 20% del
conjunto
X_train, X_test, y_train, y_test = train_test_split(X,
                                                    y,
                                                    test_size=0.2,
                                                    random_state=42)
```

Es importante recordar que el conjunto de entrenamiento, como tal, está sujeto a las funciones `fit()` o `fit_transform()`, dependiendo de si es solo una herramienta de entrenamiento o si también es necesario transformar el conjunto de datos.

En cambio, solo se tendrán que aplicar los métodos `transform()` o `predict()` en el conjunto de prueba porque el uso de `fit()` conduciría a una fuga de datos que podría invalidar por completo el modelado.

3.1.3 Las transformaciones de las variables

La transformación de las variables consiste en aplicar algoritmos que modificarán su naturaleza para mejorar los resultados del modelo. Exploremos estas posibilidades a partir de las variables numéricas.

Las variables numéricas pueden someterse a dos tipos de transformaciones, que no son obligatorias, pero se deben aplicar en este orden: primero una transformación de distribución y, a continuación, un ajuste a escala.

Echemos un vistazo más de cerca a estas transformaciones:

Las transformaciones de distribución

Las transformaciones de distribución implican la aplicación de algoritmos a variables numéricas para hacer su distribución más típica. Estas acciones a veces tienen un efecto beneficioso, especialmente para los algoritmos lineales, pero esto nunca está garantizado. Hay que intentarlo.

Se pueden aplicar diferentes tipos de transformaciones en función del problema de distribución que hay que corregir: transformación logarítmica, transformación cuadrada, transformación cúbica, raíz cuadrada o versiones más avanzadas como Yeo-Johnson o Box-Cox.

Para ello, Scikit-Learn ofrece dos funciones del módulo de preprocesamiento: `PowerTransformer` y `FunctionTransformer`.

A continuación, se explica cómo aplicar el `PowerTransformer` con dos métodos diferentes, `yeo-johnson` y `box-cox`:

```
from sklearn.preprocessing import PowerTransformer

pt = PowerTransformer(method='yeo-johnson')
transformed_data = pt.fit_transform(data)
```

Un ejemplo visual para entender la acción de estas transformaciones:

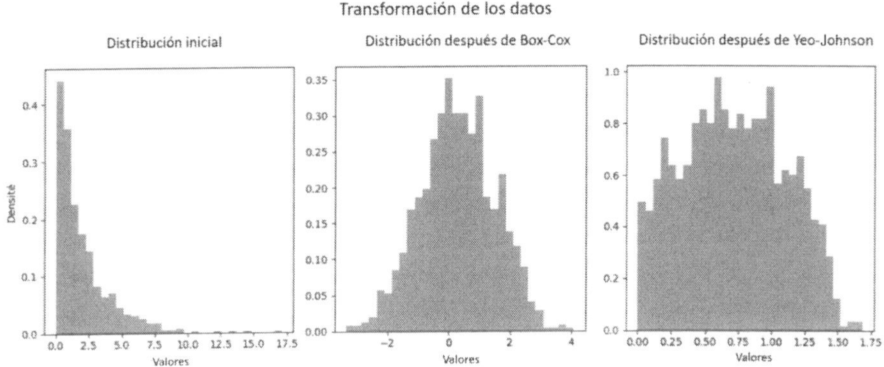

El método `FunctionTransformer` permite desplegar cualquier tipo de transformación, como funciones logarítmicas, inversas, cuadradas o cúbicas, entre otras. A continuación, se muestra un ejemplo de cómo implementar la función logaritmo:

```
from sklearn.preprocessing import FunctionTransformer
import numpy as np

# Log transformation
log_transformer = FunctionTransformer(np.log1p, validate=True)
log_transformed_data = log_transformer.fit_transform(data)
```

Observación

La función `log1p` de NumPy se llama así porque agrega 1 a cada valor antes de calcular el logaritmo natural. Esto evita los problemas de calcular el logaritmo de 0, que es imposible y da como resultado un valor infinito.

Normalizaciones y ajustes a escala

Las normalizaciones y los ajustes a escala, a diferencia de las transformaciones del punto anterior, son mucho más comunes. Su objetivo es poner todas las variables en la misma escala y así evitar que las variables con mayores escalas de variabilidad invisibilicen aquellas con baja variabilidad. Consisten, por dar una imagen, en volver a poner a todos los corredores en la misma línea de salida.

Por ejemplo, este es el código necesario para estandarizar los datos:

```
from sklearn.preprocessing import StandardScaler

# Definición y aplicación del StandardScaler
stdscaler = StandardScaler()
std_data = stdscaler.fit_transform(data)
```

Existen otros métodos de ajuste a escala, como `RobustScaler`, que es más resistente a valores extremos que `StandardScaler`, o `MinMaxScaler`, que devuelve todas las variables entre dos límites predefinidos.

He aquí un gráfico que ilustra estas diferentes transformaciones para entenderlo bien:

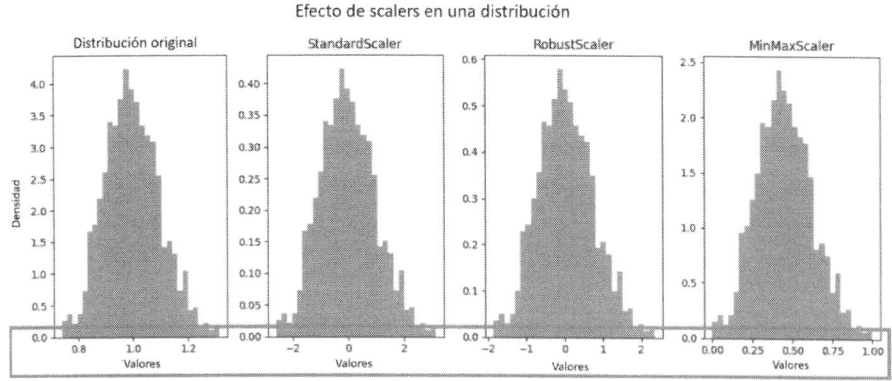

Son las escalas las que se modificarán. Con `StandardScaler` y `RobustScaler`, las distribuciones se centran alrededor de 0 y se normalizan, respectivamente, por la media y la desviación típica para `StandardScaler`, y por la mediana y el rango intercuartílico para `RobustScaler`. Para `MinMaxScaler`, todos los valores se recalibran entre 0 y 1.

La lista completa está disponible en esta dirección:
https://scikit-learn.org/stable/api/sklearn.preprocessing.html

La binarización de variables categóricas

Las posibilidades de transformación de las variables categóricas, a diferencia de las numéricas, se reducen a unas pocas opciones raras que también son obligatorias, ya que el contenido textual no puede ser gestionado por algoritmos, salvo raras excepciones, como el algoritmo del árbol de decisión o los bosques aleatorios.

La binarización (función `OneHotEncoder`), que consiste en transformar cada modalidad en forma binaria (1/0), es la transformación más utilizada y recomendada

Sin embargo, cabe señalar que otros tipos de transformaciones, como la `LabelEncoder` u `OrdinalEncoder`, pueden invocarse en algunos casos muy específicos, como las escalas de satisfacción. Pero tengamos en cuenta que se debe evitar la recodificación de menciones sin jerarquía a través de números porque induce, de facto, un orden que podría perturbar el modelado.

```
from sklearn.preprocessing import OneHotEncoder

# Definición y aplicación del OneHotEncoder
ohe = OneHotEncoder ()
ohe_data = ohe.fit_transform(data)
```

3.1.4 La implementación dirigida de las transformaciones

Como hemos visto en la subsección Las transformaciones de las variables, las variables numéricas y categóricas sufren transformaciones específicas en función de su tipo. Por lo tanto, es importante poder especificarlo para evitar, por ejemplo, estandarizar variables binarias que perderían su interés.

Scikit-Learn ofrece la función `ColumnTransformer`, que es particularmente efectiva para aplicar diferentes transformaciones según el tipo.

ColumnTransformer con una sola acción por tipo de variable

Comencemos a usar ColumnTransformer con el escenario más simple: aplicar una sola transformación por variable. Para ilustrarlo, considere un conjunto de datos ficticio con tres variables numéricas ficticias llamada num1, num2 y num3 y dos variables categóricas ficticias llamadas categ1 y categ2. Queremos aplicar un StandardScaler en las dos primeras variables numéricas y un MinMaxScaler en la última. En cuanto a las variables cualitativas, se someterán a una transformación de binarización utilizando OneHotEncoder:

```
# Importar las funciones necesarias
from sklearn.compose import ColumnTransformer
from sklearn.preprocessing import StandardScaler, OneHotEncoder,
MinMaxScaler


# Crear la instancia de transformación
column_transformer = ColumnTransformer(transformers=[
        ('num_standard', StandardScaler(), ["num1", "num2"]),
        ('num_minmax', MinMaxScaler(), ["num3"]),
        ('cat', OneHotEncoder(drop='first'), ["categ1",
"categ2"])
    ],
    remainder='passthrough'  # Para pasar las columnas no
específicadas
)

# Aplicación sobre los datos
# fit_transform para el juego de entrenamiento
X_train_scaled = column_transformer.fit_transform(X_train)

# Solo transformación para el juego de pruebas
X_test_scaled = column_transformer.transform(X_test)
```

Dos notas importantes sobre este fragmento de código:

- El uso de drop='first' en OneHotEncoder(drop='first') se utiliza para evitar la colinealidad. Al eliminar la primera categoría de cada variable, se elimina la redundancia, ya que la categoría restante se puede inferir de las demás.

– La opción `remainder='passthrough'` indica que no se deben tener en cuenta otras variables para las que no se desearía ninguna transformación. También sería posible, en este caso, eliminarlas usando el comando `remainder='drop'`.

ColumnTransformer con múltiples acciones ordenadas por variable

La aplicación de transformaciones múltiples y ordenadas es una oportunidad para introducir la función `Pipeline` de Scikit-Learn. Esta última permite encadenar varios pasos de procesamiento, como el preprocesamiento de datos y el entrenamiento del modelo, al tiempo que garantiza que estas acciones se ejecuten en un orden específico. Gracias a la opción `steps`, cada transformación se puede estructurar claramente, lo que hace que el código sea más legible y reproducible. Volvamos al dataset ficticio anterior y apliquemos varias transformaciones a las dos primeras variables numéricas de la siguiente manera:

```
# Importar las funciones necesarias
from sklearn.compose import ColumnTransformer
from sklearn.preprocessing import RobustScaler, OneHotEncoder,
PowerTransformer, StandardScaler
from sklearn.impute import SimpleImputer
from sklearn.pipeline import Pipeline


# Crear la instancia de transformación que incluye los Pipelines
column_transformer = ColumnTransformer(
    transformers=[
        ('numeric1', Pipeline(steps=[
            ('imputer', SimpleImputer(strategy='median')),
            ('power', PowerTransformer(method='yeo-johnson')),
            ('scaler', RobustScaler())
        ]), ["num1"]),
        ('numeric2', Pipeline(steps=[
            ('imputer', SimpleImputer(strategy='mean')),
            ('scaler', StandardScaler())
        ]), ["num2"]),
        ('cat', OneHotEncoder(drop='first'), ["categ1",
"categ2"])
    ],
    remainder='drop'  # eliminar otras variables no especificadas
)

# Aplicar a los datos
```

```
X_train_scaled = column_transformer.fit_transform(X_train)
X_test_scaled = column_transformer.transform(X_test)
```

Esta función de `Pipeline` es muy práctica y se puede volver a utilizar en el contexto de las pruebas de algoritmos, que también requieren acciones ordenadas.

3.1.5 Finalizar la preparación de los datos

Antes de pasar a la experimentación, se recomiendan ciertas acciones, como por ejemplo:

– Cambiar el nombre de las columnas de las variables binarizadas para obtener sus nombres, en lugar de un número basado en el orden, de forma que los resultados sean más fáciles de entender más adelante. La operación consiste en recuperar los nombres de las variables binarizadas y ensamblarlas con el resto que no han sufrido este tipo de transformación:

```
# Recuperar los nombres de las variables transformadas
transformer =
column_transformer.named_transformers_['transformer_name']
transformed_feature_names = list(
    transformer.get_feature_names_out(["original_column"])
)

# Crear una lista global con los nombres de variables
all_feature_names = ["non_transformed_feature"] +
transformed_feature_names

# Añadir los nombres a las matrices
X_train_processed =
pd.DataFrame(X_train, columns=all_feature_names)
X_test_processed =
pd.DataFrame(X_test, columns=all_feature_names)
```

– Cambiar el tipo de las variables. De hecho, es común encontrar variables binarias codificadas como `float64` cuando contienen solo 0 o 1. Cambiar su tipo a `int8`, por ejemplo, reduce el uso de memoria para la tabla en cuestión. De este modo, todos los cálculos se aceleran:

```
# Calcular el uso de la memoria antes de la modificación del tipo
initial_memory_usage =
X_train_processed.memory_usage(deep=True).sum()
```

```
memory_start = initial_memory_usage / 1024 ** 2
print(f"Memory usage antes de la modificación del tipo:
{memory_start:.2f} MB")

# Identificación de las columnas que empiezan por un determinado prefijo
prefix = 'prefix'  # Sustituir por el prefijo especificado
cols = [col for col in X_train_processed.columns if
col.startswith(prefix)]

# Conversión de las columnas en int8
X_train_processed[cols] = X_train_processed[cols].astype('int8')
X_test_processed[cols] = X_test_processed[cols].astype('int8')

# Calcular el uso de la memoria después de la modificación del tipo
final_memory_usage =
X_train_processed.memory_usage(deep=True).sum()

memory_end = final_memory_usage / 1024 ** 2
print(f"Memory usage después de la modificación del tipo:
{memory_end:.2f} MB")
```

Los datos ya están listos para la experimentación.

3.2 Experimentación

La experimentación consiste en encontrar el algoritmo que ofrezca el rendimiento más alto y estable posible. Echemos un vistazo a los principales pasos que hay que seguir para lograrlo:

- definir las métricas para la evaluación,
- determinar las herramientas necesarias para probar los hiperparámetros,
- establecer un sistema básico que sirva de referencia,
- probar varios algoritmos con diferentes combinaciones de hiperparámetros,
- evaluar de manera general los algoritmos para determinar cuál es el de mejor rendimiento.

Observación

Un hiperparámetro es un parámetro de un algoritmo definido antes de que se entrene el modelo y que controla el funcionamiento de dicho algoritmo.

3.2.1 Definición de métricas para la evaluación

En el modelado, decidimos entre algoritmos que utilizan métricas. La elección de un algoritmo u otro se hará de acuerdo con estas mediciones. Por lo tanto, es importante definir qué métricas utilizar para las regresiones o las clasificaciones.

Métricas de regresión

Tres métricas son importantes para evaluar las predicciones de un valor numérico: el coeficiente de determinación, el RMSE y el MAE.

- El **coeficiente de determinación** (R^2) indica la proporción de varianza explicada por el modelo en comparación con la varianza total de los datos. Ya lo hemos visto al definir el método `score()` en la subsección El método `score()`, en este capítulo. Este es el primer indicador que hay que mirar para evaluar si el sistema de variables seleccionadas es correcto o no.

Los dos indicadores siguientes representan dos formas de medir el error medio:

- El **RMSE** (*Root Mean Square Error*) o error cuadrático medio: esta métrica mide la raíz cuadrada de las medias al cuadrado de los errores entre las predicciones del modelo y los valores reales. Es especialmente sensible a los errores graves, a los que penaliza más severamente.
- El **MAE** (*Mean Absolute Error*) o error absoluto promedio: esta métrica mide la media de los valores absolutos de los errores entre las predicciones del modelo y los valores reales. A diferencia del RMSE, el MAE es menos sensible a errores grandes y, por lo tanto, refleja un error medio no influenciado por valores extremos.

Se recomienda el uso complementario de estas tres medidas porque nos permite tener una visión global del rendimiento de las predicciones.

Las métricas de clasificación

En el marco de las clasificaciones, se pueden utilizar cuatro medidas principales según el campo de estudio. Estas medidas, entre otras posibles, provienen de la matriz de confusión, que es esencial para controlar la distribución entre predicciones y categorías verdaderas.

Este es el aspecto de una matriz de confusión típica que muestra las ubicaciones de las predicciones correctas (*True Negative* y *True Positive*) y las predicciones incorrectas (*False Negative* y *False Positive*):

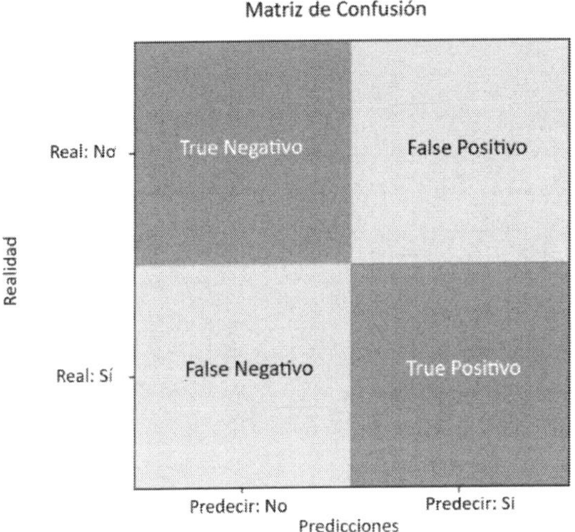

Y, a modo de ilustración, aquí tiene una matriz de confusión con efectivos ficticios que le servirá de ejemplo para calcular las diferentes métricas:

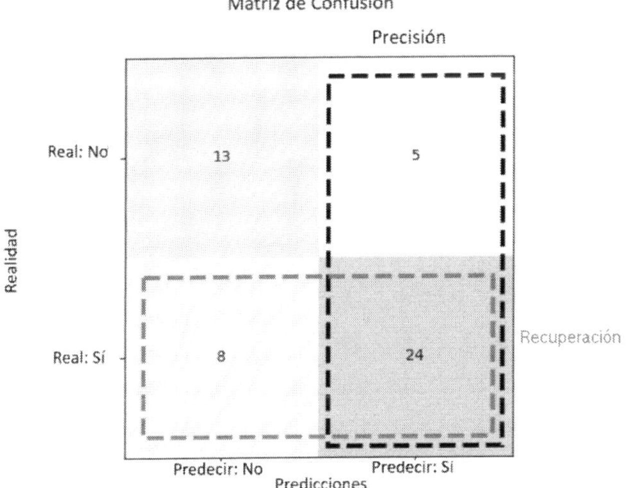

Esta matriz proporciona un punto preciso sobre la distribución de las predicciones en relación con la realidad. En una situación ideal, solo se debe completar la diagonal correspondiente a las predicciones correctas, lo que indica una precisión perfecta. En la práctica, algunas predicciones son erróneas y la matriz nos ayudará a identificarlas. Gracias a ella, podremos calcular las siguientes métricas:

- **La exactitud** (Accuracy) da la proporción de predicciones correctas, tanto para clases positivas como negativas, entre todas las predicciones realizadas por el modelo. Es la relación entre el número total de predicciones correctas y el número total de predicciones realizadas por el modelo. Según la matriz de confusión anterior, que sirve como ejemplo, la precisión es: (13 + 24)/(13 + 24 + 5 + 8) = 0,74.
- **La precisión**, que representa la proporción de predicciones positivas correctas entre todas las predicciones positivas. Por lo tanto, mide la eficacia de las predicciones positivas. En nuestro ejemplo, es: $24/(5+24) \approx 0,83$
- **La recuperación** (o sensibilidad), que es la proporción de positivos entre todas las muestras positivas. Por lo tanto, mide la capacidad del modelo para identificar correctamente los casos positivos. El cálculo en nuestro ejemplo corresponde a: 24/(8 + 24) = 0,75.
- **ElF1-score**, que tiene en cuenta las dos mediciones anteriores y devuelve su media armónica definida por la función: 2 * Precisión * Recuperación/(Precisión + Recuperación). Este score permite evaluar el sistema de forma global, tanto en la precisión de sus predicciones como en su capacidad para identificar todas las observaciones positivas. Aplicando la fórmula, obtenemos con nuestros datos ficticios: $2 * 0,83 * 0,75/(0,83+0,75) \approx 0,79$.

Tenga en cuenta que la precisión es fácil de calcular e interpretar, pero puede ser engañosa si las clases están desequilibradas. La F1-score demostrará ser más robusta en este caso, al reflejar mejor el equilibrio entre la precisión y la recuperación.

Como se mencionó al principio de esta subsección, hay muchos otros indicadores, como la curva ROC, que ilustra el rendimiento de una clasificación entre verdaderos y falsos positivos, o los Fn-scores, que aumentan la importancia de la precisión (si n < 1) o la recuperación (si n > 1).

Ahora que sabemos cómo evaluar un modelo según el caso, vamos a conocer las funciones que nos permiten probar diferentes hiperparámetros de un mismo algoritmo.

3.2.2 Los algoritmos de optimización de hiperparámetros

Todos los algoritmos de Machine Learning tienen hiperparámetros con los que podemos jugar para mejorar su rendimiento.

Con este objetivo, utilizaremos un algoritmo de optimización de hiperparámetros para encontrar las mejores combinaciones. Dicho algoritmo evalúa cada combinación mediante la validación cruzada, que es un método en el que los datos se dividen en varios subconjuntos (folds). El modelo se entrena en algunos folds y se prueba en el fold restante; este proceso se repite varias veces para garantizar evaluaciones fiables y generalizables.

Existen muchas soluciones de optimización, pero nos limitaremos a dos funciones de Scikit-Learn:

- **GridSearchCV** es una función de optimización bien conocida. Explora exhaustivamente todas las combinaciones, lo que hace que lleve mucho tiempo. Por ello, la recomendamos cuando el número de combinaciones que hay que probar no sea demasiado grande, aunque se puede optimizar reduciendo el número de variables o paralelizando los cálculos.
- **RandomizedSearchCV** está pensada para optimizaciones con muchas combinaciones. Su exploración aleatoria es mucho más rápida, pero no garantiza encontrar la mejor combinación.

Es hora de implementar estas funciones y comenzar a modelar.

3.2.3 El modelo de base (DummyRegressor y DummyClassifier)

Comenzaremos el modelado configurando un modelo de base (Dummy), que tiene como objetivo revelar el rendimiento mínimo esperado. Servirá como punto de comparación para evaluar los resultados de modelos más complejos.

Para ello, Scikit-Learn proporciona dos funciones:

- DummyRegressor se usa para establecer el rendimiento básico de una regresión. Aquí no es el R^2 lo más interesante porque estará alrededor de cero. Por otro lado, los valores proporcionados de RMSE y el MAE serán información valiosa para medir los dos tipos de error medio.
- DummyClassifier desempeñará un papel similar para la clasificación, pero la información más relevante provendrá de la elección de la estrategia:
  - Si se selecciona la estrategia «most_frequent», significa que predecir la clase mayoritaria genera el score más alto.
  - Si es la estrategia «stratified», significa que es la distribución de clases lo que tiene prioridad.
  - La estrategia «uniform» hará predicciones completamente aleatorias sin respetar la distribución real de las clases. Si hay n clases, cada una tendrá una probabilidad de 1/n de ser predicha.

A continuación, se muestra un ejemplo de configuración de un DummyClassifier en el juego de los iris para identificar qué estrategia es la más relevante y mostrar el valor de precisión. El entrenamiento de un algoritmo con una cuadrícula de búsqueda siempre utiliza estos pasos en este orden:

- importación del algoritmo,
- creación de una instancia del algoritmo,
- implementación del diccionario de hiperparámetros para experimentar,
- definición de la cuadrícula de búsqueda,
- entrenamiento de la cuadrícula de búsqueda,
- recuperación de los mejores parámetros y scores.

El siguiente código recoge los pasos indicados anteriormente:

```
from sklearn.datasets import load_iris
from sklearn.model_selection import GridSearchCV
from sklearn.dummy import DummyClassifier

# Carga de los datos
iris = load_iris()
X = iris.data
y = iris.target
```

```
# Definición del DummyClassifier
dummy = DummyClassifier()

# Parámetros para GridSearchCV
strategies = ["most_frequent", "prior", "stratified", "uniform"]
param_grid = {'strategy' : strategies}

# Crear el objeto GridSearchCV
grid_search = GridSearchCV(estimator=dummy,
                           param_grid=param_grid,
                           cv=5,
                           scoring='accuracy')

# Ejecución de la búsqueda en la cuadrícula
grid_search.fit(X, y)

# Resultados
print("Mejor estrategia:", grid_search.best_params_)
print("Mejor score de accuracy:", grid_search.best_score_)
```

```
Mejor estrategia: {'strategy': 'most_frequent'}
Mejor score de accuracy: 0.3333333333333333
```

3.2.4 Pruebas de los distintos algoritmos con diferentes combinaciones de parámetros

Después de definir el modelo básico, experimentaremos con otros algoritmos con el fin de obtener un mejor rendimiento que el que proporcionan los modelos Dummy.

El entrenamiento de cada algoritmo se llevará a cabo de la misma manera que para DummyClassifier, repitiendo los mismos pasos que los definidos en la subsección El modelo de base (DummyRegressor y DummyClassifier). A modo de ilustración, he aquí la aplicación de una regresión logística en el ejemplo anterior:

```
from sklearn.linear_model import LogisticRegression

# Definir el LogisticRegression
log_reg = LogisticRegression(max_iter=2000,solver='saga')
```

```
# Argumentos para GridSearchCV
param_grid = {
    'C': [1, 10],  # Ejemplos de valores para el argumento de
regularización
    'penalty': ['l2']  # Utilización de la regularización L2
}

# Crear el objeto GridSearchCV
grid_search = GridSearchCV(estimator=log_reg,
                           param_grid=param_grid,
                           cv=5,
                           scoring='accuracy')

# Ejecución de la búsqueda en la cuadrícula
grid_search.fit(X, y)

# Resultados
print("Mejor argumento:", grid_search.best_params_)
print("Mejor score de accuracy:", grid_search.best_score_)
```

```
Mejor argumento: {'C': 10, 'penalty': 'l2'}
Mejor score de accuracy: 0.980000000000001
```

Aquí obtenemos una excelente accuracy de 0,98, lo que indica que el algoritmo encuentra las especies de casi todos los iris.

En el caso de algoritmos con una diferencia demasiado grande entre el score de entrenamiento y el de la prueba, es posible responder a este fenómeno, llamado sobreaprendizaje u overfitting, mediante la implementación de métodos de generalización como Ridge, Lasso y ElasticNet. Estos métodos, que se aplican tanto a las regresiones lineales como a las logísticas, funcionan de la siguiente manera:

- **Ridge** reduce la importancia de los coeficientes para minimizar el overfitting.
- **Lasso** selecciona las variables más importantes, anulando los coeficientes de las menos importantes.
- **ElasticNet** combina las ventajas de Ridge y Lasso penalizando tanto la suma de cuadrados como la suma de los valores absolutos de los coeficientes.

3.2.5 Evaluación y elección final

Al final del modelado, se compararán diferentes algoritmos para encontrar el mejor.

La elección final no se basará necesariamente solo en el score más alto y estable, ya que otros factores jugarán un papel dependiendo del propósito del proyecto. He aquí una lista de los criterios y cuándo pueden ser importantes:

Factor	Casos en los que el criterio es importante
Tiempo de entrenamiento	Reentrenamiento regular del modelo.
Tiempo de respuesta para predecir	Numerosas solicitudes. Tiempo de respuesta rápido.
Memoria requerida	Los recursos materiales son limitados.
Escalabilidad	Modelo que procesará grandes cantidades de datos.
Robustez frente a datos ruidosos	Datos de entrada susceptibles de contener ruido.
Interpretabilidad del modelo	Resultados a explicar a los usuarios.
Adaptabilidad al cambio	Datos en los que las condiciones cambian con frecuencia.
Tolerancia a errores	Sistemas críticos donde los errores deben ser minimizados.
Tamaño del archivo del algoritmo	Espacio de almacenamiento limitado.

Dependiendo del contexto, los algoritmos tendrán que ser comparados globalmente según los criterios de interés para designar la solución ideal. Aquí se fomenta enormemente la visualización para lograrlo.

A continuación, se muestra un ejemplo ficticio que ilustra, en validación cruzada, los diferentes scores obtenidos por un regresor KNN, que predice un valor a partir de los K vecinos más cercanos (parámetro a modular):

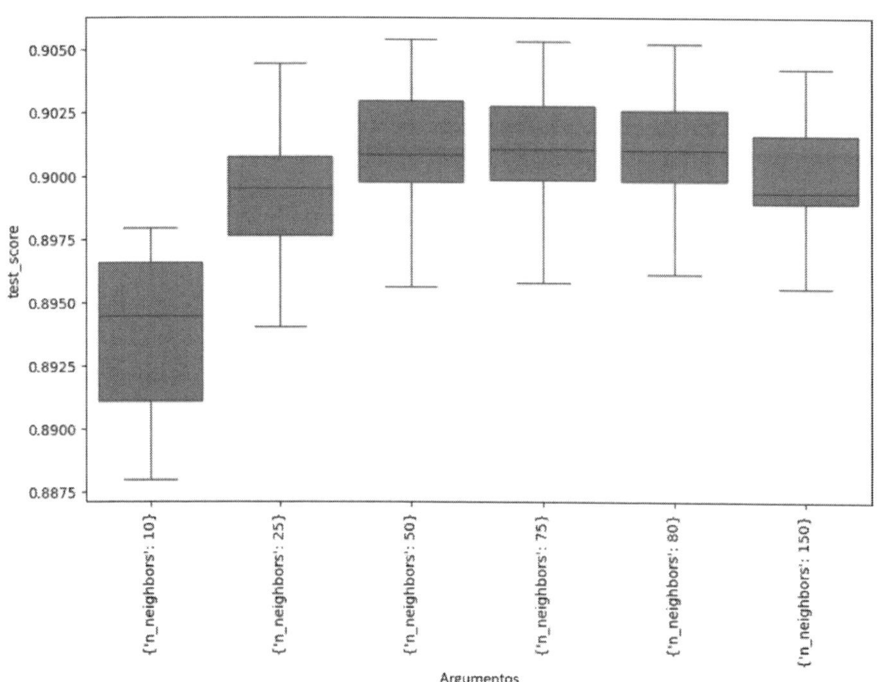

La visualización nos muestra inmediatamente que un óptimo, en términos de score y variabilidad del score, parece verse afectado por en torno a 75-80 vecinos y que el rendimiento parece degradarse a medida que nos alejamos de este rango. De este modo, podríamos adaptar el número de vecinos con mayor precisión, para maximizar siempre nuestras posibilidades de avanzar hacia una modalización óptima.

4. Conclusiones de la modelización

A modo de conclusión sobre este tema, he aquí un resumen de los principales pasos que hay que seguir para llevar a cabo esta parte tan importante. Las columnas de la tabla, Regresión y Clasificación, indican las posibilidades específicas que se ofrecen para cada paso:

Orden	Etapa	Regresión	Clasificación
1	Selección de variables descriptivas y objetivo		
2	División de datos (entrenamiento y prueba)		Stratify*
3	Transformación de columnas	Binarización de variables categóricas Transformaciones o ajuste a escala de variables numéricas	
4	Formateo y modificación de tipos		
5	Entrenamiento de un modelo básico	DummyRegressor	DummyClassifier
6	Entrenamiento de diferentes algoritmos	Regresión lineal y algoritmos cuyo nombre termina en Regressor	Regresión logística y algoritmos cuyo nombre termina en Classifier
7	Evaluación de métricas	R^2 RMSE MAE	Accuracy Precisión Recall F1-score Matriz de confusión

Orden	Etapa	Regresión	Clasificación
8	Evaluación multicriterio	Scores Variabilidad en los scores Tiempo de entrenamiento Tiempo de cálculo Peso de los archivos de algoritmos	

*`Stratify`: opción utilizada para garantizar que la distribución de las clases en los conjuntos de entrenamiento y de prueba sea la misma que en todo el conjunto de datos.

Esta lista, por supuesto, no es exhaustiva, ya que Python está lleno de módulos diversos y variados para ayudarnos a mejorar continuamente nuestros resultados. Sin embargo, contiene todo lo necesario para llevar a cabo un modelado exitoso.

Capítulo 7
Aprendizaje supervisado

1. Introducción

El aprendizaje supervisado tiene como objetivo predecir un valor o la pertenencia a una categoría, basándose en una amplia variedad de algoritmos dedicados. El propósito de este capítulo es conocer estas diferentes familias de algoritmos y ponerlas en práctica en un ejemplo completo de regresión y después de clasificación.

2. Las familias de algoritmos

Hemos visto anteriormente que los algoritmos de Scikit-Learn están bien identificados según su propósito: los algoritmos dedicados a la regresión tienen todos un nombre que termina en `Regressor`, y los dedicados a la clasificación tienen todos un nombre que termina en `Classifier`.

Vamos a ir más allá de esta noción de destino para fijarnos en el espíritu de cada algoritmo, independientemente de su finalidad. Será la ocasión de conocer mejor las características de cada uno y utilizarlos de manera más adecuada

Nuestro enfoque se dividirá en tres familias principales: algoritmos lineales, semilineales y no lineales. Hablaremos de cada una de las principales familias de algoritmos, de cómo instalarlos y de los parámetros externos que hay que ajustar para optimizar su rendimiento. Estos parámetros externos se denominan hiperparámetros.

2.1 Los algoritmos lineales

Los algoritmos lineales buscan básicamente establecer una relación lineal entre las características y una variable objetivo. Este tipo de enlace, que es bastante simple, está destinado a explicar sistemas menos complejos. Por tanto, se trata de opciones que hay que aplicar de manera prioritaria; que reflejarán, en función de los resultados, la complejidad del sistema y servirán de referencia para comparar el rendimiento de algoritmos que gestionan relaciones más complejas. Conozcamos a los miembros de esta familia.

2.1.1 Las regresiones

La regresión lineal y la regresión logística son técnicas lineales en las que se supone que el efecto de las variables independientes sobre la variable objetivo es aditivo y proporcional. Son los únicos algoritmos de Scikit-Learn cuyos nombres no terminan en `Regressor` o `Classifier`, aunque representan a cada uno de estos casos, respectivamente. Antes de pasar al estudio específico de cada una de ellas, hay que tener en cuenta que puede haber una o varias variables explicativas. En el caso de una sola, estamos hablando de una regresión simple, donde se ajustará una línea a los puntos. Si hay varias, se denominará regresión múltiple, donde se ajustará un hiperplano a los datos.

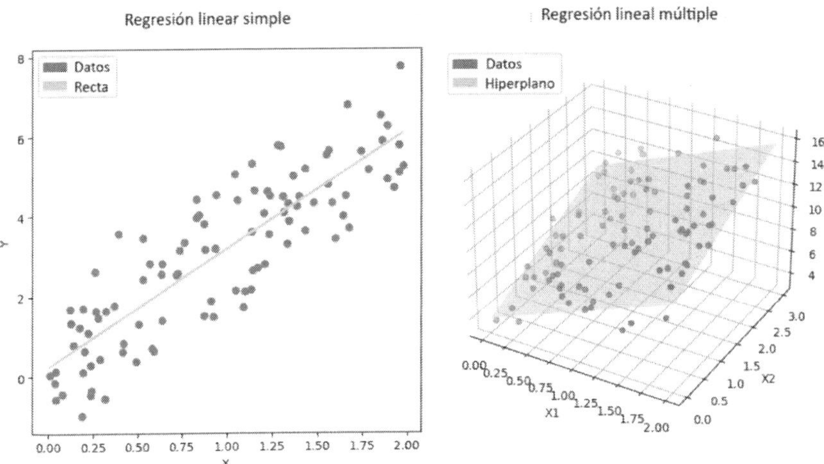

La regresión lineal

La regresión lineal, mostrada en sus versiones simple y múltiple en el gráfico anterior, permite predecir un valor numérico utilizando varios factores y una constante. Los factores se combinan de forma ponderada para obtener una predicción.

Es posible, por ejemplo, predecir el precio de una vivienda a partir de la suma ponderada de su superficie, su ubicación y su antigüedad.

La regresión lineal se importa de la siguiente manera:

```
from sklearn.linear_model import LinearRegression
```

La lista de sus hiperparámetros no es muy extensa. Estas son las dos opciones interesantes para experimentar:

Hiperparámetros relevantes	Significado
`fit_intercept`: Booleano (por defecto = `True`)	Indica si se debe calcular la intersección del modelo (constante)
`positive`: Booleano (por defecto = `False`)	Obliga a que los coeficientes sean positivos

La regresión logística

La regresión logística tiene como objetivo predecir la probabilidad de un evento binario (sí/no) utilizando varios factores y una constante. Los factores se combinan de forma ponderada para estimar esta probabilidad.

En concreto, se trata de una ecuación equivalente a la regresión lineal, del tipo z = ax + b, que luego se transforma en una probabilidad de entre 0 y 1 gracias a la función sigmoide según la fórmula $\sigma(z) = \frac{1}{1+e^{-z}}$.

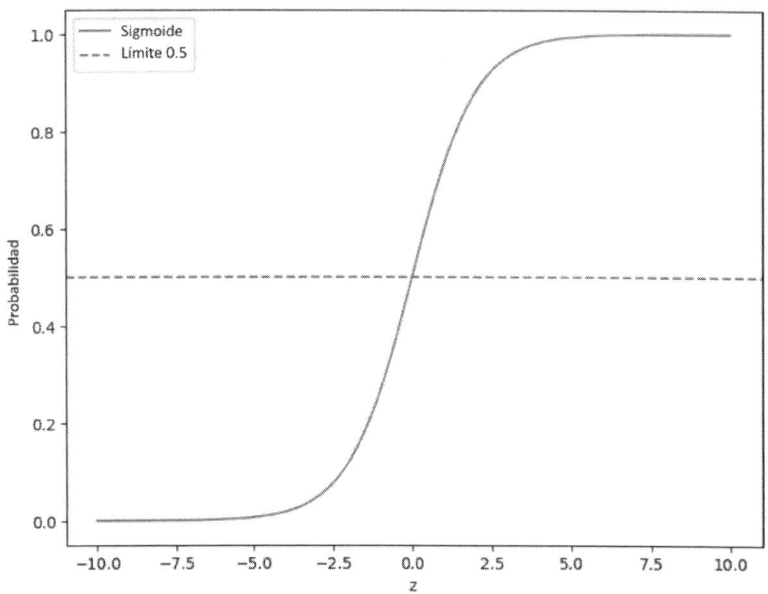

Gracias a esta transformación, es posible asignar un valor a cada observación entre 0 y 1 y así proceder a la clasificación binaria según esta probabilidad.

Por ejemplo, podemos evaluar la probabilidad de que un paciente tenga una enfermedad en dos etapas: en primer lugar, mediante una combinación ponderada de la edad, el consumo diario de determinados productos, el número de pasos que da al día y una constante. Luego, aplicando este valor a la curva sigmoidea, obtendremos la probabilidad de que tenga la enfermedad o no.

La llamada a la regresión logística se hace de la siguiente manera:

```
from sklearn.linear_model import LogisticRegression
```

Desde el punto de vista de los hiperparámetros, conserva la constante, pero también introduce la posibilidad de actuar sobre el tipo y la fuerza de la regularización. Cabe recordar que la regularización, abordada en el capítulo Análisis de los datos, permite reducir o eliminar los coeficientes para mejorar la generalización de la predicción. Volveremos sobre esto en la siguiente subsección, Las regresiones regularizadas:

Hiperparámetros relevantes	Significado
`fit_intercept`: Booleano (por defecto = `True`)	Especifica si se debe calcular la captura del modelo (constante).
`penalty`: String ('l1', 'l2', 'elasticnet', None, default='l2')	Tipo de regularización que hay que aplicar.
`C`: Flotante (por defecto=1.0)	Inversa de la fuerza de regularización. Cuanto menor sea`C`, más fuerte será la regularización.

2.1.2 Las regresiones regularizadas

Métodos como Lasso, Ridge y ElasticNet no son solo hiperparámetros de regresión logística. También son funciones en sí mismas, integradas en el arsenal de las técnicas de modelización y destinadas a reducir la complejidad del modelo, actuando sobre los coeficientes.

No solo permitirán mejorar la generalización, sino también ofrecer, mediante desviaciones, otros roles que estudiaremos.

La regresión Lasso

La regresión Lasso utiliza la regularización de tipo L1 para reducir el número de variables y simplificar el modelo, mejorando su capacidad de generalización. En la práctica, si un modelo de regresión lineal muestra un rendimiento de entrenamiento significativamente mejor que la prueba, el uso de la regresión Lasso ayuda a reducir esta disparidad al eliminar variables menos importantes. Esto promueve la estabilidad del modelo y mejora su precisión en nuevos datos.

Se puede acceder a la función de la siguiente manera:

```
from sklearn.linear_model import Lasso
```

Toma los hiperparámetros de la regresión lineal mediante la adición de `Alpha`, que permite ajustar la importancia de la regularización Lasso.

Hiperparámetros relevantes	Significado
`fit_intercept`: Booleano (por defecto = `True`)	Especifica si se debe calcular la captura del modelo (constante).
`alpha`: Flotante (por defecto=1.0)	Define la fuerza de la regularización. Debe estar entre 0 (sin regularización) y + infinito.

Observación

No dude en experimentar con valores alfa inferiores a 1, por un lado, y muy superiores a 1, por otro lado, para reforzar el efecto de la regularización. Los efectos de estas variaciones no se sienten de manera uniforme en todas las métricas de rendimiento del modelo. Por lo tanto, es crucial realizar experimentos para determinar el impacto más beneficioso en las métricas de importancia, en función del contexto específico.

Más allá de su papel de regularización, la función Lasso también puede usarse como herramienta de reducción dimensional, destinada a la selección de las variables más importantes.

La regresión Ridge

La regresión Ridge ilustra otro enfoque de la regularización utilizando la norma L2, que tiene como objetivo reducir el valor de los coeficientes. A diferencia de la norma L1, que puede eliminar por completo algunos, el enfoque L2 es menos radical, pero también ayuda a reducir la importancia de las variables menos significativas.

Como todas las regresiones, el algoritmo proviene del módulo `sklearn.linear_model`:

```
from sklearn.linear_model import Ridge
```

Encontramos exactamente los mismos hiperparámetros que para la regresión Lasso.

En cambio, los desvíos de la función Ridge son muy diferentes a los de Lasso. Al penalizar los coeficientes de las variables, Ridge reduce los efectos negativos de la multicolinealidad y estabiliza las estimaciones de los coeficientes. Esta estabilidad mejora la robustez del modelo, especialmente cuando la muestra es pequeña o cuando se enfrenta a datos con ruido.

La regresión ElasticNet

La regresión ElasticNet combina las ventajas de Lasso y Ridge, lo que reduce la complejidad del modelo y la colinealidad de las variables. Este algoritmo es particularmente efectivo cuando las variables explicativas son numerosas y correlacionadas.

Encontramos este algoritmo en el mismo módulo que todos los demás:

```
from sklearn.linear_model import ElasticNet
```

En cuanto a hiperparámetros, comparte `alpha` y `fit_intercept` con las otras dos regularizaciones, pero ElasticNet también hereda `l1_ratio`, que permite definir la parte de Lasso y, recíprocamente, Ridge en la regularización.

Hiperparámetros relevantes	Significado
`fit_intercept`: Booleano (por defecto = `True`)	Especifica si se debe calcular la captura del modelo (constante).
`alpha`: Flotante (por defecto=1.0)	Define la fuerza de la regularización. Debe estar entre 0 (sin regularización) y + infinito.
`l1_ratio`: Flotante (por defecto=0,5)	Define la parte de regularización L1 y viceversa, L2.

2.1.3 Las máquinas vectoriales de soporte (SVM)

El algoritmo de máquinas vectoriales de soporte (SVM) es un método de aprendizaje supervisado que se utiliza tanto para la clasificación (SVC) como para la regresión (SVR).

En la clasificación, el objetivo principal de SVM es encontrar una línea recta o hiperplano que separe mejor las diferentes clases de datos, maximizando el margen de separación entre ellas y tolerando algunos puntos mal predichos. Para ello, SVM utiliza un margen suave (*soft margin*) que tolera ciertas clasificaciones erróneas gracias al parámetro. Por lo tanto, un *C* alto favorece márgenes más rígidos, mientras que unobajo es más suave y facilita la generalización.

A diferencia de otros algoritmos, SVM se centra principalmente en puntos de datos cercanos al límite de decisión, llamados vectores de soporte, porque son estos puntos los que determinan la posición del hiperplano. Esta especificidad refuerza su eficiencia y robustez ante datos con ruido o puntos distantes.

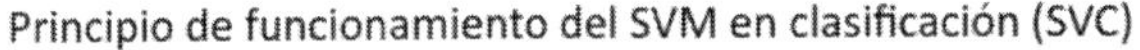

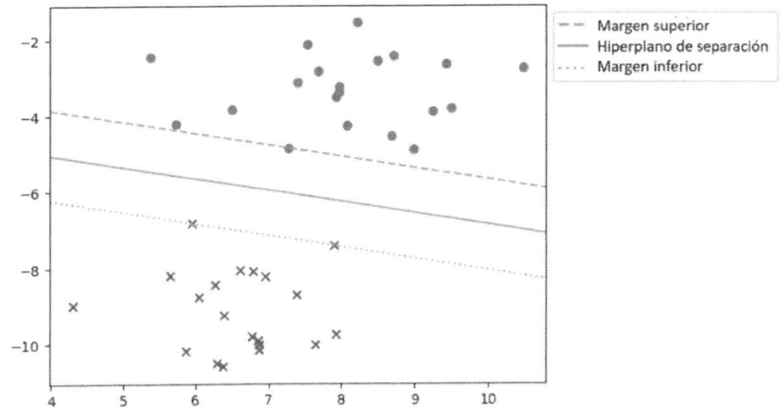

En su versión dedicada a la regresión (SVR), la lógica de funcionamiento es un poco diferente. Dependiendo del valor épsilon, el algoritmo buscará maximizar el número de puntos dentro del margen, mientras limita el número y la distancia de los puntos fuera del margen. Dependiendo del valor épsilon, la inclinación y la ordenada de la curva pueden variar mucho. He aquí un ejemplo que muestra una regresión lineal y un SVR de núcleo lineal para dos valores épsilon:

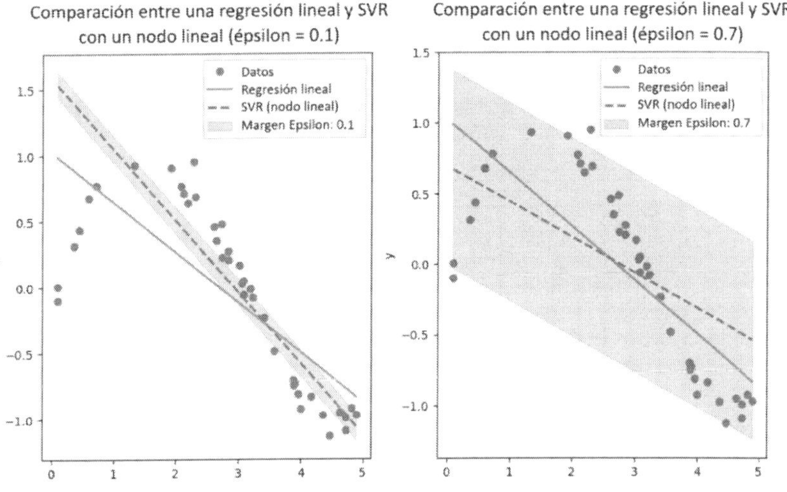

Observación

El núcleo, que desarrollaremos completamente en la siguiente sección, es una función que permite transformar los datos en un espacio de dimensiones superiores. Aquí, el núcleo lineal SVR es, por lo tanto, una función SVR cuyo núcleo está inactivado, procesando los datos en su espacio original.

Allí donde la regresión lineal sigue siendo la misma, SVR es bastante diferente dependiendo de las restricciones impuestas por el valor épsilon.

Hay que tener en cuenta que SVM, en general, puede resultar especialmente lento con grandes volúmenes de datos o en núcleos como RBF.

Observación

Cabe destacar que el núcleo RBF (Radial Basis Function) es un método que consiste en transformar los datos de entrada en un espacio de características de mayor dimensión para hacerlos linealmente separables.

Las funciones se pueden importar de la siguiente manera:

```
# SVR versión de regresión
from sklearn.svm import SVR

# SVC versión de clasificación
from sklearn.svm import SVC
```

He aquí una lista no exhaustiva de hiperparámetros para modular. Preste atención: el parámetro épsilon solo funciona en el caso del SVR:

Hiperparámetro	SVC	SVR	Descripción
C	Sí	Sí	Controla el equilibrio entre maximizar el margen y minimizar la clasificación errónea. Un `C` alto hace que el modelo sea más rígido y, por lo tanto, menos tolerante a los errores, mientras que un `C` bajo lo hace más flexible, lo que facilita la generalización.

Hiperparámetro	SVC	SVR	Descripción
`Kernel`	Sí	Sí	Especifica el tipo de núcleo que se va a utilizar para transformar los datos. Las opciones comunes incluyen `'linear'`, `'poly'`, `'rbf'`, `'sigmoid'` y `'precomputed'`.
`Epsilon`	No	Sí	Determina una zona de tolerancia en la que no se penalizan los errores de predicción. Cuanto mayor sea`epsilon`, más tolerante será el modelo a los errores de predicción.

El cambio del núcleo es muy importante para el algoritmo SVM. Esto es lo que convertirá a estos algoritmos lineales en algoritmos semilineales, subrayando así su nueva capacidad para gestionar fenómenos no lineales tras la modificación de los datos. Desarrollaremos estas posibilidades en la siguiente sección.

2.2 Los algoritmos semilineales (modelos de núcleo)

Los algoritmos de núcleo (semilineales) se refieren a algoritmos lineales que se hacen eficientes en problemas no lineales mediante la aplicación de un núcleo (lineal, polinómico, RBF) o mediante transformaciones explícitas (cuadrado, raíz cuadrada, log) de los datos de entrada.

La diferencia entre una transformación y un núcleo reside en su efecto en la representación de los datos:

- **Transformación de variables**: cada variable se modifica individualmente, por ejemplo, aplicando funciones como el cuadrado, la raíz cuadrada o el logaritmo.
- **Uso de un núcleo**: modifica la representación de los datos para incluir interacciones no lineales y relaciones entre todas las variables simultáneamente.

Observación

Estas técnicas no se limitan solo a los algoritmos lineales y pueden ser ampliamente utilizadas en varios contextos de aprendizaje automático.

A continuación, se muestra un ejemplo sencillo de una transformación de una variable para ilustrar el interés de estas acciones. Los puntos aquí se vuelven linealmente separables después de que los datos se eleven al cuadrado:

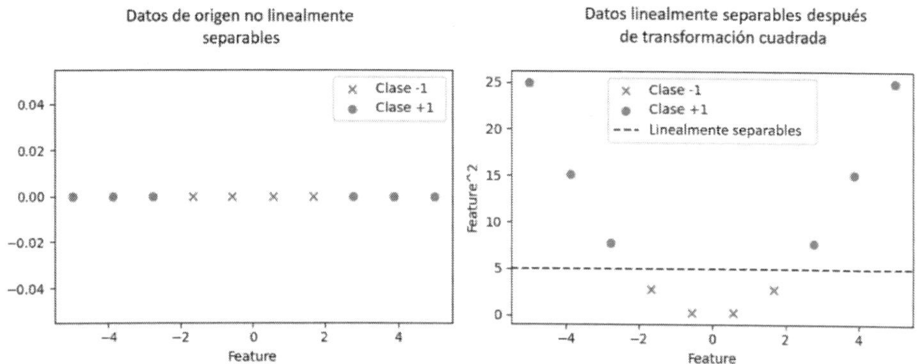

Vamos a calcular los diferentes scores obtenidos para un mismo conjunto de datos ficticio y compararlos sin transformación, con transformación de la variable y con la aplicación de la técnica del núcleo.

Comencemos importando los módulos necesarios y creando un conjunto de datos aleatorio con un enlace logarítmico entre X e y:

```
import numpy as np
import matplotlib.pyplot as plt

from sklearn.kernel_ridge import KernelRidge
from sklearn.metrics import r2_score
from sklearn.linear_model import Ridge

# Crear datos no lineales
np.random.seed(0)
X = np.random.uniform(1, 10, 100).reshape(-1, 1)
y = 2 * np.log(X).flatten() + np.random.normal(0, 0.3, 100)
```

Ahora vamos a modelar las tres situaciones para una regresión de Ridge:

```
# Definir los modelos
models = [
    ('Regresión Ridge', Ridge(), X),
    ('Regresión Ridge \ncon  Transformación Logarítmica',
Ridge(), np.log(X)),
    ('Regresión con \nNúcleo Polinómico',
KernelRidge(kernel='polynomial', degree=2), X)
]

# Definir las métricas
metrics = ['R²', 'RMSE', 'MAE']
scores = {metric: [] for metric in metrics}

# Calcular los scores para cada modelo
for label, model, data_X in models:
    model.fit(data_X, y)
    y_pred = model.predict(data_X)
    mse = mean_squared_error(y, y_pred)
    scores['R²'].append(r2_score(y, y_pred))
    scores['RMSE'].append(np.sqrt(mse))
    scores['MAE'].append(mean_absolute_error(y, y_pred))
```

Y, por último, visualicemos juntos el rendimiento de las métricas asociadas a cada situación:

```
# Colores de las barras
colors = ['#285E78', '#439CC8', '#EEEEEE']

# Crear el gráfico de barras para los scores
plt.figure(figsize=(8, 6))

for i, metric in enumerate(metrics):
    plt.subplot(len(metrics), 1, i+1)
    bars = plt.bar([label for label, _, _ in models],
                   scores[metric],color=colors)
    plt.ylabel(metric)
    plt.title(f'Comparación de las métricas\n')
    plt.ylim(0, max(scores[metric]) + 0.2)

    # Añadir los valores numéricos encima de las barras
    for bar, score in zip(bars, scores[metric]):
        plt.text(bar.get_x() + bar.get_width()/2,
```

```
                    bar.get_height() + 0.02, f'{score:.2f}',
                    ha='center', va='bottom')

plt.tight_layout()
plt.show()
```

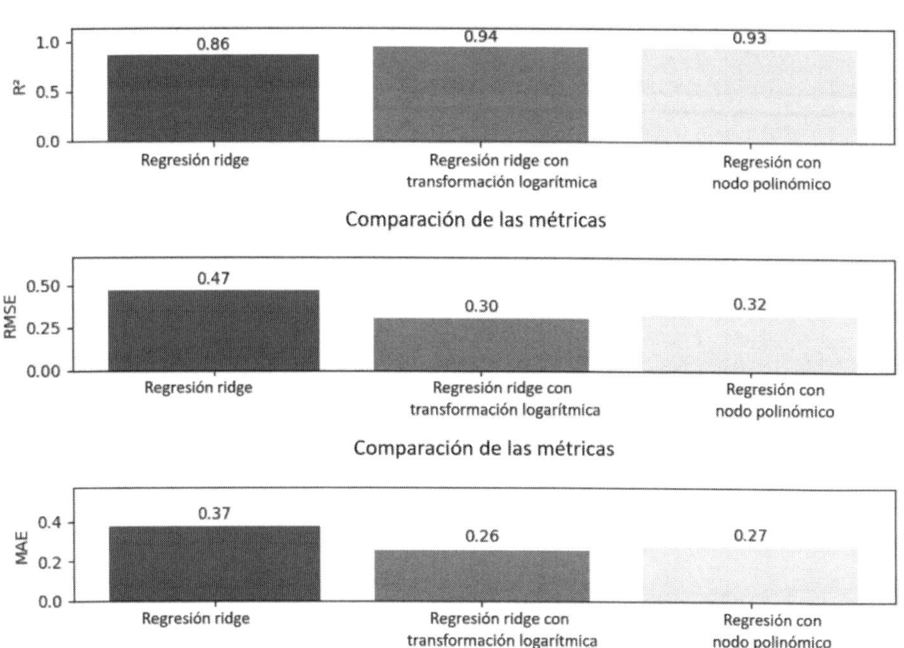

En este ejemplo, las transformaciones y los cambios en el núcleo mejoran innegablemente todas las métricas. Por lo tanto, será prudente considerar estas opciones en nuestros experimentos futuros.

2.3 Los algoritmos no lineales

Terminaremos nuestra visión general con los algoritmos no lineales. Estos métodos están diseñados para capturar relaciones no lineales, a menudo más complejas, lo que les permite ofrecer un rendimiento potencialmente superior. Sin embargo, esta capacidad de modelar la complejidad de los datos conlleva limitaciones adicionales: una interpretación más difícil del modelo, mayores requisitos de datos y una mayor sensibilidad al overfitting y al ajuste de hiperparámetros.

Al igual que con los otros algoritmos, favoreceremos un enfoque por familias, comenzando con los vecinos más cercanos, luego el árbol de decisión, los métodos de conjunto y, para terminar, las redes neuronales.

2.3.1 Los vecinos más cercanos (KNN)

El algoritmo del vecino más cercano se basa en el principio simple de que los puntos que están cerca en el espacio de las características probablemente pertenezcan a la misma clase o tengan valores similares.

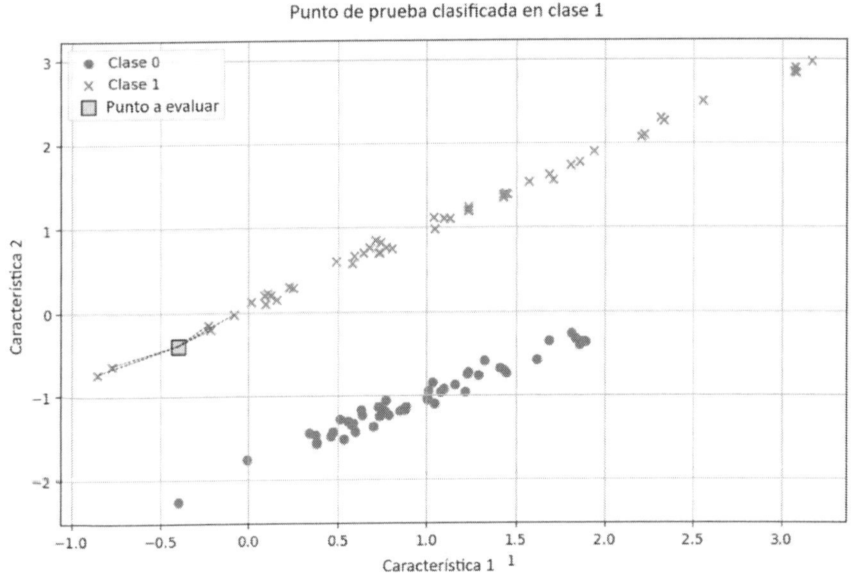

Este algoritmo es muy simple de entender e implementar y es relativamente robusto porque no asume ninguna distribución subyacente de los datos. Esto permite capturar relaciones complejas y no lineales.

Sin embargo, hay que tener en cuenta que no está demasiado pensado para grandes conjuntos de datos porque adolece de dos grandes defectos:

- baja eficiencia computacional, ya que tiene que calcular la distancia entre todos los puntos,
- la trampa de dimensión, que significa que su eficiencia disminuye con el número de variables, que hacen que las distancias sean menos discriminatorias.

El KNN funciona tanto en regresión como en clasificación; he aquí las dos formas de importar sus dos versiones:

```
# KNN versión de regresión
from sklearn.neighbors import KNeighborsRegressor

# KNN versión de clasificación
from sklearn.neighbors import KNeighborsClassifier
```

Por último, estos son algunos hiperparámetros relevantes para evaluar:

Hiperparámetro	Descripción	Valores posibles
n_neighbors	El número de vecinos que se van a utilizar para las predicciones.	Entero positivo (por ejemplo, 3, 5, 10)
weights	La función de ponderación que se va a utilizar para los puntos vecinos.	uniform, distance
algorithm	Algoritmo utilizado para calcular los vecinos más cercanos.	auto, ball_tree, kd_tree, brute
metric	La métrica utilizada para calcular la distancia entre puntos.	minkowski, euclidean, manhattan, chebyshev

2.3.2 El árbol de decisión

El árbol de decisión es un algoritmo de aprendizaje supervisado no lineal, adecuado tanto para la regresión como para la clasificación. Destaca por su simplicidad de uso, ya que no requiere escalado ni transformaciones, lo que lo convierte en una herramienta valiosa para explorar datos.

Sin embargo, los árboles de decisión tienen una propensión significativa al overfitting y, por lo tanto, una menor capacidad de generalización. Además, son sensibles a pequeñas variaciones en los datos, lo que puede dar lugar a estructuras de árbol muy diferentes para conjuntos de datos similares. Por estas razones, los árboles de decisión se utilizan principalmente con fines exploratorios. En la práctica, en el aprendizaje supervisado se prefieren los métodos de conjunto, como los bosques aleatorios, por su capacidad para mitigar estos problemas y mejorar la solidez de las predicciones.

He aquí un ejemplo fácil de cómo usarlo basado en el juego de datos de los iris:

```
import numpy as np
import matplotlib.pyplot as plt
from sklearn.datasets import load_iris
from sklearn.tree import DecisionTreeClassifier, plot_tree

# Importar los datos
iris = load_iris()
X = iris.data
y = iris.target

# Entrenamiento del árbol
clf = DecisionTreeClassifier(random_state=123)
clf.fit(X, y)

# Trazado del árbol de decisión
plt.figure(figsize=(15, 10))
plot_tree(clf, filled=False,
          feature_names=iris.feature_names,
          class_names=iris.target_names)
plt.title('Árbol de decisión sobre el juego de datos de los iris\n')
plt.show()
```

Árbol de decisión sobre el juego de datos de los iris

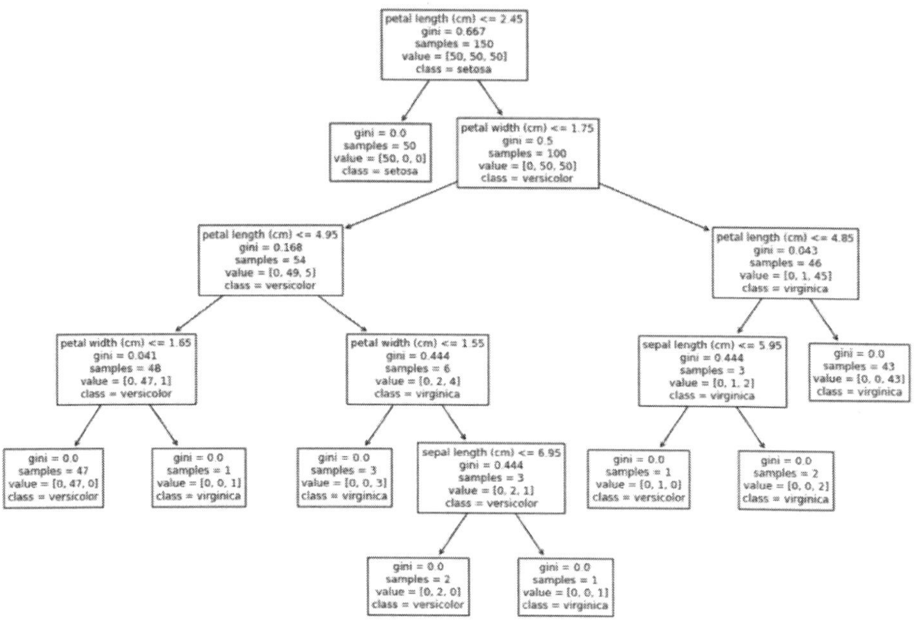

El recorrido del árbol permite identificar las características más discriminatorias, que aparecen primero en la parte superior del árbol. En cada nodo, las muestras positivas se ubican normalmente a la izquierda, y las negativas, a la derecha, dependiendo de la condición definida por la característica seleccionada. La pureza de un nodo se evalúa utilizando el índice de Gini, que oscila entre 0 y 1: llega a 0 cuando todas las muestras pertenecen a una sola clase y a 1 cuando las muestras se distribuyen uniformemente entre todas las clases posibles.

Así, en nuestro ejemplo, una longitud de pétalo menor o igual a 2,45 cm nos permitirá identificar la especie setosa. A continuación, habrá que examinar otras variables para aislar completamente las observaciones de las otras dos especies.

2.3.3 Los métodos de conjunto

Los métodos de conjunto son un eslabón esencial en los algoritmos de aprendizaje automático, no solo para los modelos no lineales, sino también para los algoritmos en general. Se distinguen por su capacidad para combinar varios modelos individuales con el fin de mejorar el rendimiento predictivo general del sistema. Las principales técnicas de conjunto incluyen bagging, boosting, stacking y voting, cada una de las cuales ofrece beneficios específicos según el contexto y los datos.

Bagging: la base de Random Forest

La técnica de bagging consiste en entrenar varios modelos en paralelo sobre subconjuntos de observaciones dibujadas al azar con decremento. A continuación, cada modelo individual se combina para predecir un promedio de los scores (en el caso de una regresión) o un voto mayoritario (en el caso de una clasificación).

Al hacerlo, obtenemos muchos beneficios, tales como:

- mejora de la generalización mediante la reducción del overfitting,
- reducción del impacto de los valores extremos o ausentes,
- la combinación de modelos individuales promueve la estabilidad,
- este tipo de entrenamiento promueve la paralelización de los cálculos.

El famoso Random Forest es el digno representante de este método. Además de todas las ventajas que hereda del bagging, añade una selección aleatoria de características para reforzar aún más su robustez, así como una feature importance para medir la importancia de las variables.

A continuación, se explica cómo importar ambas versiones de este algoritmo:

```
# Random forest versión de regresión
from sklearn.ensemble import RandomForestRegressor

# Random forest versión de clasificación
from sklearn.ensemble import RandomForestClassifier
```

Random Forest tiene muchos hiperparámetros, pero estos son los que se consideran más influyentes para facilitar nuestra iniciación:

Hiperparámetro	Descripción
`n_estimators`	Número de árboles. Aumentar este número puede mejorar el rendimiento, pero también incrementa el tiempo de entrenamiento.
`max_depth`	Profundidad máxima de cada árbol. Controla la complejidad de los árboles.
`max_features`	Número de características que hay que tener en cuenta para la mejor división. Un valor más bajo reduce la diversidad de árboles y puede mejorar el rendimiento.

Boosting

El método de boosting propone una forma de trabajar muy diferente al bagging al favorecer modelos débiles (árboles poco profundos), mejorados secuencialmente por el aumento gradual del peso de las malas predicciones. En pocas palabras: el objetivo es obtener un modelo fuerte mediante la combinación secuencial de modelos débiles.

Este método aporta muchas ventajas, entre ellas:

- scores de predicción muy altos,
- una reducción del sesgo y la varianza, lo que da lugar a modelos más estables,
- una gestión adecuada de datos desequilibrados, valores atípicos y valores ausentes.

Muchos algoritmos componen esta familia, por lo que usaremos el siguiente diagrama para guiarnos en la elección del algoritmo adecuado, en función del contexto.

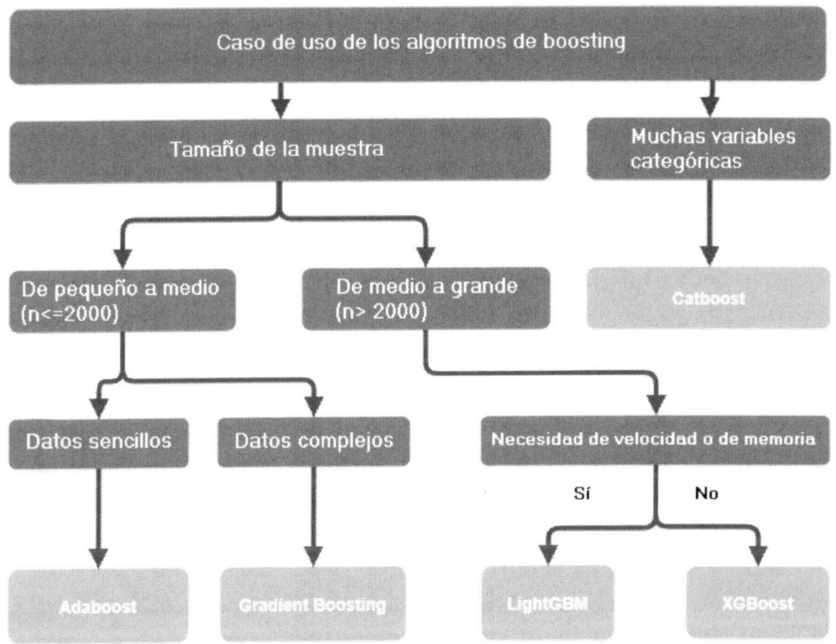

Veamos ahora cómo importar estos algoritmos, sabiendo que solo los dos primeros provienen de Scikit-Learn:

```
# AdaBoost
from sklearn.ensemble import AdaBoostClassifier
from sklearn.ensemble import AdaBoostRegressor

# Gradient Boosting
from sklearn.ensemble import GradientBoostingClassifier
from sklearn.ensemble import GradientBoostingRegressor

# XGBoost
from xgboost import XGBClassifier
from xgboost import XGBRegressor

# LightGBM
from lightgbm import LGBMClassifier
from lightgbm import LGBMRegressor

# CatBoost
from catboost import CatBoostClassifier
from catboost import CatBoostRegressor
```

Los algoritmos tienen muchos hiperparámetros, por lo que nos centraremos en los que son comunes a todos. Dominar la configuración y las posibilidades de ajustes vendrá con la práctica.

Para entender cómo funciona un boosting y sus hiperparámetros, tomemos el ejemplo de un bosque formado por diferentes árboles. Estos árboles pueden variar en altura, densidad de follaje y la cantidad de tiempo que les damos para madurar.

A continuación, se muestra una tabla que resume los principales hiperparámetros y cómo funcionan:

Imagen	Hiperparámetro	Consecuencia
Número de árboles	`n_estimators`	El bosque puede ser más grande o más pequeño. La precisión aumenta con el número de árboles, pero también puede aumentar el tiempo de cálculo y el riesgo de overfitting.
Altura del árbol	`max_depth`	Cuanto más altos son los árboles, más decisiones sucesivas pueden tomar para dividir los datos. Representa el número de niveles de decisiones posibles en cada árbol.
Densidad del follaje	`num_leaves`	Cuantas más hojas tengan los árboles, más decisiones finales diferentes podrán tomar. Esto representa la diversidad de resultados finales que cada árbol puede producir.
Tiempo de maduración	`learning_rate`	Cuanto más largo sea el tiempo de maduración, más detallada y compleja será la información que los árboles puedan aprender. En boosting, esto se traduce en la tasa de aprendizaje, que controla hasta qué punto cada nuevo árbol ajusta los errores de los anteriores.

Stacking

El stacking ilustra otra faceta singular de los métodos de conjunto. Su objetivo principal es construir un metamodelo combinando las predicciones de varios modelos básicos, seleccionados inicialmente. Por lo tanto, el éxito del stacking dependerá no solo de los algoritmos básicos seleccionados, sino también de la diversidad y complementariedad de estos modelos.

Aunque los requisitos computacionales son mayores, la combinación de algoritmos heterogéneos puede producir resultados superiores a los obtenidos por cada uno tomado de forma independiente.

Veamos cómo configurar un staking a través del siguiente código:

```
# 1 / Importar las librerías necesarias
from sklearn.linear_model import LogisticRegression
from sklearn.neighbors import KNeighborsClassifier
from sklearn.ensemble import RandomForestClassifier
from sklearn.ensemble import StackingClassifier


# 2 / Inicializar los modelos básicos
linear_model = LogisticRegression(max_iter=1000,
                                  random_state=42)
knn_model = KNeighborsClassifier(n_neighbors=5)
rf_model = RandomForestClassifier(n_estimators=100,
                                  random_state=42)

# 3 / Inicialización del modelo de stacking
stacking_models = [
    ('logistic', linear_model),
    ('knn', knn_model),
    ('random_forest', rf_model)
]

# 4 / Instanciación del stacking
stacking_model = StackingClassifier(estimators=stacking_models,
final_estimator=LogisticRegression())

# 5 / Entrenamiento del modelo de stacking
stacking_model.fit(X_train, y_train)
```

La implementación es relativamente sencilla:

- importación e inicialización de las plantillas básicas (puntos 1 y 2 del código),
- creación de una lista de nombres e instancias de cada modelo (punto 3),
- instanciación del algoritmo de stacking en el punto 4, especificando la lista de algoritmos utilizados en el parámetro `estimators` y el algoritmo utilizado para combinarlos todos juntos en `final_estimator`,
- entrenamiento clásico del algoritmo así creado (punto 5).

Aquí se recomienda tomar algoritmos heterogéneos para explotar las fortalezas de cada uno y así fortalecer el stacking resultante.

Voting

El método del voting también consiste en aprovechar la combinación de diferentes algoritmos básicos, pero luego el voto se realizará por mayoría (hard voting) o tomando la media ponderada de los scores (soft voting).

A diferencia del stacking, aquí se fomenta la selección de algoritmos homogéneos o, incluso, el mismo algoritmo con diferentes hiperparámetros porque tienden a producir predicciones más consistentes que pueden mejorar la eficiencia del voting. El objetivo que se persigue es confiar en la combinación de diferentes algoritmos e hiperparámetros para mejorar la robustez y la generalización del algoritmo resultante.

La implementación del voting es equivalente a la del staking. Vamos a presentar un ejemplo basado en el mismo algoritmo:

```
# Importar las librerías necesarias
from sklearn.ensemble import RandomForestClassifier
from sklearn.ensemble import VotingClassifier

# Definir los modelos individuales
clf1 = RandomForestClassifier(n_estimators=10, random_state=1)
clf2 = RandomForestClassifier(n_estimators=50, random_state=1)
clf3 = RandomForestClassifier(n_estimators=100, random_state=1)

# Crear el clasificador de voto con el tipo de voto
eclf = VotingClassifier(
    estimators=[('rf_10', clf1), ('rf_50', clf2), ('rf_100', clf3)],
    voting='hard')
```

```
# Entrenamiento del voting
eclf.fit(X_train, y_train)
```

En el caso del voting, los dos hiperparámetros importantes específicos del sistema son `estimators` y `voting`, que aceptan las opciones `'hard'` o `'soft'`.

2.3.4 Redes neuronales

Las redes neuronales ocupan un lugar importante en los algoritmos no lineales porque son particularmente efectivas para tratar problemas complejos y multidimensionales.

Inspiradas en las neuronas del cerebro humano, forman una red organizada en tres tipos de capas: la capa de entrada, que recibe los datos; las capas intermedias, conocidas como capas ocultas, donde se realizan los cálculos, y la capa de salida, que devuelve la predicción o representación vectorial de los datos, llamada embedding.

En el contexto del aprendizaje supervisado en Scikit-Learn, podemos utilizar las *Multi-Layer Perceptron* (MLP) en modo regresión y clasificación. Sin embargo, existen muchos otros tipos de redes neuronales que presentaremos brevemente, ya que experimentaremos con algunas de ellas en el capítulo Modelado del texto y la imagen.

Multi-Layer Perceptron

El método *Multi-Layer Perceptron* (MLP) es una implementación de un perceptrón multicapa, que se entrena mediante retropropagación. La retropropagación corrige el error entre la predicción y la realidad, ajustando los pesos de conexión, subiendo gradualmente de la capa de salida a la capa de entrada, para mejorar las predicciones de la red.

El MLP se despliega de la misma manera que los otros algoritmos de Scikit-Learn, importándolo de la siguiente manera:

```
# Versión de regresión
from sklearn.neural_network import MLPRegressor

# Versión de clasificación
from sklearn.neural_network import MLPClassifier
```

Como cualquier red neuronal, MLP tiene muchos hiperparámetros que abren inmensas posibilidades de ajuste.

Hiperparámetro	Explicación
`hidden_layer_sizes`	Determina la estructura de las capas ocultas. Por ejemplo, `(100, 50)` significa dos capas ocultas con 100 y 50 neuronas respectivamente.
`activation`	Especifica la función de activación utilizada para las neuronas. Las opciones comunes incluyen `'relu'`, `'tanh'` y `'logistic'`.
`solver`	El algoritmo utilizado para la optimización. Las opciones incluyen `'adam'`, `'sgd'` (gradiente estocástico) y `'lbfgs'`.
`learning_rate`	Controla la velocidad a la que el modelo ajusta los pesos. Puede ser un valor fijo (`'constant'`), adaptable (`'adaptive'`) o decreciente (`'invscaling'`).
`alpha`	Valor de acumulación establecido en 0,0001 de forma predeterminada.

Las diferentes redes neuronales

Las redes neuronales han sido fundamentales para la ciencia de datos desde 2012. Con la llegada de los *Large Language Model* (LLM), como ChatGPT, esta influencia ha trascendido el marco de esta disciplina para extenderse ampliamente entre el público en general.

Por lo tanto, es importante nombrar y describir el papel de cada tipo de red para tener una visión general de las posibilidades que ofrece esta tecnología. He aquí una tabla resumen para ello:

Tipo de red neuronal	**Aplicaciones**	**Notas**
Convolutional Neural Networks (CNN)	Visión por ordenador Tratamiento de imágenes	Scikit-learn no es compatible directamente con las CNN. Usar Keras a través de KerasClassifier y KerasRegressor.
Region-based Convolutional Neural Networks (RCNN)	Detección de objetos Segmentación de imágenes	Se utiliza para tareas más específicas en visión artificial. Implementación más compleja.
Recurrent Neural Networks (RNN)	Procesamiento del lenguaje natural Series temporales	Implementado principalmente en frameworks especializados.
Autoencoders	Aprendizaje no supervisado Reducción de dimensión Detección de anomalías	Requieren frameworks especializados para la implementación avanzada.
Generative Adversarial Networks (GAN)	Generación de imágenes Calidad de imagen mejorada Síntesis de datos	Implementación compleja que requiere frameworks especializados.
Transformers	Procesamiento del lenguaje natural Traducción automática Generación de texto	Se utiliza con librerías dedicadas, como Hugging Face.

Tipo de red neuronal	Aplicaciones	Notas
Large Language Models (LLM)	Procesamiento del lenguaje natural Generación de texto Comprensión de textos	ChatGPT es un LLM basado en transformadores, impulsado por un vasto conjunto de datos textuales. Se utiliza junto con librerías como Hugging Face para facilitar su implementación y su uso.

Ahora es el momento de pasar a la práctica y explorar cómo funcionan estos algoritmos. Procederemos a una aplicación concreta a través de un ejemplo de regresión y clasificación.

3. La regresión en la práctica

Se utilizará aquí el conjunto de datos de los diamantes para experimentar con los pasos de un modelo de regresión. Este juego cuenta con 53 940 observaciones sobre diferentes características de los diamantes, como los quilates, el tamaño, el color, las dimensiones o el precio. Nos gustaría predecir el precio de un diamante a partir de la tabla (ancho de la parte superior del diamante en relación con el punto más ancho), el número de quilates y su color.

Observación

Se ha realizado previamente un trabajo de ingeniería de características, por lo que algunas variables se seleccionarán directamente o se ignorarán en nuestro ejemplo. El objetivo aquí es centrarse solo en el modelado.

3.1 Preparación de los datos

3.1.1 Importación de los datos

Comenzamos con la importación de los datos, teniendo cuidado de eliminar las observaciones con dimensiones nulas o extremadamente altas. Esta supresión solo afecta a 23 observaciones.

```
import seaborn as sns

df_brut = sns.load_dataset("diamonds")

# Conservación de las medidas válidas y no aberrantes
condition = 'x != 0 and 0 < y < 30 and 0 < z < 30'
df = df_brut.query(condition).reset_index(drop=True)

df.head()
```

	carat	cut	color	clarity	depth	table	price	x	y	z
0	0.23	Ideal	E	SI2	61.5	55.0	326	3.95	3.98	2.43
1	0.21	Premium	E	SI1	59.8	61.0	326	3.89	3.84	2.31
2	0.23	Good	E	VS1	56.9	65.0	327	4.05	4.07	2.31
3	0.29	Premium	I	VS2	62.4	58.0	334	4.20	4.23	2.63
4	0.31	Good	J	SI2	63.3	58.0	335	4.34	4.35	2.75

Antes de continuar, veamos la distribución de la variable `price`:

```
# Boxplot de price
sns.boxplot(x=df['price'],color="#439CC8", width=0.5)
plt.title("Diagrama de cajas de los precios de los diamantes\n")
plt.show()
```

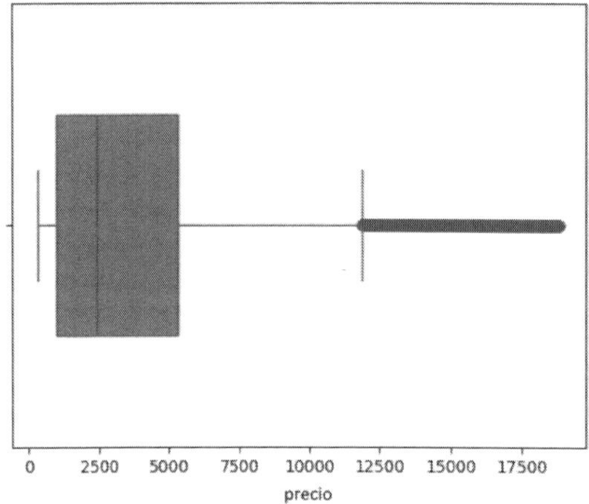

Los precios de los diamantes oscilan entre los 326 y los 18 823 euros, con un precio mediana de 2401 y un precio medio de unos 3931 euros.

3.1.2 Separación de las variables explicativas de la variable objetivo

La primera medida después de la importación consistirá en separar las variables explicativas de la variable que se ha de explicar, colocándolas en dos tablas X e y diferentes.

```
X = df[["table","carat","color"]] # Variables explicativas
y = df["price"]                   # Variable objetivo
```

3.1.3 Separación de los datos de entrenamiento y de prueba

Se lleva a cabo una nueva separación para dividir el conjunto entre los datos de entrenamiento y los de prueba.

```
# Importar la función train_test_split
from sklearn.model_selection import train_test_split

# Split de los datos
X_train, X_test, y_train, y_test = train_test_split(
    X,
    y,
    test_size=0.2,
    random_state=42
)
```

3.1.4 Transformaciones de las variables

Hemos seleccionado dos variables numéricas (`table` y `carat`) y una variable categórica denominada `color`. Aquí aplicaremos una transformación de escala `RobustScaler()` en las variables numéricas de `table` y `carat` y una binarización de la variable `color` usando la función `OneHotEncoder()`. La función `ColumnTransformer()` se utiliza aquí para orientar las transformaciones sobre las variables relevantes:

```
# Importar las funciones necesarias
from sklearn.compose import ColumnTransformer
from sklearn.preprocessing import RobustScaler, OneHotEncoder

# Crear la instancia de transformación
column_transformer = ColumnTransformer(transformers=[
        ('num', RobustScaler(), ["table", "carat"]),
        ('cat', OneHotEncoder(drop='first'), ["color"])
    ]
)

# Aplicar los datos
# fit_transform para el juego de entrenamiento
X_train_scaled = column_transformer.fit_transform(X_train)

# Solo transformación para el juego de prueba
X_test_scaled = column_transformer.transform(X_test)
```

3.1.5 Finalización de la preparación de los datos

Antes de pasar al experimento, vamos a implementar dos medidas para finalizar:

- Cambiar el nombre de las columnas de las variables binarizadas para obtener sus nombres en lugar de un número de orden. Esto hará que sea más fácil entender los resultados más adelante:

```
# Recuperación de los nombres de las variables binarizadas
names_bin_columns = list(column_transformer
.named_transformers_['cat'].get_feature_names_out(["color"]))

# Creación de una lista global de los nombres de variables
all_columns = ["table", "carat"] + names_bin_columns
```

```
# Añadir los nombres a las matrices
X_train_processed = pd.DataFrame(X_train_scaled,
                                 columns=all_columns)
X_test_processed = pd.DataFrame(X_test_scaled,
                                columns=all_columns)
```

– Cambiar el tipo de variables. En nuestro caso, cambiar el tipo de las variables binarias de `float64` a `int8` reduce el uso de memoria para la tabla de entrenamiento de 2,63 Mb a 0,91 Mb. De este modo, todos los cálculos se aceleran:

```
memory_usage = X_train_processed.memory_usage(deep=True).sum()

print(f"Memory usage antes de la modificación del tipo:
{memory_usage / 1024 ** 2:.2f} MB")

# Identificación de las columnas empezando por 'color'
color_col = [col for col in X_train_processed.columns if
col.startswith('color')]

# Conversión de las columnas en int8
X_train_processed[color_col] =
X_train_processed[color_col].astype('int8')
X_test_processed[color_col] =
X_test_processed[color_col].astype('int8')

memory_usage = X_train_processed.memory_usage(deep=True).sum()

print(f"Memory usage después de la modificación del tipo:
{memory_usage / 1024 ** 2:.2f} MB")
```

```
Memory usage antes de la modificación del tipo: 2.63 MB
Memory usage después de la modificación del tipo: 0.91 MB
```

Los datos ya están preparados. Ahora pasemos a la experimentación.

3.2 Función de cálculo y visualización de las regresiones

Antes de pasar a evaluar los modelos, he aquí una característica útil para probar cualquier algoritmo con o sin hiperparámetros. La función muestra, al final, los mejores parámetros y el rendimiento del algoritmo. También recupera todos los datos experimentales que luego se pueden utilizar para hacer una evaluación de las soluciones probadas.

```
from sklearn.model_selection import GridSearchCV, RandomizedSearchCV,
cross_val_score
from sklearn.metrics import r2_score, mean_squared_error,
mean_absolute_error

def evaluate_model(algorithm, param_grid, X_train, y_train, X_test,
y_test, search_type='grid', scoring='r2', cv=5):
    """
    Entrena un modelo usando GridSearchCV o RandomizedSearchCV,
    predice los valores de prueba y calcula las métricas.

    :param algorithm: La instancia del algoritmo a utilizar.
    :param param_grid: Diccionario de los argumentos a probar
(None si está vacío)
    :param X_train: Datos de entrenamiento.
    :param y_train: Objetivos de entrenamiento.
    :param X_test: Datos de prueba.
    :param y_test: Objetivos de la prueba.
    :param search_type: Tipo de búsqueda ('grid' para GridSearchCV o
    'random' para RandomizedSearchCV).
    :param scoring: Métrica para GridSearchCV o RandomizedSearchCV.
    :param cv: Número de folds para la validación cruzada.
    :return: Diccionario de los mejores argumentos, R², RMSE, MAE,
    los resultados y el modelo.
    """

    # Si param_grid está vacío, entrenamiento sin optimización
    if param_grid is None:
        algorithm.fit(X_train, y_train)
        best_model = algorithm
        best_params = algorithm.get_params()
        cv_results = cross_val_score(best_model,
                                     X_train, y_train,
                                     cv=cv,
                                     scoring=scoring)
    else:
        # Elegir el tipo de búsqueda de hiperparámetros
```

```
        if search_type == 'grid':
            search = GridSearchCV(algorithm,
                                  param_grid,
                                  cv=cv,
                                  scoring=scoring)
        elif search_type == 'random':
            search = RandomizedSearchCV(algorithm,
                                        param_grid,
                                        cv=cv,
                                        scoring=scoring)
        else:
            raise ValueError("search_type must be 'grid' or 'random'")

        # Entrenamiento y optimización
        search.fit(X_train, y_train)
        best_model = search.best_estimator_
        best_params = search.best_params_
        cv_results = search.cv_results_

    # Predicción con el mejor modelo
    y_pred = best_model.predict(X_test)

    # Cálculo de los indicadores
    r2 = r2_score(y_test, y_pred)
    rmse = mean_squared_error(y_test, y_pred) ** 0.5
    mae = mean_absolute_error(y_test, y_pred)

    # Visualización de los resultados
    print(f"Modelo: {algorithm.__class__.__name__}")
    print(f"Mejores argumentos: {best_params}")
    print(f"R² : {r2}")
    print(f"RMSE : {rmse}")
    print(f"MAE : {mae}")

    return {
        'best_params': best_params,
        'r2': r2,
        'rmse': rmse,
        'mae': mae,
        'cv_results': cv_results,
        'best_model': best_model
    }
```

Esta función facilitará enormemente la experimentación de los diferentes algoritmos al permitirnos recuperar los datos de la experimentación y mostrar los resultados necesarios para la evaluación.

3.3 Modelado de una regresión

3.3.1 Modelo de base (DummyRegressor)

Comenzamos el modelado calculando el modelo de base que nos servirá de referencia para poner en perspectiva el rendimiento de las otras soluciones probadas.

```
from sklearn.dummy import DummyRegressor

dummy_regr = DummyRegressor()
param_grid_dr = {
    'strategy': ["mean","median"]
}
results_dummy = evaluate_model_reg(dummy_regr, param_grid_dr,
X_train_processed, y_train, X_test_processed, y_test)
```

```
Modelo: DummyRegressor
Mejores argumentos: {'strategy': 'mean'}
R²: -4.514190489257608e-05
RMSE: 3970.0877794570974
MAE: 3008.402689259864
```

Los resultados anteriores merecen algunos comentarios:

- Se seleccionó la estrategia «media» frente a la estrategia «mediana» porque proporciona el mejor score.
- El R^2 ronda, como era de esperar, el valor de cero, ya que el algoritmo no captura ninguna variación en los datos.
- El RMSE indica un error cuadrático medio de 3970 euros, lo que significa que el sistema predice el precio del diamante a los 3970 euros más cercanos, lo cual es malo.
- La MAE es menos elevada, en torno a los 3008 euros, lo que confirma que los valores extremos, que elevan el RMSE a 3970, están presentes y pesan sobre las predicciones.

3.3.2 Prueba de algoritmos simultáneos

Una vez evaluado el modelo de referencia, probaremos diferentes algoritmos que tienen sus propios modos de funcionamiento y configuraciones. Procederemos paso a paso para poder comentar los resultados. Sin embargo, en condiciones del mundo real, se recomendaría utilizar un pipeline para explorar todos los aspectos a la vez. Veremos cómo proceder en la subsección El pipeline, en este capítulo.

Comencemos este experimento con uno de los algoritmos más conocidos: la regresión lineal.

Regresión lineal

La regresión lineal es una buena opción para probar desde el principio, ya que resulta fácil de implementar y de interpretar. Y como algoritmo lineal, proporciona una base sólida para evaluar el rendimiento y determinar si se necesitan enfoques más complejos.

Gracias a nuestra función, simplemente importamos el algoritmo deseado y definimos sus propios parámetros, y obtenemos el mismo tipo de informe que para el `DummyRegressor`.

```
from sklearn.linear_model import LinearRegression
lr = LinearRegression()
param_grid_lr = {
    'fit_intercept': [True, False],
    'positive': [True, False]
}

results_lr = evaluate_model_reg(lr,
                                param_grid_lr,
                                X_train_processed,
                                y_train,
                                X_test_processed,
                                y_test)
```

```
Fitting 5 folds for each of 4 candidates, totalling 20 fits
Modelo: LinearRegression
Mejores parámetros: {'fit_intercept': True, 'positive': False}
R²: 0.8689209091643584
RMSE: 1437.3317439376701
MAE: 960.0696361893933
```

Hagamos algunos comentarios sobre estos resultados:

- La presencia de la intersección con el eje y se mantuvo porque proporciona mejores resultados que sin ella.
- Forzar los coeficientes a ser positivos no era pertinente.
- El coeficiente de determinación es muy bueno, alrededor de 0,87.
- El RMSE y el MAE se reducen de forma significativa a 1437 y 960, respectivamente. Esto representa disminuciones del 63,8 % y el 68 %, respectivamente, lo cual es muy significativo.

La regresión lineal se utiliza para evaluar la importancia de las variables en el modelo mediante el estudio de sus respectivos coeficientes. El código para obtenerlo es el siguiente:

```
for i in
zip(X_train_processed.columns,results_lr["best_model"].coef_):
    print(i)
```

```
('table', -223.1036208384283)
('carat', 5199.984079393048)
('color_E', -94.59087184119448)
('color_F', -95.65712767271005)
('color_G', -113.05514007545906)
('color_H', -735.0998381434866)
('color_I', -1079.361591408647)
('color_J', -1929.9683294453112)
```

Como era de esperar, es el quilate lo que más pesa en el precio. La tabla influye de forma negativa. Al igual que la tabla, los colores tienen un impacto negativo y creciente en orden alfabético. Nos encontramos, así, con la lógica de las letras del color, que van desde la D, que es la mejor, hasta la J, que es la peor.

Pruebas de algoritmos semilineales

Se probó un SVR con un núcleo polinómico de grado 2 y 3, pero no fue concluyente porque el rendimiento se degradó para todas las métricas y el tiempo de entrenamiento superó los 20 minutos, en comparación con los pocos segundos requeridos por los otros algoritmos. Este es el código de este algoritmo, junto con los resultados

```
from sklearn.svm import SVR


# Definición del modelo SVR
svr = SVR()

# Malla de los hiperparámetros a probar
param_grid_svr = {
    'kernel': ['poly'],  # Diferentes nodos a probar
    'degree': [2,3]
}
results_svr = evaluate_model_reg(svr,
                                 param_grid_svr,
                                 X_train_processed,
                                 y_train,
                                 X_test_processed,
                                 y_test,
                                 search_type='grid')
```

```
Fitting 5 folds for each of 2 candidates , totalling 10 fits
Modelo: SRV
Mejores argumentos: {'degree': 2, 'kernel': 'poly'}
R²: 0.6869134216651844
RMSE: 2221.3783362553363
MAE: 1430: 2664130289882
```

El bajo rendimiento nos lleva a descartar esta solución.

KNN Regressor

Ahora pasemos a los algoritmos no lineales, empezando por el KNN Regressor, que es una solución interesante para explorar, ya que es fácilmente comprensible y, en general, ofrece un buen rendimiento. Solo hay que tener cuidado con no usarlo en datos que contengan muchas variables porque sufre debilidades computacionales en casos de grandes dimensiones.

```
from sklearn.neighbors import KNeighborsRegressor
knnr = KNeighborsRegressor()
param_grid_knnr = {
    'n_neighbors': [x for x in range(5,10)],
    'weights': ['uniform', 'distance'],
    'algorithm': ['auto', 'ball_tree', 'kd_tree', 'brute'],
    'metric': ['euclidean', 'manhattan', 'chebyshev',
'minkowski']
}

results_knnr = evaluate_model_reg(knnr,
                                  param_grid_knnr,
                                  X_train_processed,
                                  y_train,
                                  X_test_processed,
                                  y_test,
                                  search_type='random')
```

```
Fitting 5 folds for each of 10 candidates, totalling 50 fits
Modelo: KNeighborsRegressor
Mejores argumentos: {'weights': 'uniform', 'n_neighbors': 9, 'metric': 'manhattan', 'algorithm': 'auto'}
R²:0.9008747096851734
RMSE: 1249.9209378301086
MAE: 693.2768710847345
```

Observación

Dado que `seach_type` se establece con el valor `random`, la cuadrícula de búsqueda es un `RandomizedSearchCV`, por lo que los resultados pueden ser diferentes de los que se muestran.

Una vez más, vemos una mejora general en todas las métricas, pero la disminución del error medio es más pronunciada en el MAE que en el RMSE, lo que indica que las grandes desviaciones siguen pesando negativamente.

XGBoost Regressor

Terminaremos con un algoritmo de conjuntos bien conocido por su eficiencia y robustez en datos complejos: el XGBoost Regressor.

```
from xgboost import XGBRegressor

# Definición del XGBRegressor
xgbr = XGBRegressor()

# Malla de argumentos para la búsqueda
param_grid_xgbr = {
    'n_estimators': [100, 150, 200],
    'learning_rate': [0.01, 0.1, 0.2, 0.3],
    'max_depth': [3, 4, 5, 6],
    'subsample': [0.6, 0.8, 1.0],
    'colsample_bytree': [0.6, 0.8, 1.0]
}

# Evaluación del modelo con la función evaluate_model_reg
results_xgbr = evaluate_model_reg(xgbr,
                                  param_grid_xgbr,
                                  X_train_processed,
                                  y_train,
                                  X_test_processed,
                                  y_test,
                                  search_type='random')

# Visualización de los resultados
print(results_xgbr)
```

```
Fitting 5 folds for each of 10 candidates, totalling 50 fits
Modelo: XGBRegressor
Mejores argumentos: {'subsample': 1.0, 'n_estimators': 100, 'max_depth': 3, 'learning_rate': 0.2, 'colsample_bytree': 1.0}
R²: 0.907150387763977
RMSE: 1209.7075348868716
MAE: 673.263752212864
```

El rendimiento mejora aún más. `XGBoostRegressor` parece, en nuestro experimento, ser la mejor opción, aumentando el RMSE de 3970 a 1209,7, una disminución del 69,5 % en comparación con el modelo de base. De forma aún más marcada, el MAE pasó de 3008 a 673, una disminución del 77,2 %.

De todos los algoritmos con los que se ha experimentado aquí, es claramente la mejor propuesta en lo que respecta a las métricas. Hemos realizado una presentación detallada a fin de comentar bien cada algoritmo. En la práctica, el uso del pipeline facilitará todos estos experimentos. En la siguiente subsección, veremos cómo usarlo.

3.3.3 El pipeline

El pipeline desempeña un papel central en el modelado, ya que ayuda a automatizar, simplificar el flujo de trabajo y, por lo tanto, garantiza la reproducibilidad y la ausencia de fuga de datos entre las fases de entrenamiento y prueba.

Para ilustrar cómo funciona, tomaremos todos los experimentos del algoritmo a la vez y lo pondremos todo en forma de pipeline.

Comenzaremos por importar los módulos necesarios y definir nuestros algoritmos, especificando su nombre, su función y el diccionario de hiperparámetros:

```
from sklearn.pipeline import Pipeline
from sklearn.model_selection import GridSearchCV

from sklearn.linear_model import LinearRegression
from sklearn.neighbors import KNeighborsRegressor
from xgboost import XGBRegressor

from sklearn.preprocessing import StandardScaler

# Definición de nuestros regresores:
regressors = {
    'LinearRegression': (LinearRegression(),
     {'regressor__fit_intercept': [True, False],
      'regressor__positive': [True, False],}),
    'KNeighborsRegressor': (KNeighborsRegressor(),
     {'regressor__n_neighbors': [x for x in range(5,10)],
      'regressor__weights': ['uniform', 'distance'],
```

```
      'regressor__algorithm': ['auto','ball_tree', 'kd_tree',
'brute'],
      'regressor__metric': ['euclidean', 'manhattan',
'chebyshev','minkowski']}),
    'XGBRegressor': (XGBRegressor(),
     {'regressor__n_estimators': [100, 150, 200],
      'regressor__learning_rate': [0.01, 0.1, 0.2, 0.3],
      'regressor__max_depth': [3, 4, 5, 6],
      'regressor__subsample': [0.6, 0.8, 1.0],
      'regressor__colsample_bytree': [0.6, 0.8, 1.0]})
}
```

Observación

Asegúrese de que antepone el nombre de cada hiperparámetro con el nombre que usaremos para definir la clase de algoritmos probados. Aquí, los llamamos `regressor`*, por lo que todos los nombres de funciones en el diccionario estarán precedidos por* `regressor`*. Recuerde poner dos underscores sucesivos.*

Una vez definido el pipeline, se muestra cómo implementarlo:

```
# Recogida de los scores
results = {}

# Bucle sobre cada algoritmo con pipeline
for name, (reg, param_grid) in regressors.items():
    pipeline = Pipeline([
        ('scaler', StandardScaler()),  # Standarscaler
        ('regressor', reg) # Prueba del algoritmo
    ])

    # Definición y entrenamiento de la GridsearchCV
    grid_search = GridSearchCV(estimator=pipeline,
                               param_grid=param_grid,
                               cv=5, scoring='r2')

    grid_search.fit(X_train_processed, y_train)

    #Recuperación de los mejores argumentos
    best_pipeline = grid_search.best_estimator_

    # Cálculo del R² sobre el conjunto de prueba
    y_pred_test = best_pipeline.predict(X_test_processed)
```

```
    r2_test = r2_score(y_test, y_pred_test)

    # Cálculo de RMSE y MAE sobre el conjunto de prueba
    mse_test = mean_squared_error(y_test, y_pred_test)
    rmse_test = np.sqrt(mse_test)
    mae_test = mean_absolute_error(y_test, y_pred_test)

    # Incremento del diccionario de todos los resultados
    results[name] = {
        'R²_train': cross_val_score(best_pipeline,
                                    X_train_processed,
                                    y_train, cv=5,
                                    scoring='r2'),
        'R²_test': r2_test,
        'RMSE_test': rmse_test,
        'MAE_test': mae_test
    }
```

De esta manera, podemos probar todo tipo de algoritmos siguiendo un protocolo definido, con la seguridad de garantizar la reproducibilidad de los experimentos. Una vez entrenado el pipeline, podemos establecer fácilmente estadísticas globales y visualizaciones sobre todos los algoritmos que facilitarán la selección del mejor candidato.

Para que el código no sea demasiado difícil de leer, hemos limitado la cantidad de información en el diccionario de resultados. Pero, en condiciones reales, sería interesante añadir, por ejemplo, el tiempo de ejecución, el peso del archivo del algoritmo o cualquier tipo de indicador que nos ayude en nuestra elección.

A modo de ejemplo, el siguiente gráfico muestra la variabilidad de los scores de entrenamiento para los mejores parámetros de cada algoritmo:

```
colors = ['#EEE','#439CC8','#285E78']  # Ejemplo de colores
palette = dict(zip(regressors.keys(), colors))

# Visualización de los resultados
sns.boxplot(
    data=[results[name]['R²_train']
          for name in regressors.keys()],
    ax=ax,
    palette=colors
)
```

```
ax.set_xticks(range(len(regressors)))
ax.set_xticklabels(regressors.keys())
ax.set_title('Variabilidad del R² (train) para cada algoritmo
con GridSearchCV\n')
ax.set_ylabel('R² (train)')
plt.show()
```

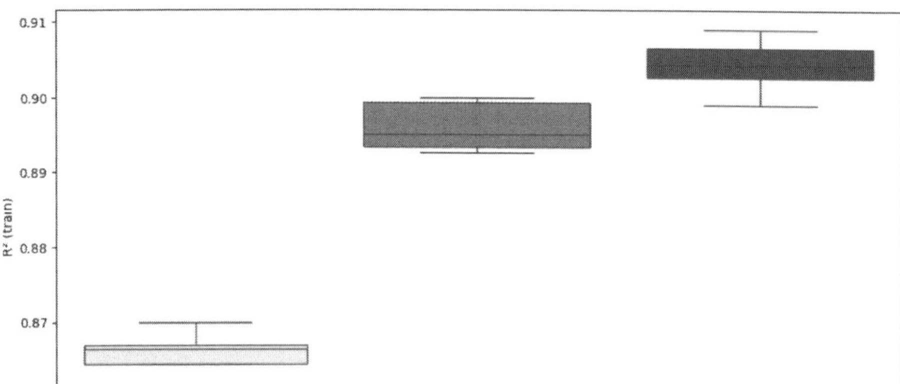

En nuestro caso, `XGBRegressor` confirma su posición como líder al mostrar una baja variabilidad y tener un score más alto que sus competidores.

El uso del pipeline no sustituye necesariamente a las sucesivas pruebas de algoritmos, ya que, si bien permite realizar todas las pruebas a la vez, el tiempo de ejecución se puede convertir en un inconveniente durante los experimentos de hiperparámetros.

4. La clasificación en la práctica

Ahora vamos a practicar una clasificación. Para ello, tomaremos el ejemplo de los «diamantes» tratando de deducir la calidad del corte del diamante a partir de otras variables.

4.1 Preparación de los datos

4.1.1 Importación de los datos

Comencemos importando los datos y eliminando directamente las medidas inexistentes o atípicas:

```
import seaborn as sns
import pandas as pd
import numpy as np

# Importar el juego de datos
df = sns.load_dataset("diamonds")

# Eliminar las medidas inexistentes o aberrantes
df = df_brut.query('x != 0 and 0 < y < 30 and 0 < z < 30')
.reset_index(drop=True)
```

4.1.2 Separación entre las variables explicativas y la variable objetivo

A continuación, prepararemos las matrices X e Y. Asegúrese aquí de pasar la matriz y de tipo `category`:

```
# Preparación de las matrices X y y
X = df[["price","table","depth","color","clarity"]]
y = pd.Series(df['cut'], dtype='category')
```

4.1.3 Separación de los datos de entrenamiento y de prueba

La separación entre los datos de entrenamiento y de prueba se lleva a cabo de la siguiente manera:

```
from sklearn.model_selection import train_test_split

# División de los datos entre entrenamiento y prueba
X_train, X_test, y_train, y_test = train_test_split(X, y,
test_size=0.2, random_state=42, stratify=y)
```

Observación

El uso de `stratify` en la función `train_test_split` permite mantener las proporciones de las clases entre los conjuntos de entrenamiento y prueba

4.1.4 Transformación de columnas

Una vez que los datos están separados, vamos a transformarlos de una manera específica en función de su tipo, usando la función *ColumnTransformer*. Después de diseñar las variables numéricas y categóricas, aplicaremos una estandarización para las primeras y una binarización para las segundas, respectivamente:

```
from sklearn.compose import ColumnTransformer

# Identificación de las columnas numéricas y binarias
numeric_columns = X.select_dtypes(include=['number']).columns
categorical_columns =
X.select_dtypes(exclude=['number']).columns

# Transformación de los datos
column_transformer = ColumnTransformer(
    transformers=[
        ('num', RobustScaler(), numeric_columns),
        ('cat', OneHotEncoder(drop='first'),
categorical_columns)
    ]
)

# Aplicación de ColumnTransformer
X_train_scaled = column_transformer.fit_transform(X_train)
X_test_scaled = column_transformer.transform(X_test)
```

4.1.5 Formato de los nombres

La binarización requiere cambiar el nombre de cada nueva variable por su mención original:

```
# Crear de la lista de los nombres que incluyen los nombres de los
binarios
names_bin_columns =
list(column_transformer.named_transformers_['cat']
.get_feature_names_out(categorical_columns))
```

```
all_columns = list(numeric_columns) + names_bin_columns

# Añadir los nombres en las tablas
X_train_processed = pd.DataFrame(X_train_scaled,
columns=all_columns)
X_test_processed = pd.DataFrame(X_test_scaled,
columns=all_columns)
```

4.1.6 Ajuste del tipo de variables

Finalmente, estas nuevas variables binarias se identificarán en una lista y se convertirán a `int8` para reducir su consumo de memoria:

```
# Identificación de los nombres de las antiguas variables categóricas
categ_cols = [
    col for col in X_train_processed.columns
    if any(col.startswith(categ_col)
    for categ_col in categorical_columns)
]

# Conversión de estas columnas en int8 para ganar en memoria
X_train_processed[categ_cols] =
X_train_processed[categ_cols].astype('int8')
X_test_processed[categ_cols] =
X_test_processed[categ_cols].astype('int8')
```

4.2 Función de cálculo y visualización de las clasificaciones

Nuestros datos ya están listos para la experimentación.

Al igual que en el caso de la regresión, he aquí la función modificada para las clasificaciones. Esto tiene como objetivo entrenar un modelo de clasificación con varios hiperparámetros, evaluar su rendimiento a través de la precisión y mostrar un informe de clasificación y una matriz de confusión para medir los resultados del algoritmo probado:

```
from sklearn.model_selection import GridSearchCV,
RandomizedSearchCV
from sklearn.metrics import accuracy_score
from sklearn.metrics import classification_report,
confusion_matrix
import seaborn as sns
import matplotlib.pyplot as plt
from sklearn.model_selection import cross_val_score
```

```
from sklearn.preprocessing import LabelEncoder

def eval_classification(algorithm, param_grid, X_train,
                        y_train, X_test, y_test,
                        search_type='grid',
                        scoring='accuracy', cv=5):
    """
    Entrena un modelo de clasificación usando
    GridSearchCV o RandomizedSearchCV,
    predice los valores de prueba y
    calcula las métricas de rendimiento.
    :param algorithm: La instancia del algoritmo a utilizar.
    :param param_grid: Diccionario de los argumentos a probar
    en GridSearchCV o RandomizedSearchCV. (Poner None si
está vacío)
    :param X_train: Los datos de entrenamiento.
    :param y_train: Los objetivos de entrenamiento.
    :param X_test: Los datos de prueba.
    :param y_test: Los objetivos de prueba.
    :param search_type: El tipo de búsqueda
    ('grid' para GridSearchCV o 'random' para
RandomizedSearchCV).
    :param scoring: Métrica de scoring para GridSearchCV o
RandomizedSearchCV.
    :param cv: Número de folds para la validación cruzada.
    :return: Un diccionario que contiene los mejores argumentos,
     accuracy, precision, recall, f1, confusion matrix y
classification report.
    """

    # Codificación de las etiquetas
    label_encoder = LabelEncoder()
    y_train_encoded = label_encoder.fit_transform(y_train)
    y_test_encoded = label_encoder.transform(y_test)

    # Recuperación de las categorías originales
    unique_categories = label_encoder.classes_

    # Entrenamiento sin optimización de hiperparámetros si param_grid
está vacío
    if param_grid is None:
        algorithm.fit(X_train, y_train_encoded)
        best_model = algorithm
        best_params = algorithm.get_params()
        cv_results = cross_val_score(
            best_model, X_train,
            y_train_encoded,cv=cv,
```

```
            scoring=scoring
        )
    else:
        # Elegir el tipo de búsqueda de hiperparámetros
        if search_type == 'grid':
            search = GridSearchCV(
                algorithm, param_grid, cv=cv,
                scoring=scoring
            )
        elif search_type == 'random':
            search = RandomizedSearchCV(
                algorithm, param_grid, cv=cv,
                scoring=scoring
            )
        else:
            raise ValueError(
                "search_type debe ser 'grid' o 'random'"
            )
        # Entrenamiento y optimización
        search.fit(X_train, y_train_encoded)
        best_model = search.best_estimator_
        best_params = search.best_params_
        cv_results = search.cv_results_

    # Predicción con el mejor modelo
    y_pred = best_model.predict(X_test)

    # Calcular los indicadores
    accuracy = accuracy_score(y_test_encoded, y_pred)
    class_report = classification_report(
        y_test_encoded, y_pred,
        target_names=unique_categories
    )
    conf_matrix = confusion_matrix(y_test_encoded, y_pred)

    # Visualización de los resultados
    print()
    print(f"Modelo: {algorithm.__class__.__name__}")
    print(f"Mejores argumentos: {best_params}")
    print(f"Accuracy: {accuracy}")

    # Visualización del informe de clasificación
    print("\nInforme de clasificación:\n")
    print(class_report)

    # Visualización de la matriz de confusión con Seaborn
    plt.figure(figsize=(6, 4))
```

```
    sns.heatmap(conf_matrix, annot=True, fmt='d', cmap='Blues',
                cbar=False, xticklabels=unique_categories,
                yticklabels=unique_categories)
    plt.xlabel('Etiquetas predichas')
    plt.ylabel('Etiquetas reales')
    plt.title('Matriz de confusión')
    plt.show()

    return {
        'best_params': best_params,
        'accuracy': accuracy,
        'confusion_matrix': conf_matrix,
        'classification_report': class_report,
        'cv_results': cv_results,
        'best_model': best_model
    }
```

4.3 Experimentos

4.3.1 Modelo de base (DummyClassifier)

El `DummyClassifier` nos permitirá conocer el score de base.

```
from sklearn.dummy import DummyClassifier

dc = DummyClassifier()

param_grid_dc = {
    'strategy': [
        "most_frequent",
        "prior",
        "stratified","uniform"
    ]
}

results_dc = eval_classification(
    dc, param_grid_dc,
    X_train_processed, y_train,
    X_test_processed, y_test
)
```

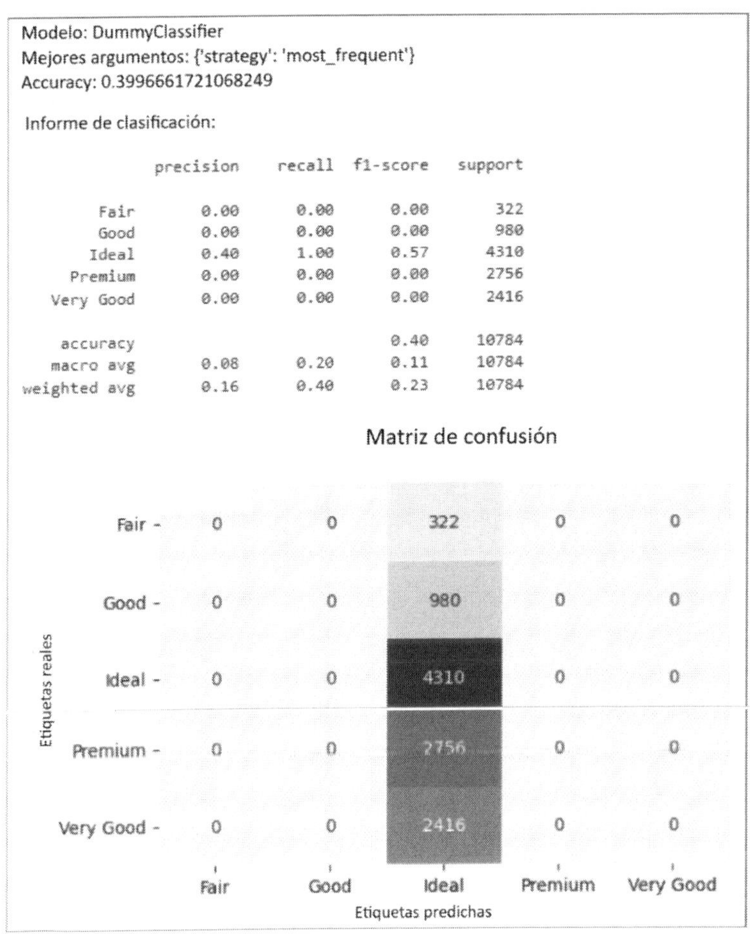

Modelo: DummyClassifier
Mejores argumentos: {'strategy': 'most_frequent'}
Accuracy: 0.3996661721068249

Informe de clasificación:

```
              precision    recall  f1-score   support

        Fair       0.00      0.00      0.00       322
        Good       0.00      0.00      0.00       980
       Ideal       0.40      1.00      0.57      4310
     Premium       0.00      0.00      0.00      2756
   Very Good       0.00      0.00      0.00      2416

    accuracy                           0.40     10784
   macro avg       0.08      0.20      0.11     10784
weighted avg       0.16      0.40      0.23     10784
```


El uso del `DummyClassifier` es instructivo porque nos enseña que:

- Utilizando la estrategia del más frecuente, el modelo obtiene una precisión de aproximadamente 0,4, que es la frecuencia de la clase «ideal», la más presente.
- Por lo tanto, las clases están desequilibradas. Hay módulos, como SMOTE, que pueden corregir este problema aumentando artificialmente las observaciones de la clase subrepresentada. Dejaremos este problema a un lado para no sobrecargar más el código.

- Comentar el informe de clasificación y la matriz de confusión es tienede poco interés, porque solo se completa la columna "ideal", de acuerdo con la estrategia elegida.

4.3.2 Algoritmos que compiten entre sí

Regresión logística

Comencemos estos experimentos con la regresión logística, que es un buen punto de partida. Se optó por probar varias combinaciones, por lo que la opción RandomizedSearchCV parece más relevante:

```
from sklearn.linear_model import LogisticRegression

reglog = LogisticRegression(max_iter=500,solver='saga')
param_grid_reglog = {
    'penalty': ["l1", "l2", "elasticnet"],
    'C': [0.005, 0.01, 0.1, 1],
    'fit_intercept': [True, False]
}

results_reglog = eval_classification(
    reglog,param_grid_reglog,
    X_train_processed, y_train,
    X_test_processed, y_test,
    search_type='random'
)
```

Observación

Es posible que aparezcan algunas advertencias o mensajes de error antes de que se muestren los resultados. Aunque no siempre impliquen una disfunción profunda, es aconsejable tratar de comprender su origen para mejorar la calidad de los experimentos.

Modelo: LogisticsRegression
Mejores argumentos: {'penalty': '11': 'fit_intercept': True, 'C': 0.005}
Accuracy: 0.6194362017804155

Informe de clasificación:

	precision	recall	f1-score	support
Fair	0.93	0.41	0.57	322
Good	0.67	0.06	0.11	980
Ideal	0.70	0.93	0.80	4310
Premium	0.57	0.69	0.62	2756
Very Good	0.38	0.23	0.28	2416
accuracy			0.62	10784
macro avg	0.65	0.47	0.48	10784
weighted avg	0.60	0.62	0.57	10784

Matriz de confusión

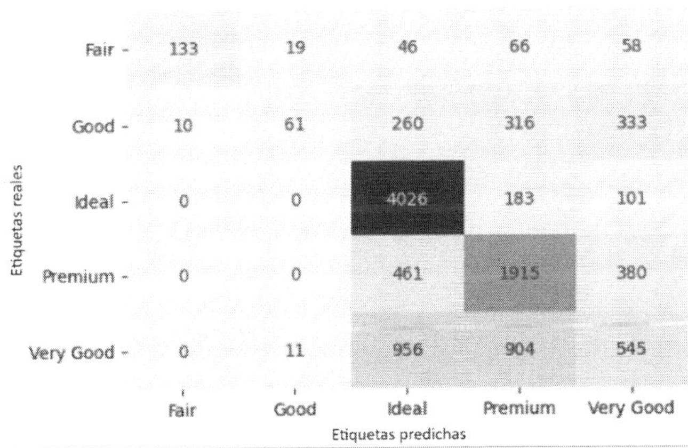

La regresión logística ofrece un rendimiento medio con un score de casi 0,62. Sin embargo, tenemos un comienzo de diagonalización de la matriz de confusión y un buen rendimiento en las clases «Fair» e «Ideal» para la precisión, así como una muy buena tasa de detección global de «Ideal» en 0,93.

KNNClassifier

La experimentación con muchos parámetros para el `KNNClassifier` nos lleva a elegir también un `RandomizedSearchCV`.

```
from sklearn.neighbors import KNeighborsClassifier

knnc_classif = KNeighborsClassifier()
```

```
param_grid_knnc = {
    'n_neighbors': [13, 14, 15, 16],
    'weights': ['uniform', 'distance'],
    'algorithm': ['auto', 'ball_tree', 'kd_tree', 'brute'],
    'p': [1, 2]
}

results_knnc = eval_classification(
    knnc_classif,
    param_grid_knnc,
    X_train_processed,
    y_train, X_test_processed,
    y_test, search_type='random'
)
```

Modelo: KNeighborsClassifier
Mejores argumentos: {'weights': 'uniform', 'p': 1, 'n_neighbors': 14, 'algorithm': 'auto'}
Accuracy: 0.6871290801186943

Informe de clasificación:

	precision	recall	f1-score	support
Fair	0.91	0.63	0.74	322
Good	0.64	0.52	0.57	980
Ideal	0.77	0.93	0.84	4310
Premium	0.61	0.77	0.68	2756
Very Good	0.51	0.24	0.33	2416
accuracy			0.69	10784
macro avg	0.69	0.62	0.63	10784
weighted avg	0.67	0.69	0.66	10784

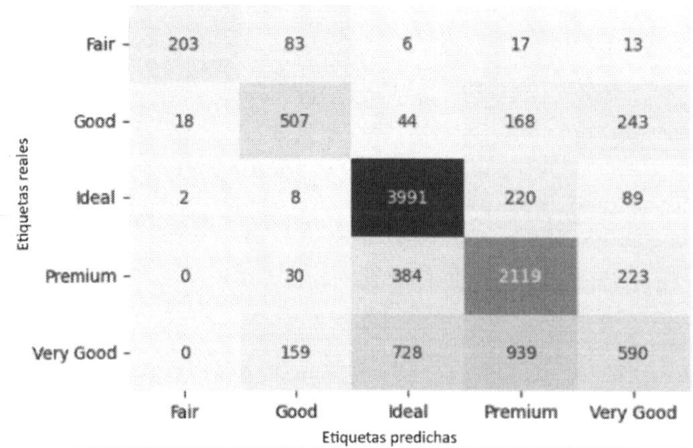

Los resultados siguen mejorando a casi 0,69 y la diagonalización de la matriz es mucho más pronunciada, lo que denota un buen rendimiento en todas las clases, aunque todavía hay disparidades. En general, logramos una buena precisión aquí, pero la capacidad del sistema para volver a la categoría «Very Good» sigue siendo baja, 0,24.

RandomForestClassifier

Ahora compararemos el rendimiento del modelo básico con *RandomForestClassifier*. Requiere unos 2 minutos de tiempo de entrenamiento, pero los resultados están a la altura de las expectativas:

```
from sklearn.ensemble import RandomForestClassifier

rfc = RandomForestClassifier()
param_grid_rf = {
    'n_estimators': [65, 75, 85, 95],
    'max_depth': [10, 13, 15],
    'min_samples_split': [2, 3, 4, 5]
}

results_rf = eval_classification(
    rfc, param_grid_rf,
    X_train_processed,
    y_train, X_test_processed,
    y_test, search_type='random'
)
```

```
Modelo: RandomForestClassifier
Mejores argumentos: {'n_n_estimators': 85, 'min_samples_split': 5, 'max_depth': 13}
Accuracy: 0.7406342729970327

Informe de clasificación:

              precision    recall  f1-score   support

        Fair       0.88      0.87      0.87       322
        Good       0.80      0.64      0.71       980
       Ideal       0.80      0.93      0.86      4310
     Premium       0.64      0.86      0.74      2756
   Very Good       0.70      0.29      0.41      2416

    accuracy                           0.74     10784
   macro avg       0.76      0.72      0.72     10784
weighted avg       0.74      0.74      0.72     10784
```

Matriz de confusión

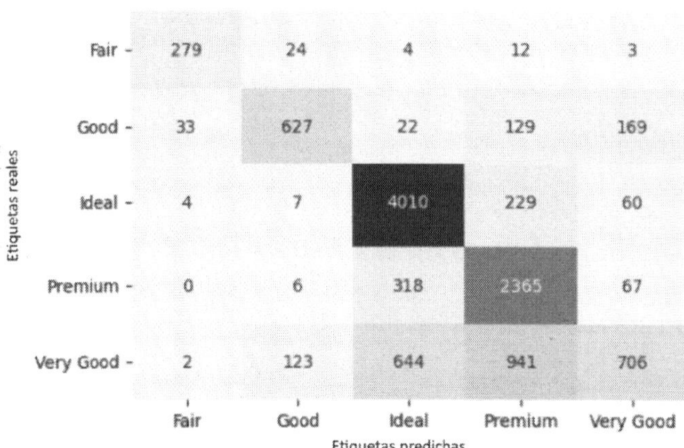

`RandomForestClassifier` genera resultados bastante altos aquí, que requieren comentarios:

- El score de accuracy de 0,74 es bueno; en general, el rendimiento está a la altura.
- Encontramos el mismo problema que en los competidores en cuanto a la capacidad de volver a la clase «Very Good». El recall sigue siendo muy bajo aquí, en 0,29.
- La precisión de sus predicciones, al igual que para las otras clases, es bastante alta, oscilando entre 0,64 y 0,88.

En general, logramos obtener un buen rendimiento gracias al Random Forest. Se probaron otros algoritmos de la familia de métodos de conjunto y los scores se situaron entre 0,73 y 0,74. Encontramos en esta familia una buena capacidad para manejar sistemas complejos.

Aquí, la matriz de confusión demuestra ser una herramienta valiosa para detectar clases problemáticas; en primer lugar, la clase «Very Good». Independientemente del algoritmo, esta clase muestra una baja recall, lo que refleja una baja capacidad para encontrar diamantes que pertenezcan a esta categoría. Este tipo de observación nos invita a estudiar esta categoría en detalle, en particular, para encontrar las razones de este bajo rendimiento. Si no se logran mejoras, puede ser necesario reevaluar la categorización inicial y considerar posibles cambios en el proceso de clasificación para mejorar la detección de esta clase.

5. Conclusión

En conclusión, este capítulo ha presentado los fundamentos del modelado supervisado en regresión y clasificación. Hemos cubierto los conceptos esenciales y omitido ciertas nociones para evitar la sobrecarga de información. Es importante subrayar, a este respecto, que la gama de herramientas y técnicas disponibles es abundante y, a veces, compleja.

Para dominar realmente estos métodos, es esencial la práctica regular. Profundizando en nuestra comprensión y aplicando estas técnicas en distintos ámbitos, podremos refinar nuestros análisis, ampliar nuestra caja de herramientas y desarrollar habilidades más avanzadas.

La tabla siguiente es un resumen de los experimentos comentados:

Aspecto	Regresión	Clasificación
Variable objetivo	Variable continua (cuantitativa)	Variable discreta (categórica)
Evaluación del rendimiento	Error cuadrático medio (MSE), error absoluto medio (MAE), R^2	Matriz de confusión, Accuracy, Precisión, Recuperación, F-score

Aspecto	Regresión	Clasificación
Hipótesis del modelo	Relación lineal o no lineal, independencia de observaciones y variables	
Preprocesamiento de datos	Normalización/estandarización de variables Detección de valores atípicos Codificación de variables categóricas Modificación del tipo	
Elección de las variables	Selección basada en la importancia de la variable y la no colinealidad	Selección basada en la pertinencia para la clasificación
Validación cruzada	Uso de la validación cruzada para evitar el overfitting	Uso de la validación cruzada con estratificación
Análisis de errores		Análisis de los errores de clasificación para identificar sesgos
Complejidad del modelo	Impacto de la complejidad en el overfitting y el underfitting	Impacto de los parámetros del modelo en el rendimiento (por ejemplo, profundidad del árbol, número de vecinos)
Interpretabilidad	Coeficientes del modelo, importancia de las variables	Importancia de las características, matriz de confusión
Optimización de hiperparámetros	Ajuste de hiperparámetros como la regularización	Optimización de hiperparámetros como el número de vecinos, la profundidad del árbol

Por último, he aquí algunas líneas adicionales de exploración, no tratadas en los ejemplos, que pueden orientarnos hacia acciones complementarias para refinar aún más nuestras modelizaciones:

Aspecto	Regresión	Clasificación
Preprocesamiento de datos		Gestión de clases desequilibradas: oversampling (SMOTE) o undersampling
Gestión de valores ausentes	Imputación (media, mediana, interpolación)	
Análisis de residuos	Verificación de ensayos de homocedasticidad, normalidad de residuos y pruebas de colinealidad	
Detección de anomalías	Análisis de residuos para la detección de puntos de influyentes	Análisis de errores para identificar puntos mal clasificados

Capítulo 8
Aprendizaje no supervisado

1. Introducción

El aprendizaje no supervisado es un método de Machine Learning que tiene como objetivo descubrir patrones, grupos o estructuras en datos sin etiquetar. A diferencia del aprendizaje supervisado, donde la presencia de datos etiquetados permite evaluar un algoritmo mediante un score de rendimiento, el enfoque no supervisado es más sutil y requiere un análisis exhaustivo de los resultados obtenidos. Estos resultados, entregados sin instrucciones de uso, pueden revelar información oculta en los datos, como agrupaciones naturales o características destacadas.

En este capítulo, pondremos en práctica la reducción dimensional y luego el clustering. También descubriremos, para cada uno de ellos, cómo evaluarlos y cuáles son los diferentes algoritmos disponibles.

2. La reducción dimensional

El análisis de componentes principales (ACP) es un algoritmo fundamental en la ciencia de datos que permite reducir la dimensionalidad de los datos al mismo tiempo que se conserva su varianza tanto como sea posible. Esta técnica se puede utilizar en dos puntos específicos de un proyecto de ciencia de datos:

- **Al final de la feature engineering**: para comprender y visualizar las relaciones multidimensionales entre variables.
- **A veces en el momento del modelado**: ya sea para suavizar los datos o para permitir que ciertos algoritmos funcionen de manera más eficiente cuando los requisitos de memoria son demasiado grandes.

Por lo tanto, estudiaremos cómo ponerlo en práctica en estos dos casos.

2.1 El ACP en la práctica para analizar

El Análisis de Componentes Principales (ACP) es una herramienta esencial en el análisis multidimensional. Ayuda a revelar las relaciones complejas y ocultas entre las variables, al mismo tiempo que identifica su influencia en un conjunto de datos. Además, el ACP aísla las observaciones influyentes, proporcionando una visión más precisa de los datos.

Esta información es accesible a través de tres gráficos que aprenderemos a construir sucesivamente sobre el conjunto de datos del *Titanic*, que presenta información diversa y destacará las fortalezas del ACP.

2.1.1 Preparación de los datos

La preparación de los datos es necesaria antes de la implementación de un ACP. Para que el ACP funcione correctamente, es preciso:

- Transformar las variables categóricas en binarias si se han seleccionado algunas. El uso de funciones como el *get_dummies* de *Pandas* permite realizar estas transformaciones en las variables a las que se dirige la opción *columns*.
  - Definir una estrategia para eliminar los valores ausentes: imputamos por la mediana para simplificar, aunque faltan el 20 % de las edades (177), lo que requeriría un análisis más profundo.

- Estandarizar datos: se recomienda el uso de `StandardScaler`, pero se puede usar `RobustScaler` (si hay outliers) o `MinMaxScaler` (para dar el mismo peso a todas las variables), según el caso.

Para ilustrar nuestro ejemplo, vamos a realizar un pequeño estudio sociológico de los pasajeros del *Titanic*. Para ello, utilizaremos las variables `age`, `survived` (sobrevive o no), `alone` (viajaba solo o no), `fare` (el precio del billete), `pclass` (que refleja el nivel socioeconómico del pasajero, siendo 1 la clase más alta y 3 la más baja) y la variable categórica `sex`.

```
import numpy as np
import pandas as pd

import seaborn as sns
import matplotlib.pyplot as plt

from sklearn.decomposition import PCA
from sklearn.preprocessing import StandardScaler

# Importar los datos
datadeb = sns.load_dataset("titanic")


# Imputar las edades ausentes por la mediana
datadeb['age'].fillna(datadeb['age'].median(), inplace=True)

# Binarización de la variable sex
datadeb = pd.get_dummies(datadeb,
                         columns=["sex"],
                         drop_first=True)

# Selección de las variables de interés después de la
transformación
features = ["age", "alone", "survived", "fare", "pclass",
"sex_male"]

# Creación del DataFrame final con las variables seleccionadas
data = datadeb[features].copy()


# Estandarización de las variables numéricas
num_features= ["age","survived","fare","pclass"]
```

```
scaler = StandardScaler()
data[num_features] = scaler.fit_transform(data[num_features])

data.head()
```

	age	alone	survived	fare	pclass	sex_male
0	-0.565736	False	-0.789272	-0.502445	0.827377	True
1	0.663861	False	1.266990	0.786845	-1.566107	False
2	-0.258337	True	1.266990	-0.488854	0.827377	False
3	0.433312	False	1.266990	0.420730	-1.566107	False
4	0.433312	True	-0.789272	-0.486337	0.827377	True

Hemos seleccionado aquí un `StandardScaler` que armoniza las variables numéricas, otorgándoles una media dEI02e 0 y una desviación estándar de 1; así, afectamos su importancia relativa. Para ilustrar el impacto de estas transformaciones, presentamos una tabla comparativa de las varianzas de cada variable en función del tipo de transformación aplicada a los datos:

Varianza de las variables en función de la transformación

	StandardScaler	RobustScaler	MinMaxScaler	Original
age	1.001124	1.003033	0.026767	169.512498
survived	1.001124	0.236772	0.236772	0.236772
fare	1.001124	4.631963	0.009408	2469.436846
pclass	1.001124	0.699015	0.174754	0.699015
sex_male	0.228475	0.228475	0.228475	0.228475
alone	0.239723	0.239723	0.239723	0.239723

Ahora, nuestros datos, aparte de las variables binarias, están estandarizados. Vamos a realizar una matriz de correlaciones (de Spearman, para evitarnos de problemas de distribución) a fin de comprobar la ausencia de correlaciones demasiado fuertes:

```
plt.title("Matriz de correlación\n")
sns.heatmap(
    data.corr(method='spearman'),
    annot=True, cmap='Blues'
)
plt.show()
```

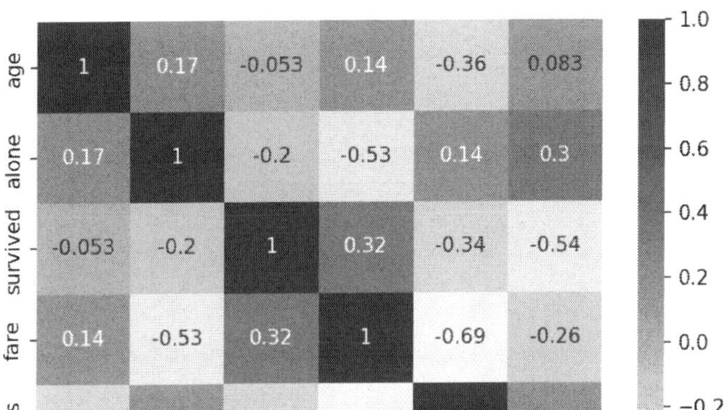

Si no hay correlaciones que sean demasiado fuertes, puede comenzar el ACP.

2.1.2 Series de los valores propios

El primer paso del ACP consiste en establecer la serie de valores propios. Este gráfico nos mostrará la parte de varianza explicada por cada componente, es decir, la cuota de información de los datos iniciales que este componente capta, así como la acumulación de estas varianzas. Esto nos permitirá saber si nuestro juego se puede resumir correctamente y cuántos componentes se necesitan.

Comencemos por crear una instancia del ACP:

```
# Inicialización del ACP
pca = PCA()
pca.fit(data)
```

Observación

Nunca se debe fijar el número de componentes del ACP al principio porque la serie de valores propios puede estar incompleta y no reflejar toda la información disponible.

He aquí hay una función simple pero completa para lograr la serie de valores propios. La varianza explicada para cada componente y su acumulación se calculan al principio de la función:

```
def scree_plot(pca,fig_size=(10, 6)):

    # Cálculo de la varianza explicada y acumulada
    explained_variance = pca.explained_variance_ratio_
    cumulative_variance = np.cumsum(explained_variance)

    # Declaración del gráfico
    plt.figure(figsize=fig_size)

    # Barras para la varianza explicada de cada componente
    plt.bar(range(1, len(explained_variance) + 1),
            explained_variance,
            alpha=0.7, align='center',
            label='Varianza explicada por componente',
            color="#439cc8")

    # Curva de la varianza explicada acumulativa
    plt.plot(range(1, len(cumulative_variance) + 1),
             cumulative_variance,
             marker='o',
             linestyle='--',
             color='darkorange',
             label='Varianza explicada acumulativa')

    plt.xlabel('Componentes principales')
    plt.ylabel('Varianza explicada')
    plt.title('Series de los valores propios\n')
    plt.legend(loc='best')
    plt.grid(True)
    plt.show()

# Lanzamiento de la función
scree_plot(pca)
```

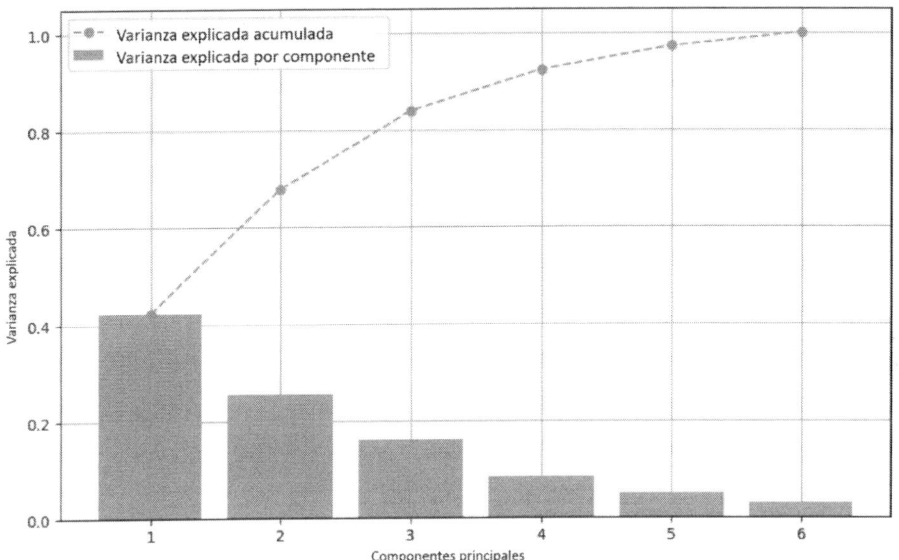

La inercia es la suma de las varianzas de todas las variables. En nuestro gráfico, cada barra representa la parte de esta inercia explicada por cada componente. Los componentes son las nuevas variables creadas por el ACP y se denominan así porque están compuestos por las variables antiguas.

La curva acumulada representa la parte acumulada explicada. Nos permite conocer el número de componentes que hay que tener en cuenta para poder resumir nuestros datos lo mejor posible. A menudo se considera que los umbrales de 80 %, 90 % y 95 % representan, en nuestro caso, 3, 4 y 5 variables, respectivamente.

En la práctica, es habitual que sean solo los dos primeros componentes los que se utilicen para representar los datos y tener una idea de la organización de las variables. Por lo tanto, muy a menudo estamos por debajo del 80 % (67,69 % en nuestro caso).

2.1.3 El círculo de correlaciones

El círculo de correlaciones es el segundo gráfico que se debe crear para comprender el ACP. Representará cada variable en forma de una flecha más o menos larga, dependiendo de la calidad de su representación. A continuación, trataremos de entender, según la posición de cada variable, el significado que tienen los componentes creados.

```
# Función para dibujar el círculo
def draw_correlation_circle(ax):
    ax.add_artist(plt.Circle((0, 0), 1,
                             color='#555',
                             fill=False,
                             linestyle='-'))

# Función para dibujar el círculo de las correlaciones
def plot_correlation_circle(pca, components, feature_names):
    arrow_size=0.05
    fig, ax = plt.subplots(figsize=(7, 7))
    draw_correlation_circle(ax)

    for i, feature in enumerate(feature_names):
        x, y = pca.components_[components, i]
        norm = np.linalg.norm([x, y])

        if norm != 0:
            x_base = x - x / norm * arrow_size
            y_base = y - y / norm * arrow_size
            ax.plot(
                [0, x_base],
                [0, y_base],
                color='#439cc8'
            )
            ax.quiver(
                x_base,
                y_base,
                x / norm * arrow_size,
                y / norm * arrow_size,
                angles='xy',
                scale_units='xy',
                scale=1,
                color='#439cc8'
            )

        ax.text(x * 1.05, y * 1.05, feature,
                color='black', ha='center', va='center')
```

```
    var_ratio = pca.explained_variance_ratio_[components] * 100

    x_label = f'\nComp. {components[0] + 1} ({var_ratio[0]:.2f}%)'
    y_label = f'Comp. {components[1] + 1} ({var_ratio[1]:.2f}%)'
    title = (f'Círculo de correlaciones\n'
             f'Varianza total explicada: {var_ratio.sum():.2f}%\n')

    ax.set_xlabel(x_label)
    ax.set_ylabel(y_label)
    ax.set_title(title)
    ax.grid()
    ax.axhline(0, color='#555', linewidth=1)
    ax.axvline(0, color='#555', linewidth=1)
    ax.set_xlim([-1, 1])
    ax.set_ylim([-1, 1])
    ax.set_aspect('equal', adjustable='box')
    plt.show()

# Ejemplo sobre el componente 1 y 2 correspondiente a [0,1]
plot_correlation_circle(pca, [0,1], data.columns)
```

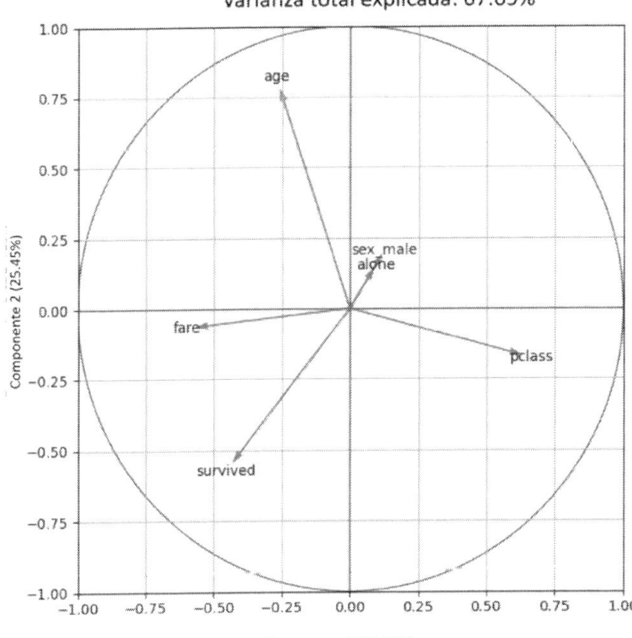

Describamos brevemente este gráfico antes de comentarlo:

- El gráfico se refiere a los componentes 1 y 2, que son los más importantes y representan el 67,69 % de la inercia global. Podríamos pedir la visualización de otros componentes para perfeccionar nuestros conocimientos.
- El gráfico indica, para cada eje, el porcentaje de inercia explicado: 42,25 % para el primer componente y 25,45 % para el segundo.
- Las graduaciones de los ejes son las correlaciones. Proyectando ortogonalmente la punta de flecha de cada variable sobre el eje estudiado, se obtiene la correlación de cada variable relativa.

Ahora, podemos hacer un resumen de la información proporcionada por este gráfico, teniendo en cuenta que cada componente es la suma ponderada de las variables antiguas:

- Al proyectar las flechas ortogonalmente en el eje de las abscisas, descubrimos, considerando solo proyecciones superiores a |0.3|, que el primer componente representa una oposición entre la clase del billete, por un lado y el valor del billete y la supervivencia, por el otro. Dado que el precio del billete es inversamente proporcional a la clase (cuanto menor sea el número de clase, más caro será el billete), el primer componente representa «Supervivencia por estatus económico».
- El segundo componente, representado por el eje y, muestra que las personas mayores tienen una menor probabilidad de sobrevivir, dada la marcada oposición entre `age` y `survived`.
- Aunque existe una ligera anticorrelación entre «hombre solo» y «supervivencia», las pequeñas longitudes de las flechas correspondientes a las variables `sex_male` y `alone` en los dos primeros componentes indican que estas variables son de menor importancia, en comparación con las demás, en la comprensión del conjunto de datos.

Además del círculo de correlaciones, la representación de los coeficientes de carga puede ser útil para tener una visión general y evaluar la contribución de cada variable a cada componente.

```
# Calcular los coeficientes de carga
loadings = pca.components_.T * np.sqrt(pca.explained_variance_)

# Formato de DataFrame
loadings_df = pd.DataFrame(
    loadings,
    columns=[
        f'Componente {i+1}' for i in range(pca.n_components_)
    ],
    index=data.columns
)

# Visualización con formato
display(loadings_df.style.background_gradient(cmap='Blues'))
```

	Componente 1	Componente 2	Componente 3	Componente 4	Componente 5	Componente 6
age	-0.355758	0.832282	-0.358260	0.227076	-0.039692	0.019434
alone	0.122902	0.155803	-0.084977	-0.057873	0.407895	-0.152954
survived	-0.594104	-0.583556	-0.531786	0.091599	0.092975	0.088289
fare	-0.783324	-0.067701	0.532375	0.302759	0.088629	-0.001710
pclass	0.868627	-0.180687	-0.044663	0.457959	0.036606	0.030013
sex_male	0.163990	0.208348	0.139469	-0.111724	0.174488	0.309505

Al estudiar estos dos soportes, perfeccionaremos nuestro conocimiento de las variables y descubriremos su funcionamiento oculto.

Pero, para comprender completamente los datos y aprovechar al máximo la reducción dimensional, usaremos un último gráfico esencial: el gráfico de los individuos.

2.1.4 El gráfico de los individuos

El gráfico de individuos coloca las observaciones en el mismo sistema de coordenadas que las variables, lo que permite visualizar sus relaciones en dos o tres dimensiones. Esta proyección, que revela grupos, proximidades y outliers, ofrece una mejor comprensión de los vínculos entre las observaciones, al tiempo que aclara el círculo de correlaciones.

```
import pandas as pd

import matplotlib.pyplot as plt
import seaborn as sns

def plot_individuals(data, pca, components=(0, 1),
hue_variable=None):
  """Trazado del gráfico de los individuos usando
  los componentes principales específicos."""

  pca_df = pd.DataFrame(
      pca.transform(data),
      columns=[f'PC{i+1}'
               for i in range(data.shape[1])]
  )

  # datadeb es el nombre del archivo original
  if hue_variable:
    pca_df[hue_variable] = datadeb[hue_variable]

  plt.figure(figsize=(8, 6))
  sns.scatterplot(x=f'PC{components[0] + 1}',
                  y=f'PC{components[1] + 1}',
                  hue=hue_variable, data=pca_df,
                  palette="Blues")

  plt.title(f"Gráfico de los individuos \
  (componentes {components[0] + 1} y {components[1] + 1})\n")


  plt.xlabel(f'Componente Principal {components[0] + 1}')
  plt.ylabel(f'Componente Principal {components[1] + 1}')
  plt.legend(title=hue_variable) if hue_variable else None
  plt.grid(True)
  plt.show()

plot_individuals(
    data, pca, components=(0, 1), hue_variable="survived"
)
```

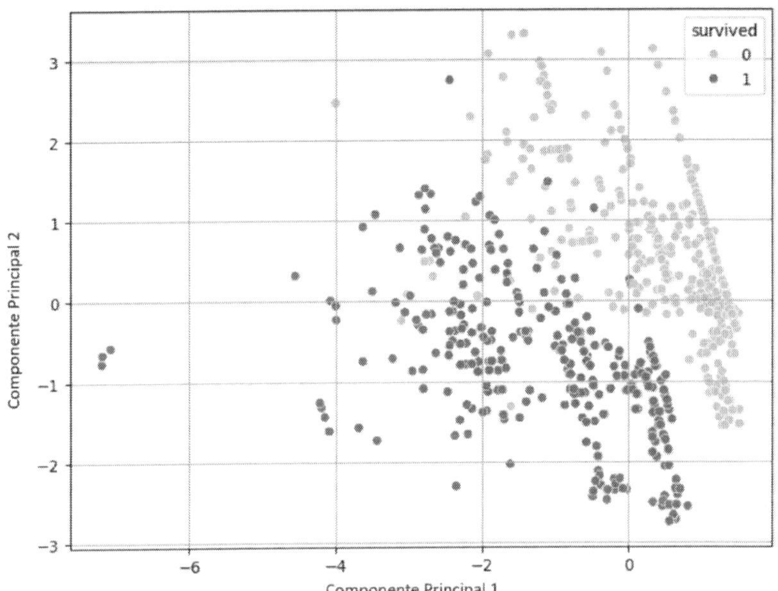

La función anterior genera el gráfico de individuos. Para ilustrar su funcionalidad, las observaciones se colorean en función de la variable `survived`. La tendencia de la antigua variable `survived` en el círculo de correlación es muy consistente y subraya que, en efecto, son las personas más jóvenes y/o más ricas las que han sobrevivido en mayor proporción. Aquí aparece una línea de demarcación muy clara entre estos dos segmentos de la población.

Al explorar estos diferentes gráficos y ajustar las opciones para los diferentes componentes, podemos obtener una comprensión sutil y profunda de nuestros conjuntos de datos. De este modo, el ACP demuestra su papel crucial en el análisis multidimensional.

Su capacidad para reducir la dimensionalidad manteniendo la información principal se podrá utilizar para el modelado. En la siguiente sección, estudiaremos cómo explotar esta funcionalidad.

2.2 El ACP en la práctica para el modelado

Al modelar datos, el ACP se puede utilizar de forma acertada para reducir el número de variables y, por lo tanto, acelerar los cálculos o incluso permitir la ejecución de modelos cuando los requisitos de memoria son demasiado altos. Su uso se recomienda especialmente para facilitar el procesamiento de grandes conjuntos de datos que, de otro modo, serían inaccesibles debido a limitaciones de memoria.

En el siguiente ejemplo, vamos a descubrir el método `make_classification` de Scikit-Learn para generar un conjunto de datos artificial configurable.

Aquí se solicitará un conjunto de datos de 20 000 observaciones (`n_samples`) con 50 variables (`n_features`), 48 de las cuales serán verdaderamente informativas (`n_informative`). Los tiempos y los scores con o sin ACP se mostrarán al final.

```
import time
from sklearn.datasets import make_classification
from sklearn.preprocessing import StandardScaler
from sklearn.decomposition import PCA
from sklearn.ensemble import RandomForestClassifier
from sklearn.model_selection import train_test_split
from sklearn.metrics import accuracy_score

# Crear un juego de datos voluminoso
X, y = make_classification(n_samples=20000,
                           n_features=50,
                           n_informative=48,
                           random_state=42)

# Split de los datos
X_train, X_test, y_train, y_test = train_test_split(
    X, y, test_size=0.2, random_state=42
)
# Estandarización de los datos
scaler = StandardScaler()
X_train_scaled = scaler.fit_transform(X_train)
X_test_scaled = scaler.transform(X_test)

# Entrenamiento y evaluación sin ACP
clf = RandomForestClassifier(random_state=42)
```

```
start_time = time.time()
clf.fit(X_train_scaled, y_train)

score_wo_acp = accuracy_score(y_test, clf.predict(X_test_scaled))

print(f"Score sin ACP: {score_wo_acp:.2f}")

time_wo_acp = time.time() - start_time
print(f"Tiempo de ejecución sin ACP: {time_wo_acp:.4f} segundos")


# Aplicación de un ACP
pca = PCA(n_components=0.99) #99 % de varianza original restituida
X_train_pca = pca.fit_transform(X_train_scaled)
X_test_pca = pca.transform(X_test_scaled)

# Entrenamiento y evaluación con ACP
clf_pca = RandomForestClassifier(random_state=42)
start_time = time.time()
clf_pca.fit(X_train_pca, y_train)

score_acp = accuracy_score(y_test, clf_pca.predict(X_test_pca))
print(f"Score con ACP: {score_acp:.2f}")

time_acp = time.time() - start_time
print(f"Tiempo de ejecución con ACP: {time_acp:.4f} segundos")

print(f"Número de componentes principales: {pca.n_components_}")
```

```
Score sin ACP: 0.93
Tiempo de ejecución sin ACP: 14.0525 segundos
Score con ACP: 0.94
Tiempo de ejecución con ACP: 12.6216 segundos
Número de componentes principales: 47
```

Observación

Atención: los tiempos de ejecución pueden variar mucho según el procesador utilizado.

Al ejecutar el código en Google Colaboratory, la aplicación del ACP redujo el tiempo de ejecución de 14,05 segundos a 12,62 segundos y además mejoró el score. Es probable que esta mejora sea consecuencia de la reducción del ruido en los datos después de aplicar el ACP.

2.3 Otros algoritmos de reducción dimensional

Cuando los datos presentan relaciones no lineales complejas, el ACP puede ser ineficaz. Existen entonces diferentes alternativas en función de la situación, pero hay que tener en cuenta que todas ellas están destinadas a preservar las distancias, mientras que el ACP trata de preservar la varianza.

Antes de presentar estas soluciones, es importante aclarar que la noción de «global» se refiere a las tendencias y relaciones generales en el conjunto de datos, mientras que la noción de «local» se refiere a las relaciones y estructuras específicas observadas en subconjuntos de datos. Esta distinción es crucial para comprender los enfoques de reducción dimensional que seguirán.

En la siguiente tabla se muestran los casos de uso y las desventajas de cuatro algoritmos de reducción dimensional:

Algoritmo	Caso de uso	Desventaja
ACP	Conservar la varianza global y, por lo tanto, la estructura general de los datos. Necesidad de estabilidad y rapidez para grandes volúmenes de datos.	No captura estructuras no lineales.
t-SNE	Conservar la estructura local para visualizar clústeres.	Inestabilidad debido a la inicialización aleatoria. Puede distorsionar las distancias globales. Tiempo de cálculo prolongado con grandes conjuntos de datos.
MDS	Conservar las distancias globales.	Sensible al ruido. Limitado para estructuras no lineales complejas.

Algoritmo	Caso de uso	Desventaja
Isomapa	Conservar las estructuras locales y globales. Capturar estructuras no lineales	Sensible a la elección de parámetros. Tiempo de cálculo prolongado para grandes conjuntos de datos.

Observación

Existen otros algoritmos, como el Kernel PCA, UMAP o LLE, pero se han dejado de lado deliberadamente porque son más complejos de implementar o analizar.

Para evaluar estos algoritmos, los implementaremos y mediremos su rendimiento sobre el conjunto de los iris. Elegiremos dos tipos de medidas:

- La capacidad de cada algoritmo para reproducir las distancias entre los datos originales y los reducidos utilizando el coeficiente de Spearman, que permite evaluar la efectividad de la reducción dimensional en términos de preservar las relaciones entre los puntos.
- La capacidad de cada algoritmo para conservar los clústeres presentes en los datos mediante el coeficiente de silueta, que indica en qué medida son los puntos de datos dentro de cada clúster similares entre sí y distintos de otros clústeres.

Comencemos importando los módulos y adquiriendo los datos:

```
import numpy as np
import pandas as pd

import matplotlib.pyplot as plt
import seaborn as sns

from sklearn.manifold import TSNE, MDS, Isomap
from sklearn.decomposition import PCA
from sklearn.datasets import load_iris
from sklearn.metrics import pairwise_distances, silhouette_score
from scipy.stats import spearmanr

# Importar los datos iris
iris = load_iris()
```

```
data = iris.data
target = iris.target
target_names = iris.target_names
```

A continuación, preparemos los diferentes algoritmos que se van a probar:

```
# Diccionario de técnicas de reducción dimensional
methods = {
    'ACP': PCA(n_components=2),
    't-SNE': TSNE(n_components=2, random_state=42),
    'MDS': MDS(n_components=2, random_state=42,
               normalized_stress='auto'),
    'Isomap': Isomap(n_components=2, n_neighbors=100)
}

# Aplicación de los métodos
embeddings = {
    name: model.fit_transform(data)
    for name, model in methods.items()
}
```

Es interesante empezar visualizando la proyección de los datos en dos dimensiones. Los colorearemos por especies.

```
# Definición del colormap personalizado
custom_colors = ['#439CC8', 'lightgrey', '#285E78']
color_map = np.array([custom_colors[i] for i in target])
```

```
# Visualización de los resultados
plt.figure(figsize=(8, 8))
plt.suptitle(
    'Visualización de las diferentes reducciones
dimensionales\n'
)

for i, (name, embedding) in enumerate(embeddings.items(), 1):
    plt.subplot(2, 2, i)
    plt.scatter(embedding[:, 0], embedding[:, 1], c=color_map)
    plt.title(name)
    plt.xlabel('Componente 1')
    plt.ylabel('Componente 2')

# Añadir la leyenda
handles = [plt.Line2D([0], [0], marker='o', color='w',
```

```
label=species,
                              markerfacecolor=custom_colors[j],
markersize=10)
              for j, species in enumerate(target_names)]

plt.legend(title='Especies',
              handles=handles,
              loc='center left',
              bbox_to_anchor=(1, 0.5))

plt.tight_layout()
plt.show()
```

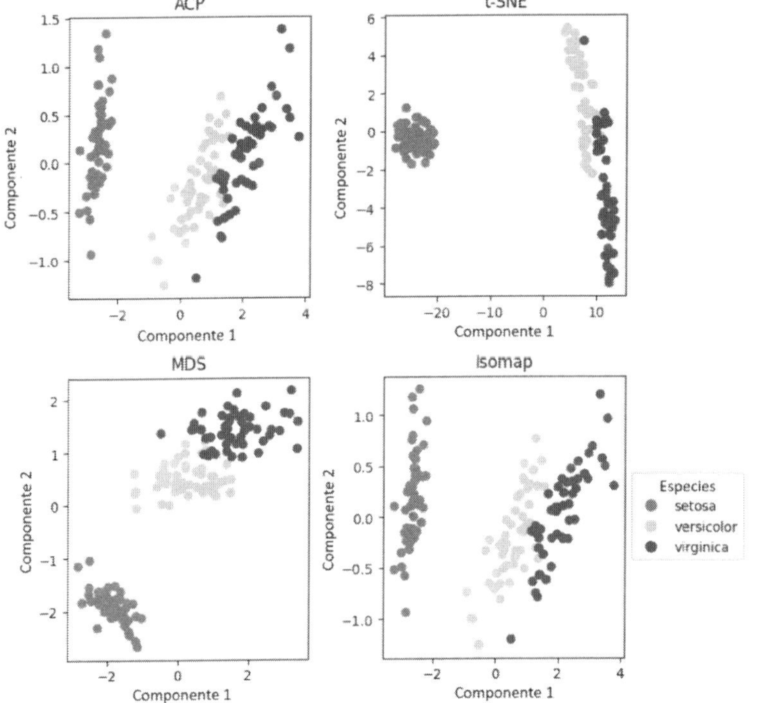

Dependiendo de los algoritmos, las proyecciones divergen. Por lo tanto, será pertinente estudiar las dos medidas mencionadas para tener una mejor idea de la capacidad de cada algoritmo para reducir correctamente los datos.

```
# Función para calcular la conservación de las distancias
def distance_conservation(original_data, reduced_data):
    original_distances = pairwise_distances(original_data)
    reduced_distances = pairwise_distances(reduced_data)
    return spearmanr(
        original_distances.flatten(),
        reduced_distances.flatten()
)[0]

# Calcular las medidas
results = []
for name, embedding in embeddings.items():
    distance_cons = distance_conservation(data, embedding)
    silhouette = silhouette_score(embedding, target)
    results.append([name, distance_cons, silhouette])

# Crear un dataframe para mostrar los resultados
df_results = pd.DataFrame(results,
                          columns=[
                              'Method',
                              'Distance Conservation',
                              'Silhouette Score'
                          ])
# Visualización de los resultados
display(df_results)
```

	Method	Distance Conservation	Silhouette Score
0	ACP	0.995880	0.534393
1	t-SNE	0.964939	0.632176
2	MDS	0.995248	0.526687
3	Isomap	0.995893	0.539123

En este caso, el t-SNE es el algoritmo con el rendimiento más contrastado en comparación con sus pares. Conserva las distancias un poco peor que los demás, pero tiene una capacidad mucho mayor para preservar los clústeres presentes en los datos.

Dominar las reducciones dimensionales requiere práctica y reflexión. Así es como lograremos simplificar nuestro sistema de variables conservando, al mismo tiempo, la información esencial que contienen.

Ahora vamos a practicar otra forma de simplificación, pero aplicada a las observaciones a través del clustering.

3. Clustering

3.1 La práctica del clustering con K-means

K-means es el más famoso de los algoritmos de clustering. Su objetivo es agrupar las observaciones cercanas en clústeres. Es apreciado por su simplicidad de explicación y configuración. Una de sus características clave es la posibilidad de establecer el número de clústeres deseados, lo que no siempre es el caso con sus competidores.

Sin embargo, determinar el número óptimo de clústeres no es evidente por sí mismo y constituye un desafío. Existen varios métodos y pruebas, como el método del codo (*elbow method*) o el coeficiente de silueta, para ayudarnos a encontrar la partición ideal de los datos.

Comencemos, sin más preámbulos, la práctica de clustering sobre el juego de los pingüinos, que se presta bien para una demostración de este tipo de análisis.

3.1.1 Adquisición y preparación de los datos

Importamos el juego de datos de los pingüinos y hacemos una limpieza rápida de datos eliminando las observaciones con valores ausentes:

```
import seaborn as sns
import pandas as pd

# Cargar los datos de los pingüinos
df = sns.load_dataset("penguins")

# Eliminar las líneas con valores ausentes
df = df.dropna()

display(df.head())
```

	species	island	bill_length_mm	bill_depth_mm	flipper_length_mm	body_mass_g	sex
0	Adelie	Torgersen	39.1	18.7	181.0	3750.0	Male
1	Adelie	Torgersen	39.5	17.4	186.0	3800.0	Female
2	Adelie	Torgersen	40.3	18.0	195.0	3250.0	Female
4	Adelie	Torgersen	36.7	19.3	193.0	3450.0	Female
5	Adelie	Torgersen	39.3	20.6	190.0	3650.0	Male

Construiremos nuestro clustering solo con variables numéricas para no hacer este ejemplo demasiado complejo, pero, en otros casos, se recomienda el uso de variables categóricas si es necesario.

En este caso, las cuatro variables, que corresponden a la longitud del pico, su profundidad, la longitud de la aleta y la masa corporal, parecen ser suficientes para realizar agrupaciones. Después de asegurarnos de que todos tienen una distribución atípica, producimos una matriz de correlación de Spearman para comprobar que no hay una correlación demasiado fuerte:

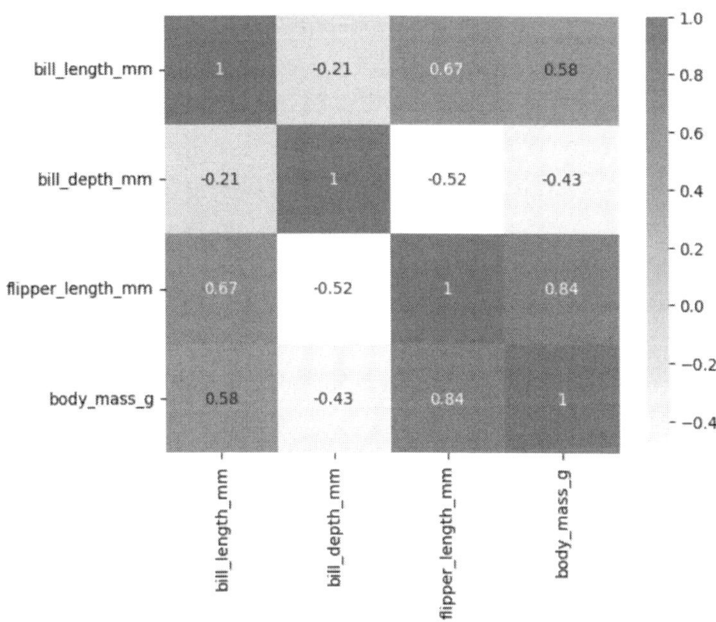

La longitud de la aleta y la masa corporal están fuertemente correlacionadas (0,84), pero no son idénticas y tienen naturalezas muy diferentes. Por lo tanto, se conservarán todas las variables.

Podemos proceder a la selección final de las características que se van a normalizar, con el fin de garantizar una escala homogénea para todos.

```
# Seleccionar las características para el clustering
features = [
```

```
    'bill_length_mm',
    'bill_depth_mm',
    'flipper_length_mm',
    'body_mass_g'
]

X = df[features].values

# Normalizar las características
scaler = StandardScaler()
X_scaled = scaler.fit_transform(X)

# Recuperar las etiquetas reales de las especies
y = df["species"].astype('category').cat.codes
```

Antes de pasar al clustering, el uso del ACP suele ser relevante, en particular para determinar la importancia de las variables, sus articulaciones y la presencia de los outliers.

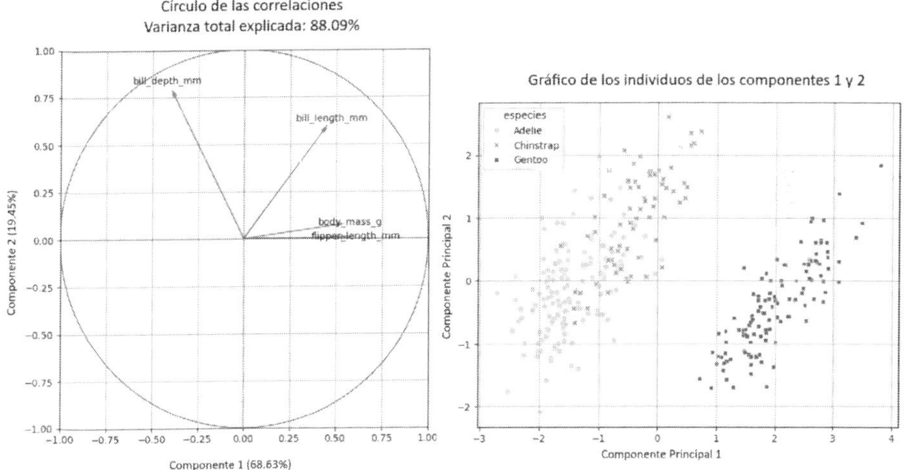

Con un nivel de inercia explicada del 88,09 % en los dos primeros componentes, lo cual es excelente, este conjunto de datos no presenta ninguna variable mal representada. Además, ningún punto se destaca mucho de los demás, por lo que no hay valores atípicos problemáticos que gestionar.

Podemos pasar a las pruebas de clustering.

3.1.2 Pruebas para determinar el número de clústeres

Se pueden utilizar diferentes pruebas para determinar el número óptimo de clústeres. Cada una de estas pruebas puede producir resultados diferentes, que se deberán evaluar para elegir la mejor opción. Practicaremos el método del codo y el score de silueta, pero se pueden implementar otras opciones, como el índice de Davis-Bouldin, el índice de Calinski-Harabasz o el coeficiente de Dunn.

El método del codo

El método del codo consiste en trazar la suma de los errores al cuadrado en función del número de clústeres e identificar la «curva» del gráfico, donde la adición de nuevos clústeres ya no mejora significativamente la calidad del clustering.

```
def plot_elbow(X, min_clusters=2, max_clusters=15,
n_init="auto",random_state=0):
    cost = []
    test_clusters = range(min_clusters, max_clusters)

    for i in test_clusters:
        cls = KMeans(n_clusters=i,
                     n_init=n_init,
                     init='k-means++',
                     random_state=random_state)
        cls.fit(X)
        cost.append(cls.inertia_)

    print(np.argmin(np.diff(cost)))
    plt.figure(figsize=(10, 6))
    plt.plot(test_clusters,
             cost,
             color='#439cc8',
             linewidth=3,
             marker='o')
    plt.title("Método del Codo\n")
    plt.xlabel("Número de Clústeres (K)")
    plt.ylabel("Error Cuadrático (Inercia)")
    plt.grid(True)
    plt.show()

plot_elbow(X_scaled, min_clusters=2, max_clusters=15, n_init=25)
```

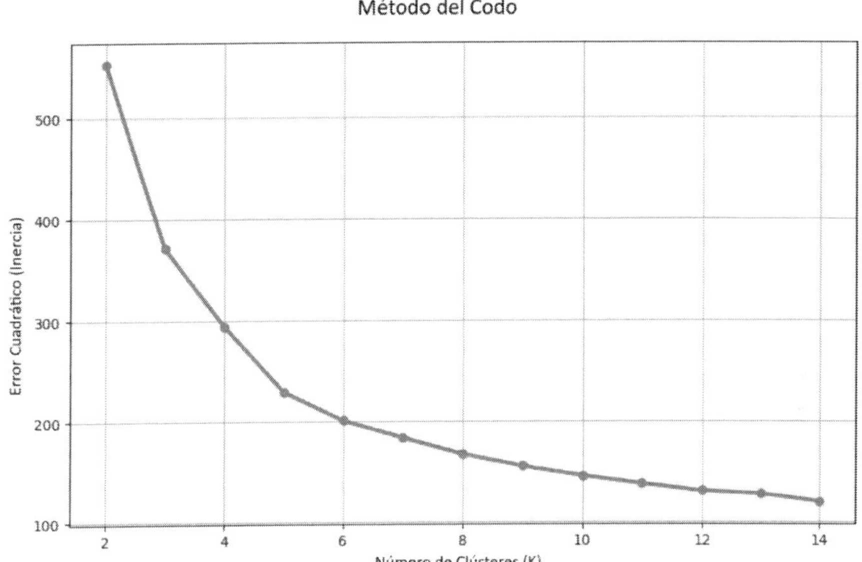

No hay un codo realmente marcado en nuestro caso. No obstante, mantendremos 3 y 5 grupos correspondientes a ligeras inflexiones.

Score de silueta

El score de silueta evalúa la calidad de los clústeres formados midiendo la cohesión (similitud de puntos en el mismo clúster) y la separación (distancia entre diferentes clústeres). Cuanto mayor sea su score, mejor será el clustering.

```
def plot_silhouette_score(X, min_clusters=2, max_clusters=15,
                           n_init=10, random_state=0):
    silhouettes = []
    test_clusters = range(min_clusters, max_clusters)

    for num_clusters in test_clusters:
        cls = KMeans(n_clusters=num_clusters, n_init=n_init,
                     init='k-means++',
random_state=random_state)
        cls.fit(X)
        silh = metrics.silhouette_score(X, cls.labels_)
        silhouettes.append(silh)
```

```
    # Representar el score de la silueta
    plt.figure(figsize=(10, 6))
    plt.plot(test_clusters, silhouettes, marker='o',
             color='#439cc8', linewidth=2)
    plt.title("Score de la silueta\n")
    plt.xlabel("Número de clústeres (K)")
    plt.ylabel("Score de la silueta")
    plt.grid(True)
    plt.show()

plot_silhouette_score(X_scaled, min_clusters=2,
max_clusters=15,
n_init=5)
```

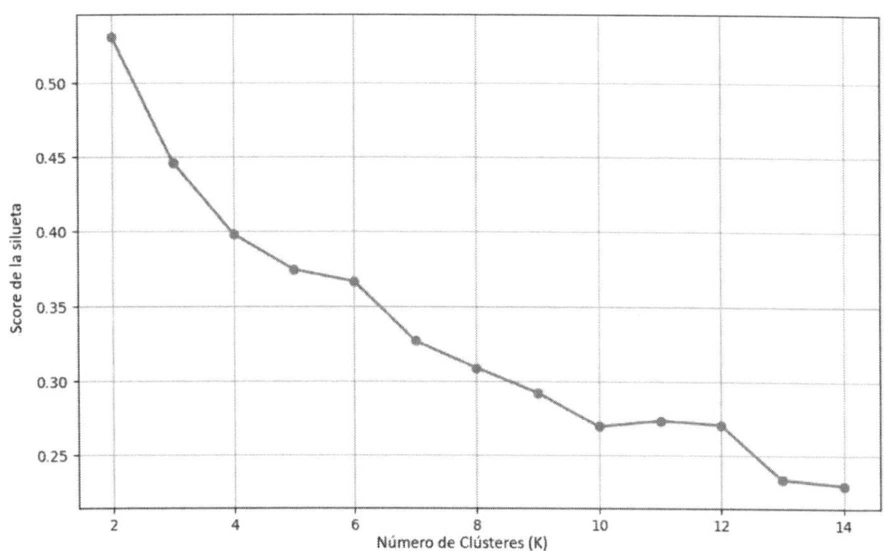

El score de silueta es máximo para dos grupos, con un valor de 0,53, que es un rendimiento medio. Añadir grupos adicionales no da como resultado una mejora.

Probaremos una K-medias con 2, 3 y 5 grupos en el conjunto de datos y luego evaluaremos la opción más pertinente.

3.1.3 Elección del clustering

Elegir un clustering consiste en probar diferentes opciones, visualizarlas y determinar cuál es la mejor en relación con el objetivo deseado. En nuestro caso, solo estamos tratando de agrupar los pingüinos en grupos coherentes.

Calcularemos las K-medias para cada opción, luego reasignaremos cada fila a su clúster y, finalmente, mostraremos una tabla resumen de los valores promedio de cada clúster para cada variable.

Antes de continuar con las pruebas, he aquí la función que permitirá crear las tablas de resumen:

```
from sklearn.preprocessing import MinMaxScaler

def df_cluster_means(X, labels, column_names):

    # Crear un DataFrame a las dimensiones de los datos
    df = pd.DataFrame(X, columns=column_names)

    # Añadir clústeres
    df['Cluster'] = labels

    # Agrupar por clúster
    cluster_means = df.groupby('Cluster').mean()

    # Normalizar
    scaler = MinMaxScaler(feature_range=(0, 10))
    scaled_means = scaler.fit_transform(cluster_means)

    # Finalizar la tabla
    df_fin =  pd.DataFrame(scaled_means,
                           columns=cluster_means.columns,
                           index=cluster_means.index)
    return
df_fin.style.background_gradient(cmap='Blues').format('{:.1f}')
```

Ahora podemos empezar las pruebas:

```
from IPython.display import display, HTML

# Definir los clústeres
n_clusters_list = [2, 3, 5]

# Diccionario de almacenamiento de los resultados
cluster_dfs = {}
```

```
for n_clusters in n_clusters_list:
    kmeans = KMeans(
        n_clusters=n_clusters,
        n_init=10,
        init='k-means++',
        random_state=0
    )
    labels = kmeans.fit_predict(X_scaled)
    cluster_dfs[n_clusters] = df_cluster_means(X_scaled,
labels, features)

# Visualizar los DataFrames para cada clustering
for n_clusters in n_clusters_list:
    display(HTML(
        f'<h3 style="font-family: Arial; color: #439cc8;">'
        f'Clustering de {n_clusters} clústeres:</h3>'
    ))
    display(cluster_dfs[n_clusters])
    print()
```

Clustering de 2 clústeres

Cluster	bill_length_mm	bill_depth_mm	flipper_length_mm	body_mass_g
0	0.0	10.0	0.0	0.0
1	10.0	0.0	10.0	10.0

Clustering de 3 clústeres

Cluster	bill_length_mm	bill_depth_mm	flipper_length_mm	body_mass_g
0	10.0	10.0	2.9	2.0
1	9.9	0.0	10.0	10.0
2	0.0	8.3	0.0	0.0

Clustering de 5 clústeres

Cluster	bill_length_mm	bill_depth_mm	flipper_length_mm	body_mass_g
0	9.5	8.4	2.8	1.8
1	10.0	2.8	10.0	10.0
2	0.0	6.5	0.0	0.0
3	6.4	0.0	7.4	6.1
4	2.1	10.0	1.9	3.4

En las siguientes tablas se describen las tres agrupaciones que vamos a comentar:

- El clustering de 2 grupos opone muy claramente a los pingüinos pequeños con pico corto (0) frente a los pingüinos grandes con pico largo.
- El clustering de 3 grupos conserva las dos categorías anteriores (1 y 2), pero aísla un nuevo grupo de pingüinos bastante promedio, con un pico largo y alto.
- El clustering de 5 grupos presenta diferencias más sutiles entre los grupos y merecería una mayor investigación para definir adecuadamente dichos grupos.

En resumen, encontramos la gran escisión natural entre los dos grupos principales con el primer caso, y la solución de tres grupos que quizás se acercaría a la categorización por especies que proporciona la variable `species`.

Es justamente la ocasión de comprobar si los tres grupos de clustering son similares a las tres especies de pingüinos.

3.1.4 El score ARI

El *Adjusted Rand Index* (ARI) es una medida de similitud entre dos particiones que devuelve un valor entre -0,5 y 1 para evaluar la similitud de la siguiente manera:

- Las particiones son idénticas si el valor es 1.
- Las particiones corresponden a una agrupación aleatoria no mejor que el azar si el valor es 0.
- Por debajo de 0, las particiones se consideran menos similares que una agrupación aleatoria.

Veamos en la práctica el resultado del score ARI para nuestro ejemplo:

```
from sklearn.metrics import adjusted_rand_score

# Calcular el clustering K-means con 3 grupos
kmeans = KMeans(n_clusters=3, random_state=42)
kmeans.fit(X_scaled)
labels = kmeans.labels_
```

```
# Las etiquetas reales de las especies
y = df["species"].astype('category').cat.codes

# Calcular el score ARI
ari_score = adjusted_rand_score(y, labels)

print(f"\nScore ARI: {ari_score:.3f}")


# Output:
# Score ARI: 0.799
```

El score ARI de 0,799 confirma una gran similitud entre la categorización de especies y la agrupación, y demuestra el poder de los algoritmos no supervisados de clustering.

3.2 Otros algoritmos de clustering

Hay muchos algoritmos de clustering con funcionamiento divergente que pueden satisfacer diversas necesidades. Vamos a conocer tres de ellos: el GMM, el MeanShift y el DBSCAN.

3.2.1 GMM

El algoritmo *Gaussian Mixture Model* (GMM) crea clústeres buscando distribuciones gaussianas, es decir, típicas en los datos. Por lo tanto, puede detectar clústeres superpuestos, a diferencia de las K-medias. Para ello, utiliza el algoritmo de *Expectation-Maximization* (EM) a fin de estimar los parámetros de estas distribuciones. Además, se puede definir el número deseado de grupos, lo que facilita su uso.

Apliquemos este algoritmo a nuestros datos anteriores para comparar su rendimiento:

```
from sklearn.mixture import GaussianMixture

from sklearn.metrics import adjusted_rand_score

# Inicialización de un GMM de 3 grupos
gmm = GaussianMixture(n_components=3, random_state=42)
gmm.fit(X_scaled)
```

```
labels = gmm.predict(X_scaled)

# Las etiquetas reales de las especies
y = df["species"].astype('category').cat.codes

# Calcular el score ARI
ari_score = adjusted_rand_score(y, labels)

print(f"\nScore ARI: {ari_score:.3f}")

# Output:
# Score ARI: 0.959
```

El GMM muestra un impresionante score de 0,959, más de 16 puntos que la K-media. Solo 5 puntos de 333 resultaron pertenecer al grupo equivocado, como se muestra en el siguiente gráfico:

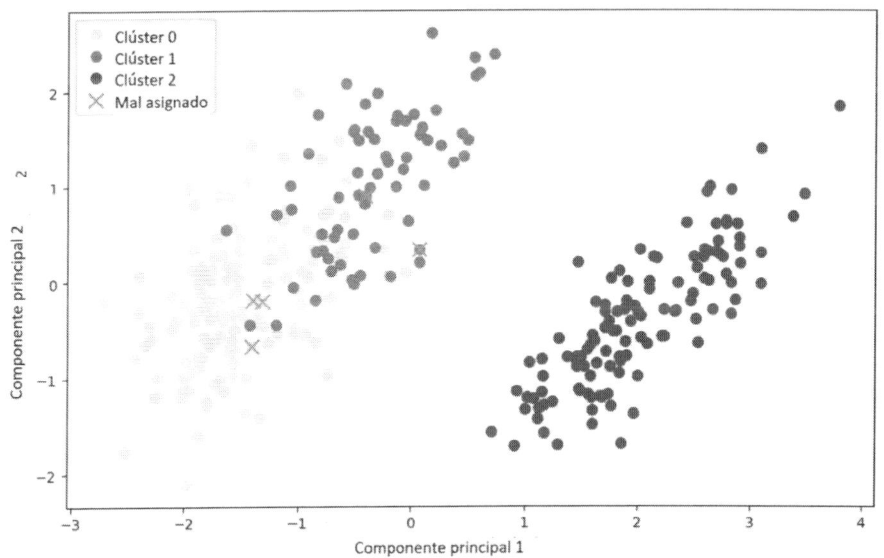

Al descomponer una distribución compleja en varias distribuciones típicas, GMM se puede aplicar en varios campos donde la comprensión de las subestructuras es crucial, como el marketing, la detección de fraudes o el reconocimiento de formas.

3.2.2 MeanShift

El algoritmo de `MeanShift` es un método de agrupación basado en encontrar las áreas donde los puntos de datos están más concentrados, formando así clústeres naturales en los datos. Este enfoque lo hace particularmente adecuado para la visión por ordenador y el procesamiento de imágenes. Sin embargo, a diferencia de otros métodos de clustering, no es posible establecer el número de grupos de antemano, lo que puede ser una restricción para algunas tareas.

En lugar de experimentar con él en el juego de datos de los pingüinos (para el que solo encuentra dos grupos con un ARI de 0,639), vamos a implementarlo en el juego de MNIST (*Modified National Institute of Standards and Technology*), que es un conjunto de números escritos a mano.

Primero hay que cargar las imágenes y las etiquetas:

```
import numpy as np
import matplotlib.pyplot as plt
from sklearn.cluster import MeanShift
from sklearn.datasets import load_digits

# Carga del conjunto de datos MNIST
digits = load_digits()
data = digits.data
images = digits.images
labels = digits.target
```

A continuación, seleccionamos una imagen y su etiqueta entre las 1797 imágenes:

```
num_image = 1 # Escribir un número entre 0 y 1796
image = images[num_image]
label = labels[num_image]
```

A continuación, la imagen se debe convertir a coordenadas de píxeles. Usando la función `meshgrid`, recuperaremos las coordenadas x e y, y crearemos una matriz de tres entradas: coordenada x en la primera columna, y en la segunda, intensidad en la última columna. Tener las coordenadas x, y y su intensidad permite que el algoritmo agrupe los tonos según las zonas:

```
# Conversión en coordenadas de píxeles (x, y) con intensidades
x, y = np.meshgrid(
    np.arange(image.shape[1]),
    np.arange(image.shape[0])
)

pixel_coordinates = np.stack(
    (x.flatten(),
     y.flatten(),
     image.flatten()),
    axis=-1
)
```

Aplicación del Meanshift:

```
mean_shift = MeanShift()
mean_shift.fit(pixel_coordinates)
labels_meanshift = mean_shift.labels_
```

A continuación, es necesario retransformar las etiquetas obtenidas al formato de la imagen:

```
segmented_image = labels_meanshift.reshape(image.shape)
```

Por último, las dos imágenes, normal y segmentada, se muestran mediante el siguiente código:

```
plt.figure(figsize=(10, 5))

plt.subplot(1, 2, 1)
plt.imshow(image, cmap='gray')
plt.title(f'Imagen original - Cifra: {label}\n')

plt.subplot(1, 2, 2)
plt.imshow(segmented_image, cmap='gray')
plt.title('Imagen segmentada con MeanShift\n')

plt.show()
```

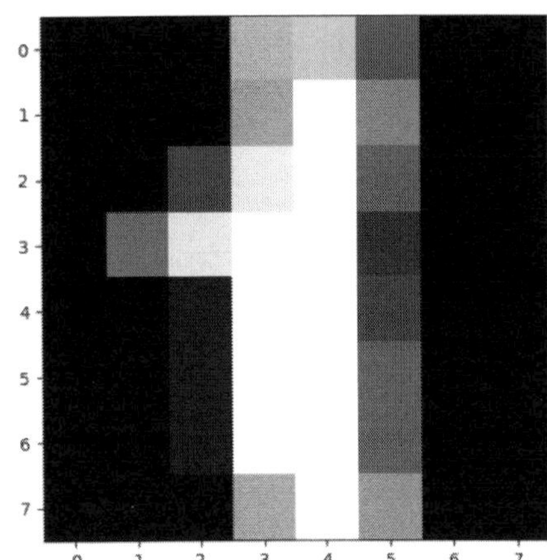

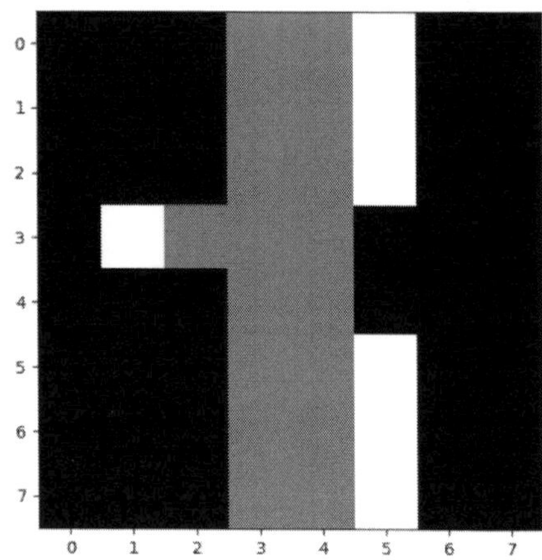

Segmentar imágenes con `MeanShift` hará que sea más fácil separar los números del fondo, reconocer cada dígito individualmente o mejorar la calidad de las imágenes, lo que tendrá un impacto positivo en una clasificación posterior, por ejemplo.

3.2.3 DBSCAN

DBSCAN (*Density-Based Spatial Clustering of Applications with Noise*) es un método de agrupación que identifica regiones de alta densidad de puntos en función de una distancia y un número de vecinos predefinidos (parámetros denominados `eps` y `min_samples`, respectivamente). La parametrización de estos dos criterios es lo que hace que el uso de DBSCAN sea más complejo que el de los otros métodos vistos anteriormente.

A cambio de esta complejidad, DBSCAN puede detectar de manera eficiente formas de clústeres arbitrarias, aislar outliers (grupo numerado -1) y procesar conjuntos de datos con densidades variables, lo que lo hace particularmente efectivo para aplicaciones como la detección de anomalías o la segmentación de imágenes.

Observación

Asegúrese, sin embargo, de que las densidades de los clústeres no sean demasiado diferentes.

Tomemos el ejemplo de las rutas ficticias de un taxi, donde el destino de cada viaje está representado por una coordenada GPS. Esta es una oportunidad para utilizar la función `make_blobs` de Scikit-Learn, que permite crear clústeres aleatorios alrededor de centroides:

```
import numpy as np
import matplotlib.pyplot as plt
from sklearn.cluster import DBSCAN
from sklearn.datasets import make_blobs

# Crear los datos GPS sintéticos
centers = [(4, 4), (2, 2), (-1, -1)]
taxi_ride, _ = make_blobs(n_samples=200, centers=centers,
                          cluster_std=0.4, random_state=42)
```

Además de las 200 carreras de taxi concentradas en 3 zonas, añadiremos 20 aleatorias con una mayor variabilidad:

```
# Añadir 20 recorridos excepcionales
n_noise = 20
noise = np.random.uniform(low=-3, high=6, size=(n_noise, 2))
taxi_ride = np.concatenate([taxi_ride, noise], axis=0)
```

A continuación, aplicamos el `DBSCAN`:

```
# Aplicación de DBSCAN
dbscan = DBSCAN (eps=0.5, min_samples=5)
labels_dbscan = dbscan.fit_predict(taxi_ride)
```

Definimos colores y marcadores para que el gráfico sea más legible:

```
# Preparar los colores y los marcadores
cluster_colors = ['#EEE', '#439CC8', '#285E78']
cluster_markers = ['o', 's', 'D']
anomaly_color = 'darkorange'
anomaly_marker = 'x'
```

Finalmente, podemos visualizar el clustering realizado gracias a este código:

```
# Visualización del DBSCAN
plt.figure(figsize=(12, 6))
unique_labels = set(labels_dbscan)

# Visualización de los clústeres y de las rutas atípicas
for k in unique_labels:
    class_member_mask = (labels_dbscan == k)
    xy = taxi_ride[class_member_mask]

    if k == -1:
        # Recorridos atípicos identificados (-1)
        col = anomaly_color
        marker = anomaly_marker
        label = 'Course atypique'
    else:
        # Clústeres de rutas clásicas
        col = cluster_colors[k % len(cluster_colors)]
        marker = cluster_markers[k % len(cluster_markers)]
        label = None

    plt.plot(
        xy[:, 0],
        xy[:, 1],
        marker,
        c=col,
        markersize=6,
        alpha=0.9,
        label=label
    )

plt.title('Clustering de las carreras de un taxi con DBSCAN\n')
plt.xlabel('Latitud')
plt.ylabel('Longitud')
plt.legend()
plt.show()
```

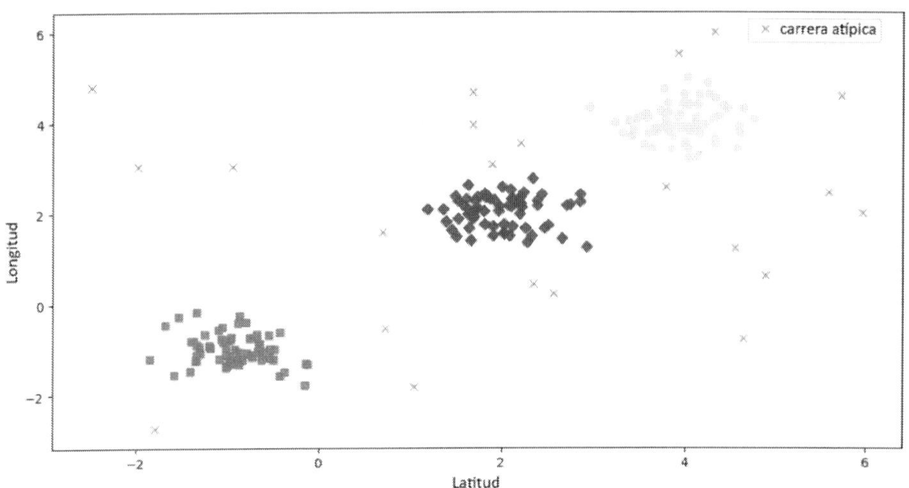

Utilizando el clustering por densidad, el DBSCAN ha identificado tres grupos de las llamadas rutas clásicas. Los puntos fuera de estas áreas densas se han clasificado como grupo -1 y se representan mediante cruces.

Este capítulo sobre el aprendizaje no supervisado está llegando a su fin. Los algoritmos que hemos explorado requieren práctica, pero serán de gran ayuda para resumir los datos de manera efectiva y distinguir la información importante de la que es accesoria.

Capítulo 9
Modelado del texto y la imagen

1. El modelado de texto

El procesamiento del lenguaje natural (NLP, por *Natural Language Processing*) es un área clave de la ciencia de datos, cuyo objetivo es permitir que las máquinas interactúen eficazmente con el lenguaje humano. Como se mencionó en el capítulo Análisis de los datos, las fases de preprocesamiento y vectorización son cruciales para preparar datos textuales y realizar un modelado efectivo.

Para aquellos que no han leído el capítulo Análisis de los datos, he aquí un diagrama resumido de los pasos de preprocesamiento:

Las etapas preprocesamiento en NLP

Python ofrece varios módulos para esta preparación, incluidos NLTK, TextBlob y spaCy.

1.1 Los módulos del NLP

Los módulos de Python de NLP hacen que la preparación de texto sea mucho más fácil, al ofrecer una amplia gama de funciones para transformar y enriquecer datos textuales. Sin embargo, varían significativamente en términos de características, ergonomía y rendimiento.

1.1.1 NLTK

Desarrollado en 2005, NLTK, de *Natural Language Toolkit*, es una de las primeras herramientas desarrolladas para el lenguaje natural. Ofrece una amplia variedad de funciones y es una opción sólida para tareas lingüísticas complejas.

He aquí el comando para instalarlo:

```
pip install nltk
```

Al importarlo, es importante descargar los recursos necesarios de NLTK para que esté completamente operativo. Esto se puede hacer cargando los recursos más populares de las siguiente manera:

```
import nltk
nltk.download('popular')
```

También puede ser oportuno descargar recursos específicos en función de nuestras necesidades, como corpus para el análisis de sentimientos o modelos para etiquetar partes de la oración. Estos son algunos ejemplos:

```
# Recurso de tokenización
nltk.download('punkt')

# Recurso para etiquetar las partes del discurso
nltk.download('averaged_perceptron_tagger')

# Recursos para la lemmatización
nltk.download('wordnet')

# Recursos para las palabras a excluir
nltk.download('stopwords')
```

Si bien daremos prioridad al uso del módulo spaCy para que sea más fácil comenzar con NLP, he aquí un breve ejemplo de cómo se puede poner en práctica NLTK:

```
# Importar los módulos y recursos necesarios
import nltk

nltk.download('punkt')
nltk.download('averaged_perceptron_tagger')
```

```
from nltk.tokenize import word_tokenize, sent_tokenize
from nltk import pos_tag

# Ejemplo de texto
text = "Give me liberty, or give me death! For without liberty,
life is not worth living."

# Tokenización en frases
sentences = sent_tokenize(text)
print(f"Tokenización en frases: \n{sentences}\n")

# Tokenización en palabras
words = word_tokenize(text)
print(f"Tokenización en palabras: \n{words}\n")

# Etiquetado de las partes del discurso
tags = pos_tag(words)
print(f"Etiquetado de las partes del discurso: \n{tags}")
```

```
Tokenización en frases:
['Give me liberty, or give me death!', 'For without liberty, life is not worth living.']
Tokenización en palabras:
['Give', 'me', 'liberty', ',', 'or', 'give', 'me', 'death', '!', 'For', 'without', 'liberty', ',', 'life', 'is', 'not', 'worth', 'living', '.']
Etiquetado de las partes del discurso:
[('Give', 'VB'), ('me', 'PRP'), ('liberty', 'JJ'), (',', ','), ('or', 'CC'), ('give', 'VB'),
('me', 'PRP'), ('death', 'NN'), ('!', '.'), ('For', 'IN'), ('without', 'IN'), ('liberty', 'NN'),
(',', ','), ('life', 'NN'), ('is', 'VBZ'), ('not', 'RB'), ('worth', 'JJ'), ('living', 'NN'), ('.', '.')]
```

Observación

El ejemplo está en inglés porque es el idioma predeterminado de NLTK. Es importante comprobar la compatibilidad y el correcto tratamiento de los idiomas en cada módulo.

1.1.2 TextBlob

TextBlob es una versión simplificada de NLTK, diseñada para hacer que el NLP sea más accesible. Destaca por sus capacidades de análisis de sentimientos o corrección ortográfica. Además, se puede enriquecer con nuevas plantillas o idiomas a través de extensiones, lo que lo hace especialmente versátil.

La instalación se lleva a cabo de la siguiente manera:

```
pip install textblob
```

Observación

Preste atención: algunas funcionalidades de TextBlob dependen de NLTK. Por lo tanto, será necesario instalarlo por separado para poder utilizar estas funciones.

A continuación, se muestra un breve ejemplo para ilustrar las capacidades de este módulo. Se ha añadido deliberadamente una «o» después de living para simular un error ortográfico.

Comenzamos importando NLTK y TextBlob:

```
import nltk
nltk.download('popular')

from textblob import TextBlob
```

```
# Analizar un texto
text = "Give me liberty, or give me death! For without liberty,
life is not worth livingo."
blob = TextBlob(text)


# Tokenización en frases
print(f"Tokenización en palabras:\n{blob.words}\n")

# Etiquetado de discursos
print(f"Etiquetado:\n{blob.tags}\n")

# Corrección de la frase
print(f"Etiquetado:\n{blob.correct()}\n")

# Análisis de sentimientos
print(f"Análisis de sentimientos:\n{blob.sentiment}\n")
```

```
Tokenización en palabras:
['Give', 'me', 'liberty', 'or', 'give', 'me', 'death', 'For', 'without', 'liberty', 'life', 'is', 'not', 'worth', 'livingo']

Etiquetado:
[('Give', 'VB'), ('me', 'PRP'), ('liberty', 'JJ'), ('or', 'CC'), ('give', 'VB'), ('me', 'PRP'), ('death', 'NN'),
('For', 'IN'), ('without', 'IN'), ('liberty', 'NN'), ('life', 'NN'), ('is', 'VBZ'), ('not', 'RB'), ('worth', 'JJ'), ('livingo', 'NN')]

Corrección de la frase:
Give me liberty, or give me death! For without liberty, life is not worth living.

Análisis de sentimientos:
Sentiment(polarity=-0.15, subjectivity=0.1)
```

La función de corrección detectó correctamente la «o» y ha devuelto la oración corregida.

La otra característica interesante del análisis de sentimientos asigna una puntuación de -1 a 1 para la `polarity`, que va de muy negativa a muy positiva, respectivamente. Esta función también devuelve el indicador `subjectivity`, que indica desde 0 (si el contenido es perfectamente objetivo) hasta 1 (si es completamente subjetivo).

1.1.3 spaCy

spaCy es un módulo de NLP que ofrece un interesante equilibrio entre la simplicidad y las características limitadas de TextBlob, y la exhaustividad, aunque menos accesible, de NLTK. Es reconocido por su alta optimización, que le otorga gran velocidad, así como por sus modelos de alta calidad que facilitan el uso de NLP.

Durante la instalación, no olvide descargar el modelo de idioma utilizado. Para nuestro ejemplo, usaremos el pequeño modelo español entrenado con textos de noticias y medios de comunicación:

```
# Instalación de spaCy
pip install spacy

# Instalación del modelo de idioma español
python -m spacy download es_core_news_sm
```

Cabe destacar que los modelos inglés y chino, a diferencia de los demás, se entrenan en la Web. Por eso, la importación del modelo inglés es ligeramente diferente (`core_web` en lugar de `core_news`):

```
# Instalación del modelo de idioma inglés
python -m spacy download en_core_web_sm
```

Antes de pasar a la práctica con un dataset, he aquí un ejemplo simple de cómo usar spaCy en una oración:

```
import spacy

# Carga del modelo preentrenado para el español
nlp = spacy.load("es_core_news_sm")

# Ejemplo de frase
text = "Salimos con quinientos; pero por medio de un refuerzo,
nos juntamos más de tres mil cuando llegamos a puerto,"

# limpieza de la puntuación
doc = nlp(text)
tokens_no_punct = [token for token in doc if not token.is_punct]

# Tokenisation (ya realizada durante la transformación del texto a nlp)
tokens = [token.text for token in tokens_no_punct]
print(f"Tokens (sin puntuación):\n{tokens}\n")

# Eliminación de los stopwords
stopwords = spacy.lang.es.stop_words.STOP_WORDS
filtered_tokens = [token for token in tokens_no_punct
                   if token.text.lower() not in stopwords]

ft_texts= [token.text for token in filtered_tokens]
print(f"Filtered Tokens (sin stopwords):\n{ft_texts}\n")

# Lemmatización
lemmas = [token.lemma_ for token in filtered_tokens]
print(f"Lemmatización:\n{lemmas}\n")
```

```
Tokens (sin puntuación):
['Salimos', 'con', 'quinientos', 'pero', 'por', 'medio', 'de', 'un',
'refuerzo', 'nos', 'juntamos', 'más', 'de', 'tres', 'mil', 'cuando',
'llegamos', 'a', 'puerto']

Filtered Tokens (sin stopwords):
['Salimos', 'quinientos', 'refuerzo', 'juntamos', 'mil', 'llegamos',
'puerto']

Lemmatización:
['salir', 'quiniento', 'refuerzo', 'juntar', 'mil', 'llegar', 'puerto']
```

Observación

spaCy no tiene una función de stemmatización. Será necesario utilizar NLTK para hacer esto.

Una última observación general común a todos los módulos: la transformación de las palabras en minúsculas se debe guiar por el objetivo buscado. En algunos contextos, puede ser una buena idea mantener las mayúsculas. Para los casos más complicados, no dude en probar ambos enfoques.

1.2 Puesta en práctica del NLP

Vamos a poner en práctica el NLP sobre un tema que no contiene demasiadas sutileas lingüísticas: el Répertoire opérationnel des Métiers et des Emplois (ROME). Este directorio se utiliza en Francia para identificar cada trabajo con la mayor precisión posible.

Nuestro objetivo será estudiar si es posible encontrar el campo principal de actividad a partir del título exacto de la profesión.

1.2.1 Preprocesamiento de los datos

El preprocesamiento de los datos se llevará a cabo con spaCy. Por lo tanto, será necesario importar previamente el modelo español:

```
python -m spacy download es_core_news_sm
```

A continuación, se recuperan los datos:

```
import pandas as pd

df_deb =
pd.read_csv("https://raw.githubusercontent.com/eric2mangel/BDD/
main/ROME_metiers.csv", sep=",",encoding='utf_8',
low_memory=False)

print(df_deb.shape)
df_deb.head()
```

El archivo contiene 31 977 observaciones y 13 columnas. Prepararemos los datos con el fin de predecir la variable `Grand Domaine` para cada profesión incluida en la variable `Libellé`.

Al tratarse de una primera aproximación destinada a verificar la viabilidad de esta clasificación, seleccionaremos aleatoriamente 5000 observaciones con el fin de limitar los tiempos de cálculo:

```
df = df_deb.sample(n=5000, random_state=42)
```

Ahora podemos continuar con el preprocesamiento de la variable `Libellé`, para lo que utilizaremos la siguiente función de preprocesamiento:

```
import pandas as pd
import re
import spacy
from nltk.stem import SnowballStemmer
import nltk


# Cargar el modelo spaCy para el español
nlp = spacy.load("es_core_news_sm")

# Inicializar Stemmer NLTK
stemmer = SnowballStemmer("spanish")

# Cargar las stopwords de spaCy y NLTK
stopwords_spacy = nlp.Defaults.stop_words

# Función de pretratamiento genérica
def preprocess_text(text, use_stemming=False):
    doc = nlp(text)
```

```
    tokens = [
        stemmer.stem(token.lemma_.lower())
        if use_stemming else token.lemma_.lower()
        for token in doc
        if not token.is_punct and
        token.lemma_.lower() not in stopwords_spacy and
        token.text.lower() not in stopwords_spacy
    ]
    return ' '.join(tokens)
```

La función `preprocess_text` transforma el contenido textual de cada observación de la siguiente manera:

- la línea doc = nlp(text) es una función spaCy que pretransforma texto plano en una representación estructurada y anotada,
- se crea la variable tokens. Es una lista compuesta por las palabras del documento siempre que no sean signos de puntuación y no pertenezcan a las palabras stopwords de spaCy.

A continuación, podemos crear dos nuevas variables: una para la versión lemmatizada y otra para la versión stemmatizada:

```
# Lemmatización
df['label_lemma'] = df['Label'].apply(
    lambda x: preprocess_text(x)
)

# Stemmatización
df['label_stem'] = df['Label'].apply(
    lambda x: preprocess_text(x, use_stemming=True)
)
```

Observación

Todos los entrenamientos y clasificaciones posteriores se basarán en estas dos variables para procesar los datos textuales.

Antes de comenzar el modelado, es importante hacer una evaluación de la metodología. Para extraer las características de los textos, aquí utilizaremos dos métodos diferentes, que consisten en contar palabras de dos maneras distintas: el `CountVectorizer` y el TF-IDF.

1.2.2 Extractores de características

CountVectorizer

El CountVectorizer es un algoritmo para convertir un corpus de texto en una matriz que cuenta las apariciones de cada palabra o grupo de palabras. Es posible modular diferentes parámetros, como el número de apariciones mínimas y máximas de palabras o la posibilidad de utilizar grupos de palabras. He aquí una pequeña tabla no exhaustiva de las posibilidades:

Opción	Rol
`max_df`	Ignora los términos con una frecuencia de documentos que está estrictamente por encima de este umbral (proporción o número absoluto).
`min_df`	Ignora los términos con una frecuencia de documentos que está estrictamente por debajo de este umbral (proporción o número absoluto).
`max_features`	Mantiene solo los términos más frecuentes. Útil para limitar el tamaño del vocabulario.
`ngram_range`	Tupla (min_n, max_n) que especifica el rango de n-gramas que se van a extraer. Por ejemplo (1, 2) para extraer unigramas y bigramas.
`stop_words`	Lista de palabras para ignorar.

TF-IDF

El TF-IDF aporta una ponderación al recuento de términos. Al igual que `CountVectorizer`, primero cuenta los términos (TF, de *Term Frequency*) y, a continuación, pondera estos recuentos para reducir la importancia de los términos que son demasiado frecuentes y resaltar las palabras que son muy distintivas (IDF, de *Inverse Document Frequency*).

Observación

El TF-IDF utiliza los mismos parámetros que CountVectorizer.

1.2.3 Modelado

El modelado puede comenzar. Probaremos para los dos métodos de vectorización (CountVectorizer y TF-DF) diferentes algoritmos en datos stemmatizados y lematizados. Al final, seleccionaremos la combinación que proporcione mejor rendimiento.

Comenzaremos importando los módulos necesarios y preparando los diccionarios de algoritmos e hiperparámetros:

```
import seaborn as sns
import matplotlib.pyplot as plt

from sklearn.model_selection import train_test_split,
GridSearchCV
from sklearn.pipeline import Pipeline
from sklearn.feature_extraction.text import CountVectorizer,
TfidfVectorizer
from sklearn.linear_model import LogisticRegression
from sklearn.ensemble import RandomForestClassifier
from sklearn.metrics import classification_report
from sklearn.neighbors import KNeighborsClassifier
from sklearn.metrics import accuracy_score,
classification_report,
confusion_matrix

# Definición del juego de datos
X_lemma = df['label_lemma']
X_stem = df['label_stem']
y = df['Large Domain']

# Splits
X_train_lemma, X_test_lemma, y_train, y_test = train_test_split(
    X_lemma,
    y,
    test_size=0.2,
    random_state=42,
    stratify=y
)

X_train_stem, X_test_stem, y_train, y_test = train_test_split(
    X_stem,
    y,
    test_size=0.2,
```

```
    random_state=42,
    stratify=y
)
# Definición de los algoritmos
models = {
    'logreg': LogisticRegression(max_iter=500,solver='saga',),
    'knn': KNeighborsClassifier(),
    'rf': RandomForestClassifier()
}

# Definición de los hiperparámetros
params = {
    'logreg': {'clf__C': [0.1, 1, 10],
               'clf__penalty': ['l1','l2']},
    'knn': {'clf__n_neighbors': [3, 5, 7],
            'clf__weights': ['uniform', 'distance']},
    'rf': {'clf__n_estimators': [100, 200],
           'clf__max_depth': [None, 10, 20]}
}

# Vectores utilizados con argumentos
vectorizers = {
    'count': CountVectorizer(max_df=0.85, ngram_range=(1, 2)),
    'tfidf': TfidfVectorizer(max_df=0.85, ngram_range=(1, 2))
}
```

A continuación, podemos empezar el modelado probando todas las combinaciones:

```
# Variables para almacenar los resultados
best_model = None
best_score = 0
best_model_name = ''
best_params = {}

# Bucle de pruebas de las combinaciones
for vectorizer_name, vectorizer in vectorizers.items():
    for model_name, model in models.items():
        for use_lemma in [True, False]:
            # Definición del pipeline
            pipeline = Pipeline([
                ('vect', vectorizer),
                ('clf', model)
            ])
```

```
            # Definición de los hiperparámetros
            param_grid = params[model_name]
            grid_search = GridSearchCV(
                pipeline,
                param_grid,
                cv=5, n_jobs=-1,
                scoring='accuracy'
            )

            # Selección de los datos
            X_train, X_test = (
                (X_train_lemma, X_test_lemma) if use_lemma
                else (X_train_stem, X_test_stem)
            )

            # Entrenamiento del modelo
            grid_search.fit(X_train, y_train)

            # Actualización del mejor modelo si es necesario
            current_score = grid_search.best_score_
            if current_score > best_score:
                best_score = current_score
                best_model = grid_search.best_estimator_
                best_model_name = (
                    f"{model_name}_{vectorizer_name}_"
                    f"{'lemma' if use_lemma else 'stem'}"
                )
                best_params = grid_search.best_params_

            current_model = (
                f"{model_name}_{vectorizer_name}_"
                f"{'lemma' if use_lemma else 'stem'}"
            )
            print(f"{current_model} / score: {current_score}")

print(f"\nMejor modelo: {best_model_name}")
print(f"Score: {best_score}")
print(f"Mejores hiperparámetros: {best_params}")
```

```
logreg_count_lemma / score: 0.8055
logreg_count_stem / score: 0.8105
knn_count_lemma / score: 0.607
knn_count_stem / score: 0.60875
rf_count_lemma / score: 0.7440000000000001
rf_count_stem / score: 0.74725
logreg_tfidf_lemma / score: 0.80175
logreg_tfidf_stem / score: 0.8030000000000002
knn_tfidf_lemma / score: 0.72875
knn_tfidf_stem / score: 0.71875
rf_tfidf_lemma / score: 0.7372500000000001
rf_tfidf_stem / score: 0.7385

Mejor modelo: logreg_count_stem
Score: 0.8105
Mejores hiperparámetros: {'clf__C': 10, 'clf__penalty': 'l2'}
```

Las pruebas tardan unos 15 minutos en completarse en Google Colab.

La regresión logística, basada en datos stemmatizados vectorizados por un `CountVectorizer`, es la solución más eficiente, con una puntuación de precisión de aproximadamente 0,81.

El informe de clasificación es globalmente bueno, mostrando `precision` y `recall` que van de buenas a excelentes en todas las categorías:

```
y_pred = best_model.predict(X_test_stem)

print("Rapport de classification:")
print(classification_report(y_test, y_pred))
```

```
Rapport de classification:
                                                                      precision    recall  f1-score   support

Agriculture et Pêche, Espaces naturels et Espaces verts, Soins aux animaux       0.56      0.56      0.56        25
                                  Arts et Façonnage d'ouvrages d'art       0.79      0.71      0.75        31
                                      Banque, Assurance, Immobilier       1.00      0.60      0.75        20
                               Commerce, Vente et Grande distribution       0.74      0.68      0.71        34
                                  Communication, Média et Multimédia       0.75      0.78      0.77        51
                            Construction, Bâtiment et Travaux publics       0.68      0.77      0.72        69
               Hôtellerie-Restauration, Tourisme, Loisirs et Animation       0.82      0.72      0.77        46
                                                          Industrie       0.91      0.92      0.92       336
                                        Installation et Maintenance       0.90      0.76      0.82        83
                                                              Santé       1.00      0.57      0.73        14
                          Services à la personne et à la collectivité       0.63      0.86      0.73       120
                                                          Spectacle       0.76      0.55      0.64        47
                                             Support à l'entreprise       0.81      0.83      0.82        78
                                            Transport et Logistique       0.92      0.74      0.82        46

                                                           accuracy                           0.81      1000
                                                          macro avg       0.81      0.72      0.75      1000
                                                       weighted avg       0.82      0.81      0.81      1000
```

Por último, la matriz de confusión muestra muy claramente una marcada diagonalización en la que todas las categorías están globalmente bien identificadas.

```
# Obtención de las categorías únicas
unique_categories = df['Grand Domaine'].astype("category")
.cat.categories

# Matriz de confusión
conf_matrix = confusion_matrix(
    y_test, y_pred, labels=unique_categories
)

# Función para acortar los nombres de las categorías
def abbreviate_names(names, max_length=30):
    return [name[:max_length] + '...'
            if len(name) > max_length
            else name for name in names
    ]

# Aplicación de la función
abbreviated_categories = abbreviate_names(unique_categories)

# Visualización de la matriz de confusión
plt.figure(figsize=(6, 4))
sns.heatmap(
    conf_matrix, annot=True, fmt='d', cmap='Blues', cbar=False,
    xticklabels=abbreviated_categories,
    yticklabels=abbreviated_categories
)
plt.xlabel('\nEtiquettes prédites')
plt.ylabel('Etiquettes réelles')
plt.title('Matrice de confusion\n')
plt.show()
```

Observación

Se ha añadido una función de abreviatura para facilitar la visualización de los nombres de las categorías, que son muy largos.

Matrice de confusion

Etiquettes réelles \ Etiquettes prédites	Agriculture et Pêche, Espaces ...	Arts et Façonnage d'ouvrages d...	Banque, Assurance, Immobilier	Commerce, Vente et Grande dist...	Communication, Média et Multim...	Construction, Bâtiment et Trav...	Hôtellerie-Restauration, Touri...	Industrie	Installation et Maintenance	Santé	Services à la personne et à la...	Spectacle	Support à l'entreprise	Transport et Logistique
Agriculture et Pêche, Espaces ...	14	0	0	0	0	0	0	5	0	0	6	0	0	0
Arts et Façonnage d'ouvrages d...	0	22	0	1	0	1	0	1	2	0	4	0	0	0
Banque, Assurance, Immobilier	0	0	12	2	0	1	1	1	0	0	1	0	2	0
Commerce, Vente et Grande dist...	1	1	0	23	0	0	1	0	0	0	6	1	1	0
Communication, Média et Multim...	0	2	0	0	40	2	0	1	0	0	2	2	2	0
Construction, Bâtiment et Trav...	4	2	0	0	0	53	1	4	0	0	5	0	0	0
Hôtellerie-Restauration, Touri...	1	0	0	2	0	0	33	1	0	0	6	0	1	2
Industrie	0	1	0	0	4	9	0	310	2	0	6	2	1	1
Installation et Maintenance	0	0	0	1	0	6	0	5	63	0	4	1	3	0
Santé	0	0	0	0	0	0	0	0	0	8	5	1	0	0
Services à la personne et à la...	2	0	0	0	1	1	3	5	2	0	103	0	3	0
Spectacle	2	0	0	0	4	2	0	4	0	0	7	26	2	0
Support à l'entreprise	1	0	0	1	3	0	0	2	1	0	5	0	65	0
Transport et Logistique	0	0	0	1	1	3	1	2	0	0	3	1	0	34

Con `CountVectorizer` y TF-IDF, hemos utilizado una extracción manual de características que produce embeddings simples. Recuerde que un embedding es una representación vectorial que captura las relaciones semánticas de las palabras en un espacio de dimensión reducida. Si bien estos métodos son efectivos para algunas tareas, tienen limitaciones cuando se trata de capturar relaciones contextuales y semánticas entre palabras.

Para superar estas limitaciones, es necesario explorar enfoques más avanzados basados en redes neuronales.

1.3 Introducción a los modelos avanzados en NLP

Los modelos avanzados basados en redes neuronales automatizan la extracción de características directamente a partir de datos en bruto. Pueden capturar relaciones más complejas y mejorar el rendimiento del modelo al proporcionar representaciones vectoriales más ricas basadas en palabras, frases o contextos.

1.3.1 Representaciones de palabras

Los métodos de representación de palabras se basan en la vectorización de vocablos, que mantienen el mismo valor independientemente del contexto de la oración. Se trata de vectores estáticos. Algoritmos como Word2Vec o GloVe se basan en este principio.

Estos modelos, que se deben considerar en un contexto local, son fáciles de entender e interpretar y pueden ser adecuados para diversas aplicaciones, como la clasificación de textos, la traducción automática o el análisis de sentimientos.

Los dos modelos mencionados son accesibles gracias al módulo Gensim de Python:

```
pip install gensim
```

He aquí un pequeño ejemplo para practicar Word2vec. Importaremos desde la API de Gensim el archivo «text8», que es una versión reducida de Wikipedia. Contiene artículos de la enciclopedia presentados en forma de listas de bolsas de palabras, de las cuales los siguientes son ejemplos abreviados:

```
['anarchism', 'originated', 'as', 'a', 'term', 'of', 'abuse',
'first', 'used', 'against'...]
['reciprocity', 'qualitative', 'impairments', 'in',
'communication', 'as', 'manifested'...]
```

Este conjunto de datos se utilizará para entrenar Word2Vec, que permite encontrar palabras similares según su contexto de uso en los textos:

```
# Importar las librerías necesarias
from gensim.models import Word2Vec
import gensim.downloader as api

# Cargar text8 (subconjunto de Wikipedia)
```

```
corpus = api.load('text8')


# Entrenamiento del modelo Word2Vec en text8
model = Word2Vec(corpus,
                 vector_size=100,
                 window=5,
                 min_count=5, workers=4)
```

Alguna información adicional sobre los argumentos utilizados anteriormente:

- corpus: un conjunto de datos utilizado para el entrenamiento,
- vector_size=100: número de dimensiones de los vectores de palabras. Cuanto mayor sea el valor, más preciso será el modelo, pero los tiempos de entrenamiento también serán más largos,
- window=5: número de palabras que se tienen en cuenta antes y después para construir el contexto de la palabra,
- min_count=5: número mínimo de apariciones de una palabra para que se conserve en el modelo,
- workers=4: número de threads para utilizar. Los threads son unidades de ejecución que permiten realizar varias tareas al mismo tiempo. Cuantos más haya, más cortos serán los tiempos de entrenamiento. La opción workers=-1 utilizará todos los threads disponibles.

El modelo ya está listo para usar. He aquí dos ejemplos de cómo pedir las cinco palabras más cercanas a un vocablo y la similitud entre dos términos:

```
# Encontrar las 5 palabras más similares a...
word = 'king'

similar_words = model.wv.most_similar(word, topn=5)
print(f"Palabras similares a {word}:")
for word, score in similar_words:
    print(f"{word}: {score:.4f}")

# Output:
#Palabras similares a king:
#prince: 0.7391
#throne: 0.6975
#emperor: 0.6878
#kings: 0.6853
#queen: 0.6831
```

```
# Calcular la similitud entre dos palabras
sim_2w = model.wv.similarity('king', 'queen')

print(f"\nSimilitud entre 'king' y 'queen': { sim_2w:.4f}")

# Output: Similitud entre 'king' y 'queen': 0.6831
```

1.3.2 Codificación de frases

La codificación de frases completas o fragmentos de texto es un paso más en la contextualización al adoptar un enfoque holístico. Este método es más dinámico que el enfoque basado en palabras, lo que promueve un procesamiento más preciso del lenguaje natural, teniendo en cuenta las interacciones y el contexto general del texto.

Algoritmos como *Universal Sentence Encoder* (USE) o Sent2Vec aplican este principio.

1.3.3 Transformers y modelos contextuales

Los transformers reúnen lo mejor de ambos mundos al capturar las relaciones globales y locales. Este enfoque valora la contextualización dinámica de cada palabra, teniendo en cuenta su posición en la frase (local) y en el texto completo (global). A través del mecanismo, cada palabra puede interactuar con todas las demás palabras de la frase, lo que permite una comprensión profunda de dependencias complejas y allana el camino para tareas como la generación de texto o la respuesta a preguntas.

Módulos como BERT o GPT (*Generative Pre-trained Transformer*) se basan en este principio.

1.3.4 Larges Languages Models(LLM)

La técnica de los transformers ha hecho posible la creación de los *Large Language Models* (LLM), que son, de hecho, transformers entrenados con miles de millones de textos. A través de este entrenamiento masivo, estos modelos adquieren habilidades fenomenales que les permiten comprender y generar texto con una precisión y fluidez impresionantes. La interacción con un LLM requiere un prompt para formular preguntas y recuperar respuestas. Las aplicaciones potenciales de los LLM son inmensas y podrían conducir a cambios significativos en varios sectores de la sociedad.

Estos modelos, potentes y voluminosos, se pueden especializar a través del aprendizaje por transferencia o transfer learning. Esta técnica, también utilizada en el procesamiento de imágenes, consiste en recuperar un modelo preentrenado y adaptarlo a tareas específicas utilizando, por separado o en conjunto:

- Fine-tuning: ajuste de un modelo previamente entrenado a un conjunto de datos específico para mejorar su rendimiento en una tarea determinada.
- RAG (*Retrieval-Augmented Generation*): combinación de generación de texto y recuperación de información. El modelo utiliza documentos externos para enriquecer sus respuestas.

Sin embargo, tenga cuidado porque esto requiere mucha potencia de cálculo, a menudo fuera del alcance de los ordenadores personales.

2. El modelado de imágenes

En un mundo inundado de imágenes, las necesidades en términos de modelado son muy significativas. Al igual que ocurre con el NLP, se trata de una disciplina por derecho propio en la ciencia de datos, que es muy rica en posibilidades. Las operaciones de modelado son comunes a otros dominios, pero requieren un procesamiento previo que puede ser extremadamente complejo en algunos casos. De hecho, para extraer correctamente la información contenida en las imágenes, a menudo es necesario aplicar varias transformaciones, como el cambio de tamaño, la conversión de formatos y la aplicación de filtros o algoritmos específicos.

La introducción de las *Convolutional Neural Networks* (CNN) marcó un punto de inflexión en este campo. Conceptualizadas en los años 80, las CNN han experimentado un gran auge desde 2012, revolucionando el campo de la visión por ordenador. Automatizan gran parte de los complejos pasos de preprocesamiento de imágenes, lo que permite extraer características directamente de los datos sin procesar. Esta automatización simplifica en gran medida el proceso de análisis de datos visuales y mejora significativamente el rendimiento de la clasificación.

Sin embargo, no todo el mundo busca necesariamente automatizar por completo el procesamiento de imágenes y los módulos tradicionales siguen siendo muy utilizados porque permiten, en ciertas áreas de aplicación, gestionar con precisión cada etapa de la transformación.

Por ello, comenzaremos con una descripción general de los módulos de Python dedicados al procesamiento de imágenes y exploraremos sus características prácticas a través de ejemplos concretos. Por último, hablaremos de las *Convolutional Neural Networks* (CNN), mostrando cómo iniciarse fácilmente con esta tecnología.

2.1 Las soluciones de Machine Learning destinadas a las imágenes

Entre los muchos módulos dedicados a la imagen, exploraremos tres soluciones que permiten iniciarse de manera progresiva en el procesamiento de imágenes: Pillow, Scikit-Image y OpenCV.

2.1.1 Pillow para iniciarse en el pretratamiento

Pillow es el módulo ideal para dar los primeros pasos en la manipulación de imágenes. Es fácil de usar y tiene todas las funciones para leer, crear, guardar, convertir, cambiar el tamaño y aplicar varios filtros en las imágenes.

Durante la instalación, debe recordar poner una P mayúscula en Pillow:

```
pip install Pillow
```

La manipulación de las imágenes es muy sencilla de realizar.

Comencemos por abrir y mostrar una imagen:

```
from PIL import Image, ImageFilter

# Abrir la imagen
image = Image.open(r"dirección_imagen\nombre_imagen.jpg")

# visualización
image.show(title="Imagen original")
```

Observación

Pillow es una extensión de la antigua librería PIL. El uso de PIL en las importaciones ayuda a mantener la compatibilidad con las funcionalidades de PIL existentes.

Convirtámosla a escala de grises:

```
# Convertir en escala de grises
bw_image = image.convert("L")

# Visualización
bw_image.show(title="Imagen en escala de grises")
```

He aquí un ejemplo de cómo voltear la imagen:

```
# Voltear horizontalmente la imagen
flipped_image = bw_image.transpose(Image.FLIP_LEFT_RIGHT)

# Visualización
flipped_image.show(title="Imagen volteada")
```

Y un ejemplo de cómo aplicar un filtro para dibujar los contornos:

```
# Aplicar el filtro de contorno
contour_image = flipped_image.filter(ImageFilter.CONTOUR)

# Visualización
contour_image.show(title="Imagen con filtro de contorno")
```

Finalmente, podemos guardar nuestra imagen de la siguiente manera:

```
# Guardar imagen
contour_image.save(r"dirección_imagen\nombre_imagen_modificada.jpg"
```

Al preprocesar imágenes, es común convertirlas en arrays Numpy para facilitar las operaciones de transformación. Esta conversión, como todas las demás acciones, requiere una línea de código:

```
import numpy as np

# Convertir la imagen en un array NumPy
image_array = np.array(image)

# Visualización de la forma del array
print(image_array.shape)

# Output: (768, 768, 3)
```

El código anterior muestra las características de la imagen original en cuanto a forma: (altura, anchura, número de canales de color). En nuestro caso, el número de canales es 3 porque cada píxel está definido por una tupla de tres valores: uno para el rojo, otro para el verde y otro para el azul.

Pillow aporta mucha simplicidad a la manipulación de imágenes. Aunque no ofrece funciones de modelado, es perfectamente posible utilizarlo junto con otros módulos y reservarle los pasos de transformación de la imagen.

2.1.2 Scikit-image

Scikit-image es una librería dedicada al procesamiento de imágenes en Python. Ofrece una amplia gama de funciones para realizar operaciones avanzadas en imágenes, como la detección de formas o contornos, el análisis de características o la segmentación de imágenes.

En primer lugar, instalemos el módulo Scikit-image:

```
pip install scikit-image
```

Observación

El paquete se instala en una carpeta llamada skimage. Este es el nombre que se debe usar para importarlo.

Para evaluar las capacidades de segmentación y recuento de este módulo, detallaremos paso a paso, a modo de ejemplo, el método para contar el número de elementos presentes en una foto.

El primer paso consiste en recuperar la imagen de las monedas, que forma parte del módulo como imagen de entrenamiento, con el nombre `data.coins`:

```
import numpy as np
import matplotlib.pyplot as plt

# Importar los módulos scikit-image necesarios
from skimage import data, segmentation, filters, color,
morphology, graph, measure

# Cargar la imagen de los elementos
image = data.coins()

plt.imshow(image, cmap='gray')
```

```
plt.axis('off')  # Comando para ocultar los ejes
plt.show()
```

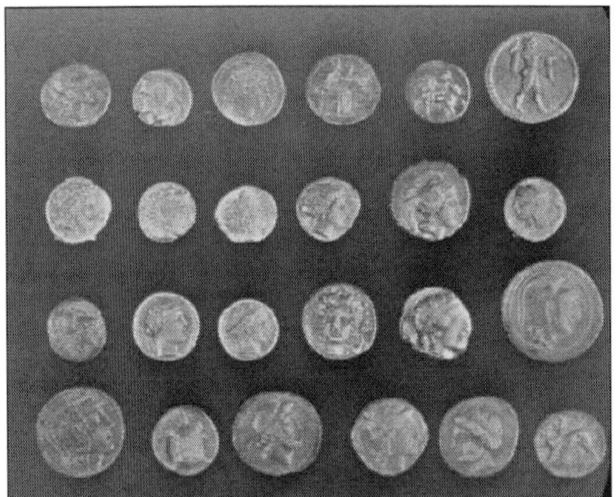

En un segundo paso, crearemos una máscara con las dimensiones de la imagen. Sabiendo que la intensidad de un píxel en una imagen en blanco y negro varía de 0 (píxel negro) a 255 (píxel blanco), aplicaremos la siguiente transformación:

- Todos los píxeles con un valor inferior a 100 se etiquetarán como 1.
- Todos los píxeles con un valor superior a 149 se etiquetarán como 2.

```
# Creación de una matriz de ceros con las dimensiones de la imagen
        labels = np.zeros(image.shape, dtype=int)

# Operación de etiquetado
labels[image < 100] = 1
labels[image > 150] = 2
```

Observación

La configuración de los valores inferior y superior no es automática y requiere un poco de prueba y error.

En este punto, la matriz contiene 1 para los píxeles oscuros, 2 para los píxeles claros y 0 para los píxeles con valores entre 100 y 149, que representan el área de indecisión. Para ilustrar esta situación, el siguiente objeto visual muestra los píxeles oscuros en negro, los píxeles claros en blanco y los píxeles indecisos en gris:

En tercer lugar, se utilizará el algoritmo de segmentación `random_walker` para asignar los píxeles 0 al grupo de oscuros o al grupo de claros en función de su proximidad y de la estructura de la imagen. Este paso requiere una sola línea de código:

```
image_rw = segmentation.random_walker(image, labels)
```

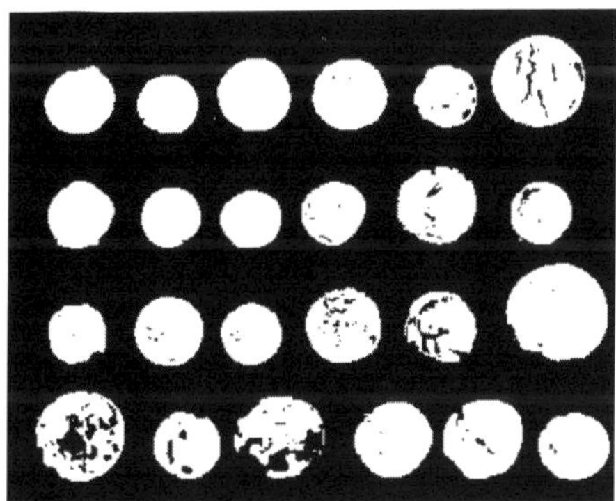

La segmentación ha funcionado relativamente bien, pero algunas regiones de las monedas permanecen fragmentadas, lo que puede perturbar el recuento.

En el cuarto paso se aplicará una operación de procesamiento de imágenes llamada cierre morfológico, que expande y luego reduce las áreas blancas (aquí, los píxeles blancos marcados con el número 2) para rellenar los vacíos:

```
image_cleaned = morphology.binary_closing(
    image_rw == 2,
    morphology.disk(3) # Tamaño del disco de 3 píxeles
).astype(int)
```

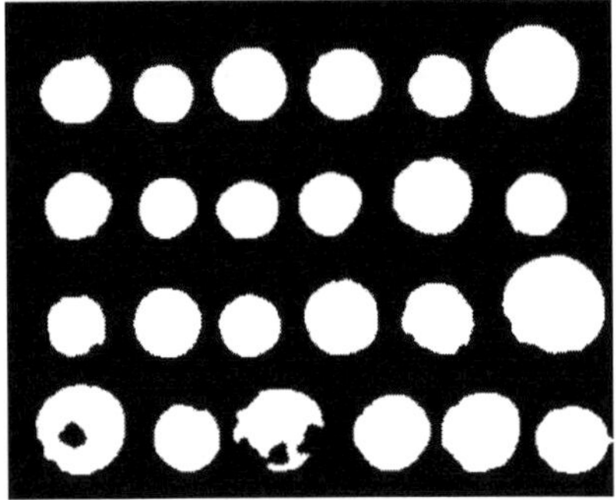

Observación

Determinar el tamaño del disco (3 en nuestro caso) requiere un poco de prueba y error.

Tras el cierre morfológico de los píxeles blancos, es aconsejable aplicar también un cierre morfológico a los píxeles negros para evitar la presencia de píxeles blancos aislados que se podrían considerar erróneamente como grupos. Vamos a apuntar a los píxeles negros aquí, pero mantendremos la lógica del primer cierre agregando una tilde ~ delante de la función:

```
image_cleaned = ~morphology.binary_closing(
    image_cleaned == 0,
    morphology.disk(1) # Pequeño disco de 1 píxel
)
```

Observación

Al igual que antes, fue necesario un poco de prueba y error para determinar el valor del disco en 1.

Por último, utilizando la función `measure.label`, podremos identificar cada parte y, al hacerlo, contarlas:

```
# Asignación de una etiqueta a los píxeles conectados (los
elementos)
label_objects, num_objects = measure.label(image_cleaned,
return_num=True)

# Comando para obtener las propiedades de las regiones etiquetadas
regions = measure.regionprops(label_objects)

# Visualización de la imagen etiquetada
plt.imshow(label_objects, cmap='Blues')
plt.title(f"Objetos detectados: {num_objects}")
plt.axis('off')

# Asignación de un número a cada región (cada elemento)
for region in regions:
    y, x = region.centroid  # Centro de cada región
    plt.text(x, y,
             str(region.label),
             color='darkorange',
             fontsize=12,
             ha='center', va='center')

plt.show()
```

Objetos detectados: 24

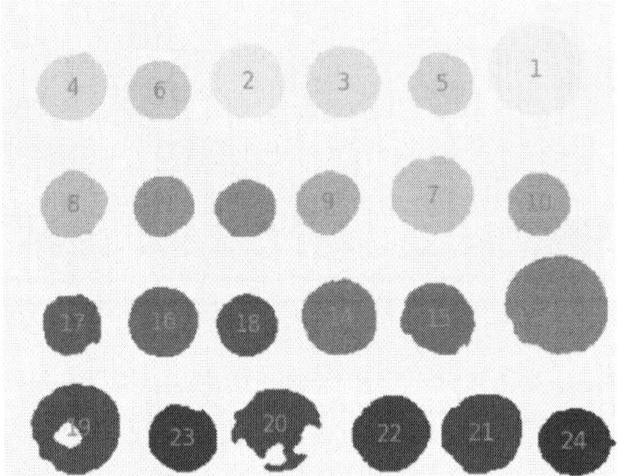

En definitiva, cada parte está indexada y se puede localizar y medir en la imagen, lo que abre muchas posibilidades. Ciertamente, el procedimiento no es instantáneo y pone de manifiesto la dificultad del preprocesamiento manual de imágenes, pero, con un poco de práctica, las posibilidades son inmensas.

Scikit-image ofrece muchas funciones dedicadas a la manipulación y modelado de soportes visuales. Es especialmente adecuado para modelos que van desde simples hasta moderadamente complejos, que no requieren análisis en tiempo real.

Para proyectos más ambiciosos, se recomienda recurrir a la referencia en la materia: OpenCV.

2.1.3 OpenCV

OpenCV, acrónimo de *Open source Computer Vision library*, es una librería de código abierto considerada de referencia para la visión artificial, el procesamiento de imágenes y de vídeo. Multiplataforma y multiidioma, ofrece un rendimiento muy alto y multitud de funciones.

Para convencerse de ello, he aquí el alcance de las posibilidades que ofrece OpenCV:

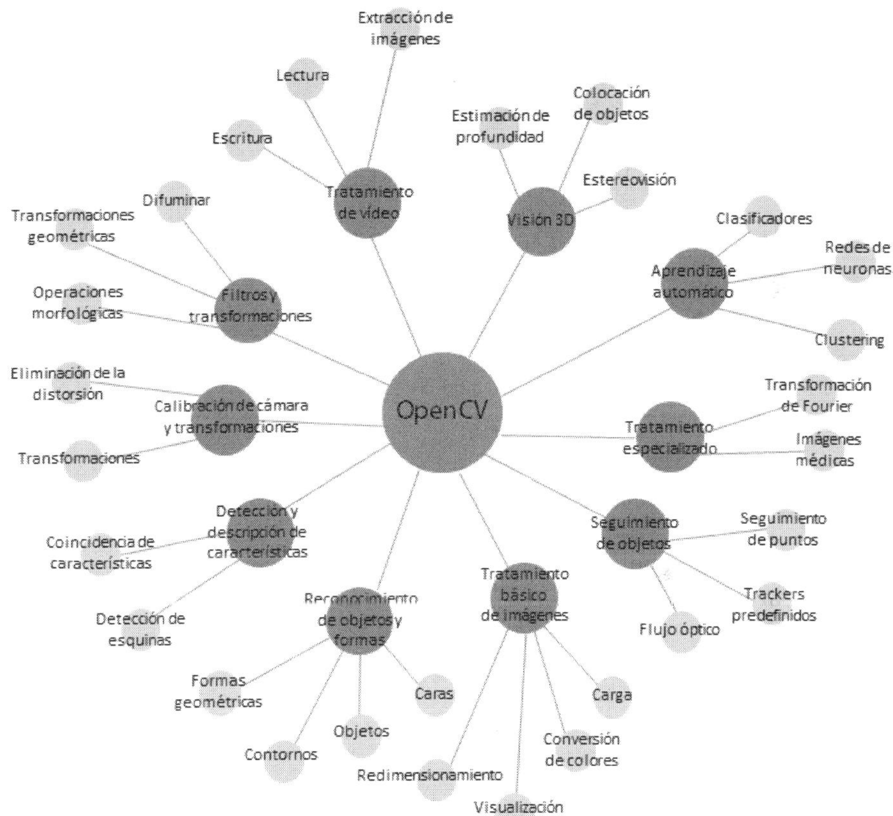

Existen muchos sitios web que se dedican al procesamiento de contenido visual, pero hay uno en particular que destaca: PyImageSearch (https://pyimagesearch.com). Este sitio trata de forma didáctica una gran variedad de tecnologías relacionadas con la imagen. OpenCV es una parte importante, pero el autor también explora módulos como TensorFlow o hardware como la Raspberry Pi, con el fin de permitir a los usuarios profundizar sus habilidades en este campo. Ya sea para mejorar imágenes, clasificarlas con redes neuronales, aprender a detectar objetos con una webcam o incluso resolver problemas con la instalación de determinados módulos, PyImageSearch ofrece tutoriales claros y detallados para todos los públicos.

Nos inspiraremos en este sitio y, en la subsección Métodos de modelado de imágenes, exploraremos tres soluciones prácticas relacionadas con las imágenes.

Antes de abordar estas soluciones, comenzaremos instalando OpenCV. Aunque puede estar preinstalado en algunas distribuciones de Python, se recomienda comprobarlo y, si es necesario, instalarlo manualmente. Para aprovechar las funcionalidades extendidas, usaremos el módulo de base, así como `opencv-contrib-python`, que incluye módulos adicionales. La instalación de ambas versiones garantiza un funcionamiento general sin problemas al identificar correctamente la ruta del módulo y el acceso a funciones adicionales:

```
pip install opencv-python opencv-contrib-python
```

Por último, vamos a especificar que es necesario usar el alias `cv2` para importar OpenCV:

```
import cv2
```

2.2 Métodos de modelado de imágenes

Vamos a llevar a cabo tres casos prácticos de modelado relacionado con imágenes, para ilustrar diferentes funcionalidades posibles.

2.2.1 Segmentar

La segmentación consiste en reagrupar elementos cercanos. En el caso de una imagen, podemos agrupar por formas, colores o texturas, por ejemplo. También se puede tratar de crear grupos de fotos que compartan características comunes.

Para ilustrar un caso práctico de segmentación, estudiaremos los tipos de uso del suelo en Australia (desiertos, vegetación, etc.). Para ello, utilizaremos una vista de satélite recortada sobre fondo blanco, disponible en la siguiente dirección:
https://github.com/eric2mangel/Images/blob/main/AUSTRALIE.png

Tan pronto como descargue la imagen, debe sustituir `RUTA_DEL_ARCHIVO` en el código siguiente por la ruta de acceso donde se almacena la imagen:

```
import cv2
import numpy as np

# Cargar la imagen
image = cv2.imread(r'RUTA_DEL_ARCHIVO \AUSTRALIE.png')

# Visualización de la imagen
cv2.imshow('Imagen original', image)
cv2.waitKey(0)
cv2.destroyAllWindows()
```

A partir de esta vista, sería interesante agrupar los colores para resaltar los diferentes tipos de uso del suelo y poder cuantificarlos.

Antes de aplicar las K-means para reagrupar píxeles por color, prepararemos los datos y excluiremos del cálculo los píxeles blancos que rodean el país:

```
# Convertir la imagen en una tabla de datos 2D (píxeles)
pixels = image.reshape((-1, 3))

# Conservar los píxeles no blancos (255, 255, 255)
non_white_mask = np.any(pixels != [255, 255, 255], axis=1)
non_white_pixels = pixels[non_white_mask]
```

Ahora podremos iniciar el cálculo de las K-means. Tenga cuidado porque el algoritmo dedicado de OpenCV requiere datos de tipo `float32`. No se debe olvidar esta conversión previa; de lo contrario, el programa se bloqueará:

```
# Convertir en tipo float32 para K-means
non_white_pixels = np.float32(non_white_pixels)

# Criterios para K-means (precisión y número de iteraciones max)
criteria = (cv2.TERM_CRITERIA_EPS + cv2.TERM_CRITERIA_MAX_ITER,
            100, 0.2)

# Número de clústeres (segmentos) a utilizar para la segmentación
k = 5  # A ajustar para obtener más o menos segmentos

# Clustering K-means sobre los píxeles que no son blancos
_, labels, centers = cv2.kmeans(non_white_pixels,
                                k, None, criteria,
                                10, cv2.KMEANS_RANDOM_CENTERS)

# Convertir los centroides en enteros
centers = np.uint8(centers)

# Cada centroide representa un color

# Sustituir cada píxel no blanco por el centro correspondiente
segmented_non_white_image = centers[labels.flatten()]

# Crear una imagen en blanco del tamaño de la imagen original
segmented_image = np.full_like(pixels, [255, 255, 255])

# Gracias a la máscara, rellenamos los valores de los segmentos
segmented_image[non_white_mask] = segmented_non_white_image

# Retorno a las dimensiones de "image"
segmented_image = segmented_image.reshape(image.shape)
```

En este punto, cada píxel no blanco ha sido asignado a un grupo. A continuación, tras aplicar el formato siguiente, podemos mostrar y cuantificar cada grupo:

```
# Visualizar los porcentajes sobre la imagen segmentada
font = cv2.FONT_HERSHEY_SIMPLEX
for i, percent in enumerate(percentages):
    # Elegir una opción para cada porcentaje
    text_pos = (10, 30 + i * 30)

    # Texto a visualizar
    text = f"{percent:.2f}%"

    # Tamaño del texto y de la línea de base
    (text_width, text_height), baseline = cv2.getTextSize(
        text, font, 0.5, 2
        )

    # Coordenadas del rectángulo de fondo ajustados en función del texto
    rect_start = (text_pos[0] - 5,
                  text_pos[1] - text_height - 5)
    rect_end = (text_pos[0] + text_width + 5,
                text_pos[1] + baseline)

    # Dibujar un rectángulo blanco detrás del texto
    cv2.rectangle(segmented_image, rect_start,
                  rect_end, (255, 255, 255), thickness=-1)

    # Color del texto correspondiente al color del segmento
    color = tuple(int(c) for c in centers[i])

    # Añadir el texto a la imagen
    cv2.putText(segmented_image, text,
                text_pos, font, 0.5, color, 2)


# Visualización de la imagen segmentada con porcentajes
cv2.imshow('Partes de los tipos de suelo en Australia',
           segmented_image)
cv2.waitKey(0)
cv2.destroyAllWindows()
```

Gracias a la agrupación de los colores de los suelos, se puede cuantificar la proporción de cada color y podemos deducir las siguientes estimaciones. Especificaremos entre paréntesis los valores encontrados después de una búsqueda rápida:

- Poco más del 53 % de Australia está formada por desiertos, de los cuales el 43,36 % tiene un suelo rico en óxidos de hierro (color rojo) y el 10,22 % tiene suelos arenosos o arcillosos (proporciones que varían entre el 18 y el 45 % según la fuente).
- Las áreas de vegetación poco densa y bosques representan el 29,47 % y el 14,64 %, respectivamente (no se encontró información precisa sobre la vegetación, pero los bosques representan el 17 % del territorio según las fuentes oficiales del país: https://www.agriculture.gov.au/abares/forestsaustralia/australias-forests/profiles/australias-forests-2019).
- La presencia de lagos salados secos, en gris claro en el mapa, que representan alrededor del 2,31 % del territorio (entre el 1 y el 2 % según la fuente).

Nuestras estimaciones, basadas solo en agrupaciones de colores, son ciertamente imperfectas, pero permiten proporcionar un orden de magnitud coherente y, sobre todo, ofrecer información rápidamente accesible que es difícil de obtener de otra manera.

En definitiva, esta segmentación se debe adaptar según el país y la diversidad de sus suelos. Pero con relativamente pocas líneas de código, tenemos una solución para cuantificar los suelos de los países y estudiar su evolución a lo largo del tiempo.

2.2.2 Detectar

La detección es otra área importante de la imagen. Consiste en detectar formas, colores u objetos, ya sea entrenando un algoritmo o mediante el uso de modelos preentrenados, como los clasificadores en cascada, que eliminan en pasos sucesivos las áreas que no tienen las formas que puede detectar.

Vamos a estudiarlos utilizando la versión capaz de detectar y localizar rostros de frente en una imagen. Este archivo, llamado `haarcascade_frontalface_default.xml`, se encuentra en la librería OpenCV. Para usarlo, es necesario proporcionar la ruta realizando una búsqueda en su ordenador. Una vez localizada, la detección de rostros es muy sencilla de implementar.

En nuestro ejemplo, vamos a usar una foto grupal generada por IA para evitar cualquier problema con el RGPD. Esta imagen está disponible en:
https://github.com/eric2mangel/Images/blob/main/Groupe.jpg

Observación

Los rostros generados por IA presentan grandes imperfecciones, pero esta será una oportunidad para poner a prueba el clasificador. Se han añadido globos para comprobar que no se confunden con las caras.

Este es el código necesario para detectar rostros. Es relativamente corto:

```
import cv2

# Cargar el clasificador
# Sustituir PathToFile por la dirección del archivo
path_to_file = r'PathToFile\haarcascade_frontalface_default.xml'
face_cascade = cv2.CascadeClassifier(path_to_file)

# Leer la imagen
# Sustituir PathToFile2 por la dirección del archivo
image = cv2.imread(r'PathToFile2\Groupe.jpg')

# Transformar en blanco y negro
gray = cv2.cvtColor(image, cv2.COLOR_BGR2GRAY)
```

```
# Detectar caras
faces = face_cascade.detectMultiScale(gray,
                                      scaleFactor=1.1,
                                      minNeighbors=5,
                                      minSize=(30, 30))

print(f"{len(faces)} caras identificadas")

# Trazado de los rectángulos alrededor de las caras detectadas
for (x, y, w, h) in faces:
    cv2.rectangle(image, (x, y), (x+w, y+h), (255, 255, 255), 2)

# Visualizar la imagen con las caras detectadas
cv2.imshow('Image', image)
cv2.waitKey(0)
cv2.destroyAllWindows()
```

23 caras detectadas

El ejemplo anterior es elocuente porque muestra los límites de la detección: la única persona a la que no se le detecta la cara es aquella a la que le queda cortada. De hecho, al no estar completa, el clasificador no puede aplicarse y desempeñar su función. Es esencial asegurarse de que los rostros estén completos para que la detección funcione correctamente.

Estos clasificadores abren el camino a muchas posibilidades para contar, localizar o, por ejemplo, permitir difuminar automáticamente los rostros excepto el de la persona concerniente. En el código anterior, simplemente reemplace el bucle «Trazado de los rectángulos alrededor de las caras detectadas» con las siguientes instrucciones:

```
# Índice de la cara que no se va a difuminar
indice_cara_conservar = 0 # Índice a modificar

# Recorrido de las caras detectadas
for i, (x, y, w, h) in enumerate(faces):
    if i != indice_cara_conservar:
        # Extraer la cara
        face = image[y:y+h, x:x+w]

        # Aplicar una difuminación gaussiana
        blurred_face = cv2.GaussianBlur(face, (19, 19), 30)

        # Sustituir por la cara difuminada
        image[y:y+h, x:x+w] = blurred_face
```

23 caras detectadas

2.2.3 Clasificar

A diferencia de la detección, la clasificación asigna una etiqueta global a la imagen. Para concluir, abordaremos un ejemplo sencillo basado en el juego de datos MNIST (*Modified National Institute of Standards and Technology*), que es una famosa base de datos de dígitos escritos a mano, entre 0 y 9, utilizada regularmente en ejemplos de reconocimiento de caracteres.

Los 1797 dígitos escritos a mano son directamente accesibles de la siguiente manera:

```
from sklearn import datasets
import matplotlib.pyplot as plt

# Cargar el dataset MNIST
digits = datasets.load_digits()
X = digits.images
y = digits.target

plt.imshow(X[111], cmap='gray') # 111 es un índice aleatorio
plt.title(f'Cifra: {y[111]}')
plt.axis('off')
plt.show()
```

Ahora vamos a entrenar un algoritmo para reconocer números. Solo tiene que recordar aplanar los píxeles de cada imagen antes de comenzar el entrenamiento. La operación requiere pocas líneas de código y alcanza un score casi perfecto (98,67 %):

```
import numpy as np
from sklearn.model_selection import train_test_split
from sklearn.neighbors import KNeighborsClassifier
from sklearn.metrics import accuracy_score

# Redimensionar las imágenes (los píxeles se ponen en línea)
n_samples = len(X)
X = X.reshape((n_samples, -1))
print(X.shape)

# Train test
X_train, X_test, y_train, y_test = train_test_split(
    X,
    y,
    test_size=0.5,
    random_state=42
)

# Entrenamiento de un KNN
# 3 vecinos dan los mejores scores
knn = KNeighborsClassifier(n_neighbors=3)
knn.fit(X_train, y_train)

# Predicciones
y_pred = knn.predict(X_test)

# Calcular y visualizar la precisión
accuracy = accuracy_score(y_test, y_pred)
print(f"Precisión: {accuracy * 100:.2f}%")

# Output: Precisión: 98.67%
```

El alto rendimiento y la velocidad del cálculo se deben relativizar porque las imágenes MNIST miden 8 píxeles de lado. En condiciones reales, en imágenes de al menos 32 píxeles de lado, o incluso mucho más dependiendo de las necesidades en términos de precisión, el reto sería un poco mayor. Sin embargo, con un conjunto de entrenamiento suficientemente amplio, el reconocimiento de caracteres está al alcance de cualquiera e incluso puede adaptarse a nuestra propia grafía.

A través de estos tres ejemplos, hemos descubierto solo una pequeña parte de las posibilidades que ofrecen las imágenes. Animamos a todos a experimentar con diferentes enfoques y prácticas porque los ajustes son múltiples y, a menudo, sutiles. Vamos a terminar este capítulo con las redes neuronales convolucionales, que han revolucionado y simplificado enormemente el reconocimiento y la clasificación de imágenes.

2.3 Ir más allá con las CNN

2.3.1 Cómo funcionan las CNN

Las redes neuronales convolucionales (CNN) son modelos de inteligencia artificial que aíslan automáticamente las características de las imágenes. Antes de su aparición, era necesario extraerlas manualmente a través de métodos como los invariantes, un proceso que suele ser tedioso y con resultados limitados, que voluntariamente dejaremos de lado. Hoy en día, las CNN simplifican esta tarea al «escanear» automáticamente las imágenes utilizando pequeños filtros, llamados kernels, que detectan elementos importantes, como formas, colores o patrones. Durante el entrenamiento, los pesos de los kernels se ajustan gradualmente por retropropagación, mejorando poco a poco el rendimiento de la clasificación.

Para entender completamente el funcionamiento de una CNN, he aquí un diagrama que ilustra su funcionamiento y que vamos a comentar:

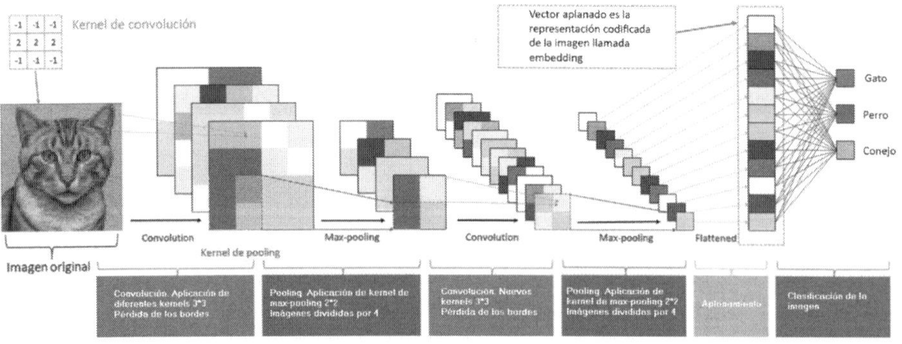

Al principio, cada imagen se presenta a la red casi en su forma bruta. El único preprocesamiento que se aplica es el de redimensionar la imagen y normalizar los valores de píxeles entre 0 y 1, con el fin de uniformizar los datos y facilitar la ejecución.

Los kernels de **convolución**, generalmente cuadrados de 3 o 5 píxeles de lado, se desplazan gradualmente sobre cada imagen, de izquierda a derecha y de arriba abajo, generando conjuntos de imágenes transformadas que son muy variadas y, a menudo, conceptuales. El número de convoluciones aplicadas, así como el número de imágenes resultantes, puede variar mucho y, con frecuencia, es el resultado de un proceso de experimentación.

Después de las convoluciones, tiene lugar un paso clave: el **pooling**. Esta operación consiste en reducir el tamaño de las imágenes, conservando la información esencial. La opción `max-pooling` es la más utilizada. Generalmente basada en un cuadrado de 2 píxeles de lado, recuperará el valor máximo de los cuatro. Al final de su desplazamiento sobre toda la imagen, se obtiene una imagen cuatro veces más pequeña.

De este modo, el número de imágenes transformadas irá aumentando, mientras que su tamaño se irá reduciendo. Después de estas fases sucesivas de convolución-pooling, todas las imágenes pequeñas se aplanarán en un solo vector columna.

Este vector es, de hecho, la representación codificada de la imagen, llamada **embedding**. Se puede recuperar directamente como una versión utilizable de la imagen para cualquier tipo de operación de modelado. Sin embargo, la mayoría de las CNN incluyen una capa de clasificación final, que permite reconocer el objeto contenido en la imagen.

2.3.2 Transfer learning

Para optimizar esta tarea de clasificación, muchos modelos aprovechan el transfer learning. Este enfoque implica el uso de modelos preentrenados en millones de imágenes etiquetadas, la más famosa de las cuales es ImageNet, que tiene 14 millones de imágenes de 1000 clases diferentes. Al adaptar estos modelos a las especificidades de las nuevas tareas, podemos beneficiarnos de características ya aprendidas (texturas o formas), lo que mejora el rendimiento y reduce el tiempo de entrenamiento.

Estos modelos están disponibles de forma gratuita en módulos como TensorFlow o Keras. Podemos usarlos tal cual o modificarlos para especializarlos en una tarea en particular. No vamos a hablar del reentrenamiento de un modelo, ya que sería demasiado ambicioso en el marco de la iniciación a las CNN. En su lugar, vamos a aprender cómo adquirirlos y utilizarlos para realizar clasificaciones de imágenes, aprovechando sus funciones ya integradas.

2.3.3 Iniciación a TensorFlow y Keras

Cuando trabajamos con CNN, hay dos módulos enlazados que son imprescindibles: TensorFlow y Keras.

TensorFlow es una librería de código abierto desarrollada por Google para el aprendizaje automático. Es una de las herramientas más utilizadas en IA para construir y entrenar modelos de deep learning. Keras, por otro lado, es una API de alto nivel integrada en TensorFlow que facilita la creación y el entrenamiento de modelos de redes neuronales.

Dado que Keras se ha integrado en TensorFlow desde la versión 2, el siguiente comando le permite instalar ambos a la vez:

```
pip install tensorflow
```

Asegurémonos de que la instalación se ha realizado correctamente con el siguiente comando:

```
import tensorflow as tf
print(tf.__version__)

# Output: 2.17.0
```

La lista y los detalles de las CNN disponibles se encuentran en el sitio web de Keras, en la siguiente URL:
https://keras.io/api/applications/

He aquí una imagen del comienzo de esta lista que resume las características de cada modelo. Al hacer clic en cualquiera de los nombres, se abre una página que proporciona toda la información necesaria para el uso de la CNN:

Available models

Model	Size (MB)	Top-1 Accuracy	Top-5 Accuracy	Parameters	Depth	Time (ms) per inference step (CPU)	Time (ms) per inference step (GPU)
Xception	88	79.0%	94.5%	22.9M	81	109.4	8.1
VGG16	528	71.3%	90.1%	138.4M	16	69.5	4.2
VGG19	549	71.3%	90.0%	143.7M	19	84.8	4.4
ResNet50	98	74.9%	92.1%	25.6M	107	58.2	4.6
ResNet50V2	98	76.0%	93.0%	25.6M	103	45.6	4.4
ResNet101	171	76.4%	92.8%	44.7M	209	89.6	5.2
ResNet101V2	171	77.2%	93.8%	44.7M	205	72.7	5.4
ResNet152	232	76.6%	93.1%	60.4M	311	127.4	6.5
ResNet152V2	232	78.0%	94.2%	60.4M	307	107.5	6.6
InceptionV3	92	77.9%	93.7%	23.9M	189	42.2	6.9
InceptionResNetV2	215	80.3%	95.3%	55.9M	449	130.2	10.0
MobileNet	16	70.4%	89.5%	4.3M	55	22.6	3.4
MobileNetV2	14	71.3%	90.1%	3.5M	105	25.9	3.8
DenseNet121	33	75.0%	92.3%	8.1M	242	77.1	5.4
DenseNet169	57	76.2%	93.2%	14.3M	338	96.4	6.3
DenseNet201	80	77.3%	93.6%	20.2M	402	127.2	6.7

Terminaremos este capítulo con ejemplos muy sencillos de cómo utilizar las CNN.

2.3.4 Ejemplos de uso de CNN

Los siguientes ejemplos ilustran lo fácil que nos resulta usar redes neuronales. Sin embargo, existe un lado más complejo, que implica la recuperación, modificación y reentrenamiento de una CNN. Este proceso vendrá naturalmente con la práctica y la evolución de nuestras necesidades. Llegados a este punto, he aquí algunos ejemplos prácticos.

Adquisición e identificación

Comencemos con un uso básico: recuperar una CNN y usarla para describir una imagen. La imagen del gato de este ejemplo está disponible aquí: https://github.com/eric2mangel/Images/blob/main/Chat.png

Vamos a importar los módulos y la CNN, MobileNet para este ejemplo:

```
import tensorflow as tf
from tensorflow.keras.preprocessing import image
from tensorflow.keras.applications.mobilenet import MobileNet,
preprocess_input, decode_predictions
import numpy as np

# Carga del modelo preentrenado
model = MobileNet(weights='imagenet')
```

Tras visualizar una barra de progreso, la plantilla está lista para usar. Vamos a recuperar la imagen y a preprocesarla:

```
# Especificar la ruta de la imagen
img_path = r'YOUR_PATH\gato.png'

# Preprocesamiento
img = image.load_img(img_path, target_size=(224, 224))
img_array = image.img_to_array(img)
img_array = np.expand_dims(img_array, axis=0)
img_array = preprocess_input(img_array)
```

A continuación, la predicción solo requiere unas pocas líneas de código:

```
# Predicción
predictions = model.predict(img_array)
predictions_ok = decode_predictions(predictions, top=3)[0]
```

```
# Visualización de los resultados
for i, (imagenet_id, label, score) in enumerate(predictions_ok):
    print(f"{i + 1}: {label} ({score:.2f})")

# Output:
# 1/1 ━━━━━━━━━━━━━━━━━━━━━━━━━━━━━━ 1s 567 ms/step
# 1: tabby (0.66)
# 2: Egyptian_cat (0.14)
# 3: lynx (0.09)
```

El modelo estima que hay un 66 % de posibilidades de que sea un atigrado (que es una raza de gato), un 14 % de posibilidades de que sea un gato egipcio y un 9 % de posibilidades de que sea un lince.

Observación

Los resultados serán muy diferentes dependiendo del modelo utilizado. Para el VGG16, la predicción más fiable, con un 11 % de confianza, indica que se trata de un gorro de natación... Así que asegúrese bien de probar bien antes de usar.

Creación de embeddings para una carpeta completa de imágenes

Ahora vamos a trabajar en una carpeta de imágenes. Esta carpeta, «Pictures», está disponible en la siguiente dirección:
https://github.com/eric2mangel/Images/tree/main/Pictures

Una vez guardadas las imágenes localmente, comenzaremos declarando nuestra CNN y la ruta a las imágenes:

```
import os
import numpy as np
import matplotlib.pyplot as plt
from tensorflow.keras.preprocessing import image
from tensorflow.keras.applications.mobilenet import MobileNet,
preprocess_input

# Cargar el modelo preentrenado
model = MobileNet(weights='imagenet')

# Dirección de la carpeta que contiene todas las imágenes
images_folder = r'PATH_TO_FOLDER\Pictures'
```

A continuación, cargaremos y preprocesaremos cada imagen de la carpeta:

```
# Cargar y preprocesar todas las imágenes
image_arrays = []
image_filenames = []
images_database = []

# Bucle para cada imagen de la carpeta
for img_file in os.listdir(images_folder):
    img_path = os.path.join(images_folder, img_file)

    # Carga y redimensionamiento
    img = image.load_img(img_path, target_size=(224, 224))
    img_array = image.img_to_array(img)

    # Normalización de la imagen para la visualización
    image_arrays.append(img_array / 255.0)

    # Preprocesamiento para MobileNet
    img_array_preprocessed = preprocess_input(
        np.expand_dims(img_array, axis=0)
    )

    # Añadir a la base de datos
    images_database.append(img_array_preprocessed)

    # Añadir el nombre del archivo de la imagen
    image_filenames.append(img_file)

# Convertir la lista de las imágenes preprocesadas en un tabla numpy
images_database = np.vstack(images_database)

# Predicción para cada imagen
embeddings = model.predict(images_database)
```

En este punto, todas las imágenes han sido codificadas y ahora se pueden utilizar para cualquier tipo de modelado.

Visualización de las proximidades entre imágenes

Ahora que las imágenes están vectorizadas, se vuelve relativamente fácil representarlas proyectándolas en un espacio bidimensional para evaluar si la codificación fue coherente o no. Para ello, utilizaremos el algoritmo T-SNE:

```
from sklearn.manifold import TSNE
import matplotlib.pyplot as plt
from matplotlib.offsetbox import OffsetImage, AnnotationBbox

# Reducir la dimensionalidad con t-SNE
tsne = TSNE(n_components=2, perplexity=3)
embeddings_2d = tsne.fit_transform(embeddings)

# Crear la figura
plt.figure(figsize=(10, 10))

# Función para añadir las miniaturas sobre el gráfico
def imscatter(x, y, images, zoom=0.22):
    for i in range(len(images)):
        image = OffsetImage(images[i], zoom=zoom)
        ab = AnnotationBbox(image, (x[i], y[i]), frameon=False)
        plt.gca().add_artist(ab)

# Visualización de las miniaturas de las imágenes
imscatter(embeddings_2d[:, 0], embeddings_2d[:, 1],
image_arrays)

# Configurar los ejes y el título
plt.title('Visualización de los embeddings por proximidad\n')
plt.xlim(np.min(embeddings_2d[:, 0]) - 20,
         np.max(embeddings_2d[:, 0]) + 20)
plt.ylim(np.min(embeddings_2d[:, 1]) - 20,
         np.max(embeddings_2d[:, 1]) + 20)
plt.show()
```

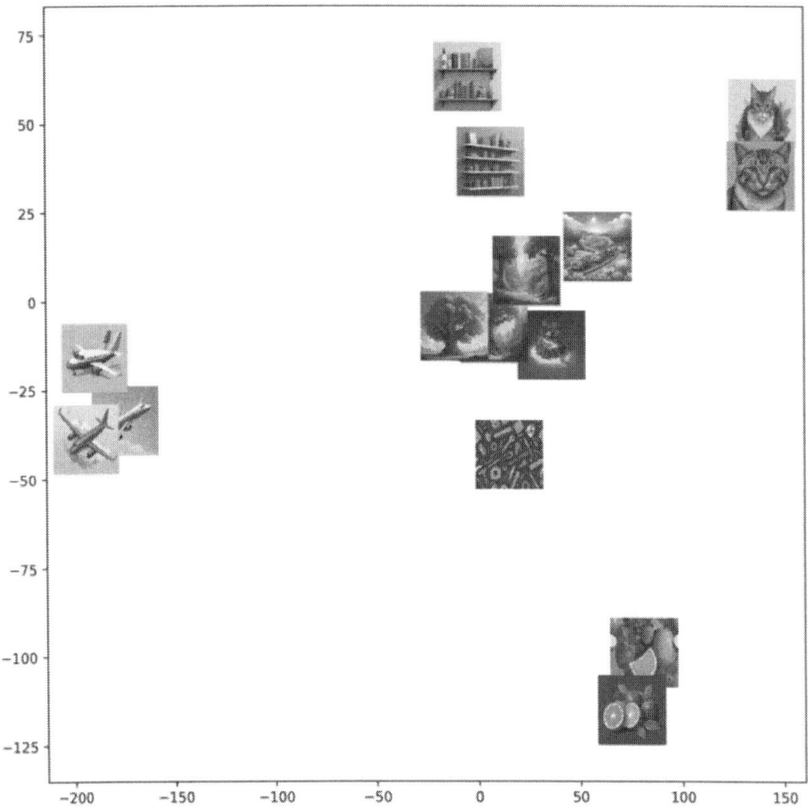

La codificación de las imágenes resulta bastante eficiente. Las imágenes más cercanas también están geográficamente cerca. Por lo tanto, sería posible reorganizar una carpeta de fotos sin clasificar, mientras se obtiene una visión general de su contenido.

Segmentación de imágenes

Estas proximidades geográficas allanan el camino al uso de un algoritmo K-means para crear grupos de imágenes. Visualmente, parecería que hubiera seis grupos. Veamos si esto es coherente:

```
from sklearn.cluster import KMeans

# Construcción del clustering
kmeans = KMeans(n_clusters=6)
kmeans.fit(embeddings)
labels = kmeans.labels_

for cluster_num in range(kmeans.n_clusters):
    print(f"\nCluster {cluster_num}:")
    cluster_indices = np.where(kmeans.labels_ == cluster_num)[0]
    for idx in cluster_indices:
        print(f" - {image_filenames[idx]}")
```

```
Cluster 0:
 - tree_0.jpg
 - tree_3.jpg

Cluster 1:
 - plane_0.jpg
 - plane_1.jpg
 - plane_2.jpg

Cluster 2:
 - fruit_1.jpg
 - fruit_3.jpg

Cluster 3:
 - tidy_shelf_3 (1).jpg

Cluster 4:
 - cat_0.jpg
 - cat_3.jpg

Cluster 5:
 - island_1.jpg
 - tidy_shelf_3 (4).jpg
 - tools_2.jpg
 - trafic3.jpg
 - tree_1.jpg
```

Aparte del clúster 5, que reúne imágenes más dispares, el resto muestra agrupaciones claras: árboles, gatos, frutas o aviones se agrupan de forma natural, validando así la pertinencia de la codificación.

Estos pocos ejemplos presentan medios de acción interesantes, pero con la práctica de reentrenar las CNN para especializarlas en un campo en particular, las capacidades de clasificación se vuelven rápidamente impresionantes si tenemos suficientes ejemplos para proporcionar. Los datos siguen siendo lo más valioso en la ciencia de datos, independientemente del campo. Sin ellos, todas las técnicas, incluso las más sofisticadas, son ineficaces.

Este capítulo concluye, pues, con la exploración de dos ámbitos vastos y llenos de posibilidades: el estudio del lenguaje y de la imagen, que, pese a los avances de los últimos años, ofrecen aún numerosas oportunidades por explorar.

Capítulo 10
Realizar un proyecto de ciencia de datos con Python

1. Introducción

Este capítulo ofrece la oportunidad de poner en práctica, en un proyecto real, gran parte de los conceptos y técnicas abordados en este libro. Los notebooks de este proyecto están disponibles en la siguiente dirección:
https://github.com/eric2mangel/UsedCarPricePredictor

Para que la demostración sea más fluida, solo retomaremos las partes más importantes. Sin embargo, todos los experimentos estarán disponibles en los notebooks.

2. El tema: determinar el precio de los vehículos de ocasión

2.1 Los datos

Los datos provienen del sitio web de Kaggle y están disponibles en esta dirección:
https://www.kaggle.com/datasets/wspirat/germany-used-cars-dataset-2023

La licencia es «CC0: Dominio Público», lo que significa que los datos se colocan en el dominio público y se pueden utilizar libremente. Asegúrese de verificar y respetar siempre los términos de uso de un conjunto de datos.

Nuestro conjunto de datos es una colección de ofertas de venta de coches de ocasión de uno de los sitios web alemanes más grandes en del sector: AutoScout24. Ofrece una amplia gama de modelos y versiones de vehículos. En total, hay 251 079 vehículos.

2.2 Las etapas del proyecto

Pondremos en práctica un enfoque clásico para el procesamiento y modelado de datos, teniendo cuidado de separar la parte de feature engineering y la parte de modelado. Este enfoque es relevante porque nos permite centrarnos en cada parte de forma independiente. Además, a la hora de modelar, podemos partir de los datos transformados, evitando tener que recargar todo desde el principio.

2.2.1 El notebook de EDA

El notebook de EDA cubrirá la adquisición, limpieza, exploración, análisis y finalización de datos. Nuestro conjunto de datos solo presenta 15 variables, pero algunas como la marca, el modelo o la versión tienen muchas modalidades. Por lo tanto, nos encontramos en un buen punto intermedio en términos de complejidad. Esta será una oportunidad para descubrir en la práctica que ciertas fases, como el cambio de formato de ciertos contenidos, no siempre son triviales.

El notebook estará anotado y estructurado para ayudar a los usuarios a comprender y orientarse. Al final de este notebook, guardaremos los datos enriquecidos en un nuevo archivo adaptado (Parquet en este caso). Esto nos permitirá partir de este soporte para el próximo notebook.

2.2.2 El notebook de modelado

El notebook de modelado cubrirá todas las fases de preparación de datos, experimentación y evaluación de resultados. Al final, veremos cómo exportar el algoritmo para poder reutilizarlo como parte de un API, por ejemplo.

2.2.3 Los imprevistos de los datos

El ejemplo práctico estaba inicialmente pensado para trabajar sobre los precios de alquileres de Airbnb en París durante los Juegos Olímpicos de 2024. Lamentablemente, la variabilidad de las tarifas propuestas era tan grande que no se pudieron completar los modelos. Los coeficientes de determinación obtenidos rondaban el 0,4, claramente insuficiente para una demostración significativa. Pero esta situación pone de manifiesto el hecho de que no todo se puede modelar. En este caso, las variables disponibles fueron insuficientes para encontrar el precio real de cada vivienda. Esta capacidad de encontrar variables de interés para cada situación también es valiosa y animamos a todo el mundo a desarrollar esta habilidad.

3. Modelado en la práctica

3.1 Notebook 1: EDA

3.1.1 Adquisición de datos y comprobaciones iniciales

Antes de comenzar, es necesario descargar los datos cuyo enlace se proporcionó al comienzo del capítulo y guardarlos en una carpeta de nuestra elección.

Procedamos, pues, con la adquisición:

```
import pandas as pd
import numpy as np

pd.set_option("display.max_columns", 999)
raw =
pd.read_csv(r"YOUR_PATH\data.csv",low_memory=False,sep=",")

brut.head()
```

	Unnamed: 0	brand	model	color	registration_date	year	price_in_euro	power_kw	power_ps	transmission_type	fuel_type	fuel_consumption_l_100km
0	0	alfa-romeo	Alfa Romeo GTV	red	10/1995	1995	1300	148	201	Manual	Petrol	10,9 l/100 km
1	1	alfa-romeo	Alfa Romeo 164	black	02/1995	1995	24900	191	260	Manual	Petrol	NaN
2	2	alfa-romeo	Alfa Romeo Spider	black	02/1995	1995	5900	110	150	Unknown	Petrol	NaN
3	3	alfa-romeo	Alfa Romeo Spider	black	07/1995	1995	4900	110	150	Manual	Petrol	9,5 l/100 km
4	4	alfa-romeo	Alfa Romeo 164	red	11/1996	1996	17950	132	179	Manual	Petrol	7,2 l/100 km

fuel_consumption_g_km	mileage_in_km	offer_description
260 g/km	160500.0	2.0 V6 TB
- (g/km)	190000.0	Q4 Allrad, 3.2L GTA
- (g/km)	129000.0	ALFA ROME 916
225 g/km	189500.0	2.0 16V Twin Spark L
- (g/km)	96127.0	3.0i Super V6, absoluter Topzustand !

El archivo, presentado en dos partes por restricciones de legibilidad, incluye 15 variables y 251 079 observaciones.

La primera variable es un índice incremental que se puede eliminar inmediatamente:

```
raw = raw.drop(["Unnamed: 0"],axis=1)
```

A continuación, cambiaremos el nombre de la variable `offer_description` a `version` para mayor comodidad:

```
raw.rename(columns={'offer_description': 'version'},
           inplace=True)
```

Ahora podemos ver las características globales del conjunto de datos:

```
raw.info()
```

```
<class 'pandas.core.frame.DataFrame'>
RangeIndex: 251079 entries, 0 to 251078
Data columns (total 14 columns):
 #   Column                    Non-Null Count   Dtype
---  ------                    --------------   -----
 0   brand                     251079 non-null  object
 1   model                     251079 non-null  object
 2   color                     250913 non-null  object
 3   registration_date         251075 non-null  object
 4   year                      251079 non-null  object
 5   price_in_euro             251079 non-null  object
 6   power_kw                  250945 non-null  object
 7   power_ps                  250950 non-null  object
 8   transmission_type         251079 non-null  object
 9   fuel_type                 251079 non-null  object
 10  fuel_consumption_l_100km  224206 non-null  object
 11  fuel_consumption_g_km     251079 non-null  object
 12  mileage_in_km             250927 non-null  float64
 13  version                   251078 non-null  object
dtypes: float64(1), object(13)
memory usage: 26.8+ MB
```

La calidad de cumplimentación es globalmente muy buena, con una tasa de finalización general promedio del 99,22 %. La variable `fuel_comsumption_l_100km` tiene la tasa de relleno más baja, con un 89,3 %.

Al desplazarse por los datos, se observa que algunos precios han sido reemplazados por el nombre de la empresa. Dado que nuestro modelo se centrará en la predicción de precios, en este momento podemos eliminar todas las observaciones que no tengan un precio numérico. Recuperaremos los valores numéricos en una nueva variable `price` y cuantificaremos el número de observaciones no numéricas:

```
raw['price'] = pd.to_numeric(raw["price_in_euro"],
                             errors='coerce')
non_num_price = raw[raw['price'].isna() &
                    raw["price_in_euro"].notna()]
non_num_price.shape

# Output: (199,15)
```

Disponemos de 199 observaciones que no tienen un precio numérico. Estas observaciones se eliminarán, así como la antigua variable `price_in_euro`:

```
raw = raw.drop(list(non_num_price.index),axis=0)
raw = raw.drop(["price_in_euro"],axis=1)
```

Ahora podemos pasar a la limpieza.

3.1.2 Limpieza de los datos

El aspecto que va a requerir más atención es el tipo de variables, ya que solo el kilometraje (`mileage_in_km`) y el `price` son numéricos, mientras que variables como `year`, `power` o `fuel_comsumption`, que deberían ser numéricas, tienen por el momento el tipo `objet`.

Gestión de power_kw y power_ps

Antes de realizar las comprobaciones, consultar el diccionario de variables disponible en el sitio nos permite comprender que las variables `power_kw` y `power_ps` son equivalentes, aunque con un coeficiente de conversión.

Por razones de familiarización, mantendremos `power_ps`, que expresa la potencia en caballos, en lugar de su equivalente en kilovatios.

```
raw = raw.drop(["power_kw"],axis=1)
```

Gestión de fuel_consumption_g_km y fuel_consumption_l_100km

En cuanto a las variables `fuel_comsumption`, probaremos si una está llena y la otra no, y viceversa. Nuestra prueba indica que no hay casos en los que `fuel_consumption_g_km` esté vacío y `fuel_consumption_l_100km` no lo esté. Por otro lado, hay 26 873 observaciones en sentido inverso:

```
missing_cons1 = raw[raw['fuel_consumption_l_100km'].isna() &
                    raw['fuel_consumption_g_km'].notna()]
missing_cons1
```

	brand	model	color	registration_date	year	power_ps	transmission_type	fuel_type	fuel_consumption_l_100km	fuel_consumption_g_km	mileage_in_
1	alfa-romeo	Alfa Romeo 164	black	02/1995	1995	260	Manual	Petrol	NaN	- (g/km)	19000
2	alfa-romeo	Alfa Romeo Spider	black	02/1995	1995	150	Unknown	Petrol	NaN	- (g/km)	12900
18	alfa-romeo	Alfa Romeo GTV	red	03/1997	1997	201	Manual	Petrol	NaN	- (g/km)	16879
22	alfa-romeo	Alfa Romeo Spider	black	07/1997	1997	192	Manual	Petrol	NaN	- (g/km)	19400
27	alfa-romeo	Alfa Romeo	black	09/1997	1997	207	Manual	Petrol	NaN	- (g/km)	7226
...	...	...	...	...	...	...	...	...	...	...	
251048	volvo	Volvo C40	black	01/2023	2023	231	Automatic	Electric		0 g/km	210
251056	volvo	Volvo C40	black	05/2023	2023	231	Automatic	Electric	NaN	400 km Reichweite	300
251074	volvo	Volvo XC40	white	04/2023	2023	261	Automatic	Hybrid	NaN	43 km Reichweite	122
251077	volvo	Volvo XC40	white	05/2023	2023	179	Automatic	Hybrid	NaN	45 km Reichweite	150
251078	volvo	Volvo XC40	gold	03/2023	2023	218	Automatic	Electric	NaN	438 km Reichweite	5

26873 rows × 13 columns

Con esta comprobación, aparte de los casos de datos no rellenados, descubrimos nuevas particularidades del conjunto de datos:

- Para algunos vehículos, el valor de las emisiones en gramos por kilómetro está indicado en 0, lo que tiene sentido para los vehículos eléctricos.
- Para otros vehículos, aparece la autonomía en modo eléctrico, indicada para esta misma columna con la palabra `Reichweite` que significa «autonomía» en español, según nuestras investigaciones.

Por lo tanto, el contenido de la variable `fuel_consumption_g_km` es mixto, por lo que habrá que remediar el problema.

Veamos cuántas menciones que contienen `Reichweite` hay en estas variables:

```
# Lista de columnas a verificar
cols_to_check = ['fuel_consumption_l_100km',
                 'fuel_consumption_g_km']

# Recuento de las ocurrencias de "(Ort)" en las columnas especificadas
count_ort = raw[cols_to_check].\
apply(lambda x: x.str.contains(r'Reichweite',
na=False).sum()).sum()
```

```
print(count_ort)

# Output: 4324
```

Encontramos 4324 menciones, lo que podría ser interesante para un modelo dedicado a los vehículos eléctricos, pero que seguirá siendo demasiado marginal en el conjunto de todas las motorizaciones, por lo que se descartarán las menciones.

Vamos a escribir «0 g/km» en `fuel_consumption_g_km` para coches eléctricos:

```
raw.loc[raw['fuel_type'] == "Electric", 'fuel_consumption_g_km'] =
"0 g/km"
```

En el caso de los coches híbridos que contenían valores con `Reichweite`, restableceremos el valor de `fuel_consumption_g_km` como valor ausente.

```
raw.loc[(raw['fuel_type'].str.contains('Hybrid', na=False)) &
        (raw['fuel_consumption_g_km'].str.\
         contains('Reichweite', na=False)),
        'fuel_consumption_g_km'] = np.nan
```

Al final de estas correcciones, todavía hay 49 vehículos con la mención `Reichweite`, pero que no figuran como híbridos o eléctricos. Los descartaremos para evitar búsquedas demasiado largas.

```
raw = raw.loc[~raw["fuel_consumption_g_km"].str.\
              contains('Reichweite', na=False)]
```

Antes de proceder con la transformación numérica de la variable, vamos a comprobar si quedan menciones que no contengan g/km:

```
lig_wo_gkm = raw.loc[(~raw["fuel_consumption_g_km"].str.\
              contains('g/km', na=False)) &
                     (raw["fuel_consumption_g_km"].notna())]

lig_wo_gkm["fuel_consumption_g_km"].value_counts()

# Output:
# -/-            882
# 44 km (Ort)      1
```

Esta comprobación nos informa de la existencia de otro dato: 44 km (ORT) que, tras una rápida comprobación, resulta ser la autonomía eléctrica en el ciclo urbano. Antes de continuar, comprobemos la frecuencia de estas menciones en las variables en cuestión:

```
# Lista de columnas a verificar
cols_to_check = ['fuel_consumption_l_100km',
                 'fuel_consumption_g_km']

# Cuenta las ocurrencias de "(Ort)" en las columnas especificadas
count_ort = raw[cols_to_check].\
apply(lambda x: x.str.contains(r'\(Ort\)', na=False).sum()).sum()

print(count_ort)

# Output: 483
```

La baja ocurrencia hace que no creemos una variable para esta información.

Podremos limpiar la variable `fuel_consumption_g_km`gracias al uso de una función dedicada que gestionará con precisión la transformación del contenido:

```
import re
def clean_variable(df, col_name, new_col_name, replacements,
suffix='g/km'):
    # Crear un regex a partir de las sustituciones
    replacement_regex = '|'.join(map(re.escape, replacements))

    # Limpieza de la columna
    df[col_name] = (
        df[col_name]
        .str.replace(replacement_regex, '', regex=True)
        .str.replace(',', '.')  # " , " reemplazadas por "."
        .where(df[col_name].str.endswith(suffix), '')
        .replace('', np.nan)  # Cadenas vacías sustituidas por NaN
        .astype(float)  # Conversión en float
    )

    # Conversión en numérico con gestión de errores
    df[new_col_name] = pd.to_numeric(df[col_name],
                                     errors='coerce')
    # Eliminación de la columna antigua
    df = df.drop(col_name, axis=1)

    return df
```

De este modo, en las variables que incluyen la escala para cada observación, es posible especificar esta escala para reemplazarla, así como todas las menciones no relacionadas con el contenido de la variable. Después de las sustituciones, las comas se reemplazan por puntos para que el contenido decimal se considere correctamente como tal. Este es el comando y los parámetros que se deben ejecutar para la variable `fuel_consumption_g_km`:

```
replacements = ['- (g/km)', '-/-', '9.999.999',' g/km']
raw = clean_variable(raw, 'fuel_consumption_g_km',
                     'fuel_consumption_g_km_num',
                     replacements, suffix='g/km')
```

La variable ahora es numérica y se ha eliminado todo lo que impedía la implementación del formato numérico.

Podemos adoptar el mismo enfoque con la variable `fuel_consumption_l_100km`, comenzando por asignar `0 l/100 km` a vehículos eléctricos:

```
raw.loc[raw['fuel_type'] == "Electric",
        'fuel_consumption_l_100km'] = "0 l/100 km"
```

A continuación, volvemos a utilizar la función definida anteriormente para limpiar esta variable:

```
replacements = ['- (l/100 km)', '-/-',' l/100 km']
raw = clean_variable(raw, 'fuel_consumption_l_100km',
                     'fuel_consumption_l_100km_num',
                     replacements, suffix='l/100 km')
```

Para terminar con estas dos variables, imputaremos los valores ausentes recuperando, siempre que existan o sean los más comunes, los valores definidos por marca, modelo, versión, combustible y año de producción.

Esta es la función utilizada en esta ocasión:

```
from collections import Counter

# Función para encontrar el valor único o mayoritario
def get_majority_or_unique(series):
    non_null_values = series.dropna()
    if len(non_null_values) == 0:
        return pd.Series(dtype='float64')
    counter = Counter(non_null_values)
```

```
    if len(counter) == 1:
        # Si solo existe un valor único
        return non_null_values.iloc[0]
    else:
        # En caso contrario, se devuelve el valor más frecuente
        return counter.most_common(1)[0][0]
```

La función ahora se utilizará en el siguiente bucle:

```
# Columnas a tratar
columns_to_fill = ['fuel_consumption_g_km_num',
                   'fuel_consumption_l_100km_num']

# Para cada característica a rellenar
for col in columns_to_fill:
    # Columna temporal para almacenar los valores calculados
    raw['temp_' + col] = raw.groupby(['brand',
                                      'model',
                                      'version',
                                      'fuel_type',
                                      'year'])[col]\
                            .transform(lambda x:
get_majority_or_unique(x))

    # Columna de origen rellena con la columna temporal
    raw[col].fillna(raw['temp_' + col], inplace=True)

    # Eliminación de la columna temporal
    raw.drop(columns=['temp_' + col], inplace=True)
```

Finalmente, gracias a este tipo de imputación, se pudieron recuperar 3698 valores para la primera variable y 773 para la segunda:

```
fuel_consumption_g_km_num      212872 non-null   float64
fuel_consumption_l_100km_num   227830 non-null   float64

                 ⬇

fuel_consumption_g_km_num      216570 non-null   float64
fuel_consumption_l_100km_num   228603 non-null   float64
```

Gestión de la variable year

La variable `year` se puede convertir en numérica:

```
raw['year'] = pd.to_numeric(raw['year'], errors='coerce')
```

Gestión de la variable month

Finalmente, recuperaremos el mes de la variable `registration_date`:

```
raw['registration_date'] =
pd.to_datetime(raw['registration_date'],
                              format='%m/%Y', errors='coerce')
raw['month'] = raw['registration_date'].dt.month
```

Y para terminar la parte de limpieza, dado el volumen de datos, solo mantendremos las observaciones correctamente cumplimentadas:

```
df = raw.dropna().copy()
```

Ahora es el momento de explorar los datos.

3.1.3 Exploración y análisis

Análisis univariante del precio

Dado que el modelado se centrará en el precio, comenzaremos esta exploración con la distribución del valor `price`:

```
import plotly.express as px

# Crear el boxplot horizontal con escala logarítmica
fig = px.box(df, x='price',
             title='Boxplot de los precios (escala logarítmica)',
             log_x=True)

# Visualización
fig.show()
```

Boxplot de los precios (escala logarítmica)

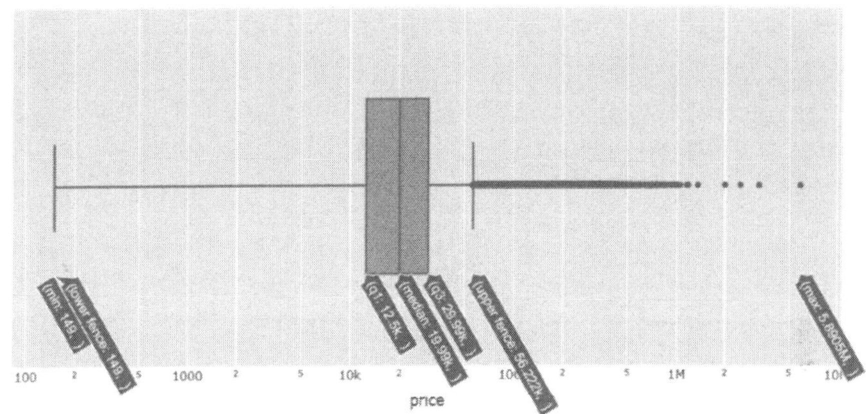

La distribución de los precios es muy amplia, oscilando entre los 149 euros y los 5 890 500 euros. Para no extendernos demasiado y evitar sesgar las predicciones con coches de alta gama y poco frecuentes, nos limitaremos al umbral de los valores atípicos, es decir, 56 222 euros.

```
df=df[df['price']<=56222].copy()
```

Análisis univariante del año de producción

El estudio de la distribución de los años también presenta valores identificados como atípicos para los años anteriores a 2005:

Boxplot de los prices (escala logarítmica)

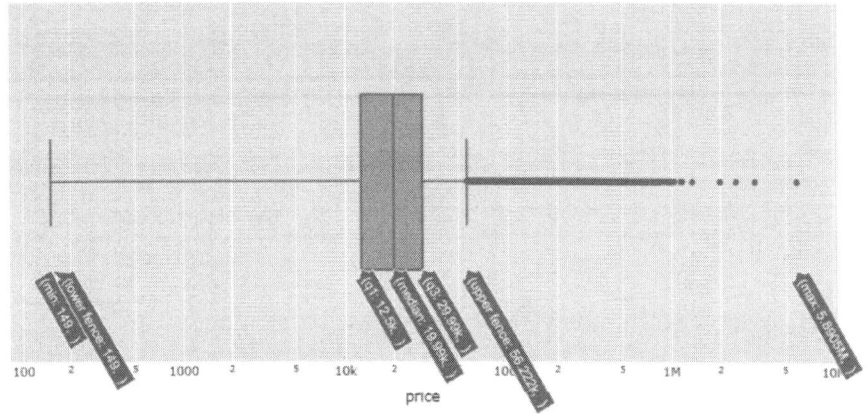

Este umbral plantea interrogantes porque, más allá de un cierto número de años, la distancia hace que los precios sean más inciertos. Tras la ejecución de la función que detallaremos a continuación, efectivamente se produce un cambio notable para los años anteriores a 2005:

Box Plot de los price por year con una escala logarítmica

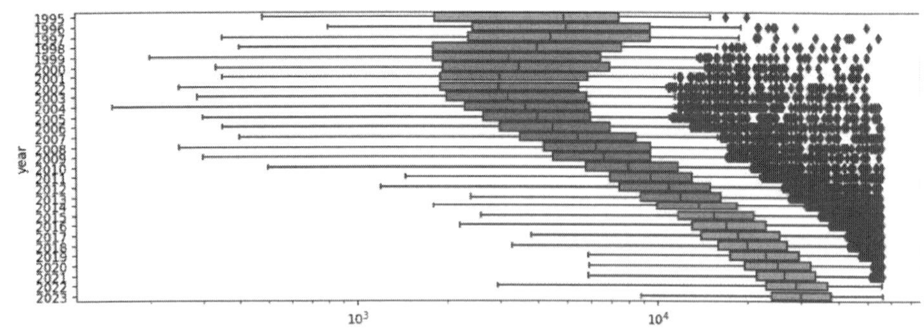

En el gráfico anterior, el cuerpo de los boxplots tiende a alargarse notablemente a medida que retrocedemos en el tiempo y aún con mayor claridad antes de 2005. Esta doble constatación nos invita a circunscribir nuestro límite inferior a 2005.

```
df=df[df['year']>=2005].copy()
```

Para el resto de nuestras exploraciones, utilizaremos la función `analyze_data` (en el primer notebook), que nos permitirá utilizar directamente la prueba estadística correcta después de probar la normalidad de la variable numérica.

Análisis bivariante del precio en relación con el tipo de motor

Al ejecutar el siguiente comando, se generará un gráfico y los resultados de la prueba estadística:

```
analyze_data(df, 'price', 'fuel_type')
```

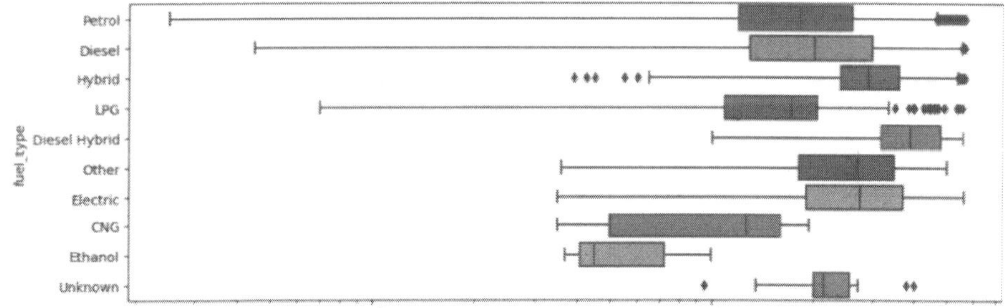


```
--- Resultados de la prueba de Anderson-Darling ---
Estadísticas de Anderson-Darling: 1620.1137933206628
Valores críticos: [0.576 0.656 0.787 0.918 1.092]
Niveles de significación: [15. 10. 5. 2.5 1. ]
Los datos no siguen una distribución típica. Realizar la prueba de Kruskal-Wallis
--- Resultados de la prueba de Kruskal-Wallis ---
Estadísticas de Kruskal-Wallis: 11173.109976262902
P-value: 0.0
```

La variable `fuel_type` resulta perfectamente significativa, pero algunas menciones aisladas llaman nuestra atención. Comprobaremos los números utilizando la función `value_counts()`:

```
df.fuel_type.value_counts()
```

```
Petrol           108050
Diesel            66151
Hybrid             9181
Electric           4913
LPG                 714
Diesel Hybrid       303
Other                66
CNG                  25
Unknown              22
Ethanol               3
Name: fuel_type, dtype: int64
```

Algunas menciones tienen un número bajo de efectivos (<100), por lo que procederemos a eliminarlas:

```
# Calcular los efectivos de cada grupo
fuel_counts = df['fuel_type'].value_counts()

# Seleccionar los tipos de carburante que tengan, al menos, 100 ocurrencias
valid_fuel_types = fuel_counts[fuel_counts >= 100].index

# Filtrar el DataFrame
df = df[df['fuel_type'].isin(valid_fuel_types)]
```

Análisis bivariante del precio en función del color

```
analyze_data(df, 'price', 'color')
```

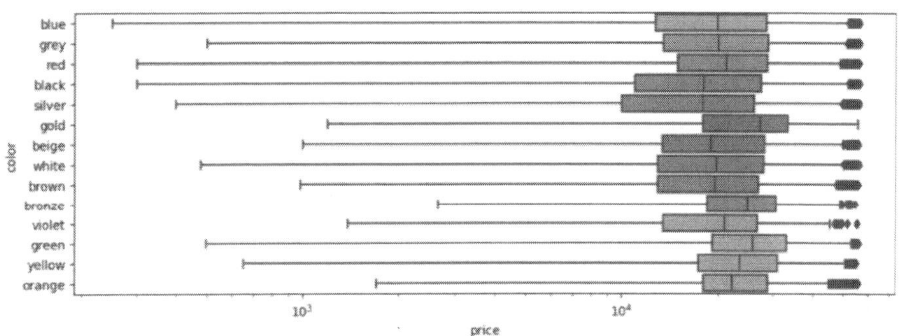


```
--- Resultados de la prueba de Anderson-Darling ---
Estadísticas de Anderson-Darling: 1619.7220040719549
Valores críticos: [0.576 0.656 0.787 0.918 1.092]
Niveles de significación: [15. 10. 5. 2.5 1. ]
Los datos no siguen una distribución típica. Realizar la prueba de Kruskal-Wallis
--- Resultados de la prueba de Kruskal-Wallis ---
Estadísticas de Kruskal-Wallis: 2934.0915258636774
P-value: 0.0
```

```
df.color.value_counts()
```

```
black     43205
grey      35894
white     31826
silver    24620
blue      23645
red       17152
brown      3510
orange     2820
green      2287
beige      1875
yellow     1319
gold        431
bronze      425
violet      303
Name: color, dtype: int64
```

El color y el precio comparten un vínculo significativo, y los efectivos por color superan los 300. Por lo tanto, mantendremos esta variable, así como todas las menciones, para nuestro modelado.

Algunas observaciones sobre el color:

- Los coches de color dorado o verde tienden a venderse más caros.
- Los precios más heterogéneos son para los colores negros y plateados, y los más homogéneos, para los de color naranja y bronce.

Análisis bivariante del precio en función del tipo de transmisión

El tipo de transmisión también es significativo:

```
analyze_data(df, 'price', 'transmission_type')
```

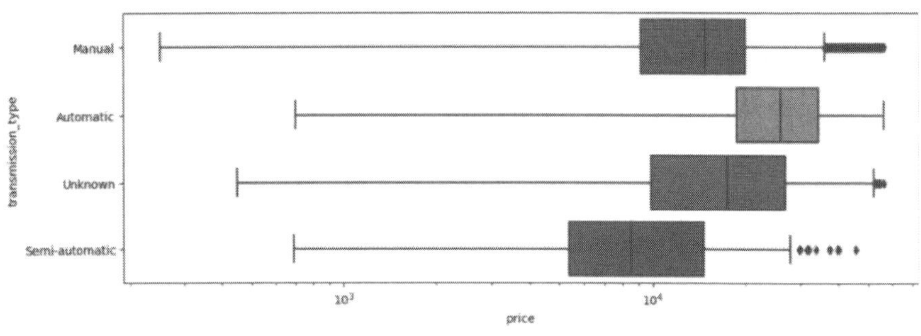


```
--- Resultados de la prueba de Anderson-Darling ---
Estadísticas de Anderson-Darling: 1629.7220040719549
Valores críticos: [0.576  0.656  0.787  0.918  1.092]
Niveles de significación: [15.  10.  5.  2.5  1. ]
Los datos no siguen una distribución típica. Realizar la prueba de Kruskal-Wallis
--- Resultados de la prueba de Kruskal-Wallis ---
Estadísticas de Kruskal-Wallis: 49297.27284380534
P-value: 0.0
```

La mención `Unknown` resulta molesta porque la prueba es muy significativa y mantener esta mención podría agregar ruido a nuestro modelado. Vamos a comprobar la cuota que representan en los datos:

```
df.transmission_type.value_counts()
```

```
Automatic         95517
Manual            92880
Unknown             731
Semi-automatic      184
Name: transmission_type, dtype: int64
```

Con una representatividad de 731/189312, o 0,3 %, podemos descartar esta mención:

```
df = df[df["transmission_type"]!="Unknown"].copy()
```

Observación

La decisión de mantener o eliminar ciertas menciones está motivada por el tiempo y el tamaño de la muestra. Cuando el tamaño de la muestra es pequeño, se debe hacer todo lo posible para preservarlo, pero estas acciones requieren mucho tiempo y pueden chocar con el muro de la realidad económica.

Matriz de correlación

Es el momento de producir una matriz de correlaciones para identificar la fuerza de los vínculos entre las variables numéricas. Utilizaremos una prueba de Spearman porque la variable `price` no sigue una distribución normal.

```
correlation_matrix =
df.corr(numeric_only=True,method='spearman')

plt.figure(figsize=(12, 10))

# Crear un heatmap


sns.heatmap(
    correlation_matrix,
    annot=True,
    fmt=".2f",
    cmap="coolwarm",
    cbar=True,
    square=True,
    linewidths=0.5,
    linecolor="black",
    annot_kws={"size": 8},
)

# Ajustar las etiquetas y el título
plt.title('Matriz de correlación \n', fontsize=12)
plt.xticks(rotation=45, ha='right')
plt.yticks(rotation=0)

# Visualización de la figura
plt.show()
```

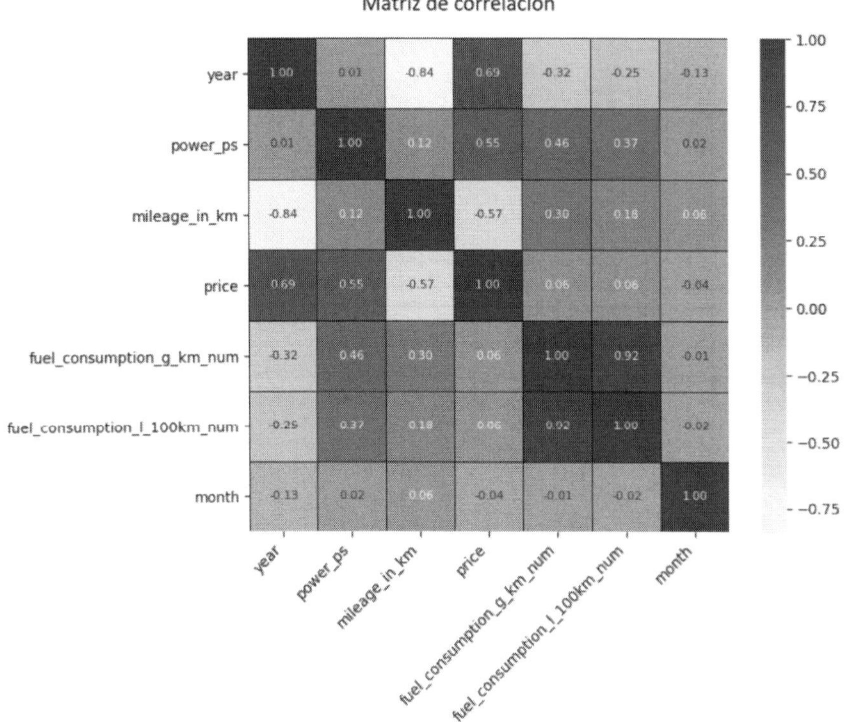

He aquí un breve resumen de los fenómenos observados en la matriz:

- Las dos variables relacionadas con `full_comsumption` son casi gemelas. A priori, mantendremos `fuel_consumption_g_km_num`, que comparte más correlaciones fuertes que `fuel_consumption_l_100km_num`.
- Existe una fuerte correlación entre el año y el kilometraje, lo que parece lógico.
- La variable `month` parece estar completamente descorrelacionada con todas las demás. Hay que estudiar si esto puede ser una oportunidad o una desventaja.

Antes de pasar al ACP, que nos dará una mejor comprensión de nuestros datos, incluiremos dos variables categóricas (tipo de motor y transmisión) y produciremos una nueva matriz de confusión:

```
from sklearn.preprocessing import StandardScaler

# Columnas numéricas
num_features = [
    "year",
    "price",
    "power_ps",
    "fuel_consumption_g_km_num",
    "mileage_in_km",
    "month",
]

# Columnas categóricas a binarizar
cat_features = ["transmission_type", "fuel_type"]

# Copia del DataFrame conservando las variables de interés
df_price_std = df[num_features+cat_features].copy()

# Binarización de las variables categóricas
df_price_std = pd.get_dummies(df_price_std,
                              columns=cat_features,
drop_first=True)

# Combinación de las columnas numéricas y binarias
final_columns = num_features + \
[col for col in df_price_std.columns if col not in num_features]

# Estandarización sobre todas las columnas
scaler = StandardScaler()
df_price_std[final_columns] = scaler.fit_transform(
    df_price_std[final_columns]
)
```

Usando el código proporcionado con anterioridad y simplemente cambiando el nombre de la tabla, obtenemos la siguiente matriz:

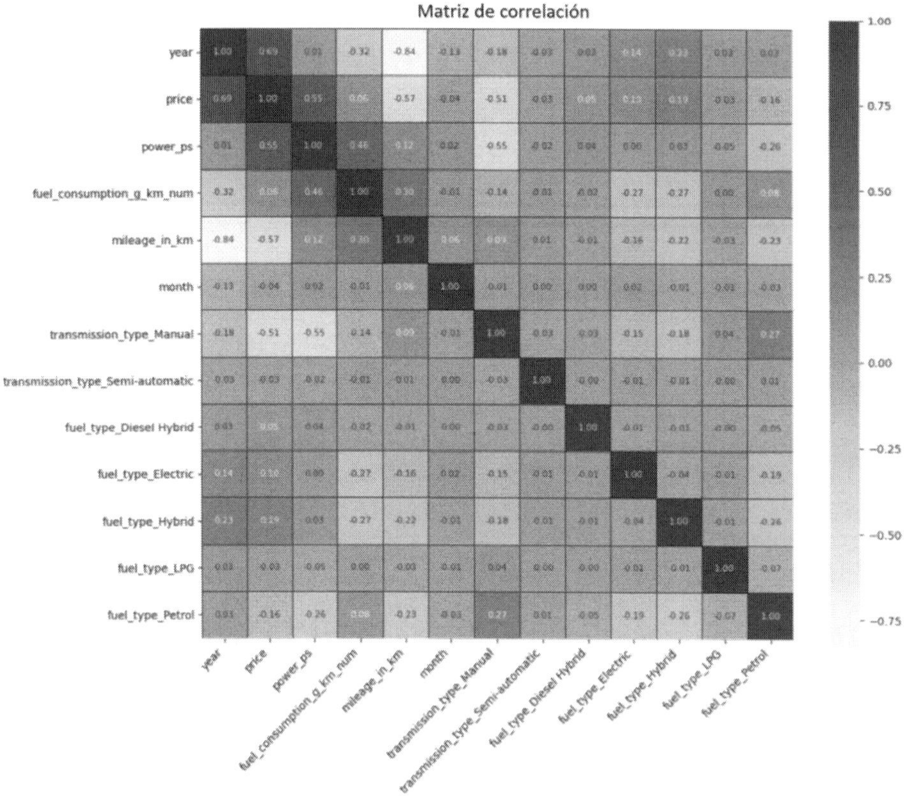

Matriz de correlación

La adición de variables categóricas aporta más sutileza al análisis, aunque algunas menciones no muestran correlaciones suficientemente fuertes en conjunto. Por lo tanto, las eliminaremos:

```
df_price_std.drop(["month","transmission_type_Semi-automatic",
                   "fuel_type_Diesel Hybrid",
                   "fuel_type_LPG"],axis=1,inplace=True)
```

ACP

Utilizando los códigos de las funciones del ACP estudiados en el capítulo Aprendizaje no supervisado, obtendremos directamente los gráficos necesarios.

Lo único que hay que hacer es llamar al ACP y transformar los datos:

```
# Inicialización del ACP
pca = PCA()
pca.fit(df_price_std)
```

A continuación, comenzaremos la producción de la secuencia de valores propios:

```
scree_plot(PCA)
```

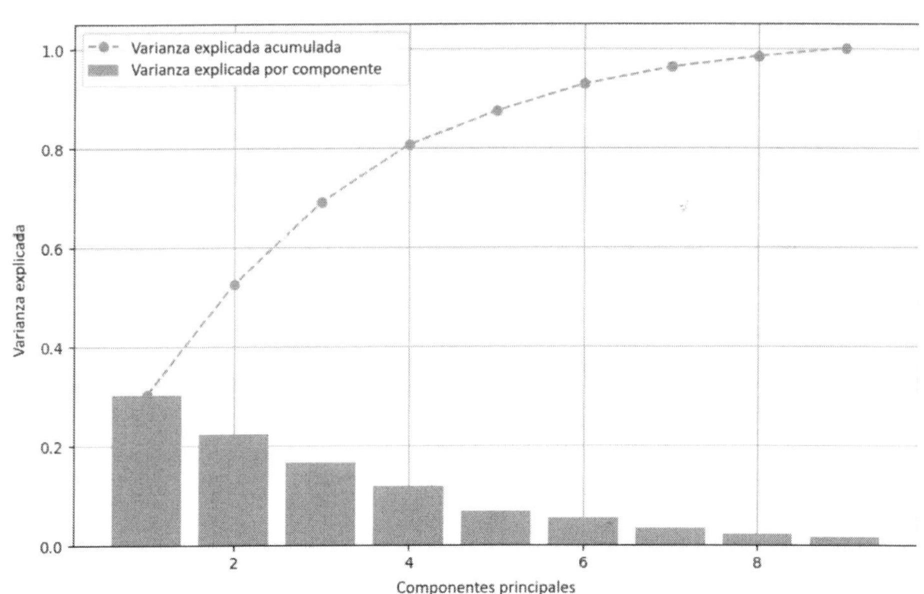

Con 4 componentes, tenemos un buen resumen de nuestros datos, con un porcentaje de varianza explicada superior al 80 %.

Vamos a estudiar los círculos de las correlaciones de los dos primeros planos factoriales

```
plot_correlation_circle(pca, [0,1], df_price_std.columns)
```

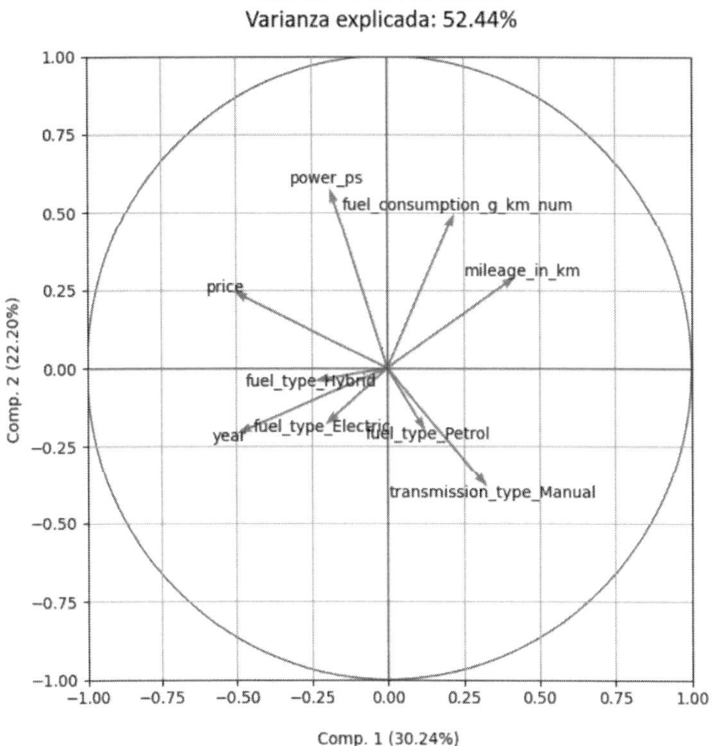

Estos dos primeros componentes explican el 52,44 % de la varianza global, es decir, un nivel correcto. Entendemos, en orden decreciente de importancia, que:

- La información más importante del conjunto de datos (componente 1) contrasta los vehículos caros, recientes y con poco kilometraje con los vehículos más antiguos, que tienden ligeramente a emitir más gramos de CO_2 por kilómetro y que tienen con mayor frecuencia una caja de cambios manual.

- En el componente 2, encontramos una oposición entre los coches potentes, que emiten más CO_2 y con más kilómetros de media, por un lado. Por otro lado, los coches con baja potencia y menos contaminantes son más propensos a tener una caja de cambios manual.

```
plot_correlation_circle(pca, [2,3], df_price_std.columns)
```

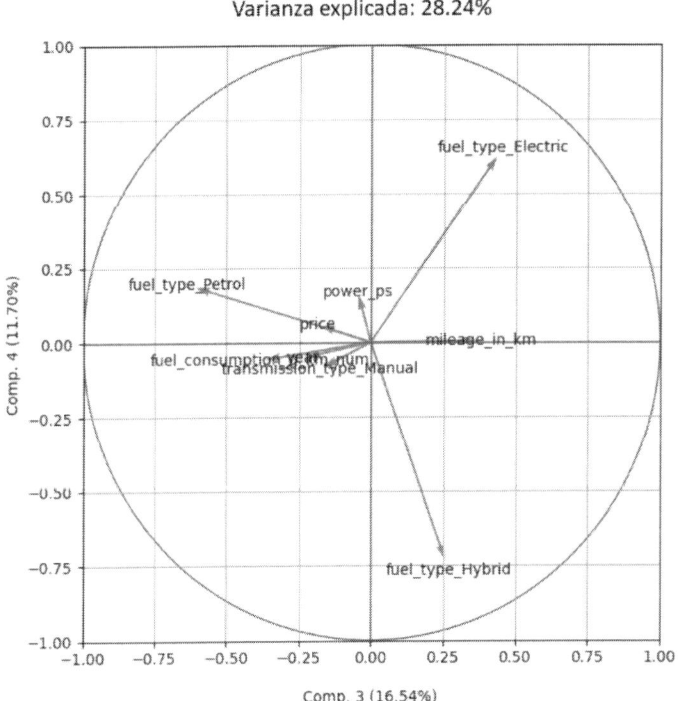

En este segundo plano factorial, esta es la información que aparece:

- En el componente 3, encontramos la oposición entre los motores de combustión más contaminantes a la izquierda y los motores eléctricos o semieléctricos a la derecha, que suelen tener un mayor kilometraje.
- Por último, el componente 4 marca la diferencia entre los vehículos eléctricos del norte y los híbridos (gasolina) del sur. Esta oposición se centra realmente en el tipo de motor y no se puede comparar con otras variables.

En resumen, la información de la base de datos se basa, en orden descendente de importancia, en el precio, la antigüedad, el kilometraje, la potencia, las emisiones, la oposición entre combustión y no combustión y, por último, la oposición entre eléctrico e híbrido.

Exportación de datos

Conservaremos esta información y comenzaremos a modelar. Pero antes de eso, guardemos nuestros datos para realizar un seguimiento de todas las operaciones realizadas. Utilizaremos el formato Parquet, que tiene la ventaja de guardar el formato de los tipos, a diferencia de un CSV:

```
fic = r"YOUR_PATH\data_clean.parquet"
df.to_parquet(fic,engine='pyarrow',index=False)
```

3.2 Notebook 2: modelado simple

Ahora puede comenzar el modelado. Recuperaremos y seleccionaremos sucesivamente los datos, experimentaremos con varios algoritmos y diversos hiperparámetros y seleccionaremos la solución óptima.

3.2.1 Adquisición y selección de los datos

Adquisición

Comenzaremos este modelado recuperando los datos previamente guardados en Parquet:

```
import pandas as pd
import numpy as np
pd.set_option("display.max_columns", 999)

fic = r"YOUR_PATH\data_clean.parquet"

pd.set_option("display.max_columns", 999)
df = pd.read_parquet(fic, engine='pyarrow')
```

Centrarse en las variables categóricas

Para este primer modelado, integraremos directamente variables categóricas que contribuirán a fortalecer la precisión de las predicciones. La siguiente tabla nos va a mostrar nuestras posibilidades de selección para este tipo de variables:

```
df.describe(include=['object','category'])
```

	brand	model	color	transmission_type	fuel_type	version
count	188581	188581	188581	188581	188581	188581
unique	44	1037	14	3	6	152496
top	volkswagen	Volkswagen Golf	black	Automatic	Petrol	Titanium
freq	24928	5840	43006	95517	107705	166

Primera observación: las variables `model` y `version` tienen demasiadas modalidades, por lo que su uso no es posible utilizando una binarización de menciones.

Las otras variables son posibles candidatas, pero aun así verificaremos el número de ocurrencias para `brand` porque algunas marcas podrían resultar demasiado marginales:

```
# Mostrar las 15 menciones más raras
df.brand.value_counts().tail(15)
```

```
maserati        179
lada            145
isuzu           138
daihatsu        122
cadillac         78
saab             77
chevrolet        75
infiniti         74
dodge            64
lancia           59
bentley          16
aston-martin     10
daewoo            9
rover             3
chrysler          1
```

Los efectivos de las últimas cinco marcas son demasiado escasos y, para maximizar nuestras posibilidades de éxito en el modelado, los descartaremos:

```
# Recuento de las ocurrencias de cada marca
brand_counts = df['brand'].value_counts()

# Filtrado de las marcas con más de 50 ocurrencias
brands_above_50 = brand_counts[brand_counts > 50].index.tolist()

# Filtrado de los datos
df = df[df['brand'].isin(brands_above_50)].copy()
```

Los efectivos por mención del resto de las categorías se han comprobado en el notebook correspondiente y todos presentan, al menos, un centenar de casos por mención, por lo que los guardaremos todos para el modelado.

3.2.2 Modelado

Ahora podemos pasar al modelado comenzando por importar los módulos necesarios:

```
# Opción para visualizar todo el contenido
pd.set_option('display.max_colwidth', None)

import re

import matplotlib.pyplot as plt
import seaborn as sns

from sklearn.model_selection import GridSearchCV, train_test_split
from sklearn.pipeline import Pipeline
from sklearn.preprocessing import StandardScaler, OneHotEncoder
from sklearn.linear_model import LinearRegression
from sklearn.neighbors import KNeighborsRegressor
from sklearn.ensemble import HistGradientBoostingRegressor
from sklearn.compose import ColumnTransformer
from sklearn.metrics import mean_absolute_error, mean_squared_error
```

Ahora definamos la variable objetivo, el precio y las variables explicativas:

```
# Variable objetivo
y = df['price']

# Variables explicativas
num_features = ["year", "power_ps",
```

```
                    "fuel_consumption_g_km_num", "mileage_in_km"]

categorical_features = ["brand", "transmission_type",
                        "fuel_type","color"]

X = df[num_features + categorical_features]
```

A continuación, separaremos los datos de entrenamiento de los datos de prueba:

```
X_train, X_test, y_train, y_test = \
train_test_split(X, y, test_size=0.3, random_state=42)
```

A continuación, debe definir el preprocesador que trata las variables según su tipo:

- Las variables categóricas se binarizan.
- En el caso de las variables numéricas, el `StandardScaler` se ha seleccionado después de la comparación con `RobustScaler`, ya que ofrecía una ejecución más rápida con scores similares.

```
# Definición del preprocesador
preprocessor = ColumnTransformer(
    transformers=[
        ('num', StandardScaler(),
         num_features),
        ('cat', OneHotEncoder(drop='first', sparse=False),
         categorical_features)
    ]
)
```

Aquí se comparan tres algoritmos con diferentes hiperparámetros. Podríamos probar más, pero aumentaría significativamente el tiempo de ejecución. En este sentido, `HistGradientBoostingRegressor` ha reemplazado a `RandomForestRegressor`, ya que el tiempo de entrenamiento de este último era desproporcionadamente largo para rendimientos muy similares.

```
param_grid = [
    {
        'regressor': [LinearRegression()],
        'regressor__fit_intercept': [True, False]
    },
    {
        'regressor': [KNeighborsRegressor()],
```

```
        'regressor__n_neighbors': [1, 2, 5]
    },
    {
        'regressor':
[HistGradientBoostingRegressor(random_state=42)],
        'regressor__max_iter': [500, 700],
        'regressor__max_depth': [None, 10],
        'regressor__learning_rate': [0.1, 0.07],
    }
]
```

Observación

La lista de algoritmos se limita a tres en este ejemplo, pero, en condiciones reales, debe probar tantos como sea posible para maximizar las posibilidades de encontrar el óptimo.

El pipeline ahora se puede definir y lanzar a través de un `GridSearchCV`:

```
# Crear un pipeline que incluya las transformaciones
pipeline = Pipeline([
    ('preprocessor', preprocessor),  # Pretratamiento
    ('regressor', LinearRegression())  # Modelado por defecto
])

# Crear la GridSearchCV
grid_search = GridSearchCV(pipeline,
                           param_grid, cv=3,
                           return_train_score=True,
                           n_jobs=8)


# Entrenamiento
grid_search.fit(X_train, y_train)
```

Observación

El parámetro `n_jobs` define el número de núcleos de CPU que se utilizarán para los cálculos. De forma predeterminada está en 1, pero se puede cambiar según el número de núcleos disponibles. La opción -1 utiliza todos los núcleos.

El tiempo de entrenamiento, de unos pocos minutos, es relativamente rápido en nuestro caso. Ahora podemos estudiar el rendimiento.

3.2.3 Resultados

Resultados por simulación

Utilizando el siguiente código, podremos establecer el ranking de los algoritmos probados:

```
# Recuperación de los resultados en un DataFrame
results = pd.DataFrame(grid_search.cv_results_)

# Extracción del nombre del algoritmo
results['regressor'] = results['param_regressor'].apply(
    lambda x: re.sub(r'\s*\(.*?\)', '', str(type(x).__name__))
)

# Limpieza de params_clean
results['params_clean'] = results['params'].apply(
    lambda d: {k.replace('regressor__', ''): v
               for k, v in d.items()
               if 'regressor__' in k}
)

# Columnas a conservar
cols_to_keep = ['regressor', 'params_clean',
                'mean_test_score', 'std_test_score',
                'rank_test_score']

# Reorganización de las columnas
results_clean =
results[cols_to_keep].sort_values('rank_test_score')

display(results_clean)
```

	regressor	params_clean	mean_test_score	std_test_score	rank_test_score
6	HistGradientBoostingRegressor	{'learning_rate': 0.1, 'max_depth': None, 'max_iter': 700}	0.886135	0.001600	1
5	HistGradientBoostingRegressor	{'learning_rate': 0.1, 'max_depth': None, 'max_iter': 500}	0.885288	0.001703	2
8	HistGradientBoostingRegressor	{'learning_rate': 0.1, 'max_depth': 10, 'max_iter': 700}	0.885216	0.002488	3
12	HistGradientBoostingRegressor	{'learning_rate': 0.07, 'max_depth': 10, 'max_iter': 700}	0.885026	0.001615	4
10	HistGradientBoostingRegressor	{'learning_rate': 0.07, 'max_depth': None, 'max_iter': 700}	0.884908	0.001608	5
7	HistGradientBoostingRegressor	{'learning_rate': 0.1, 'max_depth': 10, 'max_iter': 500}	0.884661	0.002211	6
9	HistGradientBoostingRegressor	{'learning_rate': 0.07, 'max_depth': None, 'max_iter': 500}	0.883504	0.001702	7
11	HistGradientBoostingRegressor	{'learning_rate': 0.07, 'max_depth': 10, 'max_iter': 500}	0.883097	0.001650	8
4	KNeighborsRegressor	{'n_neighbors': 5}	0.853607	0.001999	9
3	KNeighborsRegressor	{'n_neighbors': 2}	0.830147	0.001535	10
0	LinearRegression	{'fit_intercept': True}	0.798591	0.003123	11
2	KNeighborsRegressor	{'n_neighbors': 1}	0.783100	0.002860	12
1	LinearRegression	{'fit_intercept': False}	0.778917	0.002852	13

El algoritmo `HistGradientBoostingRegressor` prevalece sobre los otros dos, con un score de aproximadamente 0,886.

RMSE y MAE

Para perfeccionar nuestro conocimiento de este algoritmo, primero mostraremos el RMSE y el MAE:

```
# Cálculo de MAE y RMSE para el mejor modelo
best_model = grid_search.best_estimator_
y_pred_best = best_model.predict(X_test)

mae_best = mean_absolute_error(y_test, y_pred_best)
rmse_best = np.sqrt(mean_squared_error(y_test, y_pred_best))

# Visualizar los resultados
bm = best_model.named_steps['regressor'].__class__.__name__

print(f"\nModelo: {bm}")
print(f"Score: {grid_search.best_score_:.3f}")
print(f"RMSE: {rmse_best:.2f}")
print(f"MAE: {mae_best:.2f}")
```

```
Modelo: HistGradientBoostingRegressor
Score: 0.886
RMSE: 3871.09
MAE: 2482.95
```

Así, con nuestro sistema de variables, encontramos el precio de un vehículo de alrededor de 2483 euros. El RMSE de alrededor de 3871 euros indica la presencia de desviaciones significativas, lo que está en línea con la presencia de modelos más caros que contribuyen a ello.

Estabilidad de los algoritmos

A continuación, estudiaremos la estabilidad de los algoritmos probados, visualizando la variabilidad de los scores de entrenamiento y de prueba obtenidos con `GridSearchCV`:

```
# Crear los boxplots para evaluar la variabilidad del
entrenamiento
plt.figure(figsize=(8, 3))
sns.boxplot(data=results,
            x='regressor',
            y='mean_train_score',
            palette='Blues')

plt.title('Variabilidad de los scores de entrenamiento por
modelo')
plt.xlabel('Modelos')
plt.ylabel('Mean Train Score')
plt.xticks(rotation=45)
plt.show()

# Crear los boxplots para evaluar la variabilidad de la prueba
plt.figure(figsize=(8, 3))
sns.boxplot(data=results,
            x='regressor',
            y='mean_test_score',
            palette='Blues')

plt.title('Variabilidad de los scores de las pruebas por modelo')
plt.xlabel('Modelos')
plt.ylabel('Mean Test Score')
plt.xticks(rotation=45)
plt.show()
```

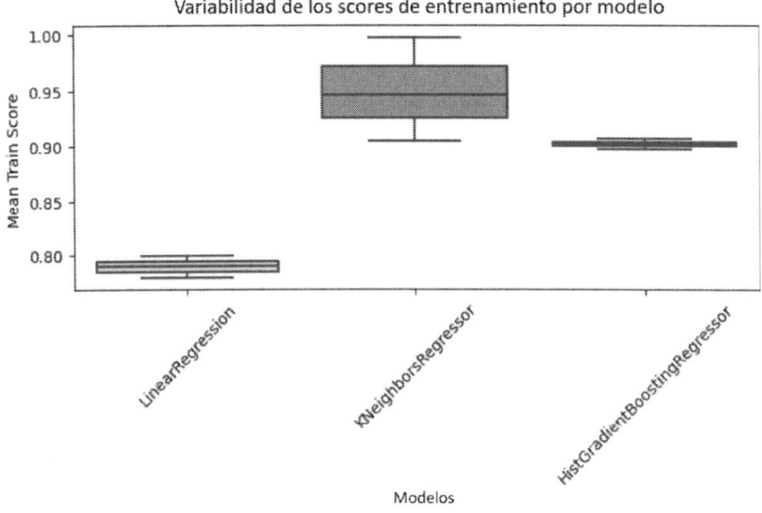
Variabilidad de los scores de entrenamiento por modelo
Mean Train Score
1.00
0.95
0.90
0.85
0.80
LinearRegression
KNeighborsRegressor
HistGradientBoostingRegressor
Modelos

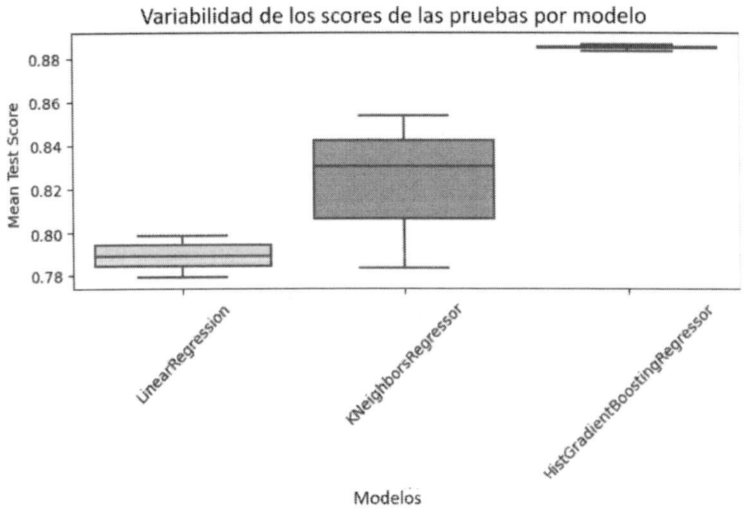
Variabilidad de los scores de las pruebas por modelo
Mean Test Score
0.88
0.86
0.84
0.82
0.80
0.78
LinearRegression
KNeighborsRegressor
HistGradientBoostingRegressor
Modelos

EL examen de los dos gráficos anteriores confirma que `HistGradientBoostingRegressor` es mucho más estable que sus competidores tanto en el entrenamiento como en las pruebas. También tiene una capacidad de generalización superior, con un intervalo mínimo entre entrenamiento y prueba de menos de 2 puntos. Estas pruebas confirman su posición como líder.

Feature importance

Por último, estudiemos la feature importance de nuestro algoritmo favorito para entender qué características pesaron en la determinación del precio:

```
import shap

# Crear un explainer SHAP
explainer = shap.Explainer(
    best_model.named_steps['regressor'],
    best_model.named_steps['preprocessor'].transform(X_train)
)

# Calcular los valores SHAP
shap_values = explainer(
    best_model.named_steps['preprocessor'].transform(X_test),
    check_additivity=False
)

# Extraer los nombres de las características
preprocessor = best_model.named_steps['preprocessor']
cols_names = preprocessor.get_feature_names_out()

# Visualización de la importancia de las características
shap.summary_plot(
    shap_values,
    best_model.named_steps['preprocessor'].transform(X_test),
    feature_names=cols_names
)
```

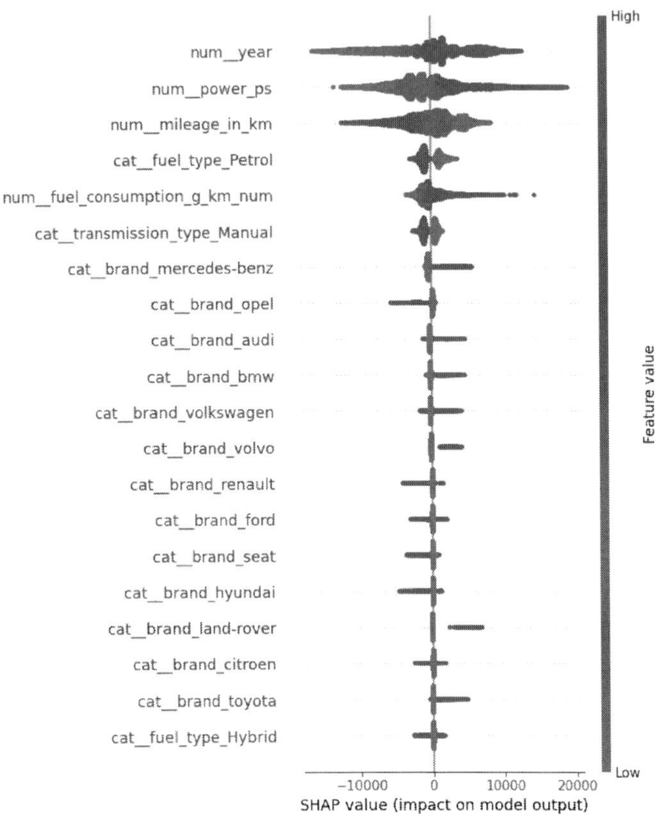

La visualización anterior combina la feature importance global y local, presentando las variables en orden descendente de importancia. Cada observación está representada por un pequeño círculo e indica cuánto ha influido al alza o a la baja en la predicción del precio.

Esto nos permite entender mejor nuestro sistema y cómo funciona:

- ¿Cuáles son las variables más importantes?
- ¿Su efecto contribuye al alza?
- ¿A la baja?
- ¿En ambos sentidos?

A partir de esta visualización, entendemos que:

- Es el año, seguido de la potencia y el número de kilómetros, lo que más contribuye al cálculo del precio.
- Que sus efectos no son necesariamente bilaterales:
  - La presencia de las marcas Mercedes-Benz, Audi, BMW, Volvo o Toyota suele contribuir positivamente al precio.
  - Opel o Seat suelen ayudar a bajar el precio.

Una vez que nos hayamos decidido por el modelo, podemos guardarlo en un formato adecuado para transmitirlo o utilizarlo en otro entorno. Estos son los pasos que hay que seguir utilizando dos métodos:

- Con Joblib:

```
import joblib

# Guardar el pipeline completo (mejor modelo)
joblib.dump(best_model, 'best_model_pipeline.pkl')

# Cargar el pipeline completo más adelante
best_model_loaded = joblib.load('best_model_pipeline.pkl')
```

- Con Pickle :

```
import pickle

# Guardar el pipeline completo (major modelo)
with open('best_model_pipeline.pkl', 'wb') as f:
    pickle.dump(best_model, f)

# Cargar el pipeline completo más adelante
with open('best_model_pipeline.pkl', 'rb') as f:
    best_model_loaded = pickle.load(f)
```

3.3 Notebook 3: modelado mixto

Los resultados del modelado anterior son satisfactorios, pero un enfoque mixto podría resultar más eficaz. Mediante el uso del procesamiento del lenguaje natural (NLP) para analizar datos textuales y combinarlos con variables numéricas, sería posible crear un sistema de toma de decisiones aún más eficiente.

Esto es lo que vamos a experimentar en este último notebook.

3.3.1 Adquisición y selección de datos

Para este nuevo modelado, partiremos del conjunto de datos `df` , tal y como estaba definido justo antes de la subsección Modelado.

Comencemos importando las librerías necesarias:

```
import pandas as pd
import numpy as np

from sklearn.feature_extraction.text import TfidfVectorizer
from sklearn.model_selection import train_test_split
from sklearn.metrics import mean_squared_error,
mean_absolute_error, r2_score
from sklearn.preprocessing import StandardScaler
```

A continuación, crearemos la variable `vehicle`, que será la concatenación de todas las variables de texto:

```
# Concatenación de las columnas textuales en 'vehicule'
df['vehicule'] = df['model'] + ' ' + df['version'] + \
' ' + df['color'] + ' ' + df['transmission_type']+ ' ' +
df['fuel_type']

# Rellenar los huecos
df['vehicule'] = df['vehicule'].fillna('')

# Eliminar las variables antiguas
df.drop(["brand","model","color","transmission_type",
"fuel_type","version"],axis=1,inplace=True)
```

Una vez configurado, se puede inicializar un TF-IDF:

```
# Usar un TFIDF
vectorizer = TfidfVectorizer(stop_words=None,
                             max_features=500,
                             min_df=0.005,
                             max_df=0.9)

# Transformar la variable textual en vector
vehicule_matrix = vectorizer.fit_transform(df['vehicule'])
```

Observación

No se requiere `stop_words` porque toda la información es potencialmente importante en este tipo de casos.

```
print(vehicule_matrix.shape)

# Output: (188542, 300)
```

Con las restricciones definidas, se conservan 300 palabras. Los distintos comandos disponibles en el notebook permiten visualizar las 20 palabras consideradas más importantes, por ejemplo:

Las palabras más importantes (TF-IDF):

	word	tfidf_score
207	petrol	0.083202
182	manual	0.080143
54	automatic	0.074981
104	diesel	0.065704
192	navi	0.054668
62	black	0.053783
135	grey	0.046352
291	white	0.043324
173	led	0.040934
63	blue	0.036458

Como era de esperar, encontramos características generales relacionadas, por ejemplo, con el combustible, el tipo de caja de cambios o el color.

Ahora consideraremos cómo modelar los datos combinando las variables de texto del TF-IDF con las otras variables numéricas necesarias para la estimación de precios.

3.3.2 Modelado

El modelado mixto requiere pocos pasos.

Basta con importar los módulos necesarios. Aquí usaremos un `ExtraTreesRegressor`, que, tras varios experimentos, muestra los mejores resultados:

```
from scipy.sparse import hstack
from sklearn.ensemble import ExtraTreesRegressor
```

Luego viene el ensamblado de los datos:

```
# Seleccionar las variables numéricas
numerical_feature_names = ['year',
                           'power_ps',
                           'fuel_consumption_g_km_num',
                           'mileage_in_km']

# Concatenar las dos tablas
X_combined = hstack([vehicle_matrix,
                     df[numerical_feature_names]])

# Recuperar las palabras del TfidfVectorizer
words = vectorizer.get_feature_names_out()

# Combinar los nombres de las features textuales y numéricas
combined_feature_names = list(words) + numerical_feature_names

# Variable objetivo
y = df['price']

# Separarar los datos en conjunto de entrenamiento y de prueba
X_train, X_test, y_train, y_test = train_test_split(
    X_combined.toarray(),
    y,
    test_size=0.3,
    random_state=42
    )
```

Y, por último, es el momento de la experimentación:

```
# Definir y entrenar el modelo
model = ExtraTreesRegressor(n_estimators=100,
                            max_depth=None,
                            random_state=42)

model.fit(X_train, y_train)

# Predecir los valores en el conjunto de prueba
y_pred = model.predict(X_test)

# Calcular el rendimiento del modelo
mse = mean_squared_error(y_test, y_pred)
rmse = np.sqrt(mse)
mae = mean_absolute_error(y_test, y_pred)
r2 = r2_score(y_test, y_pred)

# Visualizar los resultados
print(f"ExtraTreesRegressor - RMSE : {rmse:.2f}")
print(f"ExtraTreesRegressor - MAE : {mae:.2f}")
print(f"ExtraTreesRegressor - R²: {r2:.3f}")
```

```
ExtraTreesRegressor - RMSE : 3781.83
ExtraTreesRegressor - MAE : 2242.35
ExtraTreesRegressor - R² : 0.894
```

3.3.3 Resultados

El método mixto mejora significativamente los resultados. El R^2 pasa de 0,886 a 0,894 (+0,8 puntos) y el MAE disminuye de 2482 a 2242 euros, es decir, una importante reducción de 240 euros.

Sin embargo, no todo es perfecto: SHAP es inutilizable, el archivo del algoritmo resulta hipervoluminoso (1,5 GB) y los tiempos de entrenamiento son significativamente más largos. Esto complica el uso de un pipeline, que se vuelve demasiado lento para una producción eficiente.

Afortunadamente, el algoritmo integra una feature importance que le permite mostrar las variables de importancia, aunque la visualización siga siendo menos instructiva que con SHAP.

```
import seaborn as sns
import matplotlib.pyplot as plt


# Calcular la importancia de las features
feature_importances = model.feature_importances_

# Crear un DataFrame
importance_df = pd.DataFrame({
    'feature': combined_feature_names,
    'importance': feature_importances
})

# Ordenar por importancia decreciente (los 20 primeros)
importance_df = importance_df.sort_values(
    by='importance', ascending=False
    )[:20]


# Visualizar la importancia de las características con un bar plot
plt.figure(figsize=(8, 6))
ax = sns.barplot(data=importance_df,
                 x='importance',
                 y='feature',
                 palette='Blues')
plt.title('Importancia de las características -
ExtraTreesRegressor\n')
plt.xlabel('Importancia')
plt.ylabel('Características')

# Modificar el tamaño de letra del eje y
ax.set_yticklabels(ax.get_yticklabels(), fontsize=8)

plt.show()
```

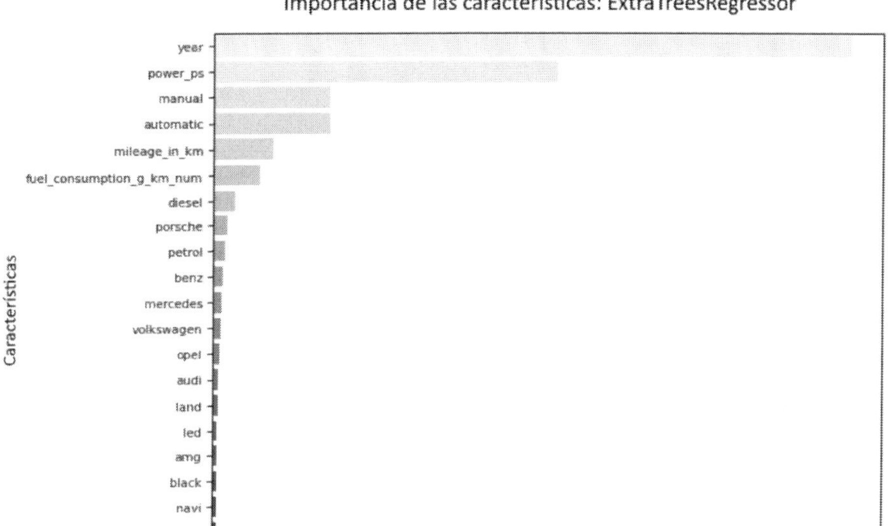

4. Conclusión

En conjunto, al igual que en la simulación anterior, aparecen las mismas variables destacadas. Aunque el rendimiento ha mejorado, estos experimentos muestran que cada intento de optimización requiere lidiar con restricciones, particularmente en términos de potencia de cómputo. Aquí, sería imposible considerar un `GridSearchCV` porque nuestras máquinas simplemente no son lo bastante potentes como para llevar a cabo estas búsquedas exhaustivas en un período de tiempo razonable. El equilibrio entre el rendimiento y la viabilidad sigue siendo, la mayoría de las veces, el principal reto.

Capítulo 10
Conclusión

1. El papel central de los datos y su comprensión

A lo largo de este libro, los datos han aparecido como el factor determinante en cualquier proceso de ciencia de datos, destacando la identificación de las características relevantes como requisito previo esencial para el éxito del modelado. Cuando los resultados no cumplen con las expectativas, es evidente que no se han identificado todas las variables explicativas. En algunos fenómenos, esto resulta simplemente imposible porque están sujetos a demasiados factores.

Tomemos el ejemplo de la predicción del tiempo que se pasa en un museo. Identificar con precisión esta duración para cada persona requeriría una enorme cantidad de información con el fin de predecir mejor la realidad. En la práctica, esto es del todo imposible.

Aquí, nos acercamos a los problemas de los sistemas caóticos, donde un pequeño cambio en uno de los parámetros puede conducir a resultados completamente diferentes e inesperados.

Por lo tanto, un buen conocimiento de la teoría será un valioso consejero y evitará que perdamos el tiempo desarrollando modelos que no podrían tener éxito. Sin embargo, no se debe ignorar la rápida evolución de las técnicas.

2. Evoluciones que lo transforman y aceleran todo

Actualmente, nos encontramos en una fase de aceleración de la inteligencia artificial en la que incluso los profesionales más avezados del sector se sorprenden al constatar la irrupción de técnicas que hace tan solo unos años habrían parecido inimaginables, lo que pone en entredicho ciertas certezas y cambia profundamente el panorama de la ciencia de datos.

Estas evoluciones se pueden agrupar en torno a los tres temas siguientes:

2.1 La evolución de los equipos tecnológicos

El desarrollo de equipos tecnológicos está en el centro de las evoluciones y su aceleración. Al ofrecer cada vez más potencia, hace posible la aparición de nuevos modelos, a veces revolucionarios.

Las capacidades de potencia de cálculo se basan principalmente en dos pilares: la GPU (*Graphic Processing Unit*) y la TPU (*Tensor Processing Unit*).

- Originalmente diseñadas para la representación de gráficos, las GPU han demostrado ser versátiles para una variedad de aplicaciones, incluido el aprendizaje automático, gracias a su capacidad para realizar cálculos paralelos de manera eficiente.
- Las TPU, por otro lado, fueron creadas específicamente por Google para acelerar los cálculos de redes neuronales, lo que facilita el entrenamiento y la implementación de modelos de IA a escala.

Paralelamente a estos avances en la potencia de cálculo, están surgiendo nuevas tecnologías prometedoras, como el ordenador cuántico. Este nuevo tipo de ordenador ofrece una capacidad de procesamiento sin precedentes y podría resolver problemas complejos inaccesibles para las arquitecturas convencionales, lo que aceleraría aún más el desarrollo de la IA.

2.2 La mejora de los modelos

Los modelos algorítmicos son los principales beneficiarios de estos avances. El aumento de la potencia de cálculo permite:

- El desarrollo de modelos multimodales que combinan diferentes tipos de datos (texto, imágenes, sonido) y que permiten enriquecer los contenidos creados, lo que refuerza las capacidades creativas.
- La aparición de modelos generativos de tipo GAN (*Generative Adversarial Networks*), que serán capaces de ofrecer contenidos creativos cada vez más sofisticados o de generar datos sintéticos, lo que favorecerá el entrenamiento de otros modelos.
- La automatización de procesos como el aprendizaje autosupervisado o el aprendizaje por refuerzo facilitará aún más el entrenamiento, al hacer que los sistemas sean casi autónomos.
- Los LLM (*Large Language Model*), como ChatGPT, son la manifestación más visible para el público en general de todas las evoluciones mencionadas anteriormente. Hoy en día pueden entender y generar texto de una manera casi humana.

2.3 La difusión al público en general y la integración gradual de los desafíos

Con su difusión al público en general, la IA ha experimentado una nueva fase en su evolución. Al adoptarla, los individuos se han dado cuenta de las nuevas oportunidades que ofrece esta tecnología, pero también de las preguntas, incluso temores, relacionados con su generalización y su amplificación en todos los engranajes de nuestras sociedades. Sin duda, pronto surgirán nuevas profesiones como respuesta a la organización, integración y supervisión de esta tecnología de primer nivel.

3. Importancia de la teoría e invitación a la exploración

Más allá de las consideraciones sociales y filosóficas, sobre las que tenemos poca influencia, es importante entender cómo funciona esta nueva tecnología para comprenderla y controlarla mejor, en lugar de sufrirla. Si concebimos nuestro conocimiento teórico como una brújula en este mundo digital en constante cambio, la abordaremos de manera positiva como una invitación a la exploración, que fortalecerá nuestro conocimiento del mundo.

Embarquémonos en este viaje de exploración y descubrimiento en compañía de Python. Con él, no solo tenemos una solución completa para extraer, limpiar, visualizar y analizar nuestros datos y entender de esta manera los problemas, sino también para diseñar modelos predictivos y automatizar tareas complejas, allanando así el camino para una toma de decisiones más informada y pertinente.

B

C

D

E

F

G

I

K

L

M

N

O

P

R

S

T

V